珍藏本
纪念版

汉译世界学术名著丛书

资本主义的法律基础

〔美〕约翰·R.康芒斯 著

寿勉成 译

方廷钰 张林 校

2017年·北京

John R. Commons

LEGAL FOUNDATIONS OF CAPITALISM

The Macmillan Company, 1924

本书根据麦克米伦公司 1924 年版译出

汉译世界学术名著丛书
（120年纪念版·珍藏本）
出版说明

2017年2月11日，商务印书馆迎来120岁的生日。120年前，商务印书馆前贤怀揣文化救国的理想，抱持“昌明教育，开启民智”的使命，立足本土，放眼寰宇，以出版为津梁，沟通中西，为中国、为世界提供最富智慧的思想文化成果。无论世事白云苍狗，潮流左右激荡，甚至战火硝烟弥漫，始终践行学术报国之志，无改初心。

迻译世界各国学术名著，即其一端。早在20世纪初年便出版《原富》《天演论》等影响至今的代表性著作，1950年代后更致力于外国哲学和社会科学经典的译介，及至1980年代，辑为“汉译世界学术名著丛书”，汇涓为流，蔚为大观。丛书自1981年开始出版，历时三十余年，迄今已推出七百种，是我国现代出版史上规模最大、最为重要的学术翻译工程。

丛书所选之书，立场观点不囿于一派，学科领域不限于一门，皆为文明开启以来，各时代、各国家、各民族的思想与文化精粹，代表着人类已经到达过的精神境界。丛书系统译介世界学术经典，引领时代思想，为本土原创学术的发展提供丰富的文化滋养，为推动中国现代学术和现代化进程做出了突出的贡献。

为纪念商务印书馆成立120周年，我们整体推出“汉译世界学术名著丛书”120年纪念版的珍藏本，寄望既利于文化积累，又便于研读查考，同时向长期支持丛书出版的译者、编者和读者致以敬意。

两甲子后的今天，商务印书馆又站在了一个新的历史时间节点上。我们不仅要铭记先辈的身影和足迹，更须让我们的步伐充满新的时代精神。这是商务人代代相传的事业，更是与国家和民族的命运始终紧密相连的事业。我们责无旁贷，必须做好我们这代人的传承与创造，让我们的努力和成果不仅凝聚成民族文化的记忆，还能成为后来人可以接续的事业。唯此，才能不负前贤，无愧来者。

商务印书馆编辑部

2017年10月

中译本序

一

约翰·R.康芒斯作为老制度经济学的代表人物之一，是一位众所周知的经济学家，但多数人却并不熟悉他的理论体系。威廉姆森(Oliver E. Williamson)也认为康芒斯是一位"对经济组织有着深邃见解，但除了少数制度经济学核心人物外，并不为人所知的经济学家"。[①] 国内学界一般认为他在制度经济学中强调法律问题，因而有人把他的理论称为制度经济学中的"社会法律学派"，这种认识大概正是出于康芒斯著作的标题《资本主义的法律基础》。这种认识过于简化了康芒斯的思想，但要比较全面地把握康芒斯的思想体系，除了阅读他的名著《制度经济学》之外，还必须阅读《资本主义的法律基础》这部著作。[②]

康芒斯的著作被普遍认为晦涩难懂，他自己也承认，"我的《资

① 威廉姆森:《资本主义经济制度:论企业签约与市场签约》，商务印书馆2002年版，第10页。

② 康芒斯在1899～1900年发表在《美国社会学杂志》上的长文"主权的社会学观点"中已经初步建立了自己的理论体系(这篇文章与凡勃伦的《有闲阶级论》发表于同一年，因而这两部经典文献被视为共同奠定了制度主义的理论基础)，因而对全面掌握康芒斯的理论来说，该文也是必读文献。

本主义的法律基础》一书……的各种油印稿本和修正稿本的读者提出了一些评论和批评,意思是说他们不懂我的理论,也不了解我是什么目的,并且说因为我的理论完全是我自己个人的看法,所以也许没有人能了解”。[①] 为了让读者更准确地理解康芒斯这部著作的内容,我们首先介绍一下它与《制度经济学》这部名著的关系,然后对本书内容作一概括性的介绍。[②]

1920 年前后,康芒斯开始了一个写作计划,完成了一部手稿,其中涉及了他的理论的方法基础,比如社会科学的方法论问题、社会过程的本体论问题、人类行为的社会心理学问题等,并建立了一个社会进化的理论。为了进一步阐述这个理论,手稿中批评了 18 世纪后半叶以来的经济思想和法学观点,还提出一个经济政策改革的策略。在制度主义的另一代表人物威斯利·米契尔(Wesley Mitchell)的建议下,康芒斯把他的手稿分为两部分。第一部分就是出版于 1924 年的《资本主义的法律基础》,第二部分就是出版于 1934 年的《制度经济学》。因而,如果只读《制度经济学》,显然无法透彻掌握康芒斯的思想。

二

康芒斯不仅对制度主义的基础理论构建作出了巨大贡献,而

---

① 引自康芒斯:《制度经济学》中译本上册,第 7 页(于树生译,商务印书馆 1962 年版)。

② 1995 年,美国交流出版社(Transaction Publishers)重印《资本主义的法律基础》时,著名的经济思想史家、制度主义者杰夫·比德尔和沃伦·塞缪尔斯为重印本作了一篇精彩的序言,详细介绍了康芒斯的生平、思想体系和本书的内容。本文在写作中也参考了这篇序言的部分内容。

且也对美国的立法改革和司法进程产生了重大影响。《资本主义的法律基础》和《制度经济学》在很大程度上就是他改革实践经验的总结。

1904年，康芒斯在威斯康星大学任教后，主持完成了11卷本的《美国产业社会史记实》(*Documentary History of American Industrial Society*，1910)和4卷本的《劳工运动史》(*The History of Labour Movement*，1918，后两卷于1935年出版)。这两部宏大著作后来成为研究美国劳工运动史的经典资料。1905年，康芒斯与他的学生一起起草了《威斯康星公共事务法》，1907年又起草了《威斯康星公共事业法》，并在1911年完成了《工人赔偿法案》。这期间，康芒斯最大的成就是1911年建立的"威斯康星产业委员会"。这个委员会的特征是，它由劳工问题中存在利益冲突的各方代表和专家组成，由委员会对劳动争议进行调查，提出解决方案。在后来的著作中，康芒斯把这个委员会视为政府的"第四个分支"，将其视为解决劳动问题，从而避免劳资双方阶级冲突的最佳选择。他在《资本主义的法律基础》和《制度经济学》中阐述的"合理价值"思想在很大程度上就来源于这一时期的实践。

20世纪20年代，康芒斯提出由雇主出资建立并经营互助保险公司，借此补偿和预防失业。康芒斯的这一主张部分写入了威斯康星州1932年颁布的《格罗夫斯法案》，并在1935年颁布的美国《社会安全法》中得到体现。此外，康芒斯和他的学生起草的诸多法案成为罗斯福"新政"措施的样本。

康芒斯希望通过立法改革来"挽救"资本主义，所以他把自己的著作定名为《资本主义的法律基础》。但在这本书中，他不仅仅讨论了法律问题，而且讨论了资本主义的法律过程和经济过程的共同进化和相互作用。在书中，他大量采用了案例研究方法和实地调查的资料，所以读者在书中会看到他经常长篇援引案例和判例。这种独特的理论阐述形式被称为制度主义的“应用”形式。

三

《资本主义的法律基础》的目的，是“提出通过民主的司法程序来解决阶级斗争问题这样一种结构改革方案，这将建立或重建安全、平等、自由和丰裕的社会条件，而这又能体现自我实现以及司法的繁荣”。[①] 在本书中，康芒斯详细阐述了这样一个过程：法院的行动使资本主义市场形式发展成为国家，它认可和保护某些经济关系，同时又限制另外的关系。在康芒斯那里，市场不只是用来分析价格机制的概念，而是发挥着使制度结构或者权力结构得以形成和运行这样的功能。当发生利益冲突时，政府通过市场的法律权利功能，寻求改善资本主义的基础。从而在康芒斯的分析中，建立了一个关于法律和政府的经济基础的理论。

在本书第 1 章，康芒斯概述了他的心理学的意志理论；描述了作为一种行为准则的业务规则（working rules）的作用，即对个人的行为进行限制，规定他们能、不能、必须、必须不、可以或者不可

① Gonce, A. Richard (1976), The New Property Rights Approach and Commons's *Legal Foundations of Capitalism*, *Journal of Economic Issues*, Vol. 10, No. 4 (Dec.), p. 772.

以做什么；描述了交易(transaction)这一基本分析单位；描述了通过业务规则把各种类型的交易组织在一起的运行中的机构(going concern)及其形成和运转。这一章的核心是阐述财产的性质随着法院的认识而发生变化，认为财产最初的物质概念已经转变为包括了无形的(intangible)财产和无形体的(incorporeal)财产的概念。发展中的财产的业务规则在某些方向上扩大了个人行动的范围，在某些方向上又限制了个人行动的范围。因此，法院信奉的关于财产、自由和价值的理论就成为表述权利、义务等概念的基础。

在第2章，康芒斯集中讨论财产概念的转变，强调权力、自由、机会之类概念的复杂性和灵活性，表明了个人的自由和权利是相对于法律和其他人的权利而言的，是由处在发展变化中的关于机会是否合法的判决来规定的。当财产的地位被赋予了特定的利益后，某些财产就被赋予了特权。第3章进一步探讨了法律概念的转变以及市场的建立和成长。通过第4章、第5章对交易和运行中的机构的详细讨论，形成了资本主义的法律基础理论。这个理论是由复杂的人际关系模型、这些关系的实质性内容如何长期变化以及产生这些变化的过程组成的。

在第4章，康芒斯把交易当做经济分析的基本单位。交易是个体实现他们追求私人目标的意愿的手段。在交易中，政府是一个关键因素，尽管它并没有积极参与到大多数交易中去，但它制定的业务规则在很大程度上决定着交易的结果。每一个交易者在交易中都要考虑政府将对他可能的行动作出什么样的反应，而且交易者也会按照这种预期采取行动。

在第5章，康芒斯讨论了交易的另一类参与者——运行中的机构。企业是运行中的机构,政府也是运行中的机构。作为一个运行中的机构,法院的判决是资本主义的法律基础的重要组成部分,法院通过它所采纳的财产和自由的理论、通过对这些理论的选择性应用作出判决。法院的判决既然是以它采纳的理论为基础,就要涉及法院为何采纳某种理论的问题,或者说评价问题。康芒斯最关心的是那些对业务规则有影响的价值或者公共目的的评价,并集中讨论了市场评价,也就是他阐述的评价、分摊和归算问题。通过详尽的分析,他的结论是:市场评价是创造出来的,是随着对业务规则的重新定义而改变的,重新定义的过程本身就包含了对相互竞争的社会利益集团的主张和行为的一个评价。

康芒斯在第 6 章到第 8 章中讨论了土地市场、商业市场(包括一般的商品市场、货币市场和资本市场)和劳动市场,阐述了这三种市场制度的起源和变化。这三章的内容可以看做对前面建立的理论的验证。

在结论性的第 9 章,康芒斯表明资本主义的存在是因为它的法律基础,以及隐藏在交易中的业务规则、运行中的机构和政府背后的法律基础。正是这种法律基础决定了私人机会的结构,从而决定了人们如何计算经济中的利益。这一章的关键是指出,那些被奉为公共目的的目的总是作为私人目的而产生的,当特定的行为被提升到受政府保护和鼓励的程度,私人目的就变成了公共目的(后来著名的制度主义者加尔布雷思的类似观点直接源于康芒斯在这里阐明的理论)。在这一章,康芒斯还阐述了他的理论始终坚持的立场,即整体或者运行中的机构必然要从构成整体的个体的行为模式这个意义上来理解,但这并不是我们熟悉的今天的正统经济学所坚持的“方法论个体主义”，因为康芒斯寻求在整体的目的与构成整体的个体的目的和行为之间建立理论联系，而不是将它们人为地割裂开。

四

《资本主义的法律基础》一书中译本的出版，对我们理解制度主义这一西方反正统经济学派的基础理论有极大的帮助。国内学界对制度主义存在太多的误解，而且误信了西方正统经济学家对制度主义带有偏见的评价[①]，往往疏于从制度主义者的原著中去寻找对我们有价值的思想。本书的出版对于学界了解西方经济学中的异端思想大有裨益。读过本书之后，读者也许会发现，与西方经济学中处于主流地位的新古典范示相比，所谓反正统经济学的理论中可能包含了更多的真知灼见。

张　林

2005.7

① 比如科斯认为，制度主义“除了一堆需要理论来整理不然就只能一把火烧掉的描述性材料外，没有任何东西流传下来”（科斯：《论生产的制度结构》，上海三联书店1994年版，第346页）。

目　　录

序　言

本书的宗旨是想设计出一种进化的、行为主义的或者说意志的价值理论。这部书是35年前我在约翰·霍普金斯大学求学时，在理查德·T.伊利老师的鼓舞下开始写作的。

30年以前，我出版过一本书，题名为《财富的分配》。在那本书里，我试图将不能混合的东西混合在一起，这就是庞巴维克的享乐主义心理学与他自己曾经分析过而在其心理价值学说的巨著中一概没有提及的那种合法权利和社会关系。后来我曾有多次机会调查劳工问题以及有关公用事业的管制和定价问题。这终于使我在担任威斯康星州立法委员会的一名助理期间草拟法案的时候，对经济和法律理论进行了一番考证。

正是这些与我的学生们共享的经验，直接形成了本书中所讨论的理论问题。如果新的法律能符合宪法的精神，那么我们必须对法院的判决作一番探讨，而这种探讨必然会涉及一个关键性的问题，即法院所谓的合理价值究竟是什么意思？这个问题的答案与合理的行为有某些关系。除了伊利教授的著作对这个问题曾有所阐明外，我们之中没有人能从其他经济学家的著作中找到更多的解释。从法院的判例来看，似乎凡是“合理的”东西往往会受到支持，因此我们只好使用合理的价值、合理的安全、合理的工资等字样，并为政府官员和平民百姓规定合理的行为，姑且不论我们是否知道到底它的含义是什么。

我曾经拜读过凡勃伦的著作，他从1895年开始对古典的、社会主义的以及心理经济学家的各种理论发表了尖锐的批评，他还建议必须根据社会生活的习惯和惯例创立一种进化的价值学说。但是他未曾研究过法院根据这些惯例所作出的判决，而我和我的学生们却从几百年来的法院判例中直接挖掘它们所持为依据的行为主义的价值学说。我们试图调和自魁奈以至卡塞尔等经济学家及自科克以至塔夫脱等律师的见解，结果我们遇到了难题。我们最后发现实际上我们不只是在研究合理价值的学说，而是在说明资本主义本身的法律基础。

本书基本上在作理论性的探讨，仅仅研究英美法院的判例所得出的概念，不过同时也着眼于从重农主义者到现代的各主要经济学家的思想。我们正在写的另一部书①，打算对经济学家的这些学说进行评论，从而使合理价值的理论付诸实践，解决当前的问题。

在我从事这些研究的过程中，蒙哥伦比亚大学的威斯利·C.米切尔，耶鲁大学法学院的阿瑟·L.科宾和威斯康星大学法学院的威廉·H.佩奇给予了重要的帮助和批评。

威斯康星大学

1923年7月

约翰·R.康芒斯

① 指《制度经济学》。——译者

第一章 机械论、稀缺性、业务规则 1

经济理论通常讨论两个问题,即价值与经济。这些概念的抽象理论说到底都是以数量、时间及能量等数理概念为基础的。这三者是不可分割的,因为数量和时间就是能量的量纲。能量中的各数量关系,即通常所谓“静态”,取决于部分与整体的关系问题,而能量的时间关系,通常所谓“动态”,则为连接着过去、现在和未来的一种过程关系。

作为部分对整体的两种数量关系,价值与经济是可以区分开的。整体总是部分的函数,但整体可以为其各部分的总和,也可以为其各部分的乘积。前者为价值的数量概念,后者则为经济的数量概念。一笔“价值的基金”是构成整体的各部分价值的总和。我们所谓的价值是指某种特性,它是各种商品的其他特性的抽象化,如果以货币来衡量这就是价格,然后把它们加在一起,这样,各部分的总额就是各部分相类似的特性的总额。

然而经济就是使具有不同特性而又互相补充的各部分比例化,所以,一种能量对另一种能量起着作用,其结果可大于或甚至小于相加的总和,这要看限制和补充各部分的比例配合的好坏程度而定。价值是类似价值的总和,而经济是非类似价值的比例化。

在经济理论的任何方面都普遍存在着这种部分对整体的两种
数量关系。个人的总和就是人口的总数,但把不同的人的各种活
2 动有比例的配合起来就是一个社会。各价格的总和就是一个企业
的全部营业资产,但土地、劳动力、资本和管理的比例配合就是运
行中的机构。工资是对计件工作或计时工作的劳动所支付的货币
总额,但领取工资的各种活动的比例配合,就成为一个具体的职
业。一切商品价格的总和是一个国家的总的名义财富,但一件商
品与所有其他商品间所存在的比例就是供给和需求。

经济优劣的概念就是这样不言自喻的,而其在心理学上的对应词——合适感或不合适感也就是“常识”或“智慧”,或只是习惯与公认的惯例,总是存在于每一个行为之中,以致在经济思想史上,只要各部分的比例适当就被认为是好的经济,好经济常常被理所当然地认为,或者被提升为外在于或者高于部分的整体。整体竟能大于各部分的总和,这不是一件可惊可贺的事吗?而且,如果不是由一位大慈大悲的菩萨或一种“自然法则”把各部分和谐地组织起来的话,各部分又怎能大于它们的总和呢?但是从魁奈和亚当·斯密的时代起,经济理论有了明显的发展,产生了政治经济学的优劣概念,这些概念从自然调和、自然法则、自然秩序、天赋人权、天道、超灵、看不见的手、社会意志、社会劳动力、社会价值、力量的均衡趋势等神秘思想中脱胎而出,并找到其应有的地位,也就是人类本身在比例分配人力,以及按比例分配那些供应有限而又彼此补充的自然资源时所作出的优劣、好坏、聪明或愚蠢的比例配合。

价值和经济的时间维度方面的改变是经济理论发展的另一个

标志。早期经济学家在过去的能量聚积中发现了价值的“起因”和“实质”，不论魁奈的根本的自然力量，或李嘉图和马克思的积聚劳动力都体现这种观点。然后就是享乐主义的经济学家，他们也许在一种对未来的计算方式的帮助下，从现时的痛苦和快乐里面找到了价值，其较后的学说则认为价值发生于现时个人的意志对于未来的期望、恐惧、可能性和时间推移的看法之中。这是一种进
步，是从自过去流入现在的“有效原因”向源于面向未来的目的和 3
计划、并引导现在的行为的“最终原因”的进步。早期的学说是价值和经济的数量学说，而后起的学说则为预期的学说。

数量和时间概念的变化是伴随着能量本身的概念的变化而发生的，能量本身就是价值的“实质”和经济的“起因”。早期的经济学说企图避开人的意志，因为意志是内在的、变幻莫测的和不受法律拘束的东西，所以应该把经济学简化为类似化学、物理或生理学等自然科学。它应该是商品的理论或机械的学说，而不是意志的学说。但是心理学、伦理学、法律学和政治学等研究人性的科学为我们提供了更多的关于人类意志的知识，于是就开始发觉意志并不处于一种不可知的反复无常的状态，意志仅仅存在于人的行为之中，并且，这种行为已在开始形成它自己的自然法则。

这么多的有关人性的科学为经济学说提供了愈来愈多的根据，这些科学既涉及了物性，也涉及了人性。从某一方面来说，经济体现了人与大自然的关系，另一方面它又体现了人与人的关系。第一种情况指的是工程经济学；第二种情况指的是商业经济学和政治经济学。工程经济学为我们提供了有关财富生产、交换和消费的学说，商业经济学和政治经济学则为我们提供了形形色色的

不同专业的学说。心理学理论既探讨人与大自然的关系，也探讨人与人之间的关系，包括人的感觉、智慧和意志，人的劝说和强迫，人的命令和服从。这一切与道德学或伦理学是联系在一起的，后者研究人在利用大自然或与其他人发生关系时所表现出的好、坏、善、恶、正确或错误的态度。这又导致对法学的研究，法学研究的是财产的权利、义务和责任，也研究统治权的权力和责任，而这又是人与人之间的关系问题。最后还有政治学，它研究群众运动和群众心理，按照伦理学、政治学和经济学的概念，群众运动和群众心理定义、制定及加强私人权利和政府的责任。

这样，经济学说与研究人和大自然的其他学说发生了联系，或者说，经济学说也接受了某些与其他理论有关的常识概念。早期的经济学家中有魁奈、斯密、李嘉图、马克思、蒲鲁东等杰出的理论
4 家，他们首先就商品的生产、交换和消费研究了人与自然的关系或工程经济学。但这些商品中或明或暗地包含了一些不同的观念，如人性、使用价值、效用、稀缺性、交换价值、劳动、储蓄、预期、私有财产、自由、政府和经济等概念。于是这些不同的观念把各位物质或技术的经济学家分成了重农主义、古典经济学、社会主义和无政府主义等学派。

随后或同时出现的有享乐主义学派或享乐主义经济学家，其中最著名的就是边沁、西尼尔、戈森、杰文斯、门格尔、瓦尔拉斯、庞巴维克和克拉克。他们所关心的是经济理论的主观方面的问题。他们的出发点不是商品，而是一种快乐感或痛苦感，满足感或牺牲感，但是这些感觉到头来还是商品。虽然后起的享乐主义者通过采用递减和边际效用的方法，能将价值概念作为经济的函数，但是他们的个人主义的分析方法也要或明或暗地借助于伦理、法律、私有财产、自由、社会和政府等概念，享乐主义者对这些概念不是想当然地而不加以研究，就是认为它们属于“非经济的”或“反经济的”的概念，或者把它们排斥到“社会价值”或“价值基金”等范畴中去。

我们把这两类学说称为价值和成本的机械论学说，因为它们以自然科学作为它们的经济学说的模特儿，而且它们以所谓的机械论的原理为基础，提出了它们的答案。最后，还有另外一类学说，我们称之为意志学说。这一派学说的创始人是休谟、马尔萨斯、凯里、巴师夏、卡塞尔、安德森，尤其是美国的最高法院。他们的出发点不是商品也不是感觉，而是从未来的目的出发，体现在管理交易的行为规则方面，从而交易产生了权利、义务、自由、私有财产、政府和组织。这些就是人与人之间发生的或明或暗的相互承诺和相互威胁，这种相互承诺和威胁决定了在社会交易和经济交易中人的行为所受的限制。他们的观察单位不是商品和感觉，而是着眼于未来的两个或两个以上的人之间的交易。他们的学说就变成人的行动中的意志的学说，把价值和经济视为一种关系，这在一定程度上是人与自然的关系，而更主要是指人与人的关系；它的一部分属于数量理论，另一部分属于以未来数量为基础的预期理论。

在这时期内，伦理、哲学、心理等学说与经济学说一样，都在日 5
益向意志学说靠拢。心理学正在变成“行为主义的”学说，哲学和伦理学正在变成“现实主义的”或“实用主义的”学说，而经济学则已经变成历史的、经验的和理想主义的学说，因为它不仅探讨商品和感觉，而且还探讨过去、现在及所期望或害怕的各种交易。事实上，交易已经成了经济学、物理学、心理学、伦理学、法学和政治学的会集点。每一个交易就是一个观察的单位，它明显地牵涉到所有这些科学，它是若干人的意志，是对可供选择的对象的挑选，是对阻力的克服，是按比例分配自然资源和人力资源。它受到效用、同情、义务或者它们的反面的应允和警告的引导。一些个人和组织使交易得以扩展，或者使其受到抑制，或者让交易处于暴露状态。这些个人和组织包括政府官员、商业机构或者工会。它们在这个资源有限的、机械的世界上，对公民权利、义务和责任进行解释和强化，以使个人行为适合不适合于国家的、政治的、商业的、劳工的、家庭的和其他的集体行为。

因此，为了解释交易这一实质性的问题，经济学说首先是把商品作为它的最终科学单位，然后再转向讨论感觉，从根本上说商品、感觉和交易所有这些概念都有特定的解释原则，理论家们按照他们著书立说时流行的心理习惯或思想方法，不是公开地假设就是想当然地定下了解释的原则。这些原则可以区分为机械论原则，稀缺性原则以及运行中的机构的业务规则原则。牛顿爵士创立的机械作用原则不仅成为说明所有自然科学的原则，而且也用以说明植物学、生理学及心理学、伦理学、经济学、政治学等人文科学，过去被认为理所当然而且从来没有被加以具体化的稀缺性原则，也逐渐地与机械论原则一起被阐明了，最初是休谟和罗伯特·马尔萨斯这样做，后来达尔文在生物学中将其一般化，戈森、杰文斯及享乐主义经济学家又用它来说明心理学和经济学。

稀缺性的原则不但没有实质性地改变以机械作用原则为基础

的思想习惯，而且在边际效用理论中为机械论原则给出了一个更精确的阐述。这是因为商品和感觉等概念与个人而不是与集团或 6
社团的欲望和努力有关，所以就可以产生亚当·斯密的个人主义、利己心、劳动分工、商品交换、平等、流动性、自由等机械论原则，以及使个人能在无意中相互受益的天道。

但是后来的学说不能不顾及新出现的公司、工会以及各种自愿组织起来的团体，据说单是美国的工商界就有 25,000 之多；同时也不能不考虑到政府通过纳税、干预权和法定铸币权所进行的干涉。结果后来的学说主要关心大家称之谓的运行中的机构的业务规则，它还有各种形式和名称，如习惯法、成文法、商店准则、商业伦理、业务方法和行为规范等等，这些由个人组织起来的管理集团或管制集团制定了交易的规则。

所以，当前包括在经济学说中的不仅是通过商品、感觉和个人的利己心自动和自然地表现出来的机械作用的原则和稀缺性的原则，而且也包括了通过组织和政府对利己心加以限制后所表现出来的对交易的集体控制原则。一种业务规则通常使用四个动词来引导和节制交易中的个人。业务规则规定什么是必须做的或者什么是必须不做的（强制或义务），什么是可以做的同时不会招致其他个人的干预（许可或自由），在集体力量的帮助下，什么是他们能够做的（能力或权利），什么是他们不能指望集体力量为了自己的利益而做的（无能力或暴露）。简言之，从个人自己的立场来看，团体或政府的业务规则，就是他的权利、义务和自由的来源，也是他得不到其他人享有的受保护的自由，即暴露的来源。

经济学的根本原则，从机械论到稀缺性，然后再到业务规则的

转变，对财产概念发生了深刻的影响，财产概念从为所有者个人使
7 用而排他性地占有物质对象的原则改变成为自己的使用而控制他人所需的有限资源的原则，再进一步成为纯然产生于控制交易的法律规则的那种无形的和无形体的财产概念。从1872—1897年美国的法理学逐步完成了这些变化，而且，最高法院对于“财产”、“自由”及“合法程序”等名词的定义作了变更，我们从美国宪法第十四次修正案上便能见到这样的变化。

所以，现代的法律学说和经济学说首先以牛顿的机械论原则为阐述的基础，其后以马尔萨斯的稀缺性原则为阐述的基础，再后又以法律原则的通例为阐述的基础，在一个具有机械力量和缺乏资源的世界上，法律原则的通例既可以限制又可以扩大个人意志。由于交易是经济的单位，而业务规则又是美国最高法院研究财产、统治权和价值等理论的依据，而且美国最高法院在世界史上是政治经济方面最富有权威和具备独特的能力，所以我们从探讨法院方面的财产、自由和价值理论出发。因为现代工商业的经营主要以这种理论为依据，而且美国的立法机关、行政机关和下级法院，都必须遵守美国的宪法，正像美国最高法院近来指出的那样，不经过合法程序或按法律上的同等保护，禁止夺取财产、自由或价值。[①]

经济学家以商品或个人对商品的感觉作为出发点，而法院以

① 第五次修正案（1791年）适用于联邦政府：不经合法程序任何人不得“剥夺生命、自由或者财产；不得在没有公正补偿的情况下把私有财产充公”。第十四次修正案（1868年）适用于各州的政府：“不经合法程序，任何一州均不得剥夺任何人的生命、自由或财产；也不得对其辖区内的任何人剥夺法律上的同等保护权。”

交易为出发点。它最终的调查单位不是一个个人而是处于一次或多次交易两端的两个或更多的人，即原告和被告。事实上，商品和感觉包含于一切交易之中，但是它们只是交易的第一个步骤、附属物或结果。交易是两个或两个以上的意志，体现了一个具有稀缺性、机械作用和行运准则的世界上的给予、收受、劝诱、强制、诈取、命令、服从、竞争和控制形式。法院所处理的是行动中的意志。就像现代的物理学家或化学家那样，其最终单位不是原子而是永远
在运动中的电子，所以法院所处理的最终单位不是一个个人而是 8
两个或两个以上行动中的个人。在他们停止活动的时候，法院别想发现他们。他们的活动就是交易。

交易总是在一个时点上发生的。但在一段时期内，交易从一个时点向另一个时点流动，这种流动是一种过程。各法院使用了“运行中的机构”这样一个概念来全面概括这一过程的观念，这一个词源于工商业的惯用语，指的无非就是物质生产和消费的技术过程和根据商店规则、业务规则或国家法律的买卖、借贷、命令和服从的业务过程。我们不妨把物质过程称为“运行中的工厂”，把业务过程称为“运行中的业务”，这两者即构成了“运行中的机构”，它是以大自然的力量和根据公认的原则在人与人之间开展的交易的作用与反作用所造成的。

所以，经济学说从商品移向感觉，最后又转向过程，也就是从机械论原则移向稀缺性的原则，再转向支配个人行为的业务规则。价值和经济变成了动词而不是名词。价值变成评价；经济变成经济化。经济化也就是国家或业务机构对行动准则的运用。一个交易是为了进行详细分析而从这一过程中挑选出来的一个单位。价

值和经济也就成为几百万人在没有始终的一段时间内通过几亿次交易而进行的评价和经济化的活动，无数业务规则，是这些经济业务活动的基础。演绎推论的数理概念，成为与几亿次交易中的几万万次评价有关的数量和时间概念、导向概念关联性概念、可能性概念、时滞概念和预测概念等统计概念，这些交易在公认的行动准则的范围内促进我们所谓的意志的能量。

过个过程有三个属性，它们为我们指出了价值包含的三种意思，经济学家的不同学派对这三种意思都各有侧重。价值具有主观或意志方面的**预期**意义的时候，便可以称作为**心理价值**，而且这是一种动力。其次价值具有生产的**商品**、交换和消费的客观意义的时候，便可以称作为**实际价值**。最后它还具有行为主义的**价格**

9 意义，因为价格产生了由业务规则所制定的以度量衡标准为单位的买、借、租等交易中，这时的价格可以称作为**名义价值**。

价格体系宛如语言体系或数字体系。语言、价格和数字都是表面的东西而不是实际的东西。在运用业务规则的时候它们是必需的记号和标记。然而，语言、价格和数字中任何一个都是人们最有效的工具，为了谋求实际的东西，人们可以凭借它们相互展开稳妥、正确的交往。但是它们中的任何一个也可能是不稳妥和不正确的。如果语言不能传达原来的用意，那么这样的语言是靠不住的；数字如不能表明实际数量那就等于谎话连篇；价格如不能反映实际价值的演变就是在涨价或落价。每一个交易都具有对三个方面的评价问题。这就是意志的会合，商品的转移和价格的确定。因此，交易是心理价值、实际价值和名义价值的一个纲领。各法院在作出裁决时，按照通例努力使名义价值即价格尽量在事实上能代表商品和劳务的心理价值即预期价值和实际价值即数量。它们的目标是企图求得“合理价值”。

但法院并不能顾及所有行动中的意志。个人既与别人打交道，也要和自然力量打交道。这种人与自然的关系也许可以分为作用和反作用的关系，因此，个人的行为存在于两种活动中，即与自然力量的作用和反作用以及与他人的交易。一种是财富的生产和消费，另一种是买卖、借贷、租让、雇用和解雇、交换、竞争及管理。

现在我们可以从几个不同的着眼点看待一个交易，虽然这些着眼点互有牵连，但它们各自的含义却大相径庭。我们可以把它们看作为某一个自然力量的活动，以意志力为例，它像其他力量一样发挥着作用，在这种情况下，我们就有了一个行动中的意志的物理或机械的等价物。我们可以把它看做预期和回忆的伴随物，而预期和回忆就是它的心理等价物。我们可以把这些预期的东西看做是被诱发出来的或诱发别人去采取行动或不采取行动，这就在社会心理方面为我们提供了一个等价物。这种两人或两人以上的 20
社会心理反过来又受到群众心理或集体心理的影响，并为业务规则打下了伦理的、法律的或政治的基础。最后，个人和群众的心理表示了意志适应于稀缺性原则，这一观点又为我们提供了一个交易和业务规则的经济等价物。表示某一类现象的文字总带有从其他现象所投射过来的意义。我们只是从不同角度观察同一的过程，所以总是看到具有不同形状、色彩和明暗色调的相同的轮廓。

因而我们就具备了经济学说所探讨的两个概念，即价值概念和经济概念。这两个概念不能和各学派从调查研究中所挑选出的

主题分开的，这些主题就是商品、感觉和交易。而且我们有三个根本原则作为依据，它们是机械论原则、稀缺性原则和团体、机构和政府的业务规则的原则。因此，尽管我们以美国最高法院的判例所依据的业务规则为出发点，我们还将发现从业务规则衍生出的经济和法律方面的问题正在逐渐变为机械、心理、伦理和政治方面的问题。

第二章　财产、自由和价值 11

1. 使用价值和交换价值

1872 年人们就屠宰厂一案[①] 要求美国最高法院对美国宪法所载财产和自由两字作出解释。1865 年采用的联邦宪法第十三次修正案规定禁止蓄奴和强迫劳动，作为犯罪的惩罚不在此列，而在三年以后所采用的第十四次修正案又禁止各州未经“合法程序”剥夺任何人的“生命、自由和财产”，并授予联邦法院以裁判权。路易斯安那的立法机关曾给予某一个公司垄断权，使它保持其在新奥尔良市的牲畜屠宰场所，并规定了其他屠宰商在使用它的设施时可收取的费用。屠宰商们通过他们的律师提出抗辩，他们认为这一律令不经法律程序既剥夺了他们的财产，也剥夺了他们的自由。最高法院对这个问题的意见也存在分歧。如果地方法院认为财产是指交换价值，那么，根据宪法的各修正案，联邦法院应执行其裁判权。但是如果财产的含义只指物质东西的使用价值，那么，联邦法院就不会去干预路易斯安那的立法机关。最高法院法官密

① 案例编号：(16 Wall.)第 36 页(1872 年)。

勒代表多数意见，他宣称按照第十三、十四两次修正案所用名词的含义，这一法令并不表示对财产和自由的剥夺。他说，在解释“自由”这一个词的时候应参照这些修正案的众所周知的含义，也就是说要消灭奴隶制度和人身奴役。退一步说，即使承认通常使用的“自由”这一个可能含有“公民自由”或从事买卖的权利的那种含义的词，但是自由的这一含义并不包含在宪法修正案使用的这一名词的含义之内。在没有采用这些修正案以前，公民的自由，不论是
12 人身的、民事的或经济的，大抵均由各州负责。第十三和十四两个修正案只不过把保卫整个自由概念中的一个部分，即所谓的消灭人身奴役的权力从各州转让给联邦政府。所有其他方面的自由还是同从前一样由各州负责。[①] 至于第十四次修正案中所使用的“财产”这一个词的含义，他认为仍保持其在习惯法上的意义，即为自己的使用而排他性地占有的物质东西。按照第十四次修正案，财产是指使用价值而不是交换价值。他说：“我们从这一规定的字里行间丝毫看不出，在开展业务的时候，路易斯安那州施加于新奥尔良市屠宰商的束缚，包含有任何一点剥夺财产的意思”。[②] 路易斯安那州并没有剥夺屠宰商们财产的使用价值，它只剥夺了他们财产的交换价值。

最高法院的少数派却争辩说，在这一案件上政府原本可以运用它的干预权（他们当然承认，政府可以从公众利益出发公正地剥夺一个人的自由或财产而不予以补偿），而不必诉诸垄断，为了公

① 案例编号：(16 Wall.)第69—73页。
② 案例编号：(16 Wall.)第81页。

共卫生的利益，它完全可以对所有的屠宰商作出同样的规定，而不像现在那样，垄断性质的立法剥夺了其他屠宰商的自由和财产并将其转移到垄断者的手中去。然后，他们进而对财产和自由下了定义，他们认为国家不是通过恰当地运用干预权，而是给予了屠宰厂的垄断者一种特权，不公正地剥夺了其他屠宰商的自由和财产。一个人的“专业”、“职业”、“业务”、“劳动”，就像他可能占有的物质东西一样，都是财产；而“自由”则包括其“选择的权利”，也就是他选择专业、选择职业或业务并选择其运用劳动方向的权利。例如，少数派方面的布拉德利法官声称：“一个人选择专业的权利是自由的基本内容，这也是政府保护的对象；而这种专业一旦被人选定，它就成了一个人的财产和权利。……他们的选择权是他们的自由权的一部分；他们的职业就是他们的财产。”（第 116、122 页）少数派的另一名法官菲尔德主张将“奴隶”的含义从物理的强制改变为 13
经济的强制。他说：“如果只允许一个人从事某一行业或职业，并且只限于国内的某一地点，照这一名词的严格含义来说，固然不是一种奴隶的情况，但也许谁也不会否认他处于一种奴役的情况下。……即使为了一个人的自身利益而强使他从事一种行业或待在一个地方工作，这与强迫他为他人的利益或幸福而劳动的一种强制几乎同样暴虐，而且前者对自由的侵犯也差不多不亚于后者。”（第 90 页）这样，菲尔德法官就把奴隶描写为物理的强制，而奴役则被描述为经济的强制。斯韦恩法官则宣称：“凡是具有交换价值的东西都是财产，财产权包括按照所有者的意志自由处置其财产的权利。劳动也是财产，凭这一点它应受保护。有效使用劳动权的重要性仅次于生命和自由的权利。”（第 127 页）因而，斯韦

恩法官对财产所下的定义为一个人的工作能力的交换价值，自由则为在劳动市场实现此项交换价值的权利。

交换价值是少数派为自由和财产所下的定义，这一定义在屠宰厂的案件中没有发生效力，因为多数派还是坚持以前的使用价值的含义。12 年以后，新奥尔良市政当局按照该州新宪法的精神，把与原来的垄断者的利益相冲突的特权给予了另一家公司，这样就侵犯了垄断者的排他性权利。于是，这一回这家屠宰公司就成了市政府的原告。法院的多数派现在还是坚持财产和自由的原有定义，但这次他们认为他们上次坚持的裁决和这次驳回裁决都属于正当地运用国家的干预权。[①] 法官布拉德利和菲尔德虽然一方面同意法院的裁决，但另一方面他们提出了他们在原来的屠宰厂个案中所表示异议的意见，并一再重复他们原来的观点，认为原裁决本身就是对自由和财产的非法剥夺。在他们原来的对立观点中，少数派没有引用任何案例以证明财产这一名词曾应用于行业、职业、业务或个人劳动的意义，也没有提出对财产占有者来说，财产的价值即在于它的交换价值的论点，虽然他们曾经断言它应该
14 具有那样的含义。因此，对这一词的宪法含义，他们无法驳倒米勒法官，因为米勒坚持宪法从来没有赋予这个词这样的含义。但在下一案件出现的时候，他们就提出了他们所下的各个新定义的来源。这时，菲尔德法官说财产的这一含义出自亚当·斯密的著作，斯密曾经说过：“每个人所有的财产就在于他自己的劳动，因为这

① 屠宰联合公司对克莱圣市公司的诉讼案，案例编号：(111 U. S.)第 746、751 页(1884 年)。

是一切其他财产的基础，所以它是最神圣不可侵犯的。”[①]而布拉德利法官则洋洋得意地说：“像许多人主张的那样，如果一个人的专业权利就是财产的话，那么这就是说，该法令未经法律程序就剥夺了在新奥尔良早已从事于现在被禁止的那种专业的人的财产和自由”。[②] 所以财产和自由的新的含义早在亚当·斯密的著作中和工商业的习俗里就能找到，而不是在美国的宪法中发现的。

在屠宰厂案件以后，各州和联邦法院在解释宪法的时候，开始逐渐采用少数派关于财产和自由的定义，[③]如果事情本身正在发生这样的变化，那么这确实是正当和必由之路。最后，1890 年在处理明尼苏达州的第一个费率案件的时候，[④]最高法院本身也发生了这种变化，它将财产的定义从仅仅具有使用价值的物质东西改为一切东西的交换价值。

这一裁决与 1876 年最高法院在对芒恩对伊利诺伊州的诉讼的裁决有些两样，[⑤]最高法院在处理芒恩案时曾经认为，当伊利诺伊州的立法机关降低仓库公司所收取的使用其设施的费用时，在业务的交换价值上所造成的减收现象，按宪法第十四次修正案用词的意义，并不是对财产的剥夺，因此联邦法院不必对此作出纠

① 案例编号：(111 U. S.)第 746、757 页；斯密：《国富论》第 1 卷，第 123 页(坎南版，1904 年)。

② 案例编号：(111 U. S.)第 765 页。

③ 鲍威尔对宾夕法尼亚州的诉讼，案例编号：(127 U. S.)第 678、684 页(1887 年)；雅谷布斯问题，案例编号：(98 N. Y.)第 98 页(1885 年)；人民对马克思的诉讼，案例编号：(99 N. Y.)第 377 页(1885 年)；人民对吉尔森的诉讼，案例编号：(109 N. Y.)第 399 页(1888 年)。

④ 芝加哥密歇根圣保罗铁路公司对明尼苏达州的诉讼，案例编号：(134 U. S.)第 418 页(1890 年)。

⑤ 案例编号：(94 U. S.)第 113 页(1876 年)。

正。这一精神符合它在屠宰厂案件上所持的立场。它只是在州政府的干预权下对财产的“使用和享用”的一种管制。不仅如此，最高法院甚至还宣称，如果立法机关滥用权力，“人民应该用选举权来解决问题，而不是靠法院来解决”。[①]

各州的立法机关存在着滥用权力的可能性，伊利诺伊高等法
15 院在审理芒恩案时，支持该州立法机关的判决，这足以说明法院滥用权力的问题。伊利诺伊州的法院曾认为，[②]该州立法机关在那一案件上并未滥用权力，因为所有人的财产没有被“拿走”，也就是说他对财产的“主权和占有”并未予以剥夺。在这一点上，伊利诺伊州的法院沿用了财产的原始定义，把财产作为供个人自己使用和享受的物质对象。立法机关在州的干预权的干预下，可以降低仓库公司为使用其仓库所制定的收费标准，但这不等于“拿走”他们的财产。纵然财产所有者被剥夺了制定仓库使用费的权力，但他们仍然继续保有他们的物质财产。对于这一点，菲尔德法官曾正确地回答说：“宪法条款既未引申到财产的所有权和占有权方面去，也没有引申到财产的使用和来源问题，所以宪法条款对财产价值确实没有作出任何保障”。[③] 因为，如果财产所有者在销售其财产的产品时，被剥夺了确定价格的自由，那么财产所有者的所有权或物质财产的占有权在作为营业资产时当然都是空的。

但是菲尔德法官在芒恩案上走得更远。他不仅否认立法机关

① 案例编号：(94 U. S.)第 113、134 页。

② 依菲尔德法官的解释，案例编号：(94 U. S.)第 139 页；芒恩对人民的诉讼，案例编号：(69 ILL.)第 80 页(1873 年)。

③ 案例编号：(94 U. S.)第 143 页。

的权威而且也否认法院有规定补偿的权力。多数派则只否认法院有规定补偿的权威。在芒恩对伊利诺伊州诉讼案发生14年以后，在明尼苏达州的费率案件中再次出现了这一问题，[①]为铁路请愿的人士要求法院复查芒恩案和其他类似案例的裁决，并要求限制州立法机关最后确定使用财产而收取的费用的权力。(第445页)这时法院同意了这一要求，而且代表多数派的布拉奇福德法官写道："这种管制的权力(干预权力)并不是摧残的权力，对其进行限制也并不等于没收。"(第456页)而且没收或收费的合理性问题"首先是司法审查的问题，在作出决定的时候需要经过法律程序"。(第458页)这样，菲尔德法官把财产作为交换价值的定义得到了认可，于是根据第十四次修正案的精神，联邦法院对财产的保障问题可以行使裁判权。

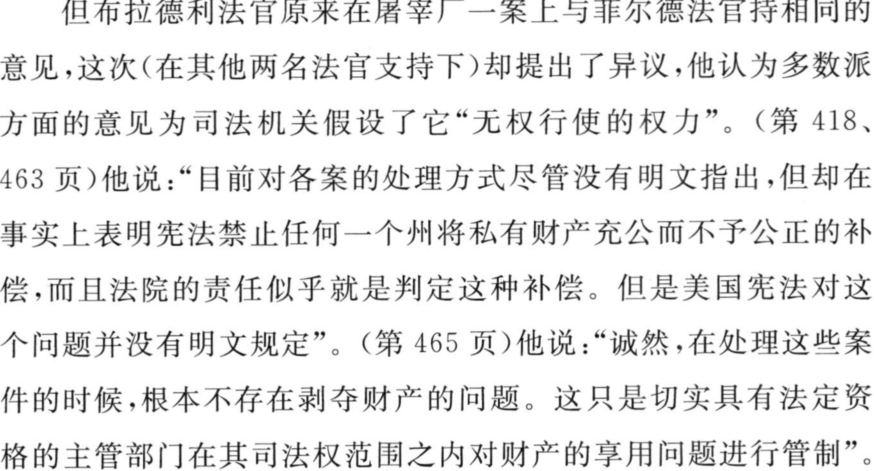

但布拉德利法官原来在屠宰厂一案上与菲尔德法官持相同的 16
意见，这次(在其他两名法官支持下)却提出了异议，他认为多数派方面的意见为司法机关假设了它"无权行使的权力"。(第418、463页)他说："目前对各案的处理方式尽管没有明文指出，但却在事实上表明宪法禁止任何一个州将私有财产充公而不予公正的补偿，而且法院的责任似乎就是判定这种补偿。但是美国宪法对这个问题并没有明文规定"。(第465页)他说："诚然，在处理这些案件的时候，根本不存在剥夺财产的问题。这只是切实具有法定资格的主管部门在其司法权范围之内对财产的享用问题进行管制"。

① 芝加哥密歇根圣保罗铁路公司对明尼苏达州的诉讼，案例编号：(134 U.S.)第418页(1890年)。

（第 466 页）在这一点上，他像伊利诺伊州法院对待芒恩案那样，仍然坚持财产的原始定义，把财产作为仅供个人使用的而排他性地占有的对象，只要财产的所有权和占有权没有被剥夺，那么就不能把财产从其所有者的身上拿走而不给予他应享有的公正的补偿。

但这次多数派已经不再坚持他们在芒恩案上所持的立场，他们认为财产不只是物质的东西，这些东西的**预期获利**能力也是财产；而且不仅国家对一切产业的**征用权**可以剥夺财产所有者的财产，而且国家夺走**交换价值**的干预权也可以剥夺财产所有者的财产。剥夺财产所有者的财产的**交换价值**就等于剥夺了他们的财产。这时他们一反在芒恩案上的做法，他们认为根据第十四次修正案，决定夺走多少财产的价值而不致达到没收的地步是法院的权限而不是立法机关的权限。这样，他们把司法机关确定公正补偿的权力扩大到干预权的运用，司法机关也曾经根据征用权作出公正补偿的判决。[①]

财产从物质对象过渡到交换价值的定义就这样完成了。为了公共目的，根据财产征用权的原则可以夺走财产所有者对物质财产的“所有权和占有权”。不过唯一的条件是给予相等价值的补
17 偿，使所有者的资产不致减少；而这种相等价值或公正补偿就是一个司法问题。关于这一点我们把它扩大理解为：运用干预权可以夺走财产所有者的财产交换价值，但是这么做必须有一个限度，也就是使他们保持足够的讨价还价能力以维护其原有的同等交换价值，而这也是一个司法问题。财产的定义已从物质的东西改变为

① 按照原来的宪法规定，任何州不得将私有财产充公而不予以公正的补偿。

任何东西的交换价值，同时联邦法院承担了裁判权。

但如果不准财产的所有者及其预期的购买者进入市场买卖这种财产，则财产的交换价值显然是不存在的。所以在确定交换价值的定义的时候，进入市场的自由权是必不可少的。在明尼苏达州审理费率案件 7 年以后，当受理阿尔热耶案件的时候，这一规定才最后加上去了，而 1872 年少数派对自由所下的定义于 1897 年被普遍接受了。[①] 这时法院声称："在那个修正案（第十四次）中所提到的自由，不仅表明公民有权使其人身不受羁绊，而且认为这名词还包含公民有自由享用其各项机能的权利；可以用一切合法的方式自由使用它们；他可以到合意的地方去生活和工作；可以从事任何合法的职业以谋生计；可以从事任何职业或副业，并且为了顺利地达到上述目的，他们可以与别人订立一切正当、必要和必不可少的合约……他们与所有其他具有类似情况的人都能在平等的名义下享受从事普通职业或业务的权利，也有获得、保有和出售其财产的权利，这是第十四次修正案所保证的自由权和财产权的基本精神"。[②]

而且对于财产的拥有者来说，进入市场的自由对于其财产的交换价值虽然是必不可少的，但是对于可能出现的竞争者来说，如

① 阿尔热耶对路易斯安那州的诉讼，案例编号：(16 U. S.)第 578、589 页(1897 年)。

② 同上，第 580、589 页。上面引述的后一句话部分地摘自以前的案例，鲍威尔对宾夕法尼亚州的诉讼，案例编号：(127 U. S.)第 678、684 页(1888 年)；援引于案例编号：(165 U. S.)第 578、590 页。1891 年在诉讼过程中，有关这些术语含义变化的讨论，请参阅 C. E. 夏塔克的文章"联邦和各州宪法关于保护生命、自由和财产的条款中自由的真实含义"，载《哈佛大学法律评论》，第 4 期，第 365 页(1891 年)。

18 果他们拥有进入市场的过多自由，那就会损害交换价值。在过去的 300 年间，各法院在处理一系列的案件的时候，曾在“企业的商誉”或“不公平的竞争”的名义下，对这种过分的自由予以抑制。显然，保护财产的交换价值是法院的目的，现在财产本身的定义既然已从物质的东西改变为任何东西的交换价值，因此把商誉的定义从“公平竞争”转变成“财产”丝毫没有困难了。一个企业的久经考验的商誉，历来就具有交换的价值，但过去它只是一种希望别人具有的有益的行为，而现在它干脆成了一个特殊的财产问题。其他法院也都采取了同样的态度，1902 年在审理有关单纯以口头用电话向日报传达新闻的一种排他性权利的案件的时候，财产的含义完成了从物质的东西向几乎完全无形的东西的过渡。下级法院曾经这样说：“财产……的最新含义并不仅仅指可以用手接触到或用眼见得到的东西。在大多数大企业里，所谓有形的财产早已成为只是一种基本生命的物质表现，这种生命对于成功的贡献比单纯的物质表现更有无可比拟的效力”。[①] 1911 年，另一个下级法院又把法官斯韦恩在 1872 年把劳动作为财产的定义变成“在将来从事任何专业或职业的权利”。[②]

可见，以上各案都以财产的双重意义为基础，而有关财产含义的转变也就是从它的一种含义过渡到两个含义。按照一般的习俗，也就是传统的习惯法及在屠宰厂个案及芒恩案所沿用的惯例上，财产都指任何占有的有形的东西。在往后的一些判例中，财产

① 全国电话新闻公司对西方联合电话公司的诉讼案，案例编号：(119 Fed.)第 294、299 页(1902 年)，引自法官格罗斯卡普的话。

② 格里森对沙的诉讼案，案例编号：(185 Fed.)第 345、347 页(1911 年)。

指对于所有物所意含的预期活动，包括获得这种东西、使用及出卖这种东西的一切活动。前者是财产，后者是业务。财产的前一个含义是指被占有的东西，后一个含义是指东西的交换价值。前者是物质对象，后者是可以买卖的资产。

因此，原始意义上的“有形体的财产”已经消失，或者更确切地说，根据经济学家所谓的“使用价值”，它在物质对象的生产和消费的不同过程中，已经被归纳到运行中的机构或家庭的内部“经济”
的范畴中去了。各法院关切的是有形体的财产的交换价值而不是 19
使用价值。这种交换价值不是有形体的，它是行为性的。它是指东西在能够或可能出卖的任何市场上所预期可以获得的市场价值。久而久之，这种交换价值逐渐成为“无形财产”，也就是说，这类财产的价值取决于它进入商品市场、劳动市场、货币市场或其他市场的权利。[①] 所以依据习俗和工商业的惯例，财产只有两种，它们都是无形的和行为主义的，因为它们的价值都是由商品和货币市场上的预期活动来决定的。我们可以在技术上把一种财产称作“无形体的财产”，它包括债务、信用、债券、抵押等等，总之，这是一种付款承诺；另一种可称为“无形财产”，它包括有形体的财产、无形体的财产甚而无形财产的交换价值。**资产**是无形财产的简称。资产是任何东西的预期交换价值，无论这种东西是一个人的声誉，还是他的马匹、房屋或土地，他的工作能力、商业信誉、专利权、好信誉、股票、债券或银行存款，简言之，凡是可以使一个人在买卖、借贷、雇用或受雇、租入或租出或在现代商业的任何交易过程中从

① 参见本书第 7 章第 3 节。

另一个人那里获得的任何东西都属于无形财产。我们将把这两种财产看作为“负担”和“机会”。负担是指无形体的财产，也就是由政府强制执行的付款承诺；机会是指无形财产，也就是进入市场的可能性，它也由政府强制执行的。

我们不妨重温一下习惯法有关财产的含义，它将财产看作为供所有者本身使用而保有的物质东西，由此我们发现即使从财产的原始基本含义来看，它也并非指物质东西的本身，而是指这种东西的预期“使用”，也就是与这种东西相关的各种活动。这种使用或活动来自于掌握或运用这一东西的人的生产或消费能力。法律
20 词汇都带有这种未来性的行为主义的意义。据说，法律词汇中的英语“使用”这一术语来自拉丁文 opus，意思是工作（work）或者业务（working），它又通过英法语 oeps 和旧法语 oes 演变过来的。[①]它指的是某一个人用某种东西所做的工作，也就是他在这件东西上的行为。所以它不同于经济学术语“效用”一词，英语 utility 由于是法语 utilité 转化过来的，来源于拉丁文 usus，意思是指某一个人在使用某种东西时所得到的满足。使用是一种行为。效用是一种感觉。过去封建主把土地租给佃户，称作 ad opus，意思是给佃户生产和消费的“使用权”。后来当财产不但有使用价值，而且开始产生交换价值的时候，法院干脆把“使用”这一术语的含义扩大到交换价值。现在它不仅指生产和消费上所预期的使用价值，而且还指卖出和买进时所预期的交换价值。

① F. 波洛克:《契约原理》，第 5 页（第 9 版，1921 年）；《法律季刊》，第 3 期第 115 页（1887 年）；布维尔，《法律辞典》“使用”词条。

这一区别在有关私有财产的法律方面并不重要。事实上“使用”这一个词包含有社会意义和商业意义。从社会角度来看，它意味着我们所理解的各种东西的生产和消费；也就是增加各种东西的供给和享受。但是从商业上来看，它也指与其他人进行交易时获得和出卖这种东西。这就解释了财产的习惯法含义为什么容易转变为商法含义。按照习惯法财产是物质性的东西，由于它在生产和消费上的预期实际使用，因此对所有者来说是具有价值的，按照商业法，财产指的是**资产**，由于它在买卖时作为购买力具有预期的讨价还价用途，因此对于所有者来说也是有价值的。

所以根据习惯法和通俗观念，财产是物质的东西，这无非是按照常例而理所当然地所作出的一种省略说法，在这种情况下，每次提到财产的时候，就没有说明财产的意义是指它的**使用**而不是指这种东西的本身。结果麻烦也就出现了，因为给使用这一词以常识概念以后，不仅法院和工商业者，而且经济理论家也都使“使用”的含义从设法增加货物供给，转变到与其本义恰恰相反的商业含义上去了，也就是增加所有者在与他人交易时所能支配货物的能力。一种含义是为了增加使用价值的数量而**提高货物供给的生产能力**，另一种含义是为了增加或者保持交换价值而把货物的供给**限制**在与需求成比例的水平上的**讨价还价能力**。讨价还价能力是 21
有意**限制**供给对需求的比例，以维持或扩大商业资产的价值；而生产能力是自愿**增加**供给以扩大国民财富。

所以财产的含义从使用价值转向交换价值，从而从增加使用价值的生产能力转向增加交换价值的讨价还价能力，不只是含义上的过渡，而是一种逆转。这一逆转在最初商业还没有发达的时候显得并不重要，但到了资本主义统治世界的时候，它就变得重要了。

财产和自由含义变化，不仅适用于工商业及运输业，也可适用于农业；不仅适用于公司，也可适用于个人、合伙和其他联合。农业已经成为一种运行中的业务，或者像其他行业那样，它已成为一种破产业务。孤立的拓殖或在边远地区的农民生产和消费产品时也许只注意产品的使用价值，但现代的农民却以生产“社会使用价值”并购买其他经营者所生产和出售的社会使用价值为生。从这个意义上来说，他也“生产”交换价值，即资产。他种地是为了销售而不是为使用，如果一旦他无法销售产品的时候，虽然他有一个不大可靠的依靠自己的自然资源的机会，但他的农场和庄稼是有价值的，因为它们是商业的资产，也就是交换价值，而他们负债就是债务和捐税，这一切都是通过他在商品和货币市场上所预期和实现的交换价值或价格来进行衡量的。

我们认为这就是资本主义的实质，它不同于它所取代的封建主义和殖民主义。资本主义为了别人的使用而进行生产，为了本身的使用而实现占有，因此财产和自由的含义就从生产和消费的预期使用发展到市场上的预期交易，在这样的市场上，价格的涨落决定了一个人的资产和负债情况。财产和自由的含义从1872年的屠宰厂案件到1897年的阿尔热耶案件的转变，实质上体现了从物质东西的使用价值转变到任何东西的交换价值的转变。

2. 机会和负担

如果财产(不同于财产和权利)的含义不仅仅指物,而是指获得、使用和销售物时的预期活动的自由,那么,财产的重要性就在 22
于这种东西的预期行为,而东西的价值则在于与它有关的预期的合意的行为。换句话说,价值存在于预期的行动中的意志里,而预期的行动中的意志就是指它的预期行为和交易。我们将称之为运行中的机构,[①]它包括两个不可分割的组成部分,一个是产生着使用价值的生产组织,另一个是带来交换价值的运行中的业务。

财产权从物的使用价值过渡到它的交换价值意味着从物质的东西转变成运行中的业务,而且最最重要的是它把财产和自由结合到同一个概念范畴之中。财产是指可以买卖的任何东西,那么既然一个人的自由也能买卖,所以自由就是资产,而且也是财产。一个人可以用两种方法出卖他的一部分自由。假定你同意从现在起再过一年付给我 1,000 美元。这样一种承诺原来属于道义问题而且完全出于自愿的。但现在倘若你自己的良心和牧师在道义上都没有促使你付钱的话,政府就要强制你支付这笔钱。你已经出卖了你的一部分自由,而我又可把这部分自由转卖给第三方。

或者你把你的商誉或商标卖给了我,并同意不再与我竞争或在你的店里再使用已出卖的商标。原来我们之中的一方或双方也

① 参见第 5 章。

许因为为签订这样一种约束贸易的契约而去坐牢或受到惩处。[1]但现在如果你不履行你的诺言，法院就会处罚你，而且，如果别人使用你的商标亚与我竞争，法院还要处罚这些人。这就是说你把你的一部分自由出卖给了我，而我又可以将它转卖给第三方。

在这些例子中，我所购买的并已经归我所有的究竟是什么东西呢？就你而言这是一种未来行为的承诺，对我来说，就是在你不愿履行你的诺言时，我请求司法官员强制你履行你的诺言的一种许可。你已经把一部分的自由出卖给了我。我们把这种情况称之为你的自由上的负担。这种负担的两个方面是完全相同的。一方面是我的权利，我的资产，另一方面是你的义务，你的债务。

现在我拥有了你的自由的两种负担，二者都构成了我的资产
23 或我的财产的交换价值。一种是正面的，另一种是反面的。一种是你做某事的允诺，另一种是你不做某事的允诺，换句话说，就是你的支付承诺和你答应停止竞争的承诺。一种是负债，另一种是商誉。每一种都是在你的预期行为方面的一种负担。一种通过要求履行（通常称为强迫）来限制你行动上的自由，另一种通过强制性的避免（通常称为抑制）来限制你的自由。每一种对我都有价值。每种都是我可以取得、占有和出售的财产。每一种的交换价值都是我的资产。

但我取得、占有和出售的两种东西不尽相同。当我买进或卖出你的债务时，我是在买卖你在将来某个时候必须履行某项义务，譬如说一千美元吧。当我买进你不做某些事的允诺时，显然，我根

① 布维尔：《法律辞典》，见“贸易约束”词条。

本没有买进任何东西。我当然不是在把你的顾客买下来。我没有拥有我的顾客，你也没有拥有你的顾客。我并不拥有强加于顾客的要求他们为我服务任何义务或负担。他们不是我的资产。我的顾客仍有到任何其他地方去买东西的自由。他们也没有被强迫买我的东西。我所拥有的不是对他们的负担。我们不妨把这种情况称之我能与他们做买卖的机会。如果可能的话，我只拥有向他们出售我的货物或劳务的机会。而且，我不全面的拥有这样的机会，我对你而言所拥有的机会仅仅是你答应不再把货物卖给他们，至于对各竞争者来说，我拥有的机会则仅仅是因为他们被禁止使用我的商标，或禁止他们与我开展不公平的竞争。除了这些权利之外，我对竞争者而言是暴露的。

所以财产的含义已经从有形的东西发展到了无形的东西。这些无形的东西，就是负担和机会。负担指的是别人对我所负的义务，而机会则是他们的自由，也就是他们对我不负有任何义务。但是这两者对我都具有价值，对于从我那儿买东西第三方也具有价值，因此从交换价值或资产的意义上来说，这两种东西都是财产。

两种财产可以恰当地称之为无形的财产和无形体的财产。它们不能像物质的东西那样可以被肉眼所见到，而且它们始终不能
用文字记录下来，作为所有权的证据。它们也许可以用口头形式 24
来表达。甚至当事人的所作所为中或许可包含这两种财产的意义。它们的无形性就是承诺的无形性和人们预期行为的无形性，内在的信任感可以感觉到这些现象，可是却看不到这些现象。

在政府和人民的情况稳定的地方，这些无形的或无形体的财产比所有物质的东西更有价值，因为资本主义取代封建主义的信

用制度和工商业的首创精神的基础，就在于它们。这两种财产的种类繁多，以往负担仅仅指从单一的行为所推断出来的不言而喻的承诺，如今已经发展到将在未来的一个世纪内束缚着一个企业或国家的复杂的债务。机会起初只指每天在进行每一笔交易时对不同选项的简单选择，如今它也指一大批持续不断的市场机会，它们的名称各不相同，如商誉、专利权，继续经营的权利或继续维持业务联系的权利，对劳动力市场的权利、自由订立契约的权利，以及有许多种的公共特权、公司注册证和公用事业的特权等等。

就像我们在上面所提到的那样，一般地说自由上的债务负担正在逐渐被叫作“无形体的”财产，或者叫做债务；机会则被叫做“无形的”财产，也就是交换价值。这两者都是看不见的，因为它们都只存在于看不见的未来之中。一种是属于债权人和债务人的未来行为的不可见性，另一种是属于买主和卖主的未来行为的不可见性，这些人中包括了借款人和放款人、工商业者和顾客、地主和佃农、委托人和代理人、雇主和雇员。一方面，它们是预期能获益的债务的履行；另一方面，它们是预期能获益的自由的运用；从上述两个方面来看，它们都是预期能获益的行为或交易。在两种情况下它们都是资产，因为它们都是物的交换价值。

虽然它们都是不可见的而且是属于未来的东西，但是它们甚至比我们现在所见到的物质性财产更加重要，因为就是它们才提供了物质资本，并且在物质资本损耗完后对其进行再生产，并且使物质资本的增长速度高于人口增长的速度。虽然战争或其他灾祸会消灭物质资本，然而只要这些不可见的能获益的行为的预期的不受影响，物质资本很快就能被重新生产出来。

许多运行中的机构的无形资本比它的机器、土地、建筑物以及 25
现有的库存更有价值，如果无形资本失去价值，那么所有的物质资本就会马上失去价值，变成废铜烂铁。其实，也可以说所有的资本都具有无形价值，因为它现时的价值不是物质的东西，而是产生于目前虽不可见、但在将来可预期的交易的信心中的未来的希望。

但是土地、建筑物、机器和商品除了它们的预期“使用”的价值外，还有什么价值呢？而且除了现在还没有决定的用途和将要决定的用途外，它们还有什么效用呢？将来的用途是在直接使用或在出卖其产品以换取货币或其他产品时决定的。一个是使用价值的问题，也就是人与大自然的关系问题。另一个是交换价值问题，也就是人与人的关系问题。这二者存在于未来，但是也具有现时的价值。我们可以把它们叫做预期。所有价值都是预期。使用价值是人在生产和消费活动中对东西的可预期的行为。交换价值是人在买卖、借贷、租赁和还债时可预期的行为。

因此财产的含义已经扩大到包括其他人的两种未来行为的预期，其一是为了自己而强加于别人的预期的抑制或强制；另一种是他们为我提供的机会。这两种预期价值都是由超越于我们双方的权力机构——国家加以权衡和决定的。所以其中之一的负担，被认为是它们的法定义务；而另一方面即机会被认为是它们的法定自由权。由国家采取的预期抑制和强制也就是负担，都是法律上的义务；而预期不存在的强制或抑制也就是机会，是属于法律上的自由权。

如果自由意味着**不存在**义务，也就是说没有强制或抑制，那么，**不存在**某些东西也就必然**包括**某些使它成为有价值的东西，虽然这看起来似乎是一种奇谈怪论。它所“包含”的东西是一种经济的等价物。我的自由就不同的经济对象而言对我来说是有价值的,这些经济对象碰巧可能就是自由的等价物。我的自由所包含的东西不是物质性的,而是预期的交易。所以自由就是预期的交易在法律上的等价物。如果我把我的商誉出卖给你,这等于我在出卖我一部分自由。这时,我的自由在进行**交换**时是有价值的。它的价值就存在于我放弃它的时候所能得到的东西中。我在有限
26 的范围内有出卖我的一部分自由的自由。我没有出卖我的**全部**自由的自由。自由的价值就是它以货币为单位的交换价值,亦即已变卖的资产,这里我把我的预期自由资本化并把它出卖掉。

从另一方面来看,在使用或出借我的自由,以增加我的收入的时候,我的自由就具有价值。当我拥有某一商誉时,我所有的就是不受抑制和强制,或者没有出售我所拥有的东西的义务,这种没有某种义务的价值上的等价物就是凭借我的自由可以进行更有利可图的交易,反之,如果我没有这种自由我就不能这么做。利润是指两种价格之间的差额,一种是在我没有商誉或者不能保持商誉时,我的产品所能获得的价格,另一种是在我拥有并保持我的商誉时,我的产品所能获得的价格。别人也是如此。如果我是一名工人,我现在的雇主付我 3 美元一天的工资,而另一位雇主答应我每天可得 3.5 美元,于是我离开头一位雇主而去为第二位雇主干活,这种自由的所得为每天 0.5 美元,所以我这一部分自由的价值内容就是以货币计算的交换价值。然而就这一个例子来说,自由的所得是由于我以较高的价值出卖了东西而获得的剩余。我所出卖的就是对我的劳动力的使用。我的劳动力的交换价值就是我的资

产。可是我不能把全部自由永久地出卖掉。我不能把自由资本化。我只能为了一天的收入而把它租出去。对我来说，3.5 美元一天比 3 美元一天的价值要大。在各种机会之间进行选择的自由是在交换中获得的较高价值和较低价值之间的差额。所以从这个例子可以看出，自由的价值就是一个人通过对机会的选择后所能得到的剩余交换价值。

但是在任何一种情况下，我都放弃了我的一部分自由。在进行一切交易的同时一个人不是出卖就是出租他的一部分自由。在每次出卖的时候，必然要出卖自由。在每次交换的时候，自由加在每项定价中。马匹的主人出售他的马匹或投资者出借他的购买力，或工人出卖他的劳动力的使用，与此同时出卖的还有他使用马匹、购买力或劳动力的一部或全部自由。地主把他使用农场的自由出租给佃户，这意味着同意服从佃户的命令离开农场。贷方把他从银行中提款的权利卖给了借方。出卖劳动力使用的代理人或雇员通过同意服从他人的命令的方式出卖了他的一部分自由。每 27
一个出卖行动意味着既接受避免的义务，又接受履行的义务，而每一项义务就是对自由的扣除，因而这就是出卖一个人的部分自由。

在这些例子中，当自由的价值被出卖时，它似乎完全包含在被出卖的东西的价值内。出卖自由与出卖、租借或借出马匹、银行存款或劳动力没有什么区别。在交易中获得的价值似乎建立在实际的基础上的，因为交换中出卖的仅仅是实际的东西，而不是在出卖像没有抑制或强制之类虚无的东西。但是在出卖商誉的时候，自由的价值往往明显地从工厂和商品的价值中分离出来，并作为一种独立的或附加的价值进行计算。例如，某一家报纸的工厂的价值为 10 万美元，它的商誉单独值 90 万美元。商誉不存在于工厂之内而存在于顾客之中。

但是这是否有很大的区别呢？当一个人出卖其“企业”时，通常法院认为他在同时出卖工厂和商誉，因为商誉无非就是对出售东西的意志的有利或有益的运用。所以当我出卖我的马匹时，我出卖了运用我对马的意志的自由，这种意志对于我，从而对于商品来说是有利或有益的，但是从此以后这买主就可以随意对马匹进行有益使用，因而对他来说这是一种商誉。

我出卖银行存款或劳动力的情况也是如此。当我出卖这些特殊的东西的时候，我在出卖我随意对它们的有益或有利的使用权，而借方或雇员则在买进他随意对它预期的有利运用。我的商誉不是感情上的而是经济上的，不是商誉而是商品的信誉，因为原来对我的利益或利润有好处的东西现在却变成他的商誉，对他有好处的东西。

因此在做每笔交易时同时出卖的一个人的那部分自由不是在荒谬地出卖乍看起来不存在的东西，而是确实在出卖实在的和有益的东西，即在从我们周围世界和人的手中获得各种东西时，以及在个人预期自由运用意志过程中的一种经济等价物。

这就是自由和财产的经济等价物，而且正是这种东西现在被逐渐称作“无形财产”，以区别于“无形体的”财产。无形财产就是
28 机会。无形体的财产就是债务。价值也就存在于此，它不存在于可见的东西和人中间，而存在于获得、使用、控制和享受的意愿中，从而从人和东西那里得到预期的利益或利润。我们买卖的不是东西，而是我们对东西的好感。而且当我们说自由是有价值的，自由

是财产的时候，我们的意思是，在我们与大自然和人打交道的时候，自由和有益的运用意志是有经济价值的，因此它就是财产。

所以财产、价值、资本、资产、自由和意志这些词渐渐变成了同一个含义，只是视角不同而已。财产无非是在其与自然或人打交道时对意志的有益的运用。但是与自然打交道时就是“有形体的财产”，而“有形体的财产”现在已经看不见了。商人除非把“有形体的财产”作为达到某种目的（交换价值）的手段，不然他对他的有形体的财产不感兴趣。拥有这种交换价值的权利无非就是拥有进入市场的权利。屠宰厂案例中所称的“自由”就是指进入市场的权利，现在叫做“无形财产”。但无形财产只是别人通过与他们的预期交易而获得的有益行为的预期，而无形体的财产是指他们履行对我们的承诺的预期。这就是资本。资本是指别人的预期有益行为的现时价值。财产已经成为无形的和无形体的东西；自由已经变成无形财产；义务也是无形体的财产；每一种都是在别人与我交往中所预期的有益行为，而对我来说，预期行为的现时价值就是资本或资产。

3. 力量

我们从两个方向上懂得自由是有价值的，自由就是财产。从一方面来看自由所以有价值是因为它在交换东西的过程中会带来某些东西。这两种东西是相等的。自由的价值就是指交换过程中所给予的东西的交换价值。从另一方面来看，自由所以有价值是由于它带来了相等于差额的剩余。上面讲的第一个方面是指交换力、购买力或讨价还价的力量，也就是经济力量，或简称为力量。另一个方面指的是机会的选择，也就是在几种可能中进行选择，或简称为机会。

29 因此，自由就是指不存在抑制、强制或义务，并相当于它所许可的力量运用及机会选择。但选择机会实际上只是两种不同程度的力量之间进行选择。如果我以 3 美元一天的代价出卖我的劳动力使用权，对雇主而言这是某种程度的力量。如果我以 3.5 美元一天的代价出卖我的劳动使用权，对雇主来说这是另一种程度的力量。如果一家铁道公司每英里索取 3 美分的费用，这是它对旅客的某种程度的力量，如果每英里它收取 2 美分的费用，那就是一个较低程度的力量。所以自由的经济等价物就是对加于别人的两种不同程度的力量之间的自由选择。

在某些情况下，大家对财产方面的重视胜过对机会方面的重视。公用事业法、高利贷法、劳动法有时是用来抑制看来有点过度的财产议价能力。各法院曾经公开宣布其中某些立法违宪或无效，因为它们限制了自由。实际上这些立法确实限制了自由，因为自由是指不受抑制、强制或义务的羁绊，而这些立法却表示了抑制、强制或义务的存在。但法院的这些判决没有把“自由”与它的经济等价物，即自由的“内容”区别开来。自由本身是空洞的，毫无意义的东西。它的意义就在于它的内容。它的内容就是选择上的自由权。但即使这种自由权也还是空洞的东西，而且这种意志不是凭空存在的。它存在于机会的选择之中。但是自由的机会就是凌驾于自然或人的不同程度的力量。所以自由的经济等价物就是在各种不同程度的经济力量之间所进行的自由选择。自由与力量是不可分割的。各法院在近期的判决中已经发现自由不仅是经济的机会，也是经济的力量。[①]

我们可以把机会和力量称为行动中的意志一个外在方面，以区别于经济，经济是财产的一个内在方面。说它们是外在的，因为它们是与他人相接触的一个方面。这一个方面可以告诉我们，在与别人发生关系的时候，包括自由运用意志在内的财产是被扩大了还是被缩小了。从这一点上来说，我们可以把它们称作意志和财产扩大的一个方面。于是财产以致自由运用意志是在一个相同的行动中扩大的，然而它具有机会和力量等两个方面。

但是机会和力量的扩大方法是大不相同的。机会是在不需要 30
个人的成本情况下扩大的。它只是在当时都可以接受的两种不同程度力量之间加以选择，所以这是一种没有成本的扩大。它是选择的被动的一个方面。但是力量本身是需要某些成本的。这些成本不仅指收入，也指努力和支出。力量的成本意味着放弃了某些东西，就是在变换中被放弃的某些东西。被放弃的东西也许是一天的劳动；也许是曾经拥有的一匹马或一蒲式耳的小麦；也可能是一个人所出卖的一部分自由。有一个经济学派曾经把各种成本变成商品成本，包括已付出的商品货币；另一个经济学派把所有成本简化为痛苦成本，即所忍受的痛苦。但是一切成本都是财产成本。劳动者并不出卖其痛苦，他所出卖的是他的劳动力；他出卖马匹或一部分自由时的情况也是这样。在一切情况下，他放弃了财产，也放弃了自由。

① 参见第3章。

但是出卖是有目的的。出卖是为了放弃某些东西而得到另一些东西。出卖是为了得到财产收入的财产支出。这是力量的交换。这是资产的实现。我们以交换的比率来衡量力量的程度。我以 3 美元的代价出卖一天的劳动。交换比率就是一天的工作等于 3 美元。如果我以 3.5 美元的代价出卖一天的劳动，这个比率就是 1 天的工作＝3.5 美元。如果我出卖 1 蒲式耳的小麦以换取 2 蒲式耳的燕麦，那么，这比率就是 1 蒲式耳小麦＝2 蒲式耳燕麦。如果我出卖 1 蒲式耳小麦换取 3 蒲式耳燕麦，则其比率就成为 1∶3。我以 1000 美元的代价出卖我的商誉，这个比率就是 1∶1000。当我以 2000 美元的代价出卖时，其比率即成 1∶2000。交换比率可以衡量力量的程度，因为它所衡量的是在运用力量的过程中我所放弃和得到的两种东西的比率。

但是当我在当时均可利用的两种比率之间进行选择的时候，我**根本没有**放弃**什么东西**。当我在 1∶3 和 1∶3.5、1∶2 和1∶3，1∶1000 和 1∶2000 之间进行选择的时候，在任何一种情况下，我所放弃的只是相同的一天劳动，或 1 蒲式耳的小麦，或我的一部分自由。但是我获得了一个净剩余，也就在不花一分一厘的情况下财产增加了。我们可以把这种无成本的增量称作**剩余比率**或**机会比率**。我的机会比率是指如果在不发生无成本选择的情况下盈余对我可能得到的那个数额的比率。当我选择以 3.5 美元而不是 3 美元出卖我的劳动多赚到 50 美分的时候，我的机会比率是 50∶300，也就是 1∶6，或者是 16$\frac{2}{3}$%的纯无成本利得。

所以当交换比率用以衡量力量的时候，机会比率就是对两种

不同程度力量的差额的衡量。这两种比率仅仅是在同一交易中对两个方面的衡量，这两个方面就像一只箱子的两个侧面。交换比 31
率衡量交易的成本方面的问题，机会比率则衡量其无成本方面的问题。第一种衡量的是牺牲，第二种衡量的是“盈利”。但是当交换比率在衡量亏本的时候也衡量了力量，而机会比率在衡量盈利的时候，也衡量了与运用力量同时发生的机会的无成本选择。

但是力量可以在没有机会选择的情况下直接增大。假定某一劳动者使他的雇主处在不利的地位，也就是他没有多种选择的机会。这时这位劳动者就提出并收到一天 3.5 美元而不是 3 美元的工资；或者当旅客处于没有选择的状况下，铁道公司可以要求并收到每英里 3 美分的费用而不是 2 美分。在上述的任何一种情况下，这位劳动者或铁道公司的力量都增加了，他们不是通过在两个人之间选择而得到的，而是对同一个人直接增加了施用的力量。同样的服务给予了同一个人，不过是在一个较高的交换比率，在一个较高程度的力量上给予的。

这样，自由和财产就具有两个含义，每一个含义都表明力量的扩大。一个含义是机会的选择，这是力量在被动、间接和无成本情况下的增加，另一种含义是指在较大或较小程度力量之间的选择。自由适用于这两个含义。自由就是没有抑制、强制或义务，但在一种情况下，自由是通过对另外两个人的两种不同程度的力量的选择而扩大的；而另一例子说明，自由是通过对一个人的两种不同程度的力量的选择而扩大的。

上面提到的任何一个例子都说明，在现代商业体系下，力量的增加是以价格来体现的，而价格又都关系到货币水平。我们说货币是价值尺度又是交换的媒介。但是它是一种特殊的媒介。货币是唾手可得的任何东西的普遍性容器和商品的价格。它是一种媒介和尺度，因为货币是在一定价格基础上可以获得的一种普遍性的力量。作为这样一种力量，它就不仅成为一种媒介，通过它一个人的资产在市场上以其在交换中所获得的其他货物的形式而实现，而且也成了个人资产和债务的尺度。因此我们可以把资产说成是按预期价格出卖某种所有物而得到的其他东西的数量，把货币看作得到这些东西所需要的媒介。我们所拥有的无非就是这些东西。在交换过程中所**预期**换得的其他东西的数量就是原来所拥有的东西所能获得的预期价格；这种预期价格就是账面上的资产，也就是所期望的资产。货币是期望中的资产所变成已实现的资产
32 的媒介和尺度。所以对别人所施用的力量的扩大，表现在价格上就意味着一个人的资产增加了或他的债务减少了，这就等同于通过机会和力量而实现的财产和自由的扩大。反过来说，力量的减少或机会的缺乏也就等同于财产和自由的减缩，或者更确切地说，这就是暴露，它减少了资产，或者扩大了债务。

由此可见“自由”这一法律名词含有双重的经济内容，这就是机会和力量。但是这两者实际上就是同一个意志行为的两个方面，即在两种不同程度的经济力量之间的选择。在 1876 年芒恩案对伊利诺伊州的诉讼案中，最高法院的判决中第一次承认了财产和自由的经济力量的概念，这在上面早已提到过了。在那个判决以前，力量这一名词只是指统治者在执行法律时的物质权力，根据这一项权力就可以给予特权或垄断权，但这都不是财产，而是对财产权的专横的侵犯。财产本身的概念原来来自习惯法，它同时带

有获得、使用和出卖物质性东西的天然自由权或习惯法规定的自由权的意思。因此，财产不是力量，财产是自由，而且在统治者的权力和被统治者的自由之间有天壤之别。但是在芒恩案问题上，我们终于第一次发现私有财产的这种自由也指私有财产的这种经济力量。统治者的力量是指强制服从的物质力量；而财产的力量是一种经济力量，用来压制别人，不许他占有为我所有而为其他人所需的那些东西。伊利诺伊州的立法机关曾经规定了谷物仓库及仓库公司在处理和储存谷物时的最高收费标准。仓库业务历来是私营业务，无论在英国或美国这些企业都从未享受过政府机关赐予的任何特权或特许权。最高法院中的多数派和少数派都一致认为在统治机关在给予特许的情况下，它对收费进行管制的权力与给予特许权的行为是相一致的。收费必须合理，而且这是一条习惯法，不论它是明文规定的意含的或因长期使用而默认的，统统适用于任何特许权或执照，如公共渡轮、桥梁、收费公路、码头老板或 33
使用大道的出租马车夫和载货马车等。[①] 但是在关于这种统治权是否可以合法地适用于谷物仓库或普通仓库的问题，法官们未能取得一致的意见。

为了确认伊利诺伊州立法机关为处理和储存谷物所规定的价格，并强迫业主按照这种价格提供服务，多数派提出了一个新的立法原则，这一行动遭到了少数派的谴责。这条原则实际上是*经济性的条件*，而不是决定管制价格的统治权的主权特许。芒恩案不像铁路案件那样依赖国家的特许案件，它是一件私营业务的案件。

① 案例编号：(94 U. S.)第 113、149 页(1876 年)。

这些仓库虽然不享受有统治权的特许，但仅仅由于地点、营业性质以及它们有力量拒绝提供服务等，因此它们早已成为控制从西北部运来的谷物价格的战略性中心。多数派认识了这一经济事实，所以认为这样的财产已经丧失了它的绝对的私营性质，因为在使用这些财产的时候造成了公共性的后果，并对整个社会发生了不良的影响，所以这些财产已经与“公共利害发生了关系”。因此经济力量拒绝对公众服务并因而规定其价格的做法不一定由于政府给予的特许权，在这一个案例上，却由于公众已不能不利用业主的私有财产，所以业主的财产不仅是为了个人的使用和享受，而且已经将它提供给公众使用。在这种情况下他必须受到国家的控制。(第 113、126 页)

菲尔德法官在屠宰厂个案上曾经否认政府有抑制自由的权利，现在他又否认政府有权抑制拒绝服务的权利。他既把政府特许权和私有财产区分了开来，又把业主对于财产的使用和享受与为他人使用和享受时业主所能收取的价格区分了开来。他同意这样的观点，即一种特许权在运用的过程中所得到的报酬或价格是应该受到管制的，而且这种管制事实上已经包含在特许的内容之中。然而，“当这种特许权结束的时候，管制的权力也就不存在
34 了”。(第 147 页)而且私有财产的所有者在其财产的使用和享受上，如果危及别人的生命和健康，那么根据干涉权可对其进行限制，对于他人使用他的财产时他所收取的报酬或定的价格不在此例。他认为干涉权只可以涉及使用和享受，也就是只涉及东西的使用价值，不涉及使用的报酬，也就是不涉及东西的价格，但政府给予某些权利或特权并使受惠者得到超过别人的特殊利益的情况

除外。“就芝加哥仓库所有者的情况来看,政府没有赋予他们权利或特权。(第 113、149 页)他们兴建仓库并不妨害任何人。”(第 148 页)“根据习惯法仓库所有者的业务属于私人性质的,而且从实质上来看也是如此。”(第 154 页)

尽管菲尔德法官从历史角度提出了这些有力而精确的反对意见,而且还受到其他两位法官的支持,但是法院的多数派却仍旧认为财产的强制性力量是随着经济条件的变化而产生的,即使没有得到统治者的特许权的支持情况也是如此。因为仓库所危害的显然并不是公众的健康,而是危害到了生产者和消费者这些公众在买卖食物时的价格。这样,在维持约束经济权力的权威时,他们通过扩大国家立法机关的干预权,缩小了财产的范围。但他们所缩小的财产的范围不是其物质财产的所有权,而是财产的交换价值的所有权。

在芒恩对伊利诺伊州的诉讼案的判决中首次承认了财产的经济力量,或要挟力量,这些都是由经济条件造成的,并且与统治机关为了各公民的利益或“自由”而施加的物质力量或强制力量是不相同的。从此以后,它所需要的不是政府给予个人的特殊恩惠,从而使立法机关管制价格的行为因这种恩惠而显得正当,需要的只是说明一个公民所经营的业务能作为其他公民的自由和财产的基础,对公民规定价格的权力现在不是直接由统治权得来的,而是间接来自附有经济力量的公民财产所有权。这是一种从合法垄断(取决于以统治权为基础的古代“自由”)到一种“自然”垄断(运用 35
经济权力的现代“自由”)的移转,因为现代自由自动地产生于经济条件,而不是产生于统治者故意的行动。在过去只有特殊权利的

授予才会给统治者一个管制价格的权利，以阻止勒索的发生，但私有财产却并非由统治者授予的，而是来自习惯法的一种自然权利，它表示了不享受特权的人民的普通惯例，从而具有自由规定价格的自由权。现在授予的特权已不再有用，权威的另一个源泉——“干预权”——也就被扩大了，它被用于抑制过分的经济权力，而这种干预权过去只是被用于防止过分的损害。

凡是按照屠宰厂个案中的少数派意见而作出判决的地方，都以牺牲主权为代价扩大了财产，而干预权则以牺牲财产为代价扩大了主权。自从芒恩案判决以后，公民本身发挥了主观能动性，他不再等待政府的行动，而是根据自己的自由意志给予政府以规定价格的权力，因为他已不再仅仅因为自己的使用和享受而使用财产，而是把财产奉献给公众来使用，公众在价格问题上必然依赖这些财产，而价格把价值给予了自由和财产。自由的含义不再只按机会选择一个方面来确定了，在屠宰厂个案上少数派就是这么做的。现在它的含义也要按经济力量一个方面来确定了。

这个方面没有为芒恩案的少数派所接受。如果这个案件是一个拥有道路经营特许权的铁路案件，那么，少数派无疑地不会表示异议，因为这样的特权是统治权的一种特许。但是这个案件是一个没有公共特许权的仓库的案件，而且少数派不能理解这样一个问题，即这样一种不具有特许权的财产拥有类似特许权的力量。然而，财产如同多数派所理解的那样，确实具有类似的力量的话，那么，通过对隐含的统治权力的引申，统治者必然有权抑制财产的所有者。关于这一个问题多数派是确认无误的，而且在这么做的时候，他们把“干涉权”的定义，从在使用和享受财产时产生的不利于健康或安逸而采取的单纯控制，扩大到对财产在损害他人的议价力量的时候，对财产的议价力量实行控制。这样，干涉权就从使用价值扩充到了交换价值，从物质的东西扩大到了业务的资产。[①]

但芒恩案的判决把扩大运用干涉权的权威完全归立法机关掌 36
握。正如我们在前面已经说过的那样，这是因为法院还没有把财产的定义从物质的东西改变为这些东西的价格。在芒恩案发生14年后，直到我们在上面已经提到过的在审理明尼苏达州第一个费率案时才完成了财产定义的变化[②]。结果，1890年以后，由政府的司法部门而不再是政府的立法部门，负责关于干涉权力的裁决，以确定立法机关行使这种权力的限度。芒恩案已经承认了财产的经济力量，它不同于垄断的经济力量；明尼苏达费率案将经济力量或交换价值作为财产的实质，所以只有通过司法程序而不是立法程序才可以剥夺所有者的财产。在干涉权的限度问题上，费率案推翻了芒恩案的原则，但是没有推翻经济力量的定义。

4. 经济

我们已经研究过了两个法律概念，即自由和财产的经济或意

① 参见菲尔德法官的批评。他认为除了在政府授予“某些权利或特权”的地方，干涉权从未涉及使用财产的报酬(案例编号：(94 U. S.)第146页)。不久前，俄勒冈州的最高法院在最低工资的案件上提到干涉权这一概念时说，“当新的对公众的健康或道德或幸福有危害影响的情况发生时，我们不再坚持用扩大干涉权的办法来解决和纠正这种坏事。相反，我们要说，一种新的坏事发生了，政府的一个旧的方针，即干涉权将出来进行纠正”。斯坦特勒对奥哈拉诉讼，案例编号：(69 Ore.)第519、532页(1914年)。

② 见第4章第2节。

志方面的问题。其中一个就是机会的选择，另一个就是对较大或较小经济力量的选择。当这两个方面结合在一起的时候，它们就构成了所谓的扩展原则，因为它们通过与其他人发生联系而实现了经济力量的扩大。一个人可以在下面的三个方面扩大他的意志或资源的范围：(1)在对对方所施加的不同程度的力量之间作无成本的选择，这个方面是以机会的比率来衡量的；(2)所选定的那一力量的程度为一种有成本的扩展，它是以交换比率来衡量的；不过，这一交换比率可能因为克制而减低；(3)克制①这就是选择对另外一个单独的人施加较小而不是较大程度的力量。所以自由意
37 味着某一个人在其意志和资源的扩展上没有受到抑制或强制的那种情况。但自由也是指行动中的意志在第四个方面没有受到抑制或强制，这就是扩展的对应面，也就是经济。

假定一名工人每年的工资为 1000 美元。这标志着他通过对机会和经济力量的选择所能达到的经济扩展的限度。如果他的收入为 1200 美元，他的经济力量扩展了；如果他收入 900 美元，那么，他的经济力量就缩小了。假定他的扩展力量是以每年 1000 美元计算的，他把这 1000 美元分配于食物、衣着、住宅、娱乐、烟、酒、宗教、书籍、教育等方面。他将 40％的收入花在食物上，20％花于衣着，25％花于住宅，15％花于其他。另一个人将 40％的收入花在酒上，10％花在烟上，再把其余的花在他家的衣、食、住方面。

我们根据他们购买力的比例分配计划可以推想到他们个人的

① 芝加哥密歇根圣保罗铁道公司对明尼苏达州的诉讼，案例编号：(134 U.S.)第 418 页(1890 年)。

品性。一个人把40%的收入花在食物上，另一个人把40%的收入花在酒上。他们的力量和机会是相等的，但他们对于力量和机会的**分配**却是不同的。为了使自己得到他所认为的最大限度的满足，每个人都可以把他的支出进行一个大致的分配。一个人在确定他对力量和机会分配计划时，他的个性就显露出来了。他分配资源的计划就是他的生活计划。他的计划既具有经济性，也具有伦理性。从伦理上来讲分配计划说明了他的道德品质、人格、个性、私心和对他人的同情心或责任感。从经济上来讲，这表现了资源的支配，使他的人格能得到最大限度的扩展。

如果单凭经济而不求扩展，那么大自然和人究竟能有多么成就，这是一个很值得注意的问题。大家都认为，大自然并没有扩大宇宙间各元素的总量，它只是依靠重新分配这些元素来完成其任务的。从某一方面来说，它的经济是精确有效的。若干化学元素总是依一定的比例结合或排斥的。水永远是 H_2O。原生质永远是一种 CHNO。TNT 的爆炸会释放出一定数量的气体。热、电、运动、生命就是这些元素依预定的比例结合或排斥时的结果。

每一元素或一个整体中的一个部分元素并不是加在许多其他东西上的一个东西，反过来每一个元素又都是一个限制因素和一个补充因素。每一个因素对其他因素的作用都是一种补充，而且每一个因素对其他因素的作用又都施加了一个限制。一个因素的 38
剩余部分就不可能做这一类的工作，它就被浪费掉了。限制因素限制各补充因素的总作用。所以大自然充满着浪费现象。它不去寻求各种方法以增加限制因素的供应，以便产生那种需要的结果。大自然由着它们去活动。太阳产生的热力超过了所需要使用量。

但是当它们真的一起出现的时候，这些元素总是依一定的相当的比例结合和排斥。从人的观点而言，自然的经济是严谨的、有力的，但是也是浪费的。

动物和植物的生命是不同的，更确切地说是互补的。原始的原生质无意识地尽力供应限制因素。植物的枝根尽量向地下伸展获得养料，而它叶子和花朵则朝向太阳。生物的内部结构是各化学成分的比例配合的结果，而这种生物必须从外在世界获得类似的比例。它寻找出限制的因素，避免了无用的因素，轻而易举地获得了补充的因素，这样它就靠扩展和经济，无意识地延长了生命。

有意识的生命还要更进一步。它有更高级的组织，特别能受到快乐或痛苦的诱导或警告，它通过有比例地分配限制因素和补充因素，尽量使自己在条件许可的情况下获得最佳比例，从而使快乐扩大到最高限度，使痛苦降至最低限度。每一个单独的痛苦或快乐是整体中的一个部分，而各部分的最佳比例配合就是动物的最高限度的满足。

有自我意识的生命又更进了一步。这是指社会中人的生命是个人通过主要利用在与别人交易的过程中所存在的机会和力量，实现生命的扩展，也就是通过这些机会和力量的比例配合而实现的经济的生命。就如我们在上面所提到过的那样，正是这种比例配合揭示了一个人的品质、个性和人格，并使伦理和经济协调起来。因为从道德和伦理角度上来看，这种机会和力量的比例配合是自我表现、自我发展和“自我实现”的手段。从经济上来说，它是在把个人力量对别人的服务实行经济化，以得到由这个人的特性所决定的最佳结果，他从而也就实现了自己。伦理的问题就是指

集中说明人格对人的价值的组合。经济问题就是指根据人的价值 39
实现中的工具价值对所有的外部因素进行配合。

当经济的规模从最低上升到最高的所有情况中，我们可以说一个适当的比例配合，就是以限制因素去乘所有的补充因素。因为经济不是各单位的单纯相加，它的结果不是算术的总和，经济类似于一个因素与各补充因素乘积。从算术上来说，5＋6＝11，但从几何上来说，5×6＝30。氢和氧可能是原子数的总和，但氢和氧经过一定的比例配合就可以成为雷、电和雨。盐只是经济生活中很小的一个成分，但是没有了盐，就意味着身体各部分的衰败和破坏。碳酸钾在农业经济中是很小的一个成分，但如果没有了它，每英亩的产量也许只有 5 蒲式耳，有了它产量就可以达到 20 蒲式耳。在工厂里，相对地说，煤和机油是数量很小的东西，锅炉所用的煤和轴承所用的润滑油的数量限制了工厂的总产量。管理能力只是若干种能力中的一种，而且以货币来计算的时候，花在这方面的费用与全部成本相比简直微乎其微，但是如果没有了管理能力，数千人就成了乌合之众，有了管理能力，他们就构成了一个运行中的机构。在一家企业中物质资本与劳动相比，前者常常是一个小东西，但是如果没有投资者和资本家的投资意愿，这家企业就会破产。工商业者把他的产品有比例地投放市场。如果他投放太多的土豆而没有足够的洋白菜，他就会在一种商品上受到损失而在另一种商品上错过机会。他在机构内部也要求把各种因素合理分配。如果他对资本支付了过多的报酬，而对劳动力的工资支付太少，或雇用太多的劳动力而资本不足，他的企业就会宣告破产。

据说大自然不采取跳跃的方式。它不会从一个物种跳跃到另

外一个完全不同的物种。它根本不会这么做，可是当它重新组合它原有的各个因素的比例之后，它就会从气体跳到液体，从液体跳到固体，从物理学跳到生物学，从生物学跳到心理学，从心理学跳到社会学。班塔雷奥尼说得好：①

“一定比例的规律是最普遍应用的自然规律之一，而经济科学只承认了它的一个特殊的方面。众所周知，从化学角度来说，肌体
40 只能依一定比例组合起来，而且一个元素的数量如果超过了它与一定数量的其他元素相结合的需要时，多余的元素都是没用的。如果一个元素的数量不足以配合所有其他元素的数量，那么，这种组合只能在前一种元素所许可的范围内发生效力。根据完全相同的道理，一种商品的数量，如果超过自然或任何技艺所能将它与现有一定数量的其他补充商品相配合的比例，就经济后果而言，超过部分就是无用的或有害的。而且，如果为生产某一种直接商品而所需的一切补充商品的数量是不同的，那么，在数量上少于任何其他补充商品的那种补充商品就决定了直接商品的产量；其他多余的补充商品在生产上都不能发生效用。这种比例配合的规律在说明由于补充商品的生产不合比例而引起的最常见的经济危机方面，具有举足轻重的地位。但是不要以为补充商品配合的时候只存在着一个确定的比例。一般地说，配合的比例是多种多样的，但只有一个比例能发生最大享受的结果。这一最高限度的配合就是每一种经济效果的趋向……如果一种工具性商品不能即时转变为一种直接商品，而是还需要其他工具性商品，就像通常我们所看到

① M. 班塔雷奥尼：《纯粹经济学》，第 83、85 页（1898 年）。

的那样，那么，我们就不能**孤立地**讨论它的效用，因为它要受补充商品规律的支配。这里又再次发生了一种现象，由于为生产某一直接商品所需各工具性商品的合成关系，缺少的某一因素或许会影响到总的效用（价值）。工具性商品也要受**比例配合**规律的支配。"①

这里我们必须把部分机会和全部机会区别开来。每一笔买卖交易都是全部机会中的一部分。把1蒲式耳的土豆卖给一位顾客是一笔单独的交易。把1000蒲式耳的土豆卖给1000位买主是由每一笔买卖组成的总和。然而，总和不只是1000蒲式耳的相加。这总和是1000蒲式耳的交换价值，也就是它们的购买力和所有者的资产。10蒲式耳也许可以卖50美元，但1000蒲式耳可能使市场存货过多而卖不到10美元。新增加的蒲式耳递减的价值，**不是加在**10蒲式耳的**原有**价值上，而是实际上**改变**了它们的价值并使它下跌，而且在出售之前，这种变化早就发生了。其中的一个数字是另**一个**数字的**倍数**，而不只是相加。每一增量都影响到所有其 41
他增量的价值。它本身已经减低的价值降低了现有全部存货的价值。这里的限制因素就是其他的人的需求。但是别人的需求并不是他们单纯的心理意愿。这种需求是在交换过程中他们所提供的其他货物的供给。所以限制因素就是其他商品的供给，补充因素是某人自己的商品的供给。成比例地供给便是商业经济，通过它，资产从价值上扩大了，而且一个企业的全面机会不是仅仅把个别

① 班塔雷奥尼认为奥尔特斯于1774年第一次描述了这种规律，但直到1871年才由门格尔把它传播开来，然而门格尔没有"加上任何其他意见"。1854年"戈森以最练达的方式"对它作了说明。

项目相加起来以求得一个总数的物质问题,它却是各因素按比例配合的心理和社会问题,每一个因素改变了所有其他因素的各个方面,而且改变了资产和债务,而不是改变了东西,资产和债务也就是东西的交换价值。

快乐和美德也是如此。单只手套套在一只手上也可以产生某些快乐,但如果另一只手上没有手套,总的快乐就会受到严重的损害。整体不是各部分的总和,而是部分的一个令人惊讶的倍数。通过在衣、食、住、酒和其他杂项比例配合在全盘计划所得到的快乐不是快乐或美德的**总和**而是一个**倍数**,在这里一个小小的纰漏或瑕疵,即使只有万分之一的可能的话,都可能损害所有其他的快乐或美德,并使快乐变为痛苦,使道德变为耻辱。

所以在自然经济和人的经济中,尽管资源只是单纯的有比例的配合,资源没有得到扩大或者扩展,或甚至还在减少,但是这样的比例配合还是可以创造出较高的或至少不同价值比例的新奇产品。化学反应是化学元素重新配合的结果,企业资产、个人的幸福和道德品质构成了资源的机会和力量的重新配合。

人类生命的每一不同领域都是类似的经济实践;家庭经济是家庭资源的比例配合;工商经济是运行中的机构内部的土地、机器和人力的比例配合;政治经济是在国家范围内人的因素的比例配合。对于每一不同领域的经济来说,机会和力量都确定了外在的
42 限制,我们把这种现象叫做资源的扩展,所以家庭经济和工商经济都受限制于其成员对外部成员的讲价力量,而政治经济则受到征服、保卫、条约和所谓的对其他国家和人民的"渗透"这些政治上的扩展或收缩的制约。

综观经济规模从自然的经济上升到人的经济，再上升到社会的经济，经济原则的特殊作用似乎自始至终都是由一个较高级的未名的中心、力量、统一性、核心，把较低级的各单位加以收集和比例化，并再把它们提高到较高程度的统一体。其中最低的一级假定为电子，现在由原子的一种未知的核把它提高到较高级的统一体；这个原子又为更高一级的统一体或化学“力量”按比例合成为化学的混合物或分子；生物的核，不管它是什么东西，暂且就称它为生命，把这些较低级的东西按比例配合，并把它们提高到生命有机体的较高的统一体，这些较低级的东西本身原来也早已经是更低级单位的按比例的配合。自我意识的中心，也就是人的意志再一次把较低级的东西提高到个人的较高的统一体，最后，组合原则、管理、集体意志或社会，也就是所谓运行中的机构的业务规则，或者我们不论给它什么名称的东西，都是把人的行为按比例地配合起来，上升到较高级的统一体，或至少变成一个不同的更大的统一体。它自始至终都是经济规模上的扩大，每一次都具有本身不同的水平，但是在所有情况下，这都是各部分的比例配合，而这各个部分本身又都是较低水平领域内的整体。此外，每一次的比例配合都环绕着一个未知的力量进行，这个未知的力量不仅使较低级的各部分服从于它，而且还把它们配合成一个较大的整体。

但是经济与扩展是不可分割的；或者更确切地说，经济是同一行为中的内在的一面，而扩展则为其外在的一面。一个是外在的东西，另一个是内在的东西，它们相互处于正反两个方面。就内在的方面来说，一元化的原则或力量，也就是生命或人格的原则或国家存在的原则，将各部分加以调和、制服，并把它们按比例配合起来，成为新的较大的统一性。就外在的方面来说，也是这同一的一元化力量或原则，但当它在处理或控制与其本身相似或不同的东西的时候，它处于一种接触或冲突，作用或反作用，优势或劣势的地位。

由于这样的一种经济原则使我们不能同意这样的观点，那就
43 是一家工商企业或一个国家的任何一个因素，能生产出总财富中的一部分财富。资本是生产性的，劳动是生产性的，经理是生产性的，投资者也是生产性的，这并不是因他们做了什么具体的事情，而是因为他们是限制因素和补充因素。只因为他们都是整体中的一个必要的部分，所以他们都是生产性的。但是如果他们与其他部分不按比例配合起来，则多余的部分就是不生产性的了。从有限数量内的意义上来说，每一个因素都是生产性的，而且财富的生产不单单是物质的生产，这是所有限制因素和补充因素的一种良好的比例配合。

正是这种良好的比例配合才产生了价值现象。没有一个生产要素能生产价值，除非它们是在有限的数量中进行生产的。所以限制物质生产与扩大物质生产同样是必要的。每一种经济因素的重要任务，不在于物质的生产而在于价值的生产。这就是凭借经济原则来实现的。因此价值和经济这两个概念，是经济学说的基本概念。

由此可见，我们从个人的经济转到个人的扩展的时候，我们在规模上正在向更高级的经济阶段发展，关于这一个问题上面已经提到过了。经济是向内的，以自我为中心的行为，扩展是向外的行为，它与世界和别人进行了接触。但是这种向外行为本身可能就

是在一个较高级的统一体内相互联系的关系，我们把这种现象叫作较大或较小程度的交互性。[①] 我们把较低级的以自我为中心的经济也许可以称为私人经济；较高级的经济则可称为政治经济。这种较低级的经济就是个人、家庭或工商企业为了追求私利而把机会和力量按比例地配合起来。较高级的经济，则是由政府为了公众利益，把与个人、家庭或其他企业的那种同样的行为按比例进行配合。正如私人经济可能是好的或不好的、节约的或浪费的，可能是私人的经济或私人的扩展，政治经济也可能是好的或坏的、节约的或浪费的、公正的或不公正的，可能是政治的经济或政治的扩展。

所以自由也包含了这样的第四种意义，也就是说一个人在按照自己的生活规划与他人交往时，根据他自己试图获得最大限度的利益并忍受最低限度的负担的想法，在按比例配合自己的机会、 44
力量和克制时不受到抑制、强制或义务羁绊。这样，自由的四种经济内容就是机会、力量、克制和经济。机会、力量和克制[②]是自由的内容的外在方面，所以从经济观点出发，我们把这种含义称作扩展或收缩，从伦理的观点出发，则称作公正或不公正；而自由的内在方面的内容，从经济角度来说就是好的或坏的经济，从道德角度上来说就是良善或罪恶的经济。

我们曾经说过扩展的对立面(obverse)就是经济。现在我们可以说经济的反面(inverse)就是浪费。这里“反对面(opposi-

① 参见第 4 章第 4 节。

② 第 4 章第 2 节对其相等的用词免除、履行和克制作了说明。

tion)”或“相反(opposite)”这个词有三种不同的含义,应该加以区别。如果一样东西的供应超过其与其他因素最佳的比例配合时,这件东西被浪费了。于是,它就被看作为一个补充因素。如果这个因素的数量不能与其他因素按最佳的比例配合时,由于它在数量上的不足就造成了浪费,因此它就是一个限制因素。在任何日复一日变化着的经济社会中,从一定程度上来说,每一个因素,都可以依次成为一个限制因素,所以减少补充因素的浪费现象以及增加所有其他因素的效能都是按照递增比率增加的。当增长率超过某一限度时,总产量还是可以继续增加,但都是按递减率增加的,达到这一限度时,另一个补充因素就开始成为限制因素。现在如果要使总的结果有所增加,[①]就必须增加限制因素。这样所有限制因素都依次产生递增的收益和递减的收益。最美满的一点也许就在所有可以利用的因素的最高限度收益和最低限度收益的平均数,这是因为所有因素的“边际效用”在接近那一点时都是相等的。如果不能保持这个最佳方案,那就是由于某些因素出现了过剩和浪费的现象所造成的,也是由于缺乏某些别的因素从而限制了其他因素的作用。这里“相反”这一名词用于彼此朝相反方向变动的情况,向正方向变动的是良好的经济,向反方向变动的则为不好的经济。经济和浪费的对立并不是指经济的东西与不经济的东西的对立,而是指好的经济与坏的经济之间的对立。一个是另一个的反面。

但是我们在上文中说到“扩展”时,我们是指经济的某些反对

① J. B. 克拉克:《财富的分配》,第 403 页起(1899 年)。

面，这不同于“相反”这个词，“相反”指的是根本不是经济的某些东西，它是经济的反面。

再者，一个人尽管可以扩大他的力量，可以得到更大的机会，45
可是他仍旧可以浪费地使用这些力量和机会。这里与扩展相反的就是收缩，从这一意义上来说，前者是后者的**逆转**。扩展就是扩大，但其反面也就是它的逆转，也就是减缩或减退。

这样，一个人的力量和机会可以由于他本身以外的原因而减少，尽管如此，他仍旧可以经济地利用它们。好的或坏的经济往往与一个人的机会和力量的扩大或减少联系在一起。在扩展的时候，他总是在经济化，甚至在减缩时，他也在经济化，而且不论扩大或减缩，他的经济化的情况都可能由好到坏，由最佳到最坏。经济和扩展是同一种交易关系的**对立**的两个方面，一个是内在的方面，另一个是外在的方面。但是坏的经济是好的经济的**反面**，而减缩为扩展的**逆转**。

当我们说到同一交易时的两个**相反的人**以及他们的两种**相反的经济**时，“相反”的第四个含义就一目了然了。这里要说明一点，一个人的扩展可能就是另一个人的减缩。如果一个卖主能强制把价格从10美分提高到20美分，那么，对他来说这是一个扩展的过程，而对于买主这是一个减缩的过程。一个经济是由与其他经济相联系的交易来扩大的。其他经济可能会从其他方面找到补偿，但就这一笔交易而言，一个人扩展了，另一个人减缩了。这时，两个人的两种经济之间的对立，表明其中的一方面就是另一方面的**不利面**。另一人所得到的补偿或抵偿是从他的机会选择中得来的。如果买主的最佳选择机会假定说是25美分，那么，虽然他被

迫付出 20 美分，他还得了 5 美分的剩余。这是经常发生的事。一个人总是依靠选择获得利益，他越是避开难以忍受的机会，他所得的利益就越大，即使事实上他所选中的机会本身是难以忍受的，情况也是如此。

这里“反对面”这一名词指的是相反的人，而且我们以后将应用“相关的”和“相关关系”来说明这两个相反的人之间的关系。在任何交易中的两个相关的人都是在某一特定的时刻扩展和减缩他们的力量和机会。一个人是另一个人的对手。然而每一个人却也给对方避免作出更坏选择的机会，因而每一方都给予对方机会，也从对方那里取得机会。正是通过交换劳务的机会才能避免更坏的选择，这一切使他们发生了关系，进入了一个具有利害关系的统一体，而且根据每一方付出的力量大小和他所避免的选择的艰难，我们可以把它叫做对立的利益的较大或较小的利害交互性。这里我们不妨提一下相反的人之间的高度或低度的交互关系；高度的交互性构成了社会的一致性，低度的交互性构成了社会冲突。

46 因此，经济、扩展和交互性之间具有四重的关系，“相反”或“反对面”这一名词也含有四重意义：(1)对同一个人来说，经济是扩展的对立面，因为它是一切交易内部的、以自我为中心的、内省的、主观的一面，它环绕着个人的中心任务，把所有个别的交易按比例配合起来，并把它们统一成为一个不同的更大的统一体。另一方面，扩张又是经济的对立面，它是一切交易、机会、力量和克制的外在的、非我的、客观的方面，通过它一个人能使自己与环境相适应，扩大或缩减他所控制的资源，并同时使他的资源经济化。

但是，(2)对这同一个人来说，经济是浪费的反面，因为一种是好的经济，另一种是坏的经济。或(3)减缩是扩展的逆转，对环境自然力和人的力量而言，一种是屈服，而另一种则为对它们的控制。

最后，(4)对于相反的人来说，一个人的经济是另一个人的经济的不利面，而且一个人是另一个人的相关者，就是说，这两个人是有联系的，每一方都为对方提供避免更坏的机会从而在不花费成本的情况下扩大另一方的力量，但是每一方在它收受和交付的范围内，仍在向对方施加力量。于是相反的人之间的更大的一致性从这种相互关系上产生了，我们把这称为高度的交互性或低度的交互性，这些就是冲突的根源。

所以利益的“相反”或“反对面”这一词必然根据不同的场合而有其四种不同的含义：(1)从同一个人的相反的命运意义上来说，浪费和经济是相反的，因为浪费是苦或不好，而经济是好；(2)从同一个人在同一交易中的对立的关系意义上来说，经济和扩展是相反的，因为经济是内向的，扩展是外向的；(3)减缩和扩展、冲突和交互性是同一个人的逆转关系，因为减缩或冲突是指机会和力量的减少，而扩展和交互性是指机会和力量的扩大；(4)减缩和扩展在下一个含义上是相反的，也就是说它们是在同一交易中相反的人的对立的经验，因而一方面的减缩就是另一方面的扩展。但是根据交互性的程度，如果没有另一方的交往，一方的情况或许还要好些。

47

第三章　物质的、经济的和道德的力量

现代经济理论始于18、19世纪产业革命的时候。约翰·瓦特在其朋友亚当·斯密出版《国富论》的那一年发明了蒸汽机。从一定意义上来说，财富和机器的同时出现表明以商品为形式的物质东西，而不是以交易为形式的法律关系，是这一百年中经济理论的核心。

但是最高法院的经济理论一直可以追溯到17世纪的商业革命时代。这场革命从伊丽莎白王朝结束一直持续到1700年嗣位法的颁布资本主义代替封建主义为止。在屠宰厂案件上所表示的异议性意见，可以从伊丽莎白、詹姆斯和查尔斯王朝时关于经济自由的定义中找到根据。菲尔德法官引证了1602年判决的垄断案件，[①]这项判决宣布，国王特许公民私人在本国国土上输入、制造和出卖纸牌的独占权利无效，因为它违反了习惯法及议会通过的法案。他还引证了达文南对赫迪斯的诉讼案件，本案的判定比上

---

① 案例编号：(161 Wall.)第102页；案例编号：(TriN. 44 Eliz.)(1602年)，科克报告书(II)第84、86页。

案早 3 年。[①] 在这案件中，一个经国王特许的成衣商同业公会曾试图把成衣工人的贸易局限于公会会员，但其施行细则曾被法院宣判无效。同样，1624 年所制定的垄断法判定国王特许在本国经营“任何东西的买、卖、制、作或使用的”独占权，均属无效，只有新发明、印刷及某些军用品制造的专利权不在此限。

布拉德利法官把引证的材料一直追溯到 1215 年，他宣称大宪章维护了经济自由权，大宪章断言：“非经同等地位的公民的合法 48
裁决或依据国家法律，对任何自由民均不得逮捕或监禁或强夺其完全保有的地产、自由权或信仰自由或剥夺其公民权或予以放逐或受任何其他损害，我们也不能对他进行宣判和宣告他有罪”。[②]

从历史角度来看，现在我们知道，这样援引大宪章是错误的。[③] 大宪章所使用的“自由”这一名词的含义既不指个人自由，也不指经济自由。在另一个条款下对个人自由作了规定，即“不得逮捕或监禁任何自由民”。而且大宪章中的“自由”这一名词一般指封建的或其他的特惠权、特免权、审判权、特许状或特许权，这一切不是由国王直接恩准的就是根据预先假定了的这样一种特许的惯例而得到的。就其有效性而言，它们与统治者授予臣民的特许土地并无差别。国王可以像出卖或分赠他所拥有的土地那样，出卖其特惠权和特权。[④] 每种特权在授予以后，就等于承认受惠者

---

① 案例编号：(TriN. 41 Eliz.)穆尔(K. B.)第 576 页(1599 年)；案例编号：(72 Eng. Rep.)第 769 页。

② 《大宪章》，第 20 章，第 29 页，援引于案例编号：(16 Wall.)第 114 页。

③ W. S. 麦基齐尼：《大宪章论》，第 394 页(1914 年)。并参阅有关夏塔克的引语。

④ W. S. 霍尔兹沃斯：《英国法律史》，第 1 卷，第 169、476 页(第 3 版，1923 年)。

可以运用国王的特权。甚至贸易垄断的特许也属于特惠权或特许权。所以在1215年当贵族要求“自由权”时，或1599年同业公会要求根据其特许权制定施行细则时，或当一名领受国王特许的人在1602年要求垄断权时，或当封建主要求他们的土地时，他们都是在要求他们的“自由权”。

布莱克斯通说：“特许权和自由权是作为同义词使用的，它们的定义就是臣民所持有的一种王室特惠权，或国王的部分特权。既然这些都来自国王，它们也就必然产生于国王的特许；或在某些情况下可以根据预先假定的特许的惯例而持有这种权利”。布莱克斯通提到了各种特权，如刑事或民事法庭开庭；享有采地或贵族身份；享有盗贼遗弃的赃物、破旧船舶、迷途儿、被发现的财宝、王室的鱼或使人致死的东西(昔英国法律将误伤人命的物品没收归官作供神用。——译者注)；或拥有市集、市场、收取通行税的权利；或拥有森林、猎地、游苑、禽兽饲养地或鱼塘，以及持有国王特准猎杀野味的权利。“许多人像政治团体那样联合起来，拥有持续继承的权力，并开展其他联合性的行动等也同样是一种特许权。”①

49 所以“自由权”是王室的特惠和权利，在性质上都是独占性的，为臣民所持有而作为不含有独占意义的自由是不同的一种自由，它不来自特权，而来自习惯法。

习惯法起源于“自由民”的惯例，或更确切地说是源于享有特殊利益者的惯例，因为他们享有在王国法庭提出诉讼和作为证人

① 《布莱克斯通纪事》，第37页。

和陪审员出庭的特权，以协助国王的法官判决人们相互间的讼事。他们享有这种特权的原因是因为他们为国王服兵役，并直接或间接作为国王的佃户拥有土地。“自由民”是“完全保有土地者”，而“非自由民”就是农奴或分成租佃者，甚至还包括城乡商人和制造商，他们后来凭借对他们的同业公会或公司组织所赋予的特权而获得了“自由权”。

这些完全保有土地者的惯例，经过王国的法官的认可和贯彻，就形成了财产和自由的制度。这一过程总之一句话，这些法律手续是为了禁止因谋害、抢劫或偷窃而私下进行报复，并要求原告和被告到庭服从法庭诉讼的各项程序。发明了要求当事人双方必须出席庭审的传票制度，“实际上构成了英国习惯法”。[①]

国王原来只打算收取税款并使其臣民和平相处，他的法官们恰恰利用了国王的这种公共目的，在完全保有地产者的帮助下，发展了审讯程序并为诉讼者提出了补救的办法，这一切都成为了人身、财产和自由的法定权利。

从老早开始，法官和地主就制定了习惯法的准则，以及对小商人和小制造商的贸易限制，这些工商业者是“不自由的”，也就是说他们不能参与国王的法庭的审讯。据说，早在1300年，一个无知的地方法院曾经对几名蜡烛工人处以罚款，因为他们“相互协议，谁也不得以低于别人的价格出售一磅蜡烛”。[②] 这样，商人间的贸易自由就成了地主的习惯法准则，直到17世纪“公平贸易”的商法

① 爱德华·詹克斯：《英国法律简史》，第45页（1912年）。

② F.波劳克：“习惯法的起源”，载《大学法律评论》，第13期，第2—3页（1913年）。

准则修正了这一规定。

50 正是这些关于个人权利、财产权利和自由的习惯法概念，在伊丽莎白和斯图亚特王朝与君主的特权发生了冲突。这样就为自由一字的双重意义的产生铺平了道路。它可以指大宪章的“自由”，也就是君主给与地主的特权，或者也可以指从构成习惯法的公认的惯例而来的买卖自由，不受暴力、偷窃和侵害的自由。自由的这两种意义是不相一致的，它们相互之间是矛盾的。自由权或自由，从王室特权所赋予的特惠权来说，代表着上级对下级的一种关系；而自由权或自由从习惯法意义上来说则代表着同一阶级各成员间的平等关系。更确切地说，第一种意义是指“自由权”(freedom)，第二种意义指“自由”(liberty)。[①] 自由权是指授予的一种权力，凭借这种权力可以分享上级恩赐给一部分人的特惠权。自由是属于习惯法的权利，凭借这种权利可以享有本阶级所有成员能享有的特惠的或非特惠的平等待遇。平等的自由与不平等的自由权是相一致的。

正是自由的这种矛盾和双重的含义，标志着17世纪漫长斗争的特点，一直到1700年嗣位法颁布才结束了这场斗争。在伊丽莎白王朝时代，当工业扩展到全国市场时，国王的特权中独占市场的特权也同时发展了。最初，伊丽莎白女王利用这一特权扶植矿产、新型工业、新的生产过程和新原料或新产品的发展，其中有的是新引进的，有的是新发明的。于是，这一特权逐渐涉及无以数计的商

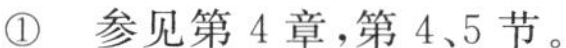

① 参见第4章，第4、5节。

品，且全然为特权受惠者所滥用。[①] 由这一个问题而引起的政治革命，是众所周知的，到 1649 年共和政体出现才使政治革命告终。从法律角度来看，在垄断和自由的新定义上反映了这个问题，实际上这是对其原义的误解。詹姆斯一世时代的案件中采用了这些错误的论点。[②] 后来，在伊丽莎白王朝结束的时候，这些论点又被采用于达文南特对赫迪斯的诉讼案件和垄断法案件，麦基齐尼把这种历史性的错误主要归咎于科克，因为他“根据其错误的假设方
法，以为在大宪章中存在着他那时代的每一个法律原则的保证，从 51
而使后代的评论者受到了迷惑”。[③] 科克，特别在解释“自由”这一名词用在大宪章中的意义时宣称，所有垄断违反了大宪章的精神，“因为垄断与人民的自由和自由权相抵触，并违反国家的法律”。麦基齐尼说，在这一问题上，“科克的错误观点一直为人们所引用”。[④] 但这一错误的造成也有它的好处，因为麦基齐尼说(《大宪章论》，第 133 页)，“如果科克的含糊不清的用词，曾使大宪章很多章节的意义模糊，并散布了有关英国法律发展的错误观念的话，那么也正是这些错误促使了宪法的发展，在这方面这些错误起了无法估计的作用”。

所以在屠宰厂案件上持异议的法官把选择的自由概念附加于财产定义的那种大宪章的所谓“自由”，恰恰与自由和财产是对立的，因为这种自由不仅不是财产的权利，而且是对原来享有“自由”

① W. 坎宁安：《英国工商业发展史》第 1 卷，第 58、75、286 页(1903 年)。

② 科克报告书(11)，《伊伯斯威治的成衣商》，第 53 页(1615 年)。

③ 麦基齐尼：《大宪章论》，第 385 页。

④ 科克报告书，《伊伯斯威治的成衣商》(11)，第 384 页；科克：《第二律例》，第 47 页。

的那些人之外的其他人手上的财产权利和自由的否定。在伊丽莎白时代，随着工业的发展而居于主要地位的垄断只是国王特权的当然运用，它特许某些人享有对于其他人的统治权力。当贵族们根据大宪章精神提出“自由”的要求时，他们是在争取个人的特殊权利，或者在争取运用统治权力的权利。他们不是在争取自由或财产，而是在争取在政府中的有利的地位，这种地位是以上下级与统治和被统治的个人关系为基础，它标志着统治权对特惠者的关系而大宪章所确定的无非就是国王不应剥夺贵族们的最高个人的特权。这些要求是指在个人恩宠和最高权力支持下的那种垄断特权，而不是指全体臣民的拥有和买卖财产的平等自由权。简言之，“自由”所指的并不是自由也不是财产，而是政治的特权。

在屠宰厂案件上持少数派意见的法官在解释第十四次修正案的时候，又重复了科克在自由定义上所出现的历史错误，而且后来在阿尔热耶案件上，所有的法官再重蹈覆辙。同时，正如我们所看
52 到的那样，[①]法院在芒恩案及明尼苏达费率案上，也正在把力量的定义从物质力量改变为经济力量。按照屠宰厂案件上多数派法官的意见，不但第十四次修正案而且美国的宪法都是根据习惯法的原则制定的。习惯法认为，财产这个名词是指公民所持有、并为他所用而不为他人所用的东西——动产或地产，而自由这一名词则指个人不受他人奴役的自由权。

尽管如此，根据美国的情况，昔日国王的特权已经变成立法机关的干涉权力。后来，在芒恩案上多数派法官改变了力量的定义。

① 参见第2章。

特权也就是干涉权力，是指统治者对于臣民的物质性权力；而在芒恩案上所承认的那种力量是公民对公民的经济力量。正如自由的两个意义被混淆在一起那样，这里又混淆了力量的两种意义，因为防止竞争的那种合法垄断权或特权，事实上是以直接分享统治者的物质权力为基础的，从经济角度来看，这种垄断权与芝加哥谷物仓库那样的私有财产有相似之处，谷物仓库主虽然不能合法地防止竞争，但由于他所处的优越地位，他有力量收取比他所提供的劳务的成本更高的费用。在一种情况下，竞争受到了物质的制止，而在另一种情况下，竞争受到经济上的制止。在一种情况下，垄断者是受到统治者的恩准而排除了他人的竞争自由；在另一种情况下，所有者是用自己的经济条件排除了他人的竞争，而统治者对他的财产和自由与其他人一视同仁。当然，每一情况最终还要依靠统治者的物质权力去保护享有垄断权或经济条件的人。但是在合法垄断的情况下，统治者的保护是指直接禁止竞争，而在经济条件有利的情况下，统治者仅仅维护了的却只是这种经济条件。不论在哪一种情况下，经济力量都出现了，因为经济力量只是阻止别人获得他所需要的东西的那种力量。简单地说，财产概念从物质的东西改变为它的交换的价值，就是从为个人使用而**占有**东西的概念改变为**阻止**他人使用这些东西的概念，在任何一种情况下这都受到统治者的物质力量的保护。

从占有的东西供自己使用和享受的观念过渡到对他人施用经 53
济力量的观念的过程中，显然财产完成了历史的进化，从奴隶制度、封建主义、殖民主义及稀少人口过渡到销售业务及人口对有限资源的压力。在生产处于孤立状态的地方，或所有者为了维持自

己和依附于他的人而对必需的劳动者和所有的物质东西进行控制的地方，对财产的排他性占有便是财产的有效定义。但当市场扩大的时候，当劳动者被解放的时候，当人们开始以买卖为生的时候，当人口增加和一切资源都成了私有财产的时候，财产的经济属性就逐渐从专为自己的排他性占有转变为抑制别人使用的力量。其中的一个意义原来就包含在另外一个意义之中，但在新的情况没有出现以前，它是不会显露出来的。正如在环境由陆地变为天空时，爬行动物的鳞片变成鸟类的羽毛那样，当环境从生产转到销售时，为自己的排他性占有也就变成抑制别人的使用。只要商人、工匠和劳动者都结合在独占的小单位内的时期，这种转变是很难觉察到的，但到了一切机会都被占用，业务活动由信用体系中的公司来组织并将财产集中在缺位所有者控制之下时，这种转变就明显了。然后，从实质上来说，财产的力量不同于个人具有的能力或统治权所赋予的那种力量，所以财产的力量就突出了。屠宰厂案件中的屠宰商处于农业人口稀少并与世隔绝以及手工业工业时期的情况下，屠宰商的体力、智力和经营能力与物质性工厂的活动是分不开的。但是在铁路和仓库案件中所牵涉的公司、经理和劳动者都是不在本地的业主的代理人和雇工，而且业主的财产又只是通过不见面的董事会决议发出命令和服从的无声力量。在这一方面，再加上人口的压力及对于矿产和金属资源、水力与位于人口中心的土地等有限供给的有增无已的需要时，原来的单纯的财产占有就变成了抑制他人的力量，这种力量远远超过了劳动者对他的
54 劳动或投资者对他的储蓄所具有的力量，而且当早期的习惯法和商业法使这种力量更趋加强的时候，它的力量超过了一切已知的

东西。它成了在交换中榨取别人的东西的权力，变成了对缺乏力量的人和孤立的人榨取他们的东西的权力，这是财产的本质力量，它在悄悄地发挥本身的作用，但却能令人清晰地看到，并可把它与所有者的体力、智力和管理能力区别开来。

在上面提到的比较极端的例子中，我们看到财产本身的力量，就是抑制他人的力量，它也只是在一切财产中作为交换价值的根源而存在的那种力量的扩大，我们可以把它叫做等待的力量，也就是待价而沽力量。作为投资者，他们虽然是在进行一种不可缺少的期待着报酬的工作，而作为卖主，他们却在通过期待的力量以决定实现报酬的条件。当自然机会都已满额，而且千千万万的投资者都已集合在公司的集体力量之下，并拥有进入市场机会的方便时，期待的力量就从期待的劳务中脱胎而出。

财产功能的概念也就相应地扩大了。为自己的使用而排他性地占有的概念是与我们称之为“经济”的财产方面是相同的。它只是对某一个人的所有物和力量按比例配合而不是对其进行扩展，以期从所有的人那里获得最大限度的净收入。占有的法律概念就是经济方面关于经济的概念。但这种按比例的配合完全在于决定这种实际力量究竟应该用在哪些不同的方面。所以当财产的扩展一面在买卖的环境中形成时，排他性地占有的法律概念也就变成通过抑制他人而形成的那种经济力量概念。占有是经济，而抑制是经济的力量。

财产从占有转变到抑制的过程相当迟缓，因此最初人们不能认识到它的重要性。屠宰厂案件上的少数派法官在占有物质东西的观念上加上了选择的观念，但是他们的选择观念显然不是指对别人所施加的两种不同程度的力量之间的选择，而是在物质的东西之间进行选择。虽然实际上这是一种力量程度间的选择，但施加力量的对象却是自然力而不是别人的意志。从机械的方面来
55 看，这种力量的概念完全属于自然科学的范畴。人依靠克服自然的阻力征服了自然，按照亚当·斯密的说法，这是与自然的一种交换关系。而且在进行这种交换的时候，他似乎选择了阻力最小的力量最大的方向。物理学、化学、生物学或甚而心理学方面都属于这一种情况，它们在克服物、动物及人的阻力时提供了帮助。

但上述例子说明阻力是由于交换中那些无权抵抗或无权抑制它们的服务的东西造成的。这对于有别于一般人类的公民是不相同的。公民拥有抑制他人使用的伦理或法律的权利，这是一种受最高权力保护或据信受它保护的权利，而且据认为，这种力量的程度也就是最高权力在这问题上决定该做什么的结果。起初，人们忽视了这一特点，也许人们没有对它提出疑问，所以屠宰厂案件上的少数派法官所确定、后来并为多数派法官所采纳的自由选择或“契约自由”的意义，还是滞留在一种“自然权利”的地位，是对自然力所施加的不同程度力量的选择，或者只是对社会所提供的机会之间的一种被动的选择，而并非对提供机会者所施加的任何力量。从这一点上来看，他们选择的观念与其说是属于“经济”的观念倒不如说是属于“扩展”的观念。它是在与任何人无关的偏好意义上的一种选择，而不是对别人施加力量的意义上的一种选择。这种定义仍旧停留在工程经济或工商业经济阶段，还没有发展到政治经济阶段，后来在芒恩案上才达到这个阶段。在后一种情况下，据说抑制他人使用的力量是一种应该受到统治者物质力量制约的强

制性力量。

财产的含义从经济扩大到了经济力量，这也就把财产的管理与财产的所有权分离开来，或至少说作了区别。因为经营管理活动主要是按比例把各个因素配合起来，并由此获得最大限度的净收入；但所有权的功能则在于决定这些因素的条件、项目、价格或价值，以这些东西为基础，我们可以从别人那里得到这些因素或把产品卖给他们。

财产从占有转向抑制，从经济转向力量，从所有权转向经营管理的过程是缓慢而又往往难以觉察的，正是这一种情况才能部分 56
地说明，为什么当事物本身早已在默默地向较大范围移动的时候，法院还在墨守财产的原始观念。这种转变使我们不仅能分辨经济力量和物质力量的差别，而且能分辨这些力量和我们称之为道德力量的那种人格力量的差别。

原始习惯法把财产作为供自己使用的排他性地占有的物质对象的观念，在这种观念下，我们很难看到财产的功能是附加在所有者的命令、劝说或强制方面的力量。这些关系是人与人的关系，它依赖于个人的体力、智力和管理能力的相对强弱程度。如果在法庭上发现有不平等的情况需要纠正时，这种不平等并非产生于财产的力量，而是产生于个人能力的差异，或产生于个人统治者所赋予的个人特惠权。个人能力方面的差异是由于一个人所占有的比他人更有利的地位决定的，与其说是由于所有权而产生的，倒不如说是通过上下级、统治与被统治等人类交往中必须具备的个人关系而产生的。我们对于这一类主要的关系，即君主与臣民的关系在提到有关“自由”的恩准或对恩宠者赋予的特惠权时已经讨论过了。从历史角度来看，这是统治与被统治之间的个人关系，而不是属于平等所有权方面的财产关系。父母与子女、丈夫与妻子、保护者与被保护者、医生与病人、律师与当事人、长老与悔罪者、主人与代理人、东家与仆役等关系都类似于上级与下级的权力关系，但这种权力不同于财产的经济力量。在芒恩案以前法院就是以这些上下级之间的个人关系，而不是以经济力量的财产关系，提出了非法行使个人权力的可能性理论，并为之冠以各种不同的名称，如“过分的权势”、“胁迫”、“强迫”和“补偿不足”等。

我们在上面已经注意到，在伊丽莎白时代，随着工业的发展垄断现象日益明显，实际上这只是君主在行使他的个人物质权力，使一部分人得到和享受他的统治权力以对付其他人。垄断是个人的特惠权，而不是财产所有权。财产所有权之所以出现，一方面由于
57 废除了某些特惠权；另一方面由于其他公民在一视同仁的理由下，也可享受其他的特惠权。这表明君主或他的恩宠者在行使他对其他人的带有自然强制性的统治权力时，他的个人权势缩小了，而且随着暴力、欺诈和其他类似的不平等的关系的废除，单纯占有的私有财产能够严格地循着经济力量方向去发展。

在缺位所有制与管理权和所有权没有明显差别的地方，法律学说的演变还是紧紧地拘泥于个人的不平等性，而且既没有认识，也没有承认单纯的财产经济力量造成了不平等性。例如，在早期的习惯法中，“胁迫”就是从个人的不平等产生的。为了废除一个合同而借口受到了胁迫，于是实质性的暴力行为最初就成为证明胁迫的标准，而且表明生命、肢体和财产受到迫在眉睫的危险，以致一个勇敢和坚毅的人也能被其摧毁。后来这一标准又逐渐发生

了变化，有一段时期，只要一个具备一般刚毅性格的人遇到上述胁迫证明就成立了。这些客观标准只适用于物质性暴力的行为或威胁，如死亡或肢体受损、伤残或监禁等，但不适用对于财产的威胁或实际扣留财产的现象。最后到了近年，对胁迫的含义，又进行了一次修改，这时胁迫已经不再指这些客观标准，而指一个人由于受到任何威胁，使他丧失自由表现意志而产生的那种实际心理情况。[①] 但是不论从哪一点上来说，都没有把胁迫或强迫理解为属于占有别人所需要的东西的那种单纯的不平等的经济力量。它总是指体力、智力或经营能力方面的不平等性，而不是指因所有权而发生的经济力量方面的不平等性。

"过分的权势"学说体现了不平等的能力和不平等的所有权之间差别，这一学说产生于信任关系和优势地位的特殊关系，这些关系我们在上面已经提到过了，如父母与子女、保护人与被保护人、丈夫与妻子、律师与当事人、经纪人与顾客等等的关系。这里，过分或不平等的权势被看做是欺诈的一种表现，[②]或者被信任或信托、忠告或权势影响等个人关系的破裂。即使在这些情况下，如果合约的较弱一方不能得到足够的报偿或补偿，它也不能以此为理 58
由而中止他们之间的合约，虽然存在着取消合约的可能性。[③] 这是一种可以利用的个人信任关系，而不是经济力量的财产关系。

但如果认为在当事人之间不存在信任或特殊的个人关系，比

---

① 加卢沙对谢尔曼的诉讼案，案例编号：(105 Wis.)第 263、274、278 页(1900 年)。

② 波洛克：《契约论》，第 648 页附注，第 667 页(1921 年，第 9 版)。

③ 佩奇：《契约论》，特别注意第 225 页(1905 年)。

如说在商人和顾客、雇主和受雇者之间的通常合约上假定没有这种关系，那么，报偿不足本身不仅不会促成过分的权势的假设，并且这种假设是与过分的权势背道而驰的，它不赞成对当事人进行干涉。法院不会把订约双方的技能进行一番比较的，法院也不会单凭双方技能悬殊的情况，就因技能较差方面提出的理由而废除合约。即使当事人的一方是一个普通的人，而另一方是一位有技能的律师或经理充当公司的代理人，在这种情况下，法院不会改变它的处理。[①] 根据这些见解，如果占优势的一方或他的代理人在别的方面都符合合法的权利，那么他即使把牺牲金钱的代价强加于另一方的身上，这种做法也不能说是违法的。[②] 即使碰到一个无法忍受的"极不公正的契约"，如果要使它归于无效，所要寻求的根据不是单纯的所有权上的不平等，而是个人关系的不平等。这种契约的不平等"显得那么强烈，那么令人不快，那么明显，因此对于任何一个具有常识的人来说，当他听到契约的不平等性的时候，

① 邓弟对康纳的诉讼案件，案例编号：(46 N. J. Ez.)第 576、581 页(1890 年)。本案涉及一位寡妇，她在公司的一名律师的劝说下，接受了一笔少于其应得数额的抚恤金。

② 科皮奇对堪萨斯的诉讼，案例编号：(236 U. S.)第 1、9 页(1915 年)。本案涉及一名职工，他被告之，如果他想保住饭碗，他必须退出一实行人寿保险的工会。一些援引来支持本案论点的案件则有：哈克莱对汉德莱的诉讼，案例编号：(45，Mich.)第 569 页(1881 年)。本案涉及一名债权人，他在接近破产的时候，为了要立即得到资金以避免破产，他的债务人强迫他按比例削减那些过期不还的债务。爱默雷对洛厄尔市的诉讼，案例编号：(127 Mass.)第 139、141 页(1879 年)。本案说明了下述原则："付款时根据一方的迫切需要程度去决定收回已付款项的做法是很不安全的"。西利曼对美国政府的诉讼，案例编号：(101 U. S.)第 465、471 页(1879 年)，本案涉及某些有权提出要求的人屈服于"显而易见对协议的违背"，并接受了减少的补偿，"这主要是因为他们需要，或认为他们需要资金去经营业务或抵偿对别人所欠下的债务"。克斯汀对弗劳魁维罗底的诉讼，案例编号：(67 Wis.)第 314 页(1886 年)，本案有权提出要求的人不能获准收回他为营业必须付出的非法的执照费。

他必然会惊讶万分”。在这种情况之下，“凡是在价格过低的地方，心中必然会产生反感，那么，法院就会抓住微小的压迫或有利的情况去解除这种契约”。但是价格过低本身“只是用以决定究竟是否 59
存在着欺诈或过分的权势的行为”，尽管情况也许是够“严重的了，以致凭它本身就可以证实欺诈或哄骗的行为”。[①]

但是应该注意“胁迫”和经济强制之间的一个重要区别。法院把人的胁迫和物的胁迫区别了开来。人的胁迫是指物质暴力的威胁，物的胁迫是指一个人扣留属于另一个人的货物，以便让受胁迫者做出某些违反本人意志的事情。所以物的胁迫是一种**非法地**抑制别人的行为，而经济的强制是指**合法地**抑制别人的行为。物的胁迫是对某一个人加以抑制，使他不能得到原来合理合法属于他为他所需要的东西，而经济强制，是对某一个人的抑制，使他不能得到原来不属于他但为他所需要的东西。物的胁迫是非法的经济强制行为；而经济强制是合法的强制行为。

所以皮特尼法官在1915年就科巴奇案下了一个结论——如果不利用信任、信用、依赖或其他类似的公认的特殊个人关系（据认为人们特别容易滥用这种关系），那么对他人运用优势的经济力量或优势的智力或经营能力都是完全合法的。而且，如果发生严重滥用经济力量的行为，虽然法院可能受触动而“抓住最微小的压迫或有利的情况去解除契约”，但滥用行为本身并不是法律上的滥用。库利法官在脚注中提到的案件[②]中曾说：“一个契约如果是与

① 参阅前注援引的案例。

② 哈克莱对汉德莱的诉讼，案例编号：（45 Mich.）第569、577页（1881年）。另见波洛克、安森和佩奇有关胁迫、过分的权势、补偿不足和极不公正的契约等文章。

一个境况优裕的人订立的，这个契约就可能有效；同样一个契约，如果订约的一方受到必须立即偿付银行票据的压力时，这个契约就可能变得无效”，这或许是一种“最危险的”和“不平等的论点”。

即使对于这些极端的“敲竹杠”案件，法院也有充分的理由不直接了当地把契约解除掉，因为司法判决通常是有追溯效力的立法。但是当法院宣布立法机关事先准备阻止订立强迫性契约的各法案违反宪法时，情况就不一样了。既然通过审判的先例确立了占优势的一方有权利用他的优势力量，于是各法院就像在科巴奇和其他案例上那样，[①]把试图阻止强迫的各种法令宣布为违宪，而
60 事后法院对这种强迫迟迟不作纠正。通常认为这些法令未经法律程序剥夺了所有者的自由或财产，这是废除这些法令的主要理由。这种观点似乎常常是“财产”或“自由”的原始定义的残余，在占有的东西本身已发展成为抑制他人的力量之后，或法院本身已经承认了这种发展以后，如在芒恩案和铁路等案件上表现的那样，这种观点把财产单纯作为专供自己使用而占有的东西，或把自由作为单纯的被动选择机会，要想使法律观念与所有事实保持一致是很难办到的，而且在美国的宪法范围之内，当行政力图赶上经济情况的改变时，法院如果不对立法和行政行使否决权的话，那么，时滞也许本来不是一个重要的问题。各法院不骤然改变其定义也是很正当的，首先因为人民和立法机关都希望法院坚持老的定义，他们也按照老的定义办事，其次改变一个定义就等于**事后追溯**的立法，因为通常总要等到某个人已经采取了行动或威胁要采取行动时，

① 参见第4章，第2节。

法院才可出面处理纠纷，而且定义的改变随着就会改变人民、立法机关和国会以往曾处理过的所有契约的条款和预期的条款。显然法院在第十四次修正案把自由和财产的定义从奴隶的自由改变为财产所有者的自由时遇到了上述情况。但是宪法明文规定禁止立法机关制定事后追溯的法律，又是另外一回事了，因此政府的那一个部门的法案就成了只适用于人民的未来契约和未来行为。所以在这些案件上面，当法院坚持老的定义并否决了法令时，它就阻止了立法机关使财产的定义去符合新的力量的情况，虽然法院本身在其他案件上早已使财产的定义适应自由方面出现的新的情况。

当然我们并不是有意说，个人力量和财产力量之间可以有一条明显和预定的分界线。这两种东西总是交叉地结合在一起的，因为财产只是人们互相交往的一种工具。财产是运用能力的机会。人和财产之间存在着一个宽度无法确定的地带，究竟这二者之间哪一个占支配地位，这只能根据在每一个问题上所见到的事实来决定，看看人和财产究竟在这一地带的哪一个方面出现。我们唯一需要说明的是，财产的力量随着经济情况的发展而呈现出
来的，这一切发生在民主政治取得了进步，并消除了上层人士的政 61
治特权以后。

在不同的领域内，经济情况的进展速度是不同的，或当经济情况受到普通的或有影响的不同程度的支持时才引起了法院的注意，芒恩对伊利诺伊的诉讼和明尼苏达费率案就反映了这一情况。在其他领域内，经济情况的发展比较缓慢，或者没有受到那么猛烈的抨击。但是在一个问题上，也就是在高利贷法问题上，人们对立法机关抑制经济力量的法案从未提出过疑问。这些法律与被宣告

为违宪的各种劳工法一样似乎剥夺了财产和自由。菲尔德法官在芒恩案上说明了这样区分的一个理由，他争辩说，有息货币贷放是一种特殊的特权。菲尔德法官在芒恩案上指出，虽然 1545 年的法令认为不应对货币的单纯“使用”而收费，但却仍允许以一个受到限制的利率支付“利息”，[①]这大约是对当时盛行的一种偏见的让步，他又说：“为了利用货币，以立法规定了可接受的利息的办法，但从其根源上加以考虑的话，这种办法只是维护政府控制它的特许利益所可能运用和享受的范围的权利。按照古代的习惯法，为利用货币而赚钱是非法的……议会出面进行了干预，并使收取一定数额的利息合法化。议会并不是根据立法机关可以随意规定某一个人为了使用财产而收取报酬的理论采取措施的，按照普通法这是一个租借的报酬问题，议会所以这么做是为了提供习惯法否认的一种特惠权”。[②]

在对货币收取利率实行抑制时，单纯的经济力量显然更不同于个人的不平等性，但是抑制对货币收取利率的法律根据不在于统治者有抑制财产力量的权力，而在于他有权力限制从王室特权那里所得到的特惠权。对于中世纪时代的思想和习惯法而言，财产作为地产和动产的单纯占有并不将经济力量赋予任何人，这种财产的目的是为了使用和享受，而且财产拥有者的力量并非来自
62 于所有权，而来自于个人的优势地位或统治者个人所授予供享受的特惠权。另一方面，货币的所有权仅仅是一种力量的所有权，因

① 坎宁安：《英国工商业发展史》，第 153 页（1903 年）。

② 案例编号：（94 U. S.）第 113、153 页（1876 年）。

为货币并不生产什么东西，不能用以消费，而只能用来利用别人的必要而图利。所以当取得以货币收取利息的特权时，这种特权来自统治者的物质力量，它超越了派生出财产权利的习惯法，而且同时它是统治者决定运用特权的范围这种权威。菲尔德法官认为不能把统治者对利率实行限制的特许权，并作为抑制财产经济力量的先例，从历史角度来看，他的观点是正确的。①

芒恩案是一个革新，因为它认识到习惯法中没有的力量来源，这种力量的来源直到财产呈现了它现代性的以后才显露了出来。按照芒恩案的判决，在与顾客交易时，财产的力量是可以受到抑制的。但直到 1898 年，最高法院才判定，在劳资关系中类似的财产力量也可以受到抑制。当年，法院见到犹他州通过的一个法案，它把地下矿场的劳动时间限为每天 8 小时。布朗法官在研究了有关案件，并否认他有任何企图批评那些曾经宣布类似的法律为违宪的法院以后，进一步说明现代的经济情况早已增加了财产对于雇员的力量，而且法院也已经开始注意到这个问题。他说，法院"认识到法律是一门进步的科学"，契约权仅仅在最近的阿尔热耶一案上才正式确定下来，即使这样，它还是要受到政府根据干涉权力所强加的某些限制；这种权力在过去的一个世纪内有很大的扩充；在

① 但请参见汉德：《合法程序与 8 小时工作日》，载《哈佛大学法律评论》第 21 期，第 495、505 页注（1908 年）；庞德在"契约的自由"（《耶鲁大学法律评论》，第 18 期，第 454、483 页（1909 年））中说，"强制执行未经盖上公章的承诺，也是一种后来为法律所许可的特惠权"，这是对菲尔德法官的意见的一个"明确的答复"。我没有找到这里所指的法令，而且詹克斯（《英国法律史》，第 136 页）似乎把强制执行未经盖上公章的承诺的法律的出现追溯到习惯法，它与成文法无关，只是在 1285 年在威斯敏斯特第二作了些单纯手续上的规定，容许"在类似案件上"扩大习惯法的令状。

运用它的时候，必然要让立法机关享有相当大的决策权，而且“立法机关也已经认识到许多州的立法工作者的多年经验得到进一步
63 的证实，即这些产业的业主和工人并不具有平等的地位，而且，从一定程度上来讲他们的利益是冲突的。业主自然要想从雇员身上获得最大限度的劳动，而工人由于害怕解雇而被迫遵守各种规章制度，假如工人可以正当地运用他们的判断力的话，他们就会宣称这些规章制度是有害于他们的健康或体力。换句话说，业主制定规章制度，而工人实际上是不得已而服从的。在这些情况下，私利心往往是一种危险的支配力，而立法机关可以正当地以其权力介入仲裁……在当事人处于不平等的情况下，或当公共卫生要求订约的一方必须受到保护免受损害时，尽管订约双方均达成年年龄，并具备了订约的能力，但这不等于说政府就无权干预”。[①]

1898 年这一原则只局限于采矿工业和冶炼工业，到 1916 年发展到适用于所有的制造业。[②] 1917 年这一原则不仅适用于劳动时间而且扩大到适用于工资。然而这一切的发生是在法院内的两派意见势均力敌出现僵局的情况下发生的，于是法院确认了一项规定妇女最低工资的法令。既然在这一个问题上没有异议，因此我们可以推测这家法院是支持俄勒冈法院所宣布的观点，即“为支持最长工作时间法或根据该法提出的任何论点，也同样适用于支持符合宪法精神并在政府干涉权力范围之内的最低工资法，这是

① 霍尔顿对哈迪的诉讼，案例编号：(169 U. S.)第 366、381、392、397 页(1898 年)。后来，出现了一些不同的情况，结果面包工人的 10 小时工作日法被否决了。洛克纳对纽约州的诉讼，案例编号：(198 U. S.)第 45 页(1905 年)。

② 邦汀对俄勒冈州的诉讼，案例编号：(243 U. S.)第 426 页(1916 年)。

一种旨在保护公共道德及公共卫生的规定”。[1]

以上所述使我们能区分前面提到的三种力量，事实上它们是不可分割的，但是在不同的交易上它们突出的程度也是不同的。第一个是物质力量，也就是暴力的力量，统治者赋予臣民的特惠权就是以此为基础并受到保护。这是封建时代所见到的主要力量。

第二个是经济力量，它只在物质力量已经受“合法程序”限制的时候，从而在 1700 年嗣位法的颁布而告终的商业革命使财产权
确立下来后才开始形成的；而且即使在那个时候，也一直要等到现 64
代经济情况已经体现出财产力量后，也就是体现出阻止别人得到不属于他们但又为他们所需的东西这种力量后，经济力量才显露出来。

第三个是道德力量，然而这种力量也可以“不道德”地加以使用；这是一种不凭借暴力或经济力量的个人影响的力量，这种力量只有当不平等的物质和经济力量消灭以后才会出现。

就是这三种具有相对重要性的力量，才能区别运行中的机构三大类型，有关这方面的问题我们将在下面进行探讨。[2] 这三类是：建立在对物质力量或对暴力的恐惧的基础上的国家；建立在对经济力量或对贫困的恐惧的基础上的经济机构；各种显然不同的现代文化、宗教或道德机构，它们是建立在对舆论的恐惧的基础上，这些舆论得不到对暴力或贫困的恐惧的支持。

---

① 斯坦特勒对奥哈拉的诉讼，案例编号：(69 Or.)第 519、535 页(1914 年)；案例编号：(243 U.S.)第 629 页(1917 年)。这一意见显然在 1923 年阿德金斯对儿童医院的诉讼案中翻了一个个儿(案例编号：43 Sup. Ct.)第 394 页(1923 年)。

② 参见第 5 章。

65 # 第四章　交易

1. 参与者

当经济学家和法院提到“交换”的时候，他们通常想到的是两个人在交换他们的产品或劳务，但当他们提到“市场”的时候，他们想到的是在同一地点和时间买卖同样商品的两个或两个以上的卖主和买主。这样我们就可以把交易分为实际的交易，潜在的交易、可能的交易和不可能的交易。实际的交易当然发生在实际交换产品的人之间。**潜在**的交易是指那些**可能**或**不可能**发生的交易，因为交易的参与者都在市场上，而且准备交易，但还没有交易。**可能的**交易是指**也许**会发生的交易，在情况发生变化的时候，现在不在市场上的人也许会到市场上来。此外还可以加上**不可能的交易**，那是指由于时间和地点相去甚远，以及交易双方不能进入市场，以致在任何情况下，他们之间均不能进行交易。[①]

任何一个来到市场或准备到市场上来的人或多或少地都会有意识地考虑到上面提到的四种不同程度的可能性。但在市场上进

① 见本章第 3 节。

行实际交易的人所作出的选择，并不是在实际交易和可能或不可能交易之间的选择，也不是在一切潜在的交易之间的选择，而只是在实际交易和下一个最好的潜在的交易之间的选择，这是他在交易时可以随意决定的交易。通过选择他可以得到一个剩余，但是他所能获得的实际剩余的大小是以两个最佳可行的选项之间的选择来衡量的。乐观派和悲观学派的经济学家由于没有注意到选择时的这种局限性，所以他们都曾经产生过明显的谬误，我们一般把这种谬误称为达不到的或合不上的选择谬误，也就是空间上达不到或时间上合不上的那种选择。[①]

同时，到市场上来的每一个人，心中都存在着或者面对着这几种不同程度的可能性。机会的选择永远是在选择的那一刻对两个 66
最佳的、可行的选项的选择，如果不存在可能的选择，那么，这种交换就属于我们上面所讲到的那种“敲竹杠”性质的交换[②]，在进行这种交换时没有真正自由选择可言；或者是虽然存在着第二个选择机会，但却不是潜在的交易，而且就算有潜在的交易，但它却不是下一个最佳的潜在交易的时候，情况也是如此。所以交易的每一方所考虑的是选择的层次，因此从影响双方的动机的方面来看，构成一次交易的最低限度的必要人数应该有四个人，两个买主和两个卖主，也就是实际的买主和卖主和每一个人的下一个最佳替代者。其他潜在的，可能的或不可能的交易，都是退居在幕后的。这一情况可以用下表来表示：

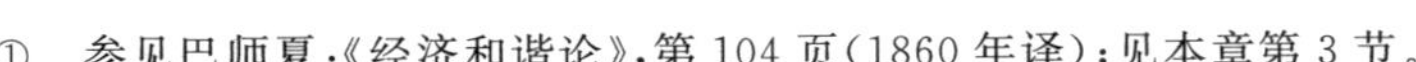

① 参见巴师夏:《经济和谐论》，第 104 页(1860 年译)；见本章第 3 节。

② 参见第 3 章。

一笔交易

实际的	潜在的	可能的	不可能的
100 美元　B	B′　90 美元	80 美元	0
110 美元　S	S′　120 美元	130 美元	0

譬如说实际买主 B 到市场上来打算以 100 美元的价格买进一匹马或一头牛，而实际卖主 S 则希望以 110 美元的价格出售。潜在的买主希望以 90 美元的价格买进，而潜在的卖主则希望以 120 美元的价格卖出。其他潜在的或可能的买主和卖主在那些正在谈生意的人离开市场之前是不会变成实际的买主和卖主的。他们是可能的交易者。因此对实际卖主 S 的两个最佳机会就是 100 美元和 90 美元这两个买价。显然你不能强迫实际卖主以 90 美元以下的价格出售。从另一方面来看，实际买主的两个最佳机会是 110 和 120 美元这两个卖价。显然你也不能强迫实际买主的买价超过 120 美元。因此 B 和 S 达成的实际价格将介乎 90 和 120 美元之间。在这两个数字之间，我们可以说存在着一个说服和强迫的区域，而这两个数字也就是强迫的界限，因为在这两点上，对方有一个无成本的选择机会。超过了这两点，就只能通过说服才能达成交易。

我们可以看到，这一笔包括四个人在内的交易说明，在每笔交
67 易上所存在的两个方面的机会和力量。对卖主 S 而言，他的机会是 B 所提供的 100 美元和 B′所提供的 90 美元的买价。S 所开的 110 美元和 S′所开的 120 美元的卖价是向买主 B 提供的机会，而交易的实际力量则在 90 美元和 120 美元之间。

这一典型的交易描述了最基本的经济和社会关系，不论是家庭关系、业务关系，还是政治关系。每一个人都在考虑可供他利用的选择机会，考虑存在的实际的、潜在的、可能的和不可能的竞争者，他也在考虑，他在这些机会选择的范围内能发挥多大的力量。一方面是他对机会的选择，另一方面是他的力量的运用，但是这两者都是不可分割的，因为机会的选择就是在两种不同程度的力量之间的选择。从影响意志的动机方面来看，经济学中的成本和价值，“机会成本”和“反机会价值”等概念（即其运用力量和选择机会的概念）产生于交易时的根本和普遍的特性。[①]

但是在交易达成前后，交易的各方之间可能发生多次争执。从最原始的时代起，人类的历史上确实而且经常发生过这种争执，理由很简单，因为人类总是受制于稀缺性原则，这就限制了他对机会选择和力量运用。所以，如果要想使交易在有关各方之间和平地进行而不诉诸暴力，这就要求在交易时有一个第五方在场，这就是法官、牧师、酋长、家长、仲裁人、工头、监督员和总经理，他们凭借第五方所属的团体的联合力量，就能够裁判并解决这种争执。诚然，这第五方也许是一个非法的专横的统治者，在这种情况下，其他四方的每一方就会成为征服或奴隶制的牺牲品，并成为统治者所属的那个团体的未经承认的成员。但是如果第五方和其他四方属于同一家族、种族、国家、业务机构、俱乐部或其他组织（简言之，就是同一个运行中的机构的成员），那么，第五方的专横和非法力量本身总是受制于通例或业务规则，也即这一机构的“法律”。

① 参见 H. J. 达文波特：《价值与分配》（1908 年）；《企业经济学》（1913 年）。

这些运行中的机构的业务规则，从它的历史渊源来看，是相当
68 不同的，它们源自鬼神、祖先、征服者、“自然”、“人民的意志”等，主要的用意就是要使它们披上超越于某一个牧师、酋长、法官等的某种神圣或权威的外衣，于是他就暂时有权解释这些惯例。不管怎样，他们在人类的历史上似乎是基本的和最后的手段，通过这些手段运行中的机构的成员可以为了一个共同的目的而一起工作，并发挥整体的力量以对抗另一个机构。

对于交易各方的个人选择和个人力量进行某些限制或给予某些扩大是这些业务规则的活动方式，个人意愿的限制或扩大可以概括为四个表示意志的动词：(1)可以(2)必须(3)能和(4)不能。这些动词表示任何一个机构中的任何一个个人的行为都受到通例或业务规则的约束。这些规则主要告诉他什么是他可以做的、必须做的、能够做的或不能做的。

但是当后世的神学家、哲学家或法学家把这四个动词所表示的许可、强制、有能力和无能力汇集成一种思想体系时，他们就采用了某些伦理或法律的名字，这些名词按我们已命名的次序可以分为(1)自由或豁免(2)责任或义务(3)权利或力量(4)无能或暴露。这些我们将在以后再加以讨论。[①] 这里需要注意的是，由于需要把通例应用于家庭、部落、国家或现代业务机构的个别成员的意志，结果每一笔交易都有一个第五方参与，这就是监督者，或更确切地说他就是法官，他在权利、义务、自由等名义下，制定了这个机构的业务规则，其中包括代表集体权力的那种上级命令与属于

① 参见本章第6节。

这一集体的下级成员的服从等更广泛的社会关系。

因此每一笔交易至少包括五个人，他们不是孤立的个人，甚至也不只是两个人，交易是经济学、伦理学和法律的基本单位。这是根本而又复杂的关系，也是一种社会电解作用，这些关系和作用为机会的选择和力量的运用以及把人们结合成家庭、氏族、国家、工商业、工会及其他运行中的机构提供了可能性。这样的社会单位 69
不是一个寻求快乐的个人：它是五个人在那些决定如何解决争执的人所制定的业务规则的范围内相互进行接触。

2. 履行、避免、克制

早期的学说留传下了一种关于个人意志的观念，我们可以把它叫做**虚幻的意志**而不是**行动中的意志**。约翰·洛克首先提出这一概念，按照他的意思，不应该把这种意志看作为克服阻力的行动意志和在实际的空间和时间中选择不同程度的阻力的行动意志，应该把这种意志看作为本领、能力、才能、能行动或不能行动的“力量”。[①] 在各种知识进入量的或科学的阶段以前的神话时代，这种观念符合各种知识普遍具有的“力量”观念，在神话时代，“力量”是一种潜能、一种潜在的可能性、一种物体潜在的实质、一种幽灵或寄存于物体内的一种神灵、实体或内在的实质，它像化学中的燃素或天文学中的涡流。这种观念在其他科学上已或多或少地消失了，而且力量已经成为行动中的力量，它只能体现在行动中，而不

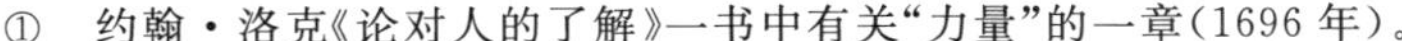

① 约翰·洛克《论对人的了解》一书中有关“力量”的一章(1696 年)。

是凭魔法、直觉或存在于本质或实质中的力量的力量。

至今，在法律和伦理学上，像洛克所提出的那种把意志作为一种潜能的概念还继续存在着，实际上它正像一个人自己所具有的一切观念中的最亲密和切身的观念。我们自然地把我们的意志看作为不同于我们在行动中的某些东西。我们也许会想做某件事，而实际上却做了另外一件事。

但是我们的实际意志除了我们实际所做的事以外还有什么东西呢？虚幻的意志概念是从一种内省的过程中产生的。但内省只能给我们超越无意识的或生理的阈限的那一小部分意志。约翰·洛克的力量概念相等于意志中的无意识的或生理的部分，这在试图把意志解释为内省时是无法发现的。这一巨大的无意识部分连同从遗传、习惯、风俗和以往的意愿得来的潜在感情、情感和思想，
70 就在行动的那一刻出现的，并在这种行动的形成过程中发挥作用。我们在行动以前甚至并不完全了解自己。因为我们的行动意味着把我们的能力去适应各种机会，也就是我们对于机会的控制，而我们的真正意志就等于我们把意志去适应环境和控制环境。

所以对于意志及其功能我们有两个概念：一个是有潜在的、可能的、理想的或想象的概念，它产生于无意识的困惑，另一个是实际行为的概念。实际的东西总是在行动的东西。想象的东西是指不必在实际的选项之间进行选择的条件下，那些可能实现的或应该实现的，或者是我们希望能实现的事情，或有意识地要想做的事情。

就是这种内省的潜在力，这种脱离行动的意志成为约翰·洛克系统阐述的选择概念的核心，而且在后来法律书籍一再重复陈

述的问题。这些也表示在“行为”(act)和“不为”(omission)的定义上。一种“行为”是指“肌肉的自主运动”,“不为”是指一种“不行动”。行为的背面就是意志;意志就是决意,也就是选择;意志在“行为”和“不为”之间进行选择,也就是在行动和不行动之间进行选择。就数的方面而言,什么东西也没有。未做的行为等于零的行为。不行动等于什么也没有。意志就在有东西和没有东西之间进行选择。

有东西的对面是没有任何东西。就定义而言,这种行为可以是一种无止境的行为,也就是上帝的行为。如果意志只是在行动和不行动之间进行选择,这种选择也等于在无止境和零度之间进行,这对于有限的存在物来说就等于在没有和没有之间进行选择。

这一空虚的意志概念所以成为伦理和法律的一个实用概念的理由就在于这样一种双重的情况,即道德家或审判法庭在心目中已经有了一种特殊的行为[①],不论这个行为究竟是善的还是恶的,是正当的还是错误的,他关心的是这个行为的性质,或关心行为者做了这事或没有做这事的责任。行为早已是事实,从数量的方面亦已得到了证明,剩下来的问题是他究竟是有意还是无意做这件事?他是被迫做这件事的吗?有人阻碍做这件事吗?是出于自愿呢?还是出于非自愿?这种行为是善的还是恶的?是对的还是错的?这些问题都涉及一种行为的性质和意志行为的性质。当那种意志在促进那种行为或促退那种行为时这个意志究竟是公正的还是不公正的?一种行为可以恰当地定义为“肌肉的一种自主运

① 参见本章第4节。

71 动”。但法院的注意力却并不落在肌肉上，而落在促使肌肉运动的意图上。

由于法院的注意力局限于此，而且行为的量的方面及其后果也已显而易见，所以在审判庭上，把行为按法律仅仅区分为“行为和不为”两大类，也许是恰当的。但是法院的目的与一个更大的目的没有区分开来的时候，谬误就产生了。更大的目的指的是意志本身的定义。如果把意志的定义局限于在行动和不行动之间的选择观念，那么，这种意志只是一种单独的能力或力量，一种行动或不行动的潜能，也就是一种虚幻的意志。意志的自由权成为行为或不为的自由权。自由是指在完全没有抑制或强制情况下的行为或不为的自由。

为什么在审判庭上没有提出这种从各个角度确定意志定义的更大目的呢？因为审判庭只知道依法执法。但是这个问题有时却确实在最高法院提出来，这是因为最高法院根据宪法关于合法程序的条文有权决定法律本身的效力。这里法院把意志作为一种经济的数量来处理的，而且还宣判到国家政策的经济或数量问题。当法院开始考虑那种数量涉及在美国宪法中使用或包含“平等”和“不平等”的意义问题时，意志问题就变成了一个实际问题。个人的意志是否等于一个公司的集体意志呢？美国最高法院的多数法官认为它们是等同的，所以它宣布堪萨斯州的立法机关和最高法院的决定为无效，因为后者认为个人意志和集体意志是等同的。[①] 堪萨斯州的立法机关企图保护个人的意志以对抗公司的意志。中

① 参见本书第3章。

高级联邦法院曾经说过，这种企图不符合合法程序的精神，因为个人和公司的**权利**是完全相等的。工人有权选择为公司工作或者不为公司工作，公司在是否雇用这个工人的选择上也有同等的权利。交易双方的这两种**权利**也是完全相等的。这是“权利和平等”，因为双方在对行为和不行为的选择上都有同等的权利。

这一抽象的结论是从意志作为行为和不行为的单纯潜能和单纯职能的概念而产生的。但是就这些方面来说，意志是空虚的，而且，就意志的数量概念而言，不论它是经济的、物质的、伦理的或法 72 律的，都是在两种不同程度的行动力量之间进行选择的概念也是不正确的。假设这家公司有一万名雇员，如果它现在决定不雇用这个人，并且也找不到替代的人时，公司只损失万分之一的工作力量。但如果这个人决定不在这里工作，而且也找不到另一个雇主的话，这个人的工作百分之百地损失了。从意志作为行动或不行动的抽象职能概念出发，正因为零与零是相等的，所以这两种**权利**也许是相等的。但是从意志的数量概念来看，意志是指在这个世界上的有限机会的实际机会间进行选择，那么，一方面的权利比另一方面的权利不知要大多少倍，也许要大一万倍。

同样，从**质的**方面来看，一方的义务无疑与另一方的义务相等，雇员的义务是指他不勉强公司违反本身的意志去雇用他和付他工资，公司的义务是指公司不勉强这个人违反本身的意志去为公司工作。这两个**不为**的义务可以说是相等的，这完全是由于它们都不包括量的内容，正像无穷大可以说相等于零一样，或者说零相等于零。

但是从量的观点出发，每一方的义务是指每一方有选择其他的东西的必要；这个其他的东西不是“物”，而是对人或物施加的力量大小。行为主义的意志概念是指一个人在清醒和有意识的全部时间内不断行动着的意志。它的某些选择是属于本能的、习惯性的和无意识的。但它的决定性的选择是有意识的，也许经过深思熟虑的。这样的意志从不在行动和不行动之间进行选择，而总是在两种不同程度的行动力量之间进行选择。不论是有意识的还是无意识的，它非选择不可。如果选择不是受到无意识的愿望的推动，那么就是受到有意识的需要或必要的推动，而且从数量方面来说，它的选择的不同点只是在于当时所提供的实际机会所展开的力量的不同程度和持续时间方面。如果意志没有做这一件事，它会在力量较小的地方做**必须**要做的另外一件事。

这不是一个数学上想象的点和线的问题，不是平等或不平等、虚幻的权利或义务的问题，而是在可供选择的机会的选择过程中
73 的经济或物质力量的相对程度问题。这是一个评价的问题和人对人的相对力量程度的适当比例问题。这个问题是公共政策的问题而不是数学问题。我们在这里关心的不是堪萨斯州立法机关的企图作为一个公共政策问题究竟是否**明智**。也许它是不明智的。我们所关切的是逻辑和价值的差别。逻辑是事后的思维，评价首先出现，然后逻辑出来证实评价的正确性。最高法院的多数派法官当然并非以公共政策为理由而否决堪萨斯州立法机关和该州的最高法院的意见，他们否决的基础是洛克对于意志的定义。公共政策的问题包括衡量和评价实际存在的选项。洛克的意志定义不容许在一个资源有限的世界上对反抗意志的选项进行评价。它和数学上所想象的线和点一样是虚幻的、逻辑的和非数量的。在科巴

奇案件上多数派法官的逻辑使人联想到法官霍姆斯在更早些时候提出的观点，他说，“为什么法官们不愿意讨论政策问题，或使他们的判决表示他们代表立法者的见解，其理由之一也许是在当你离开单纯逻辑推理路线时，你就立刻会失去使法律推理类似数理推理那样的确实幻想。但无论如何确实性总是一种幻想。政策观点来自生活中利益的经验。这些利益是处于冲突中的。不管作出什么样的判决，它必然违反一方的愿望和意见，而且判决的差别只是程度上的差别”。[①]

这些程度上的差别要求我们注意到一笔交易和一个过程之间的不同。一笔交易发生于一个时点上，一个过程是指在一个时段内一系列的交易。这里我们所关心的是时点。

但我们所关心的是有上面所提到过的物质和经济等两类交易，其中每一种都是力量的关系问题。尽管物质力量和经济力量的含义是不同的，但它们适用于同样的术语。

意志的物质或机械意义上的等同物相当于在实际机械过程中自然力量的作用与反作用所使用的意志力概念，或在与其他意志的交易过程中所使用的意志力概念。具有这样一种意志概念的观 74
念就用“不为”来表达，但更好的表达却是“避免”(avoidance)这个词。免除某种行为的义务就是免除那种行为的义务，也包含着要他去选择任何不受禁止的那些潜在的、可能的或不可能的其他行为的一种命令。所以我们不提一个人的“否定的”权利，即他“免

① O. W. 霍姆斯：“利益、恶意和意向”，载《哈佛大学法律评论》，第 8 期，第 1、7 页(1894 年)。

除”另一个人的特定行为的权利，也就是让第一人称的人能不受干涉的权利，也就是他的自由放任的权利；我们也不提那个第二人称的人的相关义务，即“免除”那一行为的义务，并让第一人称享受到一定程度的自由，我们要提的是某一个人的避免的权利，相当于另一个人的避免的义务，强制后者从为他提供的不同的选项中去进行选择。

另一方面，一种“肯定”的权利指一个第二人称的人实际履行某种行为的相关义务，比如还债或提供服务的“肯定”的义务。这里，行为的量的方面没有被忽视的危险，因为义务一经证明成立以后，问题就立刻成为要求债务人或服役者所必须履行的义务的数量。但从经济或伦理观点出发，既然义务通常不是一笔单一的交易，而是要履行一系列的行为或交易的义务，它必须提供一定数量的商品或提出对商品的要求权，在完全履行义务的时候这一切是必须的，所以我们将以履行这一名词替代“行为”这一名词。一个人的“肯定”的权利是指另一个人完成所有必需的行为和交易的义务，另一个人完成所有必需的行为和交易就构成了一项完整的履行。

最后，除了“行为”和“不为”之外，有的法律作家还加上了第三类的行为，这就是“克制”，或者更确切地说，他们把“不为”再分成“不为”和“克制”。但正如上文指出的那样，他们之所以这样做，不是为了得到不为的物质方面的东西，而是为了要分析不为的原因并区别其究竟是有意的或无意的。

这样，在奥斯汀后，萨尔蒙把不为作为“无意的否定行为”和把“克制”作为“有意的否定行为”。如果我由于忘记了而没能赴约，我的行为就是无意的和否定的；换句话说，这就是一种不为。但如果我记得约会的时间，却决定不赴约，那么，我的行为就是**有意的**和否定的；换句话说，这就是“克制”。[1] 可是，特利却认为克制和 75
不为之间的这种区别在法律上没有什么意义。“在某种行为没有做的时候，究竟这个人为什么没有去做的理由从法律意图上来说是很少有意义的”。[2] 不论特利的话正确与否，法律作家通常使用“克制”这一名词作为“不为”等同语。

我们将把不为和克制的区别称为**质**的区别，因为它与行为的**类别**有关，并据此将它与责任的伦理含义或法律含义区分开。“不为”本身的问题早已说明过了，质的问题究竟是一种有意的或是无意的不为呢？如果是有意的，那么这种用意究竟是正当的还是错误的？显然同一性质的区别也可以应用于肯定的行为。它是一种有意的还是一种无意的履行？用意是合法的还是非法的？

以上所说的并不意味着质的区别不是量的区别。任何“质”也许就是我们碰巧正在讨论的量的现象的不同排列。在心理学或美学范围内，白和黄是外界事物的两种**品质**，但在物理学领域内，它们是两个运动着的量。对行为**种类**的质的区分与从是或非、好或坏、有意或无意的角度所做的区分与上述情况是一回事。从物质或经济行为的立场来看，它们在**质**上是不同的，从量上来看，它们又不同于伴随着或者判别着它们的感觉的强度这种分析角度。这些质的区别是属于在交易中的一种主观价值估计的思维过程，因此它们在心理学或伦理学方面有其不同的术语，不同于经济或物

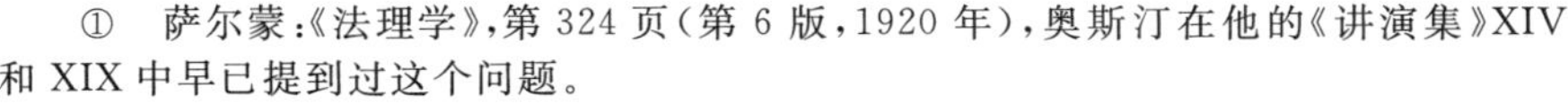

① 萨尔蒙：《法理学》，第 324 页（第 6 版，1920 年），奥斯汀在他的《讲演集》XIV 和 XIX 中早已提到过这个问题。

② 特利：《英美法律原理》，第 67 页（1884 年）。

质方面的术语。

所以从心理或伦理角度来看，我们可以把履行或免行二者说成是有意的或无意的、对的或错的、合法的或非法的。但是在这一点上我们关心的只是作为一种物质力量的意志的物质性描述，这种力量推动着人的行为。从这一观点出发，我们需要“克制”这一名词，它应该具有下列严格的物质和数量的含义：

即使从量的观点来看，“不为”这一个名词，也有双重的含义。一种含义指否定的权利，即“不为”的权利，它不仅可以只是绝对放
76 任自由的权利（免行的权利），也可以是行动上超过一定程度力量的放任自由的权利，我们把它叫做克制的权利。就是这个克制的权利把经济说服和经济强制区分开来了。从物质的角度来看，说服和强制完全是相同的物质行为，所不同的只是经济力量的程度。每一种都只是在交易中抑制对方获得他所需要的物或劳务以诱致对方采取行动。每一种都是拒绝在认为条件满意以前采取行动。每一种都无非是经济的压力或者表示即将使用以物质暴力为后盾的那种经济压力的意向，或在必要时以强制相威胁。这一切从物质上来看虽属相似，但在经济上它们是不同的。收取 10 美分的价格作为不再抑制对别人提供劳务的条件，就物质行为而言，与收取 20 美分的价格是雷同的。但按照测定容许的压力的现行伦理标准，可以把后者视为强迫，把前者视为劝说。

所以关于交易的定义，不是从质的方面，也就是从心理方面去确定，就是从量的方面，也就是从经济或物质方面去确定。前者注重意向，后者注重力量的程度，而且两者完全没有联系。在面部的痛击一拳可以看作与戏谑的轻击具有不同性质的事件，因为意向

是不同的；或者也可以看作表现较高程度的力量的同一性质的事件，因为意向是相同的但用力大了一些。对同一种劳务开价 10 美分和 20 美分可以看作具有不同性质的交易，因为在一个例子上的意向是受谴责的，而在另一例子上的意向是认可的；或者也可以把二者看做是带有较高程度的力量的同一性质的交易，因为意向是相同的，而用的经济力量则大了一些。

前者似乎是伦理或法律的解决办法，因为道德家或律师是在寻求交易背面的意向，这就把是或非的心理性质加上去了。因此我们将使用“克制”这一名词但不赋予其有意不为的质的意义，而只赋予其在克服阻力的力量上所加的那种限制性的数量、物质或经济的意义。克制是对履行所加的一种限制。

在提到“肯定”和“否定”的行为的时候，必须注意到类似“不 77
为”这一名词在意义上含糊的地方。“否定”这一名词有否定和限制的双重意义。一种行为可以说成是“肯定”的行为，而“不作”的行为就可以说是“否定”的行为。这一行为就是那一行为的否定。一方面是“肯定”，另一方面是“否定”。但克制也是履行的“否定”行为，但不是履行的“否定”，它是履行的限制。否定是不行为。限制是受抑制的行动。与“肯定”相比，这二者都是“否定”的；但一个是什么也不做的行为，另一个是做了或多或少的行为。

这就是意志与其他任何自然力相比较的特点。意志是限制自己履行的唯一的力量。其他的力量在克服阻力时，总是要尽量使用力量。引力所能做到的或电力所能做到的，都是它在那个方向和那种情况之下所能做的一切。只要我们能知道意志的生理和无意识的基础结构，意志方面的情况大概是如此。但是正如我们在相互劝说、强迫和命令的时候知道意识的存在一样，只有意志自己会有意识地去限制可能发挥的履行的力量。除非是在危机四伏的时刻，意志总是克制使用全部量。克制是加在本身履行上的限制。

法律上核定的交易也是如此。可以容许一个人向对方施加压力，但由于他有克制的义务，因此他的压力不能超过一定的限度。他可以对其子女、妻子或奴隶随意行施物质的纪律，但不准他的体力的使用超过一定程度的力量。他可以随意收取 10 美分的钱，但不得收取 20 美分。

在采用行为的三重性行为是物质和经济的而不是心理的时候，每一笔交易都具有两方面的履行、避免和克制的交易。参与交易的每一方在同一时刻都有三个方面的行为。他的履行就是他在行动中所使用的力量。他的克制就是他或他的上级权威对他行动力量的程度所加的限度。他的避免就是他对那种履行而不是对另一种履行的选择。每一个人的每一行为，在同一时刻都包括履行、
78 克制和避免。如果某一个人不是在做一种代替的事情（避免），他就是在做另外的事情（履行），而他正在做的那件事通常所要使用的力量又比他所能发挥的全部力量要少一些（克制）。

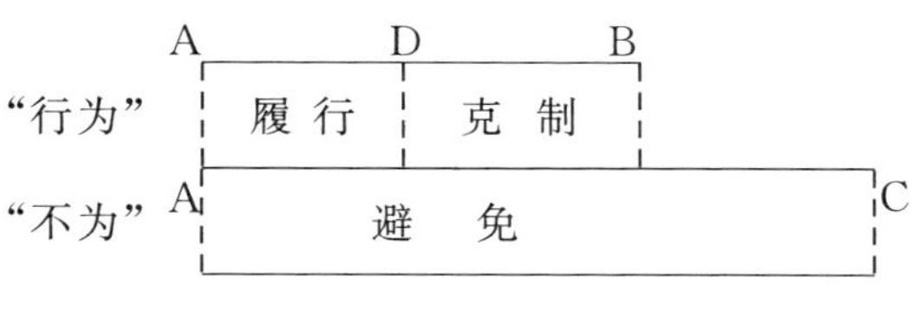

图 1

在上图的两种可供选择的行为之中，A 和 B 是一个行为中的

极端能力、职能或潜力，在另一个行为中是 A 与 C。如果一个人选择或被迫选择了行为 A 与 B，他就避免了行为 A 与 C，如果他抑制自己或为命令所抑制而不能在履行行为 A 与 B 时使能力达到极限，那么，在 D 点的实际限度上就是由克制所定下的履行限度。履行是 A 与 D；克制是 D 与 B；免行是 A 与 C。“否定”一词的双重意义在这里就表现出来了。履行是一种肯定的行为，而一种“否定”的行为可以是一种克制，这表明限制（D 与 B）可能的履行；或者说“否定行为”也可以是一种避免，在这种情况下，它所表明的就不是限制，而是对可供选择的履行 A 与 C 的全部否定。

这样我们就可以对本领（faculty）和力量加以区别。本领是一个人在一定的情况下所能用出的全部可能用出的力量。这就是约翰·洛克在使用“力量”这一名词时他使用了意志这个词。它是指行为的能力而不是行动，是潜能而不是力量，是权能而不是内容，是意志而不是行动的意志。但是力量这一名词从行为主义的意义上来说，是力量在行动中所应用的实际力量。力量是实际的履行，而本领和力量之间的差度，就是克制。

伦理和法律通常给“力量”这一名词的含义就是约翰·洛克所给的本领、能力、权能的意义。一个人在行动上的本领、能力、权能或潜能，包含在他的全部本领或能力之中。这些可以是物质的、经济的或道德的本领。合并在一起，它们就构成了潜在的人力。在
每一情况下，它们都只包含着推动事物和人的力量。物质、经济或 79
道德的力量是这直接或间接推动他们的力量。智力是推动他们时所使用的长杠杆。管理能力是促使其他人推动事物的力量。当每种力量在行动时，都是一种履行，也是一种克制。只有在发生危机

的时刻，履行才竭尽行为的全部本领或能力，而且在那时刻，克制就会减少到最低限度。在另一种极端情况发生的时候，只有当这个人处在根本不行动的时候，也就是在他几乎失去意识、睡着或死亡时，履行才达到其最低限度，克制达到其最高限度。

同时，每次履行物质、经济或道德力量都是对其他任何或一切可供选择的履行的避免。当然，个人在本能上，也就是潜能方面是大不相同的。本领是能力，潜能是可能的或潜在的力量，但力量是对能力或潜能的实际使用。潜能和力量这两个名词，不仅在意志的一切概念上，而且在所有的经济推理上都是必需的，但是与约翰·洛克所用的意义是大相径庭的，关于这个问题我们将在下面进行讨论。

3. 实际的、潜在的、可能的、不可能的

由此可见，意志并不是洛克的虚幻的意志，也不是享乐主义者的那种与意志没有关系而强使其行动的有意识的快乐和痛苦，它是行动中的意志，而行动中的意志也就是行动中的本领。它不是在无限的空间内活动，不规定无条件的法律，也不在有无东西之间进行选择，但这种意志总是“对抗”着某些东西。它总是在履行、避免或克制，也就是说，它总是顺着一条路线运行着，不像毫无目的的物质力量那样总是顺着阻力最小的路线走，它在克服阻力，也在避免并抑制那种克服阻碍的力量，它带有展望未来的目的。每一笔交易都是具有两面性的行为。它是相互作用的两个意志。即使

我们所谓的自然交易，也具有两面性的行为。这种交易与伦理和法律上的交易的区别就在于处理自然力量时履行、避免和克制的不同以及在与人的交往时相同的履行、免行和克制。

因此我们可以把这些具有两端的行为称为行动中的意志的物质方面的问题。它们是交易。但就其本身来说，它们只是行为的 80
一部分。它们是在特定时刻的行为，与过去或未来毫无关系。从单纯的物质方面来看，它们是没有意义，没有预期的，因而也没有价值。行为的**总体**是要把这些运行着的行为和交易，按照使其合为一体的目的，也就是按照它们在组成总体中的相对价值进行有比例的配合。

为了这一目的，我们要把实际的、潜在的和可能的交易与无限的、不可能的或达不到的交易区别开来。实际的交易就是现实的交易，这是一种实际上对抗某个东西的意志。它是履行、免行和克制的运行点。潜在的和可能的交易是指未来的交易——想象的世界和价值的世界——也就是人生活的地方。实际的交易是没有价值的。它是运行中的一点，一经行动即成过去。实际的交易是未来参与了现时的行为，它将立刻转入记忆的范围，并转入对更远的将来怀有进一步的信心或恐惧，在那里存在着潜在的和可能的交易。潜在的交易是近在咫尺的。它可以或者也可以不发生。可能的交易是在时间和空间上处于更远的地位。潜在的和可能的交易都处于或有或未必有的范围，处在一个预期和期待的世界里，处在一个阻碍和机会、是与非、权利和义务的世界里。再往前即属于无限的范围，也就是真空的、虚无的、空虚的、毫无东西的、零的、不可能的或达不到的范围。

潜在的或可能的未来也具有几个方面的内容，这些方面随着生命和想象的展开而扩大，但是这些未来的方面不是科学上所说的很可能有或很可能没有。它们是一个人所信以为有可能性或可能，或很可能有或很可能没有的现象。它们是属于另外一种现象，即思维过程的现象。小孩儿的世界是一个很狭小的世界；成人的世界把有限度的东西再向前推进到扩大的潜在的和可能的世界，甚至把无限物也想象成可能。对亚历山大来说，潜在性一直扩展到印度河，印度河的后面没有其他可能的世界；对现代的商人来说，潜在性环绕着全球；对工人来说，潜在性仅限于他的工作。对每一个人来说可能性是一个总体，一个行为或交易是这个总体中的一个部分。

考虑到有潜在性和可能，行为或交易才会有它的价值。而且
81 如果我们说，每一实际交易都是在一个运动中的时点上的行动中的意志的物质方面的问题，那么，一切潜在的和可能的交易都是未来的经济、伦理和法律方面的问题。这些方面是一个大的欲望和目的的领域，也就是心理上的预期领域，它不但使现时部分有其价值，而且可以决定行为或交易在其实际的履行、避免和克制中所应该达到的程度。

所以精神和物质的二元论，智慧、感觉和意志的三位一体，约翰·洛克和法院的所谓潜能分解为对于某一个人本身的行为的评价。从形而上学的或者哲学的角度来说，二元论仍然存在，因为这里有心理和物质两种现象，对于这两者之间的关系问题我们还不了解。但是在科学方面，我们只处理每一方面在其本身领域中的现象，因为科学是表面的。它只处理行为问题，而行为是事物的表面现象。行为不是根本性的东西，它了解的不是事物的本质，也不了解一种现象如何会转入另一种现象。它也许会对未知的东西稍稍知道一点，但它总是留下一片无意识的和不知道的范围，这是一个假设和推测的范围，在这里意识深入地发展到了生理学、生物学、物理学和化学。我们不知道灵魂是什么东西，也不知道物质是什么东西。在我们没有行为以前，我们甚至不知道我们自己是什么东西。我们只有分析我们自己的行为时，才真正了解我们自己。

每一行为是对外界的作用和反作用，或者是对各个人的交易，因此，行为就是运动着的点，是一系列的履行、避免和克制它在实现对未来的总体任务中起着一个小小的作用。我们在做一件事的时候，行为的价值也体现出来了。因为在估价的时刻，行为在实现潜在的和可能的未来时，它是一个限制因素，或我们认为它是一个限制因素。正如我们所见到的那样，行为是与预期和预期物、情感、直觉和感觉在一起的，但只有当它是潜在的行为时才可能这样。一俟它变成事实，它立刻就成为过去，再也感觉不到或再也没有价值了。当它具有潜在性的时候，它是作为总的预期经济的一部分而具有价值，也就是使具有潜在性和可能的行为和交易的预期比例配合成为期望中的现实世界的一部分。而且，当行为是潜在的行为时，它就是机会，即在两种不同程度的行动力量之间的一种选择权。当潜在的行为也是一种潜在的力量时，那么它就是为未来的更大目的而用来克服自然和人的阻力的有价值的力量。所以每一笔交易连同它的履行、克制和避免的物质等各个方面，又在不知不觉之中进入了经济和扩展的经济方面——预期的经济、机 82
会和力量，它们反过来又反映了现时的履行、避免和克制的价值。

所以为了科学的目的，我们知不知道意志的实质没有多大关系。科学所处理的是可能性和表面性。不论我们主张“决定论”或“非决定论”，都不影响经济的目的。“决定论者”并不能比“非决定论者”更知道究竟一个商人、工人及在审判席上的法官下一分钟想做什么，尽管他完全有把握去决定或预定这种行为。如果脑子聪明的话，他会按照怎样了解一个人的公认的步骤，先去了解这个人的过去的行为情况，然后估计他在目前和将来的行动的可能性。决定论和非决定论讨论的都是最基本的问题；或者更确切地说，行为主义者是按照意志的行动以确定意志的意义，而把意志是否为生理学、物理学、化学或宇宙预先确定的问题交给其他人去解决。希勒[①]为了证明意志自由的观点，他必然逻辑地追溯到原子，他对于电子在选择活动方式时的自由提出一点点的证明，说明电子的活动方式不受以前任何东西的控制。但是当一个人在一个未知点上出现时，一个不确定的元素会进入它过去从未发现过的宇宙，看来这是完全不可能的。但那是另外一种现象。就算是这样，经济决定论只能产生于下列情况，即意志是在一个缺乏资源的世界上行动的，而且这些资源是通过业务规则予以紧缩或放松，这样人的某些权利、义务及履行、避免或克制的自由能得到切实的保证。因此，一个非限定的自由意志理论往往与空虚的意志完全一样。它常常在没有自由的地方假定有自由，并在能力或机会存在着实际不平等，或在实际上无法得到所谓的可供选择的机会的地方来取

① F. C. S. 希勒：《人道主义研究》（1907 年）；《狮身人面像之谜》，第 439 页注（1912 年）。

代空洞的平等权利。经济学和法律所关切的是选择的自由而不是意志的自由，而且社会的进步就在通过提供选择的自由以创造意志的自由。自由是一种社会的产物，而社会为每个人开辟了一个扩大各种潜在的和可能的领域，在这个领域里，人人都可以按自己的愿望去创造他的未来。

所以我们所有能说的就是我们可以从不同的角度来看待每一笔交易，而且每个角度都体现了一种不同的现象，因此我们就无法 83
从根本上说明一种现象是怎样转变成另一现象的。我们只能满足于在一个时候衡量一种现象的数量，而不去顾及质方面的问题，然后，当我们能力所及时，我们对它们从质的角度在它们本身的范围内加以量的衡量。所以每一笔交易都有履行、避免和克制的物质方面的问题；有机会、力量、经济和预期经济方面的问题；有思想、感觉、意愿、劝说、强制、命令、服从和预期的心理方面的问题；有权利、义务、自由和暴露的伦理和法律方面的问题；还根据限制和指导行为的通例或业务规则，有使用物质、经济或道德力量的权力时的授权和权威化这些政治或者政府的方面。

4. 核定的交易

除非在还不知道怎样把家庭、国家和工商业划分开来的原始社会里，一个人潜在的和可能的交易的世界，并不局限于单一的运行中的机构，他是若干机构的成员，或与若干机构的成员有联系，每一机构都是一个自主的单位，强制执行着行动准则。在社会的进化过程中，这些机构根据对它们专业执行的集体命令或规则制裁的恐惧或义务而把它们或多或少地分离开来了。但是既然国家在节制担心违反协议的时候具有至高无上的权力，因此它的法院、律师和法官等职能机构，对于是、非和权利的观念分析得最详细，而且就是从他们对于合法交易的分析，我们才可以收集到所有交易在伦理方面的等价要素。我们在政治机构的管辖之下，我们发现受法律条文所引导，以对暴力的恐惧为基础的法律上的交易实质上也适用于在工商业机构的管辖之下、由业务规则所引导，并以对贫困的恐惧为基础的经济的交易，而且也适用于在文化团体的管辖之下，由公认的行为规范所引导，并以对舆论的恐惧为基础的
84 道德上的交易。如前所说，把这些机构分开来只不过是突出重点的问题，而不是把它们完全割裂开来，因为对暴力的恐惧、对贫困的恐惧和对舆论的恐惧是相互交织在一起的。但是我们一旦搞清楚了法律上的权利义务的意义以后，我们就可以知道经济上和道德上的权利和义务的含义。

所有权利和义务都是相对的。如果我们说某一个人的权利是绝对的，我们只是指这是一种无限的权利，而对于对方来说这就是一种无限度的义务。既然这样，一个绝对的权利义务是没有数量内容的，因此，不论我们说无限的权利或是说零的权利，都没有什么关系。世界上简直不存在着作为实际的或潜在的权利义务。从伦理或法律的交易这些领域来说，它正在趋向消灭，而且它也正在陷入人与自然间的作用和反作用的物质的领域。

因为权利是一个简略的名词，代表着各人相互间所有愿望和恐惧的一种复杂的组合。它是一方对于持相反愿望的另一方的履行、避免或克制的行为，而且它并不依靠自己的力量来达到目的，

而是依靠处于更高地位的第三方所强加的恐惧来达到目的；假定我们相信处于较高地位的第三方的行动是符合于通例或原则的，而不是出于完全不讲理或不负责任的，为所欲为或疯狂行为。如果我们不相信存在着这样一个讲道理的第三方上级或不相信它会出来进行干预，那么，双方的权利义务关系就完全不存在了，而且这种关系就会再次陷入另一类现象，即自然力之间的物质作用和反作用的现象。因此"绝对权利"这一名词及其相关的"绝对义务"，要么指不存在这样一个上级，要么指上级无意进行干预。如果不存在第三方上级，那么，这种关系就无异于两只动物之间的物质关系，它们只是不受制于上级意志的自然力量。如果第三方上级确实进行了干预，或者相信它答应或威胁要根据预定的规章进行干预，那么这就是说，它要对这一方或另一方的意志加以抑制或强迫，而且抑制是指量的抑制，因而也是相对的。绝对的权利和义务是像老虎和飓风的权利义务一样的辞藻，适用于物质方面的现象，根本不适用于伦理现象。下图表明了绝对的权利义务，在这幅图中，恰当的用词应该是作用和反作用而不是权利和义务。

"绝对的"权利和义务 85

作　用		反作用
	B	
	S	

图 2

B 的所谓"绝对"权利就是 S 的"绝对"义务。上级权威对任何一方行为所施加的抑制或强制都是没有限度的。每一方可以竭尽全力去杀死、奴役或打劫另一方，它不必产生良心上的忏悔，或诉诸神或世俗的权威，或诉诸具有约束力的惯例或任何其他公认的行动准则。这种交易是一种“自然的”交易，没有伦理或法律的意义。绝对的权利既然是没有限度的，那它就是无限的权利，所以也是零的权利。

从误称为绝对权利义务的物质关系问题出发，第一个步骤就是到什么时候一方或另一方可以指望一个上级意志力行为能按照被预言的规则采取行动对自己提供帮助，或以让其恐惧的方式对另一方施加影响。这种从物理学到伦理学的过渡，通常都是以“神的”权力或“自然的”权力等名义来说明的。这些名词从历史角度表明权利义务等概念产生的思想过程。从历史角度来看，权利似乎除了指外界的上级力量的意志行为强加于他人的一种恐惧以外，什么也不是，而义务就是这种恐惧的本身。氏族、国家、家庭和个人曾经以各种方式将它们的结合力量、命令和强制性服从的意志和习惯、希望和恐惧说成是对保佑的鬼神或自然规律的信仰。

但是伦理性的命令也存在一定的困难。伦理性的命令是思维的过程，它与个人的愿望和恐惧完全不一样。因此当它们形成行为的时候，它们受到个人主义和无政府主义的行为，它们在行动上不受制于能使任何一方服从的那种实际的世俗权威。因此某一方以为他对另一方的某种行为有一种神的或天然的权力的愿望未必能与另一方的恐惧相一致，另一方以为他受着神的或天然义务的束缚，因此他只好以一定限度的履行、避免或克制来行动。于是就出现了彼此不相适应的机会，不能使一方的愿望符合另一方的恐

惧。当这种主观的相关关系无法用行动来表现的时候，我们就可 86
以用下图来表示：

非核定的交易——伦理的

————没有相互联系————

<table>
<tr><td rowspan="3">相反各方</td><td rowspan="2">权　利</td><td rowspan="2">B</td><td>义　务</td></tr>
<tr><td rowspan="2">无义务</td></tr>
<tr><td>无权利</td><td>S</td></tr>
</table>

图 3

B 或 S 每一方都承认，他对另一方的履行、避免或克制的权利是有限的，但是无论哪一方对于具体的限制没有达成一致的意见。这就是“神的”权利或“天然”权利的历史阶段，是要求超人的非世俗权力帮助的阶段，也就是无政府的独断主义和形而上学的阶段，在这个阶段有多少个人就有多少个从神的或自然行动法则中产生的关于神或天然权利的概念，而且这一阶段，从行为主义角度来看，这一阶段就是未核定的交易关系的阶段。权利和义务的伦理概念是存在的，而且必然承认，由此所发生的行为应该受到限制，超过了这种限制就没有权利也没有义务，但是关于具体的限度应该位于何处的问题还没有解决。

看来要使每一方的愿望和恐惧**相互发生关系**和阻止无政府状态的唯一办法，在于找到一个能为每一方所服从或能强迫其服从的具有世俗特质的第三方。这样我们就必须要讨论法官、首领、国王、专制君主、牧师、主管人员、经理等存在的社会必要性，他们的行为职能在或多或少受到他们与某些其他的人所共同具备的伦理

信念的引导下，其职能就是让实践中相冲突的主张与对权利和义务的否定相互联系起来。具有相反利益和信念的各个个人并不总能在发生联系方面取得一致意见，但为了把一个集体意志的各组成部分团结在一起，这种关联是有必要的。伦理是无政府状态，法
87 律是秩序，而权利和义务的关联不是通常所推想的那种逻辑的必然结果，而是政府的命令。

为此，我们从对依赖于个人的利益和信念的单纯的伦理的交易关系的讨论转向讨论核定的交易，在这种交易中，处于较高地位的一方或几方的意志通过强加或解释适用于争端的行动准则，对他们的交易实行强制性的限制。于是权利和义务的关联关系就产生了，并成为法学的出发点。图 4 表明，某一方的个别权利是与另一方的义务相等的，而且每一方都受上级权力的限制，上级权力在一个没有权利和义务开始的地方把双方都必须遵守的惯例强加给他们。

核定的交易——合法的

————相互联系————

相反各方	权　利	B	义　务
	无权利	S	无义务

图 4

图 4 表明至少要有三个人方能构成权利和义务的社会关系，其中两个处于下级地位，一个处于上级地位。但是我们已经知道，在构成现代经济的交易概念时，至少要有五个人，在这一交易概念形成之前，中间还有一个（包括最少要有五个人的）历史阶段。

某一类型的政府为了决定某一阶级各关系人的财产和自由等权利，制定了它的业务规则，这些关系人假定就是 B 和 B'所代表的那些人(见图 5)，但同时又否认了另一阶级的财产和自由等权利，假定这阶级的人就是 S 和 S'。这是一种核定的奴役制度，其中 B 和 B'有其相互间的权利和义务，但没有对 S 和 S'的权利和义务。B 的权利就在于它有权使 B'让路给他，使 B 能对 S 为所欲为。同样，B'对于 S'也有类似 B 对于 S'的权利。

直到一个上级权威对 B 和 B'从 S 和 S'那里得到服务的权利 88
进行限制，他们之间的权利和义务问题才会出现。在没有加以限制之前，S 和 S'是物质的东西而并不是人。加以限制时，意味着普遍平等自由的现代阶段来到了，典型的交易至少要包括五个参与者，这对于任何阶级的个人都无例外，见下图：

核定的交易

——相互联系——

<table>
<tr><td rowspan="2">相反各方</td><td>权　利</td><td rowspan="2">机 会
权 B B'
力 S S'</td><td>义　务</td></tr>
<tr><td>无权利</td><td>无义务</td></tr>
</table>

图 5

这种典型的交易是从人格的概念出发的，这就是我们称之为意志的那种自我指导的单位，而且就是权利和义务的扩大实际上才创造了“自由的意志”。因此权利概念所必需的五个方面是：第一方是要求这种权利的人；第二方就是与之发生交易的人；两个第三方中，一个是第一方的敌手或竞争者，另一个是第二方的敌手或竞争者；而第五方则为每一方作为核定的成员所隶属的机构制定共同的规则。我们也可以看到，机会和权力的两种关系在这儿已经规定下了。

第一方对第三方提出的要求，实际上就是要求所有其他的人在他与第二方交易的过程中不加干预。至于各“第三”方就是“各色人等”，或者更确切地说是对“各色人等”的权利，对财产或物的权利也是一个“重叠的权利”[①]，因为这是他对社会组织的全体或几乎全体成员所拥有的无数类似权利中的一个，每一个社会成员
89 都有类似的相关义务。前面已经说过，进行任何一个特定的交易时，在某一时刻，这些无以数计的第三方的范围会缩小到两个最靠近的第三方，于是第一方在可供选择的机会中决定其选择时，必须把这两个第三方放在心上。所以具体地说，他的权利是一个由较高一级的人所施加的有限的权利，因此，他的直接竞争者，在某一个时刻之前不得干预他，而且他的权利相当于一项特定的权利，不论竞争者从自己的本身利益出发，或是具有同情心，他的自由干预权都受到这一特定权利的限制。业务规则告诉了第三方什么是他们必须不做的事情。

于是，比交易的其余四方参与者具有更多权力的第五方通过对公认行动准则的解释而引进了一种权利的观念。如果第一方除了坚决要求在与第二方进行自由交往之外，再也没有其他希望或期望，那么，我们所处的情况也就同动物所处的类似情况没有什么两样。但是如果他相信有一个处于较高地位的人，神灵、鬼魂、物

① 霍菲尔德用语，见以下各页。

神或戒律，不仅具有制定行动规范的权力，而且可以利用它的帮助并以恐惧的力量使第三方退却，那么，我们就开始有个不同于禽兽本性的那种人的本性。在文明时代的后期，假如第一方或多或少地丧失了他对人的精神的信心，可同时还继续相信自然的仁爱秩序，和谐的自然法则，人之外在友好力量的管理机构，也就是有一整套理想的业务规则会提供帮助，那么，我们就有了来自于自然秩序的自然权利的哲学，它也是从宇宙的神的秩序中产生的神权；从另外一种意义上来说，这显然包含着“自然”的意义，因为它来自于人的自然本性方面最深切的希望和最大的恐惧。就在相信仁爱的“自然”阶段，也就是在18世纪，在马尔萨斯和达尔文把自然的吝啬和残酷展示在我们面前之前，在科学告诉我们要以不加渲染的行为，而不以表示因果的理论或是非的意见，或对善恶的希望和恐惧等来确定定义之前，产生了我们现在所具备的有关自然法则和自然秩序的那种法律和经济学说。

但是伦理的理想观念还是继续存在着，因为它们不来自抽象的理性、智慧和外界自然，而来自于希望和恐惧，这对于人力的无
能和人格的永恒概念来说是基本的东西；而且他们指导着工商业 90
者、劳动者、法官和哲学家的行为。所以对这些东西还是要给予适当的地位。

权利及其相关义务的概念与人有关系，这种关系类似于预期与商品的关系。使用价值和交换价值都是预期的行为，这也就是给予那些我们称为期望的物质东西以预期价值的预期。权利和义务的关系也是如此。这就是人们所期望和恐惧的行动，是在人与人的关系上所预期的希望和恐惧，对于预期采取行动的人来说，我们把它们具体化了，而且提供了当时的现实情况。这些人本身就是我们所称作的若干品种的预期对象，他们所期望或恐惧的行为就是归属于他们的预期。当这些预期可以预料时，它们就成为人类的法律或行为指南，这无非就是对个人或阶级在发生某种事情时将如何行动的一种预料。从经济方面来说，他们是受到效用的刺激而行动的；从伦理上来说，他们是受到同情或义务的刺激而行动的。或者更明确地从意志方面来说，经济学家所谓的“效用”就是使物质世界或其他的人屈从于某一个人的意志，其中一个是使用价值，另一个是交换价值。然而道德家的“同情心”是指自愿地屈从于他人，而义务则是指不情愿地屈从于他人。同情和义务都是人的价值的行为主义的结果，产生了权利，而效用则是商品价值的结果。既然强加于人的义务会创造出一个相应的同等权利，所以创造权利也就是创造义务。因此在两个人之间所存在的权利义务关系无非就是对可靠的行动规则的预期，用科宾的话来说，就是“对社会通过它的法院或行政官吏在保护某一个人或反对某一个人时将采取措施或不采取什么措施的预料”。[1]

法官和行政官吏都是人，他们像其他人一样都是根据效用、同情和义务的情感而行动的，所以，法律关系和非法律关系所不同的只是，法律的关系是指在指导社会物质力量的使用方面所预期的官吏的行动，而非法律的关系是指对私人行为的预期。每一种关
91 系都是经济性的，也是伦理性的，但法律关系是官员的伦理学和政

① 科宾：“法律分析和术语”，载《耶鲁大学法律杂志》，第29期，第163、164页（1919年）。

治经济学，非法律关系是私人伦理学和工商经济学或文化经济学。

这些分析把我们引导到属于法律概念基本精神的形而上学和科学方面的问题，有关这个讨论是由美国耶鲁大学法学院已故的W. H. 霍菲尔德发起的。我们可以这样说，这个问题涉及法律关系在分析、术语和分类方面的三种不同的观点。有关这一讨论的参考资料详见本页脚注。[①] 由于以后还常要见到这三种观点，所

① W. H. 霍菲尔德：《应用于法学论证的若干基本法律概念》，载《耶鲁大学法律杂志》，第23期，第16页（1913年）；同上，第26期，第710页（1917年）；科宾、考库雷克、佩奇："基本法律关系上的术语和分类问题论丛"，载《美国法学院评论》，第4期，第607页（1921年）；阿伯特·考库雷克："霍菲尔德的基本法律概念体系"，载《伊利诺伊法律季刊》，第15期，第23页（1920年）；"法律关系的不同定义"，载《科罗拉多法律评论》，第20期，第394页（1920年）；"对财产或物的权利"，载《宾夕法尼亚法律评论》，第68期，第322页（1920年）；"法律关系上的多种利弊"，载《密歇根法律评论》，第19期，第47页（1920年）；"论小法理表列法"，载《耶鲁大学法律杂志》，第30期，第215页（1921年）；"两极性和非具两极性的法律关系"，载《肯塔基法律月刊》，第9期，第131页（1921年）；A. L. 科宾："法律分析和术语"，载《耶鲁大学法律杂志》，第29期，第163页（1919年）；"对第三方有利的契约"，载《耶鲁大学法律杂志》，第27期，第1008页（1918年）；"预先存在的义务是否可使契约的报偿无效？"，载《耶鲁大学法律杂志》，第27期，第362页（1917年）；"提供和承受及其在法律关系上的某些结果"，载《耶鲁大学法律杂志》，第26期，第169页（1917年）；"法律关系及其分类"，载《耶鲁大学法律杂志》，第30期，第226页（1921年）；W. W. 库克："霍菲尔德对法律科学的贡献"，载《耶鲁大学法律杂志》，第28期，第721页（1919年）；"衡平法庭的权力"，载《科罗拉多法律评论》，第15期，第37、106、228页（1915年）；"工会在为生活的斗争中所享受的利益"，载《耶鲁大学法律杂志》，第27期，第779页（1918年）；"诉讼产生的可让性"，载《哈佛大学法律评论》，第29期，第819页（1916年）；同前，第30期，第449页（1917年）；罗斯科·庞德："合法的权利"，载《国际伦理杂志》，第26期，第92页（1915年）；W. 乔治·戈勃尔："肯定和否定的法律关系"，载《伊利诺伊法律季刊》，第4期，第94页（1922年）；W. L. 萨默斯："石油和天然气问题上的法律意向"，载《伊利诺伊法律季刊》，第4期，第12页（1921年）；T. R. 鲍威尔："在最高法院心目中的集体谈判"，载《政治学季刊》，第33期，第396页（1918年）；L. 罗伯特·黑尔："制定费率与财产概念的修正"，载《科罗拉多法律评论》，第22期，第209页（1922年）；"非官方少数人制定法律"，同前，第20期，第451页（1920年）；J. 萨尔蒙：《法理学》，第6版（1920年），第5—15章，第170—298页；H. T. 特利：《英美法》（1884年），第3、4、5、6章，第50—155页；库克："霍菲尔德对法律科学的贡献"一文，还有科宾的"法律分析和术语"对霍菲尔德的论点作了最简洁的叙述。霍菲尔德的文章及库克写的序言曾由耶鲁大学印成了小册子。

以在这里先作一个初步的介绍：

第一个观点就是当涉及某一交易的事实假定已得到证明，法庭正在对一种特殊的权利和义务是否适用于这一案件进行解释时，律师在审判法庭向他的当事人讲话的观点。这里的实际问题是：原来所认定的权利义务关系是否适用于这一交易？法庭会不会肯定当事人一方的这种权利及另一方的相关义务？社会上的业
92 务规则会不会在这一案件上给予权利？答案是肯定的还是否定的，承认的还是否认的，是的还是不是的。这是霍菲尔德的观点，我们或许可以把它称作审判法庭的**个人主义**的具体观点或**实用主义**的观点。

第二个观点是关于各法律概念间所存在的逻辑、数理或推论关系方面的观点，当大前提——社会法律或业务规则和小前提——交易一旦确定以后，研究上面的各种关系是否矛盾、相反或交互；而且假如不专指某一个案件，总的来说，这些实用规则对某一个人的利和弊究竟是什么？这基本上就是考库雷克的观点，他是霍菲尔德观点的主要批评者，我们可以把考库雷克的观点称为逻辑学家的**个人主义的抽象化**观点或**辩证的**观点。

第三个观点是最高法院、立法机关或经济学家的观点，研究什么是社会的业务规则本身的限度和目的，由某一个行动准则所造成的特定法律关系的经济或社会后果又是什么？简言之，就是什么样的法律过程适用于某一类交易？这个观点把价值和经济问题都考虑进去了，换句话说，特定的业务规则或法律上的肯定或否定是以什么样的公共目的为基础的？参与者和国家所有的力量和资源在数量上的限度到底是什么？相对地说，将要受到法律或合法

判决的影响的对立的利害关系重要性如何，而且个人赞成或反对这一种或那一种的行动准则的忏悔、信念、希望和恐惧，究竟达到怎样一种强度和深度？我们或许可以把这称作运行中的机构的业务规则的观点，也就是经济学家或最高法院的社会经济观点。

我们将看到这三种观点可以对字句带来截然不同的意义和截然不同的使用。霍菲尔德根据一个审判法庭在裁决社会的行动准则究竟对私人利益是在帮助还是在抑制的观点，把基本的法律概念简化为八个，这八个概念按照相互关系分成两组，一组是“权利义务的对立关系”，另一组是“权利义务的相关关系”。他把它们表列如下：

权利义务的对立关系	权　利	特惠权	权　　力	免除权
	无权利	义　务	丧失权力	责　任
权利义务的相关关系	权利	特惠权	权力	免除权
	义务	无权利	责任	丧失权力

考库雷克对霍菲尔德分类法的主要批评，集中在“对立”这一 93
个词及“肯定和否定”这一对词的双重意义上。霍菲尔德是根据审判法庭对某一具体案件所使用的“是”或“否”的实用主义意义使用这些名词的。但考库雷克像逻辑学家心目中应用于抽象的普遍概念那样把它们转变成矛盾的辩证意义，然后又直截了当地将它们推翻掉。霍菲尔德想回答下面这个问题：审判法庭是否将断定这个原告有权利还是无权利？无权利是否定性的，而权利为肯定性的，而且肯定就是否定的“对立面”。但从辩证的或普遍的和抽象的观点来看，“无权利”及其相关的“无义务”可以包括宇宙的所有

其余部分，甚至包括星球和天使在内。辩证的否定可以是无穷大，也可以是零度，对于有定限的人来说，不论哪一种，都意味着什么也没有。

但如果我们以“限度”这一数量性的名词代替不确定的“对立面”这一词，我们就不必否定霍菲尔德的分析，而可以保持它的逻辑性和正确性。如以前所说，[①]肯定和否定这两个词，与对立面这个词一样，不仅含有“是”和“否”的辩证意义，而且还有较多或较少、多或少、加或减的数量意义。因此用了“限度”这一名词以后，我们就有了交易外在的限度，它存在于各当事人的权利和机会之中，而且还有了内在的限度，在这样的交易中，权利和义务消失了，无权利也就是无义务产生了。因此图 5 的**矛盾的反面**就换成**限制的反面**（见下图），这里存在着权力和机会等外在限度和对允许的或需要的权力程度或机会选择的内在限度：

核 定 的 交 易

——相互联系——

<table>
<tr><td rowspan="2">限
度</td><td>权　利</td><td rowspan="2">机 会
权 B B′
力 S S′</td><td>义　务</td></tr>
<tr><td>无权利</td><td>无义务</td></tr>
</table>

图 6

94 霍菲尔德碰巧找到了一个法律名词，他用来代替义务的“反面”，这个词就是“特惠权”。用这个词代替“无义务”这个词时，我

① 见第 2 章末段。

们就得出了下一图示：

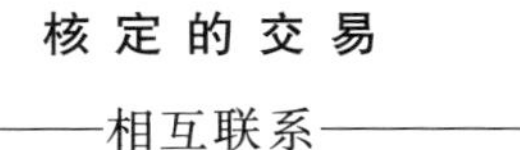

核定的交易

——————相互联系——————

<table>
<tr><td rowspan="2">限
度</td><td>权　利</td><td rowspan="2">机　会
权 B B′
力 S S′</td><td>义　务</td></tr>
<tr><td>无权利</td><td>特惠权</td></tr>
</table>

图 7

我们必须研究一下霍菲尔德所用的“无权利”和“特惠权”这两个名词是否恰当的问题。霍菲尔德是在使用“特惠权”这一名词时扩大了它的意义，这一词的含义来自法庭上一个见证人在拒绝作证时免受强制的那种特权，因为这样的作证可能连累自己，或作证的主要部分具有机密的性质，也就是说，这是法律特许的不予泄露的内情。由此可见，“特惠权”与霍菲尔德所用的“特免权”具有等同的意义，因为特惠权就是义务终止的核定限度，而“特免权”就是终止强制责任法定限度。这些等同的意义在下文中还要加以探讨。

目前我们姑且先限于特惠权这一名词所表明的核定行为，霍菲尔德说，“合法的特惠权的最相近的同义词似乎就是合法的自由”。① 我们早已知道，从屠宰厂案件开始的法院的判决中对“自由”这一个词就赋予了双重意义。从法律上来说，自由这一个词是指没有义务，或更确切地说是指义务的限度，因此它就相等于霍菲

① 霍菲尔德：“应用于法学论证的若干基本法律概念”，载《耶鲁大学法律杂志》，第 23 期，第 41 页(1913 年)。

尔德所定的“特惠权”的意义。但从经济角度出发，自由是指机会的选择，或指对行动中的两种不同程度的力量的选择。

考库雷克在指出霍菲尔德笔下的“自由”就是“特惠权”时，他坚持认为自由是一个“非权利义务”的概念，他的理由主要有以下两个：

（1）自由是意志的一种“肯定性”行动，是由“选择的行为”体
95 现出来的。这种论点无疑是正确的，因为“自由”适用于每一选择的行为，甚至适用于强迫性最大的或被强迫的那种选择。但如果情况真是这样的话，那是因为“自由”具有“个人的”和“社会经济的”自由双重意义。就个人而言，一个人如果没有不受强迫的选择权，就不能认为他有了“自由”。基于这样一个原因，我们才把“机会的选择”这一不带任何色彩的名词代替自由这一富有色彩的名词，用来表明个人的选择行为并应用于“自由的”或强迫的选择。另一方面，自由的社会意义是从政府或其他机构的业务规则中引申出来的一种意义，它告诉每个人在社会的帮助下所许可做的事，因为社会会阻止其他人去干涉他的“选择行为”。从业务规则的观点来看，“自由”是指容许进行选择，受到不让别人进行干涉的保护，而且它适用于任何一种选择，不论这种选择是如何受到强迫或具有强迫性，至于业务规则能阻止第三方可能为了要抵制某一个选择行为而进行的干涉。

（2）考库雷克所以认为自由是一个“非权利义务的”概念，他的第二个理由是：按照他的看法，权利义务的概念只是那些在抑制或强迫下必须做的事，但“自由”却是指没有压迫或强制。他认为“义务”是一个法律概念，因为它表明了肯定的强制，但“自由”不是

法律概念，因为从“无义务”的辩证意义上来说，它有否定的意思。这显然忽略了自由在受业务规则保证时的一种基本性质，因为只有依靠加诸第三方的“压迫或强制”，自由才能存在。诚然，享有自由的一方是不受压迫的，但是对于那些或许会干涉选择行为的所有潜在的或可能各方却存在着压迫。自由与义务一样是一个强制性的问题，但是当义务对某一个人说，他必须或必须不这样做的时候，自由就对其他人说，他们不得去干涉那个人，或者在有必要的时候，它甚至要求他们协助阻止其他人进行干涉。义务是对交易当事人的强制；自由则通过强制“其他参与者”给予当事人自由，其他参与者是指可能干涉当事人选择的人。

由此我们可以看出，考库雷克关于“自由”是非权利义务概念的论点是从他的辩证观点发展而来的，而霍菲尔德的观点是从实用主义出发的，或者说是从具有业务规则的运行中的机构的观点出发的。如果不把自由或特惠权看作为对义务的“否定”，而把它看作某一具体义务在行为范围方面所表明的“限制”或削减，如果 96
我们同时还把形成这种义务的规则的目的也考虑进去的话，那么，自由基本上就是一个法律概念，因为在交易的有可能性或可能的限度之内，义务和自由彼此朝相反方向变动，义务增加了意味着自由减少了，自由（或特惠权）增加了，义务减少了。自由是社会行动准则的伟大目标之一，只有在义务减少的情况下才能得到，而义务的减少无非是减少对方的权利而已。如果我们作出了这样的区分，那么，机会的选择，或简单地说，机会就成为自由的经济等同物，而且自由作为包含着限制义务的一个伦理或法律概念就可以有其适当的地位。

当自由或特惠权的意义可以相互替代时，上面的论点就适用于它们。然而，为什么我们要把自由这一个词来替代特惠权这一个词，这里还有一个历史原因。从历史上和习惯使用上来看，特惠权是指一种特殊的利益，在相同的情况下，他人不得享用，而且有时我们把特惠权等同于不平等的自由，以区别于平等的和不享受特殊利益的自由的那种亲善。此外，美国宪法中所使用的“特惠权”的含义与霍菲尔德所使用的“权力”的含义是相同的；而在屠宰厂及其以后的案件中自由的含义特指自由选择机会。[①] 如果按照霍菲尔德的意见以自由代替特惠权，我们就可以得到下一图示：

核定的交易

——相互联系——

限度	权利	机会 权 B B′ 力 S S′	义务
	无权利		自由

图 8

97　另外有一种类似的意见也适用于霍菲尔德的“无权利”一词的意义，霍菲尔德所谓的“无权利”是指没有权利。但是没有权利可以等于考库雷克的对全部权利的辩证的否定，也等于对权利的要求行为在数量的方面所加的一种限制。当我们提到“绝对”权利等于根本没有权利，即乌有的概念时，前一个否认、否定意义是恰当

① 第十四次修正案：任何州不得制定或强制任何剥夺美国公民的特惠权或特免权的法律；任何一州不得剥夺任何人的生命、自由或财产等等。

的，因为它是指人与自然的关系，因此当然不会包含伦理方面的问题。当我们提到在实际交易中所确实存在权利的时候，我们打算使用后一种限制的意义，但这时的权利有一定的限度。为此，我们将以“暴露”这一行为主义的名词来代替霍菲尔德所用的那个辩证的名词——“无权利”。这样，我们可以用下图来表示权利和义务及暴露和自由的相互关系：

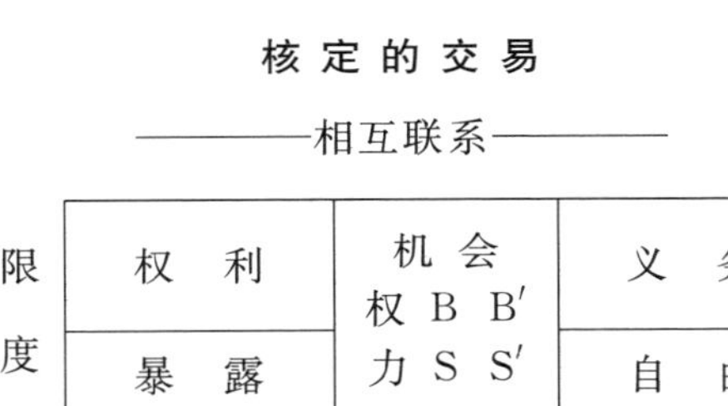

图 9

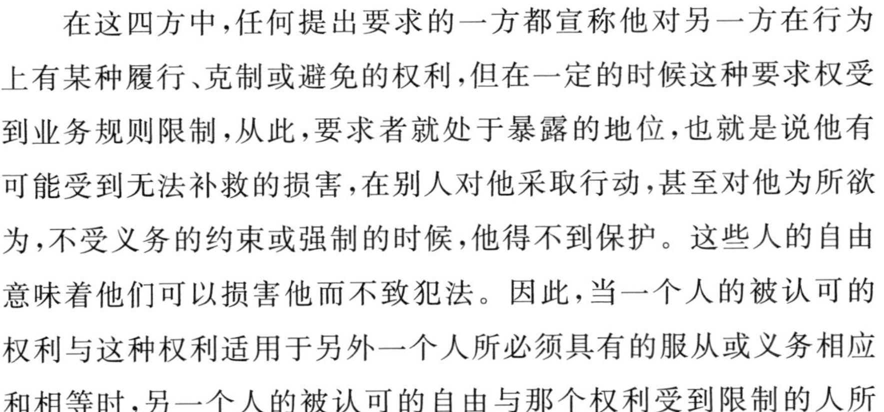
在这四方中，任何提出要求的一方都宣称他对另一方在行为 125
上有某种履行、克制或避免的权利，但在一定的时候这种要求权受到业务规则限制，从此，要求者就处于暴露的地位，也就是说他有可能受到无法补救的损害，在别人对他采取行动，甚至对他为所欲为，不受义务的约束或强制的时候，他得不到保护。这些人的自由意味着他们可以损害他而不致犯法。因此，当一个人的被认可的权利与这种权利适用于另外一个人所必须具有的服从或义务相应和相等时，另一个人的被认可的自由与那个权利受到限制的人所准许的暴露相应和相等。

暴露与霍菲尔德所用的“责任”一词的一个意义相同。但是 98
“责任”在与“合法权利”联系在一起并指其负有责任、负责任或受制于上级时，它还有一个不同的含义。就我们当前的目的而言，“责任”是指一个“无权利”的人，在关于业务规则提供保护的问题上，暴露在另一个人的不受抑制或不受强制的行为面前，而这另外一个人在同样的范围内不受义务的拘束。萨尔蒙列举了与责任、自由（特惠权）有关的例子，我们也可以说，这是些“暴露”与“自由”相关的例子，如强行逐出“侵犯者的责任；有责任扣留拖欠地租的佃户的产品以抵地租；房屋的主人有责任提出邻居的建筑物或挖掘使他的窗户采光或房基受损的情况”。[①] 除了这些之外，我们将加上任何人由于其他的人的自由行动而可能受到的暴露或侵害。因此，当清偿债务的义务原来没有规定限制时，这就意味着债务人可以因债务而坐牢时，债权人拥有政府施予的一相对无限制的权利。但到了为债务而被监禁的做法被废除的时候，债务人的自由增加了，这表明债权人依同样的程度暴露于不清偿债务的可能。同样的道理也适用于“自由竞争”的广大范围，在这范围内，损害可以合法地加于各竞争者。这是一个损害而不构成过失的领域，也就是一个有可能受到损害而不犯法，没有补救或保护的领域。所以我们用的暴露这个名词包括一个人在自由竞争的买卖过程中暴露于不可补救的损害中的可能性。其他人的买卖自由与同样要想卖或买的一个人完全相等地暴露于无法补偿的损害。

我们对这个词作了详细的使用说明，它能使我们分辨“自由”和“暴露”之间的明确区别。自由也好，暴露也罢，都是从一个运行中的机构，为了管理其成员在交易上的行动而制定的业务规则的

① 参见萨蒙德：《法理学》，第195页。

原则中引申出来的结论。但自由这一个结论意味着一个人在他的
机构的帮助下，迫使别人不加干涉时所可以做的事情，而“暴露”是
指一个人不能期望集体对他提供保护以抵御干涉或损害。因而自
由和暴露在任何一个交易中都是完全相等和相关的。一个人的自
由是指他可以按照自己的意志行事，并在他所属的机构或政府权 99
力的支持下不受其他方面的干涉。相反一方的暴露是指他相应地
无力或无权或不可能求援于他的机构给他以所需的保护，使他免
遭那个被允许按照其自由意志行事的人加于他的损害。所以自由
和暴露放在一起就是自由竞争的广大范围（其中许可损害的范围
恰好相等于许可自由的范围）。我们将会发现，现在所作的“无形
财产”的范围就是这样一个范围。

因此这两个“对立面”用“限度”的意义来解释时，权利和暴露彼此朝相反的方向变动，就像它们的相关词义务和自由一样，朝相反的方向变动。正如某一个人的权利（告诉他能期望权力机关给他多大的帮助）可由于上级权力机关的行为而扩大，他的暴露也会因为他人的自由的缩减而相应地减少；而且当他的暴露程度增长时，他对于别人所要求他做到的履行、免行和克制等相应义务的那种权利也就依同一程度而减少。

因此自由只是义务的限度，而不是根本没有或否定义务。自由和义务是同一交易的限制性问题。在义务受到限制的时候，认可的自由的限制也产生了。减少一个人的义务就是增加他的自由。但这也需要减少答应给予对方的保护和援助，这样就可以扩大那个人的暴露，当他受到享有自由的人的损害行为时无法得到补救。认可的自由范围就是行为不受权力机关抑制或强制的范

围。一个人在与另一个人交往时能按其自由意志行动，而且在这么做的时候，他是在做未经认可的行为，也就是说没有犯错误，或没有造成法律上的损害。人们不要求他避免或履行服务，也不必克制对别人使用过分的力量。我们说某一个人“没有权利”，是在说他的对方有“自由”，在这种情况下，他即暴露于对方的物质、经济和道德力量等方面所可能选择的任何行为。权利的限制是对自由而言的，这就是暴露于他人的行为中。凡是自由和暴露出现了，义务和权利就告终了。“自由”是指受保护的自由；“暴露”是指不受保护的自由。这两者是相等的而又是对立的，也就是互相有联系的。

100 我们将会注意到，在要求权利的人和拒绝义务的人之间发生利害冲突的时候，“对立”这一词和“肯定和否定”这两个词现在已经显示出以前没有注意到一种意义。一个人的权利如果是肯定的，则另一个人的义务是否定的。从律师的观念和辩证的观念上来说，“对立”指的是逻辑的肯定或否定，从行为主义的限制意义上来说，它是指较多的或较少的，多的或少的、加的或减的，而从社会意义上来说，它是指对立的个人，不论是买主和卖主、借款人和放款人、雇主和劳动者、竞争者和竞争者等等。这三重意义同样也适用于肯定的和否定的两个词。从实用主义和辩证的意义上来说，肯定和否定是指“是”与“否”，然而从行为主义的意义上来说，是指一个多一些，那个少一些，从社会意义上来说，它指我和你。第一个意义是逻辑的推论或辩证性的，第二个意义是经济学性质的，第三个意义是伦理和法律性质的。

5. 命令的交易

(1)集体权力

我们已经看到，在没有相互关系和预期不可靠的时候，未经核定的交易很可能会归于失败。为此，就需要由政府或司法机关根据它的交易准则来进行干预，在干预的时候它抱定双重的目的，一方面把权利、暴露、自由、义务互相关联起来，另一方面维持这些关联的关系，即使证明各方已经背信弃义或改变主意的情况下也是如此。所以如果有权并愿意把诺言兑现和有权发布命令的上级权力单位尚不存在，那么即使这样的核定交易也还是空洞的和无效的。为了实现这一点，上级权力单位必须把机构的集体权力用于对个人以支助或强制。

如果专制的意思是指按照一个人的意志实行管理，那么，在一个机构之内的即使是最专制的管理也不是专制。即使在家庭这样一个小机构内，一个人也总是主要通过与他分享权力的少数人或许多人的意志实行管理的。但专制不仅具有心理的意义，而且还具有法律的意义。从心理方面来看，专制是指专制者所作的允诺或发出的命令，以及在他的周围集合起足够数目的得力谋士，通过他们把他的意志强加于所有的人。从法律方面来看，专制无非就是指对专制者本身的行为没有任何压制或强制，使他不致违反自
己的诺言或发布和施行不受约束的命令。从心理方面来说，专制 101
是指个人的影响力，从法律方面来看，它意味着这个专制者不会受

到另一个最高的权力的控制。从心理方面来看,我们根本不能说任何一个专制者过去或现在都是绝对的。在心理上他总是或多或少有点民主,虽然在法律上是专制的。原因很简单,因为当他的行为被世俗的上级权威认为是主观性的时候,他也不会受到他们的传讯,并受到他们的钳制。也就是说,不能强迫他出庭为自己进行辩护。

经过几百年的实验,在英格兰才渐渐形成了这样的心理和法律上的区分,但是当我们在回首往事时,当时还不存在我们现在所能作出的理论上的区分。英美法律是从英王威廉一世时代开始的。正如我们所知道的那样,威廉及其律师没有把他的统治权和财产区别开来。[①] 他既是君主也是地主。这个岛国是属于他的,人民既是他的佃户,又是他的子民,人民向他保证他们一定善自检点行为,他也立下了保护他们的保证,在这个基础上人民处处服从他的意志。再也没有一个公认的世俗上级权威能阻止他违反他对人民所作的任何保证。他对人民实行全面统治,他主要从政治和经济方面控制他们,政治和经济活动到后来才区分开来。他们的政治活动是原始的军事集会形式,在这种集会上他制定他的法令,施予他的特许权、专卖权、租地权,这些就是他的恩宠者所能得到的各项自由。这也表明他还可以随意管理(即使不在心理方面,至少在法律方面)他们的经济行为,即财富的生产和消费。在政治学和经济学开始有某些区分以后,从 17 和 18 世纪创立的学说,为了寻求理论上的根据,追溯到更原始的时代,也就是假定每一个人都

① 参见前面第 3 章(原书页码)48 页。

享有自由的那个黄金时代，并制定了关于利己心和契约的“自然法则”以说明政治和经济方面的活动，而在 19 世纪更后起的学说又修正了这些假定，并追溯到未开化的原始共产主义时代，然后再构思出经济情况的进化程度，从狩猎和渔牧、贸易和商业以及现代的工业，这里他们忽略了在政治学和经济学方面具有重要意义的意志进化问题，从英美法律来看，这个问题开始于 1066 年威廉一世时代。现代经济学和政治学是从征服开始的，由此而产生的简单的法律关系可用下图来表示：

绝对权力 102

威　廉		子民和佃户
权　力	军事和经济行为	责　任

图 10

威廉的无限的合法权力相等于，或更确切地说完全等同于任何一个子民在受到威廉对他所施用的权力时所引起的无穷尽的责任。从心理方面来看，这专制的君主也许不想越出一定的界限，而且从物质方面来看，他也许也无力做到这一点。他必须通过子民们心甘情愿地服从他才能发号施令。但是从法律方面来看，他可以不受任何限制，因为谁也不能传讯他，使他出庭。在心理和物质上，子民们也许是安全的；但在法律上他们却是暴露的。他们的暴露就是他们的服从，或确切地说就是他们的责任，这位君主可以对他们使用他所掌握的集团强迫力量。

可以推测，除了威廉对他的子民的同情心之外，他和他的继承者有时还受到合乎道德的责任心的驱使，因为从理论上来说，既然他的权力由上帝赐予，因此他就不应对那些服从于同一神权的子民无限地使用他的权力。假定这样的心理间或使他有所顾忌，那么来自更高权威对他的权力的抑制，用律师话来说，就叫做**能力的丧失**(disability)。他的子民有时大抵也会产生类似的心理，既然他们和威廉属于同一个上帝的统治，他们就不应该受到威廉掌握的集体权力的无限控制。这种对他的权力加以约束的限度，用法律的语言来说，就是表示为**特免权**(immunity)。我们已经注意到霍菲尔德使用的就是这些术语。

然而，问题在于在专制者和子民在对这些伦理和宗教的认识方面缺乏相互联系。他们在原则问题上虽然意见也许是一致的，但是在贯彻的时候意见是分歧的。他们之间的这种缺乏相互联系可用下图来表示：

103

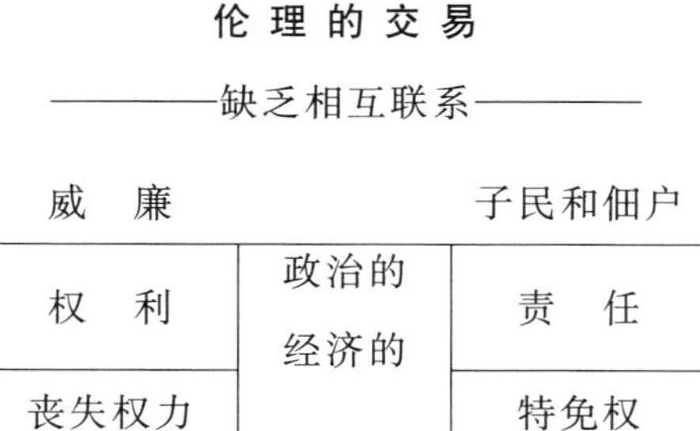

图 11

众所周知，1215 年贵族们在兰尼米德曾试图限制威廉的继承人约翰的集权，他们组成了自己的集体权力，并诱使他签署一项文件承认这些限制。如果他们真的成功地限制了约翰的权力，当然他们就会相应地限制了他们服从所施的责任，这种结果下法律方面的关系，可用下图来表示：

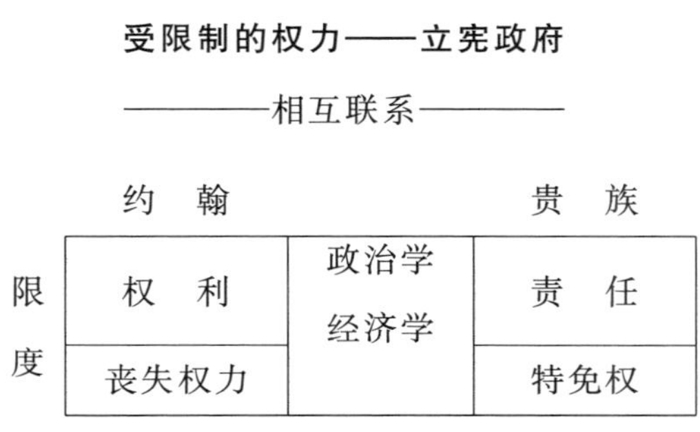

图 12

大宪章的难处就在于它是一纸空文，因为在它背后没有一种凌驾于国王之上的、持久的物质力量，能迫使国王遵守他的诺言和经他同意的业务规则的不朽的权力。诚然，他曾经同意贵族们可以设立一个委员会对他进行监督，这个委员会的名称也见诸文
件，①但是它没有规定委员会的执行者或法官，他们可以使国王出 104
席会议并解决国王与子民之间所可能发生的争执。该委员会虽有权对国王宣战，但是除了内战以外，没有明文规定的强制仲裁或司法裁判。

直到将近 500 年以后，也就是 1700 年嗣位法制定以后，这些缺陷才得到全面的纠正，虽然在这一漫长的时期内曾经想出了许多权宜之计，包括把国王杀掉，由一个工作效率极次的争论不休的组织行使国王的统治权。嗣位法比上面的权宜之计更富有独创

① 参见前引的麦肯尼：《大宪章》，第 466—467 页；另见本书第 6 章前段。

性，它使国王保持他的国王的地位，但是又把他分为两种身份，一种是统治者的身份，即后来所谓的“君主”，另一种是普通公民的身份，他虽然确实享有某种特权[①]，但对于他的人身和私有财产，他仅享有与其他公民同样的权利和自由。这样，财产权与统治权最终就分离开了；不仅对国王如此，对其他公民也是如此。从此每一名公民都可以成为两个机构的成员，一个是执行统治权的政治机构，另一个是经营财产的业务机构，每一个机构各按自己的规章行事。

这一包含了折中的一套业务规则的安排有四个基本特点：第一，除了通过国王、上院和下院独立行使相互的否决权外政治机构的集体物质权力，也就是统治权或王权不得使用集体协议的手段。第二，是代议制或议会制的方法，分散的公民不必为了运用他们的否决权而以斗争的方式集会，他们可以凭借代议制或议会制通过他们自己所选择的代表以多数的表决来运用他们的否决权。第三，是授权的方法，在与公民发生实际交易的时候，根据这一方法，通过运用委派权对公民的实际事务上，把集体权力的使用权从国王的手里拿过来并交给国王所不能免职的各种代理人——行政官员和法官。这么一来，可以不必传讯国王亲自出庭而可以传讯他的代理人，并在权力丧失的名义下对他们使用的集体权力加以限制。第四，依照公务责任，对于行政官员、法官以及代理人可根据
105 弹劾或定期改选等方式免去他们的职务，或使他们可以受到判决普通公民间的争执的法院的裁决。[②] 这种业务规则独具匠心地被

① 约瑟夫·奇蒂：《论君权法律》，第 5 章，第 374 页起（1820 年）。

② 弗朗西斯·利勃：《平民自由与自治》，第 91 页（1853 年）。

作为一种相互牵制的体系，按照这种安排，一部分官员或参加选举的公民由于权力丧失而使权力受到限制，而其他的官吏行使的权力则受到特免权的限制。

上述种种措施都是通过实验制定出来的，然后嗣位法把它们集中和巩固了起来，因此大宪章曾企图以内战作为预防的措施，而如今可以限制国王的代理人所使用的集体权力。这一措施在美国有了更进一步的发展，最高法院的法官不仅通过权力丧失有权限制行政机关的权力，而且还有权限制立法机关的权力，此外，还可以决定通过权力丧失来限制他们自己作为法官的权力。

由此可见，公务责任的手段作出了大宪章所显然没有注意到的一种安排，我们可以把它称为交互性。官吏们在彼此间的关系上，有着交互的权力、责任、权力的丧失和特免权，而且最重要的是，公民的意志可以利用这些交互的关系为自己确定其对统治权的分享，从而能使集体权力支持他认为属于他自己的权利和自由，及他人的相应义务和暴露。

由此我们也将会注意到，在我们的分析所依据的符合宪法精神的所有有关法律案件中，公民所提出的诉讼，不是针对其他公民而是针对官吏的。霍尔顿对执行官哈迪提出了起诉；芒恩对伊利诺伊州提出了起诉，也就是对那一州的有关官吏提出起诉。关于官吏的权力、特免权、责任和丧失能力等，已经作出了判决，于是，霍尔顿和芒恩以及其他人都可以得到有关他们自己的权利、自由、义务和暴露的裁决。这样，在使官吏和公民对同一个法院及同样的法律程序负责的时候，公民本身成为统治权的参与者，而且通过其他官吏所采取的行动，就在公民和官吏之间建立了一种交互的

安排。公民不仅可以官吏的行为中获得大宪章所规定的消极的特
106 免权，而且还可以亲自掌握一种肯定的权力，在实现他们的私人意志的时候，可以要求官吏们给予帮助。他们在强制执行契约，移转财产的所有权，死后不折不扣地执行他们的遗嘱等等方面都需要这种帮助。为了达到这一目的，必须为公民提供一种**肯定的**权力，以要求官吏履行、避免或克制，而且这种权力不能大于或小于官吏在满足公民的要求时具有的相关的责任。构成官吏在使用集体权力时的公务责任的职责，简直无法加以限制，而这种限制他们的责任终了的时候，变成了纪律方面的特免权。在这种情况下，公民本身在一定程度上成了统治者和立法者，而且在他们与官吏之间建立起了一种交互的关系，一方面他们应该服从官吏，另一方面官吏对他们负有责任。1700 年颁布的嗣位法使这种措施更加完善了，当时的情况是商业革命达到了顶峰，现代资本主义开始了。这样，公民责成官吏在有限的范围内负责，而他们本身对于服从政府权力的责任大大地受到了限制，他们由交易所导致的相关关系、限制和交互关系可用图 13 来表示。

107 我们应该注意在命令的交易和上面所提到的核定交易之间的重要区别，其区别在于当某一个上级一旦决定以后，下级就不得在可供选择的机会中进行选择。在公民和官吏之间没有议价的行为，任何权力都不能制止劳务或扣留财产。所以从这种交易关系的心理方面来讲就是命令和服从，而在核定的交易中，命令和服从只占一部分，还有一部分是说服或逼迫。当然在上级和下级之间也可能发生某些争执、协商、请求或规劝。如果这些行为表现为疏通活动，互投赞成票、收买选票或官吏受贿，那么这些行为看上去

命令的交易

——相互联系——

	官吏		公民
限度和交互	权力	B B′	责任
	丧失权力		特免权
	特免权	S S′	丧失权力
	责任		权力

图 13

也很像议价的行为，但是一旦决定了主管官吏，无论他们是行政、立法还是司法官吏，子民和官吏当然必须服从。为了使议价行为拒之于法定交易的门外，于是在实践上渐渐地采用了众所周知的公开审讯、审讯公告以及其他有关的措施，这一切都统称为“合法程序”。①

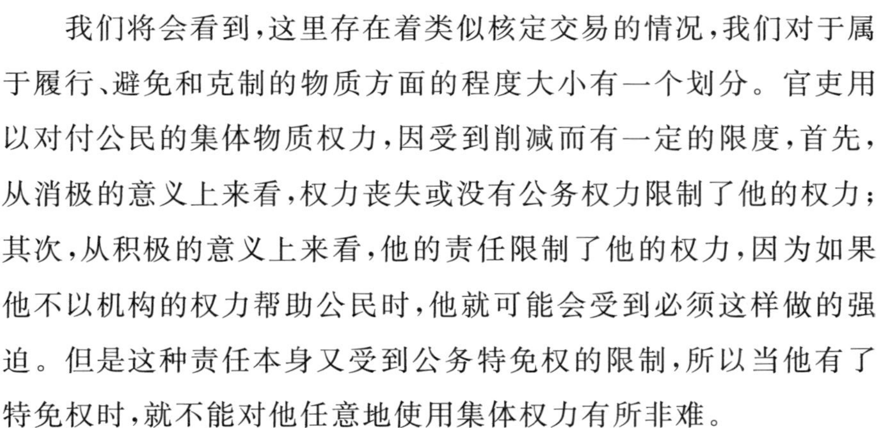

我们将会看到，这里存在着类似核定交易的情况，我们对于属于履行、避免和克制的物质方面的程度大小有一个划分。官吏用以对付公民的集体物质权力，因受到削减而有一定的限度，首先，从消极的意义上来看，权力丧失或没有公务权力限制了他的权力；其次，从积极的意义上来看，他的责任限制了他的权力，因为如果他不以机构的权力帮助公民时，他就可能会受到必须这样做的强迫。但是这种责任本身又受到公务特免权的限制，所以当他有了特免权时，就不能对他任意地使用集体权力有所非难。

官吏为了公民的利益所使用的集体权力可在两种不同的偶然

① 参见本书第 9 章。

事件上实施，我们可以把这种权力称为补救的和实质的权力。在遇到他人的违法行为时可以使用补救的权力，在为个人的合法行为时使用的权力叫实质的权力。这两个类型的合法权力既不能分离，也不是无限的，这些权力使用的范围，是由我们称之为决定性
108 的权力来决定的，决定性权力就是立法机关、行政官吏和法官在行使补救和实质权力时的自主性或者是法律上的限制。

(2)补救的权力——违法行为

债务是由一个当事人欠另一个当事人的钱。如果债务人不能在指定的时间和地点偿付，这时债权人有权上法院要求行政和司法官吏对债务人强制执行某种履行或赔偿。或者如果一方的避免、克制和履行的权利和义务受到另一方所侵犯，前者可根据类似案件所应用的共同规则，当即有权要求行政和司法官吏按照他因后者的违法行为而受到的损害对他所应得的金钱补偿或罚款加以评估、收取和交付给他。对方的违法行为，或甚至根据断定或宣誓书说明已经出现或将要出现违法行为时，才能使潜在的命令的交易成为事实。根据业务规则所规定的上级权力机关不言而喻的允诺的精神，违法的行为或违法行为的威胁实际背叛义务或威胁违背义务的做法，立即会自动地引起采取这种“起诉权”，①这是原告在法律程序方面的或事后补救的权利，也就是要求一切职能机构，如法官、陪审团、行政司法长官、警官、行政官吏、警察甚至军队以及集体权力的所有一切手段，于必要时对他给予援助的权利。当

① 在刑事案件上为“刑事起诉权”。

然，如果官吏在违法行为没有发生以前已经采取了措施并阻止了违法行为的发生，那么，起诉权也许就没有了。

在违法行为或违法行为的威胁发生以前，起诉权只作为可供选择的期望而存在，它只是一种潜在的权利。对于权利要求者来说，这种期望是一种法律的权能、职能、能力和力量，它表明了政府在它的某种业务规则中所作的一种承诺，即政府官吏在受到请求时应该提供帮助。对对立方来说，这是一种法律责任，是一种服从集体权力的预期，如果官吏受到原告请求的话。他可能要承受官吏强制执行的义务，这二者是相互关联的，也是相等的。一方是在 109
他的权利受到侵犯或威胁时可要求官吏采取行动，而另一方是在他侵犯或威胁这种权利时，负责官吏就可强制他承担责任。法律上承认的权利和法律上承认的责任是同一补救的交易的两个相反的方面。一方是一种潜在的权利，也就是请求执行核定交易的合法权能；另一种是对执行核定的交易的潜在的服从，也就是责任。此外，这种补救权只是一部分官吏责成另一部分官吏强制执行补救的权力。这种情况可用下图来表示：

补救的权利——违法行为

官吏	公民		公民	官吏
权力	权利 （权力）	B　B′ S　S′	义务 （责任）	（责任） 职责

图 14

官吏之间的这种补救权力和责任的关系恰好相等，而且实质上就等同于公民间的权利义务关系，因为一方的公务责任构成了另一方按法实现义务的私人责任。从数量上来看，一个核定的交易的各方面恰恰相等于核定它的那种命令的交易。而且一个人的合法权利无非是指他得到这种强制执行权的权力。

当人们通常所承认的权利和补救的一致性，应用于法律概念的分析时，常常被从18世纪哲学方面所得出的某些抽象概念搞得乱七八糟，且不说普通法院和赖以承认和强行执行的那些行政官吏的实际所作所为，这些抽象概念给权利义务的观念增加了一种永恒的、天定的、自然的或前世存在的“实质”。从某种意义上来说，在实行权利和权利补救之前，权利“确实”是存在的，但如果果真如此，那么，这种“存在”也只是一种思维过程，一种希望、恐惧、预期，而且由于某种业务规则既然在过去使用过，那么在类似的问
110 题上，将来也可使用。人类在把它的希望、恐惧和记忆武断地具体化的倾向，导致了概念上的抽象化和分割化，实际上这些概念是完全相同的。所以霍菲尔德就避免把权利和权力、义务和责任等同起来。考库雷克在将“权利—责任”及“要求权—义务”这两种关系对比的时候，抽象性就更为明显。他认为这两种关系是“相反的”关系，因为权力—责任与某**一个人**的利益有关，他的行为对另一个人是不利的，而要求权—义务与**另一个人**给予第一个人的利益有关。我们从考库雷克在下面所举的“相反的”例子中可以见到由这种行为而产生的相反方向：①

① 见前引考库雷克著作，载《密歇根法律评论》，第19期，第49页。考库雷克笔下的“要求权”相等于霍菲尔德的“权利”。

> 要求权—义务："当主人对雇工拥有'要求权'(权利)时，他可以要求雇工履行某种行为；例如，要他按照契约提供服务；这里雇工的不利条件就是提供劳务的'主务'"。
>
> 力量—责任："当主人有某种'权力'时，他可以用合法的强制力对雇工采取行动；例如，一个收不到债款的债权人可以对失信的债务人采取行动；债务人就处在不利条件下，负有被控告的'责任'"。

显然，这两种情况涉及同一情况的两种可供选择的办法。一种是，主人从伦理上确定雇工的义务，他应该为主人的利益服务。另一种，假定主人采取诉诸法庭的办法，雇工就被受到强制，必须履行责任，"权力—责任"关系使我对"补救"办法发生了兴趣，而权利义务的关系，使我们对"实质"，也就是对其伦理意义发生了兴趣。但是这二者是相同的。没有补救办法就是没有权利。伦理性的补救也是一种斗争。法律上的补救是合法的强迫，不管它是否经过法院程序。即使名义上存在着一种法律上的补救，但名义上认可的权利不会超过或小于实际的法律上的补救。但是补救无非是官吏们采取措施使统治机器运转起来，并使一部分官吏责成另一部分官吏强制执行他们在这一案件内所确定的权利。如果这些
官吏是腐败无能、玩忽职守、胸怀偏见或者是革命者，那么，合法权 111
利还是完全等于他们实际上所做成或预料他们所可能会做的事情，而注重实际和谙熟世故的人根本不存在什么幻想，虽然从伦理上说他们或许会谴责这种情况，但是他们仍会照此办理。

所以私法和公法是不能分开的，责成官吏负责是制定公法的

目的。官吏的职责就是要求公民履行义务的责任。官吏的职责是指他们通过司法训令或指令、立法机关的弹劾、行政方面的免职、人民的选举或罢免等可能受到的制裁而使官员采取行动的责任。这种程序的习惯而抽象的名词就是政府或者国家。温舒德以更抽象的方式把这些称为"法定秩序"。[①] 但是从行为主义意义上来说，政府与法定秩序无非就是官吏的行动，我们简单地把它称作官吏。官吏之间权力方面的相关关系就是其他官吏的责任。

所以每一种法定的权利也就是每一个核定的交易，它都有两个对立的方面，每一方都负有其相关的义务。B 的法定权利就是 B′、S 和 S′的法定义务，而 B 的法定权利也就是官吏在强制 B′、S 或 S′执行义务时的义务。B′、S 或 S′的法定义务也就是这个雇工的法定义务，与他的责任是等同的，因此官吏在提供补救办法的时候，他会履行他的法定义务。同样，主人 B 的合法权利与他使司法机构运转起来并从而责成各官吏负起责任的那种"权力"是相等的。这种合法权力就是他的合法"权能"、"资格"或"合法能力"，但是既然这种权能无非就是指他参加政府的权力程度，也就不妨简单地称之为"公民权"。在历史上这就是不同于"自由"的"自由权"。自由是指不受到抑制，自由权是指参与政府活动。[②] 但从遵从习惯出发，我们仍保存"权力"这一名词，不过，应该了解它的意义相等于公民权、自由权或者合法的权能或能力。

所以图 14 通过官吏的权利和义务与官吏的权力和职责的相

① 罗斯科·庞德援引此语，载《国际伦理学杂志》，第 26 期，第 107 页(1915 年)。

② 参见图 16 之后的内容。

关性和等同性体现了一种有效的合法权利。履行或惩罚是对一方
所提出的可供选择的机会。它们作为义务和责任同时存在着，义 112
务是指履行，惩罚是指责任。相同的履行和惩罚是另一方的可供选择的机会，但它们作为履行的权利和惩罚的权力同时存在着。后者为命令的补救的交易；前者为核定的实质的交易，二者皆为合法的相等物。

关于权利义务在伦理上和法律上似乎比较恰当的区分问题，伦理的和法律的权利曾一度被认为是“实质”问题；而补救的权利是一种“形式”，实质通过它得到实现。权利是实质性的东西，补救是程序性的东西。但是现代的现实主义颠倒了实质和形式的概念。现在认为实际存在的事物是“形式”，因为我们真正知道的唯一的法律现实，无非就是官吏的实际行为。同时过去被认为“实质”的东西，现在只被认为是伦理和法律方面的理想、愿望和希望，它们是应该存在的东西，但是又是可能存在或不可能存在的东西。从某一种意义上来说，它确实是存在的，但它却只能为心灵所感觉到。作为一个抽象的实体，它无边无际地存在于某个人不知鬼不觉的地方；或者作为一个伦理性的权利，它是未经核定和相互不发生关系的；或者作为曾经一度存在过的权利，这种权利似乎独立地存在过，正如“实质权利”这一词应用于非实质的实体时所包含的那种含义。尽管法律没有提出补救，当律师坚持认为法定的和伦理的权利作为一种“事实”而存在时，目光敏锐的立法工作者、院外活动集团成员或贪污腐化分子都直捣权利的中心并将补救阉割了。因为作为一个实际存在的活生生的现实，权利只存在于对官吏的预期行为之中行为，而精明的院外活动集团成员、工商业者和

工人认为这就是权利所在之处，并找到了它的真正的实质。理想主义给这些虚无缥缈找到一个落脚的地方，还给它们起了一个名称，但敏锐的感觉却要询问出庭的法官、陪审席上的陪审员以及当权的行政官吏会做些什么呢？

在许多方面理想主义留下了痕迹。例如，通常总是把“完善的”权利与“不完善的”权利加以区分（萨蒙德：《法理学》，第197页；特里：《英美法律原理》，第140页）。“完善的”权利是指适用于所有的附属的隐含的交易的权利。“不完善的”权利是指不适用于某些交易关系的权利，例如，当工人违反工作契约时要求工人赔偿损害的那种权利就是不完善的权利。但是按照第十三次修正案及工资特免法，这种权利是无法实施的，甚至连纸上都不能存在，所以它在运行中的机构的实际运作中丝毫没有价值。
113 它是一种暴露而不是一种权利。工人对抗雇主或公司的权利也是如此。如果他不能借助官吏的力量来旅行他的权利的话，在这有限的世界上根本就不存在权利。“完善的”权利是律师心目中的理想中的事物，他认为“完善的”权利应该成为法定权利，而实际上并非如此。

但是官吏们的这些权力和职责不是没有限制的。如前所述，霍菲尔德把“权力”的“对立面”称作“权力的丧失”，并把责任的对立面称作特免权。考库雷克对把这些“对立面”看作为单纯的否定，或看作为非权利义务的或准权利义务的关系的论点提出了批评。我们在上面以充分的理由证明霍菲尔德所用术语的正确性。如果像上面一样，我们用“限度”这个词代替了“对立面”，同样的论证仍然适用。官吏的特免权是指官吏责任的限度，而且它不仅与当其他官吏为了负起责任而行使权力的时候的权力丧失有相关性，而且也等同于权力丧失。所以官吏的权力丧失等于公民要求官吏保护他的权利的权利丧失，因此也等于他处于暴露的地位。我们现在发现，这无非就是他的合法权能或权力受到限制，就在这时，他在法律上开始变得无能、无权能和无力量所开始的地方，简单地说，也就是他的丧失能力所开始的。反过来说，这也是官吏方面完全相等的特免权，可是现在，它成了相等的公民特免权，等于他们的自由，而这反过来又限制了他们的义务的限度。这些法律关系的相关性、限制性和相等性，可见于下图：

补救的权力——违法行为

——相互联系和相等关系——

	官吏	公民		公民	官吏
限度	权　力	权　利（力　量）	B　B′	义　务（责　任）	责　任（职　责）
	丧失权力	暴　露（权利丧失）	S　S′	自　由（特免权）	特免权

图 15

我们必须注意，这些相关关系、相等关系和限制关系只适用于从其他法律关系中抽象而出的**单独**一个法律关系的最简单的形式。例如，正像一位善意的评论家所说的那样，“虽然一位公民的暴露（无权利）也许经常与没有资格要求官吏履行其义务同时出 114
现，但它并不一定伴随发生没有资格终止暴露的现象。比如，假定我愿意为 100 美元的报酬为你犁地。但到目前为止，你还没有反对我的权利(你还仍然暴露于我不为你犁地的不利条件之下)。而且你没有资格使官吏采取强制执行的行动。但你通过接受我的条件,你就有了终止暴露(无权利)的力量以及结束了你在程序上丧失权力的状态”。我们从这一个例子可以看出,我们有两组,而不是一组法律关系。第一组是权利丧失和暴露于危险中;第二组是终止暴露的权力,也就是一种权利。

由此可见,上面所提到的权利义务与权力责任相等的问题,是从为管理公私交易关系的提供法律根据的社会经济公共目的的观点发展而来的。霍菲尔德对待这个问题的从某一个人探讨出发点是个人的私人目的,即他想知道在审判法庭,他能指望些什么,所以霍菲尔德并不考虑到法律的经济或伦理的后果。他的分类只表示了个人所受到的社会强制的事实,而我们的分类则牵涉到对于某一个及所有的人的社会强制目的。

所以我们要把根本目的及两种级别的工具性目的加以区别。根本目的是伦理性的,也就是权力机关所认为公共福利或公共财富。工具性目的主要是法律性的,其次是经济性的。从法律方面来看,这种目的旨在控制行使物质强制集体权力的官吏的行为。从次要的方面和经济方面来看,这种法律目的就是要控制生产的产品和产品销售消费的数量、价值和价格。因此文明人的工具性目的是双重性的,这就是以公民权控制官吏的强制行为以及通过控制力量和机会选择控制其他公民的经济行为。根本目的与这两个目的是不可分割的,根本目的是指促进并分配那些构成公共财富有限资源的所有那些服务带来的产品这种伦理目的。

(3)实质的权力——合法行为

上面所谈的，是关于这种机构的一个成员具有使集体权力强行把核定义务加在对方身上的权能，同时也涉及另一个更重要的 115
权能，那就是防止集体权力对他强行施加一种想当然的义务。但是集体权力还有更深的意义。立遗嘱的“权利”对于接受遗产的人并没有相关的义务，因而对另一方不需要补救措施。实际上它不是权利而是“权力”，因为它是财产所有者使国家未来官吏在他死后很久以后还能使遗嘱有效的一种权能。这是一种针对官吏的权利，是一组很复杂的权力和官吏的相应职责。但是即使在他还活着的时候，他不能运用本身的力量从法律角度使他的遗嘱生效。比如，A 卖给或送给 B 一块表。这是一个物质上的履行。但如果有人出来反对，A 就不能把他想随意处理这块表的权力转让给 B，除非政府赋予 B 以占有、使用和出卖这块表所必需的一切核定和命令的交易。

又如，A 让 B 到中国去为他买下一个煤矿。这是一种管理上的履行。但是，除非 A 的政府已与中国和其他列强作出某种安排，或除非 A 所在国的政府把 B 作为 A 的意志的代理人所需要的一切权力都交给了 B，并使 B 顺从 A 的意志，否则，B 不能为 A 购得这个煤矿。这意味着政府的所有有关官吏都要负起责任务必使 A 的意志得到贯彻。我们可以把这种权力称作公民权的实质的权力。实质的权力和补救的权力从权力的源泉方面来看根本没有区别。每一种都是公民要求官吏顺从他的意志的同一种权力。实质性的权力如果得不到补救的权力的支持和加强，它实际上只不过是一个单纯的愿望。这两者是不可分割的。实质的权力创造了法律关系，而补救的权力强制执行这些关系。为此，法律问题的著作家不认为有必要去把它们区别开来。但是使这二者同时存在的情况，在时间、性质和人方面不总是联系在一起的。主要一方参与者为未来创造法律关系的行为产生了实质性权力。补救的权力产生于对立方侵犯过去形成的法律关系这种违法行为。在后一种情况下，政府使另一方很可能被迫履行他所负担的义务；在前一种情况下，政府授权主要一方参与者为他本身或为对抗他人创造新的权
116 利和强加新的义务。温舒德把这二者区别了开来，他说："法律决定把支配意志交与了权利的人，这不是为了强制执行，而是为了使法律秩序的命令能够继续存在"。[①]

正如我们所见到的那样，补救的权力是指"一个人能从法院那里获得有利于他的判决的那种权力，也就是诉讼权利"。[②] 但除了上面所提的由遗嘱、让渡及代理等三种类型产生的实质的权力以外，实质的权利还包括无以数计的其他情况，如指定、放弃、订约、选择权力以及抵押品的出卖权、地主对土地的占领权、废止欺诈合同权等等。[③] 特里把这些补救性和实质性权力说成是"第四种权利"、"职能性权利或职能"，但他说，实际上这些不是"权利"，因为它们没有与它们相应的相关义务。[④] 萨蒙德也指出，虽然它们是"法律上所承认的权益"，但是严格地讲它们不是合法权利，因为它

---

① 庞德援引自《国际伦理学杂志》，第 26 期，第 108 页(1915 年)。

② 参见萨蒙德：《法理学》，第 192 页。

③ 萨蒙德：《法理学》，第 192 页；霍菲尔德：《耶鲁大学法律杂志》，第 23 期(1913 年)，第 44 页起。

④ 特里：《英美法》，第 127 节(1884 年)。

们不是对抗任何人的权利。它们毋宁应该就是“权力”，他把这种权力称为“法律授予一个人的能力，他凭借指向目的的意志决定他本身或他人的权利、义务、责任或其他法律关系”。“公共权力”与“私人权力”是不同的。“公共权力”指“授予某个人作为政府各种职能的代理人或手段”的那种权力；包括立法、司法和行政职权的各种形式。另一方面，私人权力是指“授予个人为本身的目的而使用的权力，不是作为政府的代理人的权力”。[①] 然而就如我们所见到的那样，正因为官吏必须对私人负责，因此“私人权力”也就是“公共权力”。这些实质的权力是对其他人施用的权力，但这些其他的人就是官吏。

同样，霍菲尔德对于“那么经常和随便地使用”“权力”这一词正确地提出了批评，他认为在这些场合恰当的名词是“合法能力”或法定权力。而且在有关法定权力的相关关系问题上，他说，“毫无疑问虽然‘责任’一词常常被随便用作‘义务’的同义字，但是确切地说，它应该是对于具有上级权力的人的一种服从、职责和负有的责任”。我们可以说，“意志力控制能力最强的那个人（或几个人）就是具有影响法律关系与这一问题有关的发生特定变化的（法 117
定）权力，这种变化与这个问题也有关系”。[②] 换句话说，他通过把相关的公务责任（义务）强加于政府代理人的手段，使别人的意志屈从于他的意志。

“服从”或“责任”并不一定指强制性的服从。它可能而且有时

① 萨蒙德：《法理学》，第 193、194 页。

② 参见霍菲尔德：“应用于法学论证的若干法律概念”，载《耶鲁大学法律杂志》，第 23 期（1913 年），第 44、45 页。

是属于劝说性的。霍菲尔德说,“我们常常单纯地把责任视为一方对另一方负有法律义务的关系。但从它的广泛的技术意义上来看,它并非必然如此。例如,一块表的所有者X有放弃其财产的权力……但是与X放弃的权力相关联的是其他人的责任。不过这种责任不仅不是累赘的或令人讨厌的,而且恰恰相反”。[①] 其他屈从性的例子也是这样。根据现代法律,一个遗嘱的受益人愿意服从遗言人的意志,虽然按照古代的法律或劳动偿债法的规定,承继遗产的人也须承继遗言人的债务,甚至继承超过资产价值的债务,在这种情况下,这种服从就变得难以接受了。现代的法律越来越多地对公民用以压迫、为难他人,使他人贫困的实质的和补救的权力加以限制,因为国家的权力从根本上说,就是要让公民服从。

下面是有关实质的和补救的权力的一个合并的图示。B的实

实质的和补救的权力

——相互联系和相等关系——

限	权力 补救的 实质的	权　利 （权　力）	B　B′	义　务 （责　任）	责　任 （负　责）
度	丧失权力 补救的 实质的	暴　露 （丧失权力）	S　S′	责　任 （特免权）	特免权 补救的 实质的

图 16

① 参见霍菲尔德,第54页脚注。

质的权力就是 B′、S 或 S′顺从他的意志，因为实质的权力是他为他自己创造权利并为他人创造义务的一种权力。他所创造的权力的范围恰恰相等于他在别人不服从其命令的情况下，依靠官吏的职责所能得到的补救的权力。他对别人的强制权受到了限制，这就意味着由于他在法律上丧失了权力，而因此暴露于他们的自由面前，这种情况也表示官吏丧失了对他进行帮助的法律 118
权力。

我们已经注意到萨蒙德和其他人的意见，他们认为实质的和补救的权力不同于严格意义上的权利，因为对它们来说不存在相应的义务。但正如前面所分析的那样，如果我们不从审判法庭的律师的观点出发，而从政府的公法观点出发，那么也就像上文中所指出的那样，它就是与权力相应的一种重要的义务，也就是上级命令、弹劾或其他东西施加于官吏的职责。如果用行为这一个词来加以说明的话，公民立遗嘱的权力就等于命令官吏在他死后执行他的遗嘱的权力；让渡的权力就等于命令政府官吏为了受让人的利益而承认并执行原属于让渡人的所有权利、自由等等。业务或法律事务的代理人的权力和使某人的意志发生效力的其他权力也是如此。而且这种权力的范围，相当于政府责成官吏负责执行公民意志权力范围。所以霍菲尔德的意见并不过分，他认为甚至实质的权力的相关物，也是为了某人的利益而行使权力责任。但是必须注意，这种责任不可能越出官吏的相应责任。

现在我们应该把实质的和补救的权力的在经济方面和伦理方面的重要性归纳一下了。正是实质性和补救性权力才构成了历史 119
上“自由权”和“自由”之间的差别。自由本身仅仅指义务的否定，

指不存在抑制或强制。但“自由权”是肯定性的东西。“城市的自由权”否定地说不仅是免除了周围封建主的控制，免除了对其他公民的服从，而且肯定地说也是掌握了与其他公民交往时使自己的意愿有效地实现所需要的权利、自由和权力。一个从奴隶身份中解脱了出来并不仅仅意味着在解放奴隶的第十三次修正案中所提到的那种空洞地免除法律上的服从，而且也是指他能享有第十四、十五次修正案中所规定的公民权。就是这后一种权利才享有了买卖、订立遗嘱或契约这些法定的权力，事实上，也就是通过劳动他为自己创造了权利，对于任何人或所有的人他有权保护他的产品，同时他也为他人创造了与他只是发生产品交换关系的权利。

这就是自由权与自由在历史上的区别，这种区别与我们所说的实质的和补救的权力的区别是一致的。自由权是权力。它是属于“自由民”的，却并不属于单纯的“被解放的人”。它是一种要求官吏实现某人的意志的权力，而与它相关的事，则是通过法律的命令强制对方屈从或承担责任。

在经济、法律和伦理科学方面造成很大混乱的就是“自由权”和“自由”的这种含糊的意义。如果把自由单纯理解为没有抑制或强制的概念，那么，有关自由的探讨就会在不知不觉中转入“对自由权利”的探讨，如果把“自由”和“自由权”划分了开来，那么人们会多多少少模糊地认为自由权是一种更大的和更有利益的自由。实际情况是，自由的意义已经从不受公民个人的强制移向到凭上级权力的帮助强迫他人服从的权力。如果第十三次修正案所确认的解放奴隶的精神，给予了一名奴隶“自由”，这只表明这是对已往的主人权利的一种否定的限制，因为修正案只禁止主人再命令奴隶为他从事无限度劳役。修正法案还没有给这名已获得自由的人能肯定地参与在实现其自由所必需的一切可能的交易。他也许还不得离开这一州而至另一州或到毗邻的地方去，也许也不准他与其他雇主订立契约，不许他支取他所应得的工资，不许他利用法院或法律的正当程序。虽然他已经获得了自由，他却并未获得为达 120
到彻底自由所必需的自由选择权，在行使自由时他也没有得到政府对他的支持。他所得到的只是一种没有选择的抉择以代替他原来的服从命令，而且他很可能被迫回到他原来的主人身边去，并“乐意地”同意再次屈从于他的命令。所以第十四次修正案是完全必要的，这使这位得到自由的人成为美国的一个公民，而且修正案规定“任何州都不得制定或实施任何剥夺美国公民的特权或特免权的法律；不经法律的正当程序不得剥夺任何人的生命、自由或财产；不得对其辖区内的任何人不予以同等的法律保护”。

肯定地使不再是奴隶的人能享有与其他公民对法院和官吏提出要求的同样权利，这是这一修正案的意图所在。修正案在自由上加上了自由权，因为它加上了国家的权力，这种权力通过在执行经许可订立的契约时，约束其他人必须服从于他，从而使他的意志能够有效地实现。当然这种自由权与其他人的一样是有限度的，而且据信这种限制的目的是为了实现完全的平等的待遇，从而不仅使每一个人不致在未经许可的情况下被迫去服从另一个人，并因而丧失自由，而且还要通过国家物质权力的帮助，使他不致由于缺乏实现意志的那种权力而被迫同意强迫因而丧失了自由权。在其他方面的集体权力也是如此。当资本家提到“自由权”和“自由”

时，他的自由权不过是他所分享的国家集体权力的一部分，而他的自由只不过是他没有义务而已，只不过是在按照他的意愿使用那种集体权力时，能受到不为他人干涉的保护。

为此，我们已经把法定权力与个人的物质、经济和道德力量加以区别了开来。我们在上面已经说过，后者为个人对他人所使用的权力的各个方面。但是法定权力是一种自由权，也就是要求政府核定、执行并裁决他可以使用的物质、经济和道德力量的那种权力。自由权是在个人手中的政府权力；经济、物质和道德力量则为他们本身所有并由他们自己运用的力量。这二者是一致的，因为个人力量是通过履行、避免和克制行使的，它构成了交易的物质方
121 面；而自由权或合法权力从权力、权力丧失、责任、特免权等各个方面来看，是指政府对他的帮助、保持中立或拒绝帮助，这些都发生在个人能力不能强使他人履行、免行和克制时。

虽然法定权力或自由权不能与补救的权力相分离，但还是实质的权力，因为一个机构中的正式成员资格或公民权的基础就是这种实质的权力。它表明集体权力对个人意志和对次级机构的集体意志的听从、认可和执行的范围。任何个人达到了受国家统治权力的维护的地步后，他就可以从缺乏保护的奴隶、儿童、妇女或外国人身份转变成具备公民资格的人，而他的运行中的机构也从结党转变成公司。就是依靠这种实质的和补救的权力，现代资本主义的力量才得以扩展，正是因为这些权力，才使工商业者作为一个伟大和永久国家的公民，能把他的势力，从北极扩大到南极，从西方扩大到东方；使他能建立起一种在几年以至几十年内约束着他、他的继承人和他的债务人的信用体系；并使具有向他的运行中

的业务注入公司不朽的精神。[①]

(4)决定的权力

可能性——到目前为止，我们还只讨论了法律和经济观念之间所存在的那种可以称为理性或逻辑的关系，而没有讨论到行为的合理运用问题。这些理性关系完全是抽象的概念，把一切内容都抽掉了，然后从数理方面使它们产生联系并使其在任何情况下 122
都可适用。我们的理性化论点，不论应用于一群蛮子、苏联人，应用于英国、德国或美国都同样是正确的。这完全是字句和定义的一个问题，只是一套在逻辑上相互关联的符号或"普遍观念"。然而它只被认为是一种心智的指针，指导现实世界中的实际行为。为了区分我们在谈的究竟是蛮子、苏联人，还是在谈美国的法官、行政官吏、工商业者、工人，我们必须知道它们之间的不同点。我们制造指南针，因为我们想知道我们去的方向和怎么去。如果我们不了解星斗、风、潮水和灯塔守护人的行为，指南针就成了一种幻想。

① 庞德认为习惯法的基本概念是当事人之间的"关系"，而不是"意志"、"契约"或"交易"的概念，这种论点与我们在这里讨论的意志或交易的概念并不矛盾。他所批评的意志概念是我们所指的"自由意志"的概念，而不是"自由选择"的概念。他的交易概念是指"合法交易"，也就是"契约"的概念，而我们的概念则为经济交易的概念。而且他的"关系"概念实质上等同于我们的交易概念。一笔交易是当事人之间的一种主动关系，既包含了机会和力量等经济方面的问题，也包含了相互权利义务等等法律方面的问题，这些都是从交易所属的业务规则产生出来的。就我们的目的而言，交易这个名词，比关系更为适当，因为交易是意志的具体的积极活动，它可以提交给法院并由法院把适用于案情有关法律关系的原则应用于此案。我们的意志概念是指这种意志的行动，而不是指它的内容，我们把法律、意志、经济和社会等概念合并为一个行为主义的概念，庞德在他的法律释义史中必然会把它们区分成意志、契约、法律关系和经济关系四个概念。罗斯科·庞德:《法律史释义》，第 57 页(1923 年)。

警察逮捕在公共场合喝醉酒的人是他的义务。为了履行职责，他拥有潜在的国家权力。在他开始丧失法定权力的时候，所行使的权力就受到了限制。而且在这时候这个被认为酒醉的人在法律上获得了特免的权利。警察对于玩忽职守或滥用职权，也要负责，以后在与他的上级官吏或法院的交易中也难免要追究他的责任。当他指望可以获得特免权的时候，这种责任也受到了限制。在这个范围内喝醉酒的人要承担法律责任。这些就是上面刚刚提到过的，当警察和醉汉凑巧碰在一起时的抽象的关系。但是决定他们之间实际上有多少特免权、责任和自由的那种实际关系，却取决于发生了什么；而所发生的事又取决于我们所称之为“决断权”的选项的选择。警察首先要决定被认为的醉汉是不是真的喝醉了酒。他所见到的某一个人是否喝醉了酒，是一个定义、事实、信心、愿望和价值的问题。警察在醉汉表现出不能自助或动武的现象之前也许看不出是否醉酒。另一名警察也许通过在某一件事上小小的纠缠上可以看出来。一个人可能重视自由，另一个人可能重视职责，又一个人可能重视美德，再一个人可能重视快乐。在特免权的范围内，警察局局长可以警告、惩戒或撤换这名警察，或法庭或陪审团可以支持或否定他的各种特免权，限定他的决断权的范围，在这种范围里，他自己的解说和评价决定事实以及它们的重要性。在这个范围内，他的意志就是政府的意志。他就是行动中的政府。他**就是**政府。政府就是它的官吏的作为。而他们的作为就是要按
123 比例地配合公民的行为，在他们认为重要的方面加以诱导，而在他们认为该谴责的方面上则予以防止。

其他官吏也是如此。立法机关对财产收税。它在自己拥有的

那种由法院许可的特免权范围内制定了通则。但是税员负责估算财产的价值。在作出最高或最低限度的判断时(这时可以撤换税员或否定税员的评估),税员对财产价值的评估是举足轻重的,而且他的意志决定着纳税人赚钱或是亏损的前途。或者一个公共委员会为了强行收买或为了管制费率或劳务报酬可以对财产进行估价。或者另一个组织规定了雇主应该支付的最低限度工资,又一个组织规定了消费者所支付的最高限度价格。或者一个法院和陪审团因一个公民侵犯了另一个公民的权利而判决其应支付的损失赔偿费。或者一个衡平法庭,通过禁止潜在的竞争者的某些业务,而在对顾客的商誉方面创造了一种有价值的财产。所有这些官方的行为都为公民决定了机会或诱力的趋向。在所有这些人上面还有最高法院,它享有决定本身豁免的特免权,在这个权力范围内,它开展了下定义、提出看法、估价和衡量事实等工作,然后规定了各种限度,以限制立法机关、行政机关、下级法官和它本身,去调整指导公民行为的诱因。这始终是行动中的官吏,他构成了行动中的政府,而我们所讨论的法律关系都是在官吏采取实际行动时可能或不可能实现的那种理想、愿望和希望的正式说明。

这些决断权的范围,连同意志方面可能出现的相互影响实际上决定了实质的和补救的权力的限度,或者更确切地,实质的和补救的权力就是人的意志集体行动时的决定的权力。它们具有立法的性质,但是当法院、高级官吏和行政官吏在不同的机会中进行选择以实施决断权时使用这些决定的权力,而且它们的重要意义在于它们能决定政府的物质权力究竟可以行使到什么程度。就如同我们所见到的那样,在这个问题上它们必须处理两方面的关系,即

公民私人间的关系和公民与政府间的关系。这二者是等同的，因
124 为当公民和官吏的关系被决定下来的时候，它也决定了公民本身
之间的关系。这些决定的权力，不仅是课税的权力和征用财产的
权力，同时也是决定财产和自由的限度的干涉权，包括解说契约和
其执行契约的限度，包括指定偿付债务时债主必须接受的货币，个
人通过这一手段可以使自己从承担的责任中解放出来。

当这些受他人意志钳制的个人意志的决定的权力充分显示出来时，我们就可以用下面的图示来全面表示每一笔交易中所发生的法律上的相关关系、相等关系、限制关系和交互关系：

相互联系、相等关系、限制关系、交互关系

——————相互联系和相等关系——————

	官吏	公民		公民	官吏
限度和交互关系	权　力	权利	机　会	义务	责　任
	权力丧失	暴露	权　B　B′	自由	特免权
	特免权	自由	力　S　S′	暴露	权力丧失
	责　任	义务		权利	权　力

图 17

这样一个符合逻辑的图解作为分析和对照的指针或方法是有
价值的，但就其本身而言，不仅受到了霍姆斯法官的批评，他指出
这是一种“确定性的幻觉”，而且正是这种幻觉产生了形而上学的
125 “实体”和“实质”，好像它们是离开官吏和公民的行为而独立存在
的。因此，正如上面所讨论的，“政府”往往是以模糊的实体形式出
现的，它充当了“委托人”的角色，而官吏是以政府的“代理人”出现

的，他们可以或者可以不执行“政府的意志”。但是从不带幻想的政治家、律师、工商业者和工人的现实观点出发，政府无非是行动中的官吏。所以霍尔顿可以不对“政府”提出起诉而对行政官吏哈迪提出起诉。芒恩案的起诉对象名义上是伊利诺伊州而实际上是该州的官吏。公民可以不理睬政府，他需要知道的是究竟法院及行政官吏将采取什么行动。

这些幻想是从人类的希望和恐惧中自然产生的，它们是愿望而不是行为。我们认为我们所希望的就是现实，是实在的东西。这样，像政府一样权利和义务也成为独立于官吏的行为而存在的现实的幻觉。

这种幻觉淹没在字句的双重甚至三重意义之中。“权利”这个词在英语中有“正确”的意思，所以当它与“错误”对照时，它有一个意义，而与“义务”对照时又是另一意义，而后者又具有伦理的和法律的意义，然而这几种意义是混在一起的。正确和错误，权利和义务，都是看法问题，并可因不同的人、不同的年龄、不同的文明而有所不同。权利和义务是指在正确和错误的看法的指导下，宣布一个人对另一个人的愿望。正确和错误具有对立的实质；而权利和义务则为对立的人，而且二者都是理想而不是现实，是罗盘而不是渺无边际的东西。现实是人的行为的可能性，而理想则为所愿望的行为。

再说伦理上的权利和义务与法律上的权利和义务的区别也就是有关人的行为的两种可能性的区别。法定的权利和义务无非是在公民提出与其他人相对立的要求时官吏将以某种形式采取行动的可能性。成文法禁止酿造和销售烈性酒。习惯法强制契约的执

行。“法律”确是在那边。它似乎是一个脱离法院、陪审员和行政官吏的行为的实体。法律实际上是各种不确定的可能性中指向最
126 终目的的指针。法律是由多数人构思和表述的伦理的理想物，这些人的意见是按宪法的某些条款或通过习惯法的逐渐发展而集合起来的，而且这是官吏确定是否按这种理想行动的可能性。

但是也有一种与政府不直接相关的伦理的理想，它是一种伦理的可能性。现代社会中千千万万件有关产权和自由权、家庭关系等等的交易中，难得有一件要提交法院或国家官吏去处理的。虽然在极广泛的程度上这些伦理的交易还是受到官吏行为的可能性的指导，但是多数交易都是伦理性的，受远远超过官吏将采取最低限度的法律上的可能性的行动之上的伦理理想的引导。多数交易都是在非命令的或非核定的水平上发生的，从这个意义上说，它们都是伦理性的，它们是在超越要求运用暴力的法定权力之上发生的。而且各种法律所以极不相同主要是由于伦理和法律的可能性之间的相对重要性造成的，与当时的法典对照一下，凡是有高度伦理的可能性的地方，不必采取什么法律行动，而在伦理的可能性比较低的地方，需要采取较多的法律行动。

然而，法律和伦理的可能性是历史地共同发展起来的，这一点对考库雷克和其他人的基本思想的根本性假设发生了影响。例如，他们以为自由是一个非权利义务的概念。如果我们从赫伯特·斯潘塞把个人当作先于法律而存在的自由人这种历史的和伦理的概念出发的话，那么，习惯法、衡平法和成文法逐渐剥夺了人的自由。但是如果我们从个人作为被征服者、奴隶和农奴的观点出发，那么，主人逐步剥夺了他们的自由同时又授予他们自由。显

然这是从威廉一世以来的历史发展过程，所以我们不说自由是一个非权利义务的概念，而应该说权利义务的关系是官吏根据当时通行的最低限度的伦理理想，在按比例分配社会的强制权力、责任、权力丧失和特免权时的那种行为的可能性。逻辑上的相关关系是从经济的或伦理的内容中抽象出来的权利义务关系，而行为主义的关系是与法律的历史发展相一致的，是跟随着经济条件的发展以及源于经济条件的伦理思想的发展而发展的。所以法学、伦理学和经济学不只是我们在前面章节中讨论的那种从假定前提 127
中得到的一系列逻辑的或三段论式的推导，而是人类行为的同一种可能性的科学的不同方面。法律学是研究在行使认可的物质强制方面官吏的交易的可能性的科学；伦理学是研究公共和私人交易上的可能性的科学；而经济学则是研究为了伦理的、经济的和公共的目的而利用人类的和自然的资源时，那种公共的和私人的交易的可能性的科学。

目的——所以如果不包括人的目的概念，法律学、伦理学和经济学等几个方面，就不能相互协调起来。可能性与目的联系在一起，或者更确切地说，目的就是在可能性之间进行的选择。而且这就是“行为主义”与“意志主义”的不同之处。行为主义的定义是指可能性的分类。意志的定义就是对可能性的选择。所以在这个定义里所包含的目的是构成定义的基本内容。如果忽略了目的的概念，那么，社会科学家就进入了物理学或者形而上学的范畴。例如，上面提到过有人把“自由”这一个词说成是一个非权利义务的概念。他们又说法律只处理各种“抑制现象”，而自由是指抑制的对立面，因为据认为自由是指否定的“无义务”，也就是什么也没有或什么都有。

为什么说“自由”是非权利义务的概念呢？这是因为在法律的定义中取消了法律的目的。但肯定的是在义务的名义下没有强加一个目的的一种单纯的抑制是几乎不能被人的意志所认可的。对某些人强加避免的义务的目的就是要为其他人创造自由。经济的自由无非是指受可能性引导的机会的选择，它也属于伦理的和权利义务的关系，因为它只能通过那些用以为它提供许可、对它进行授权的官吏的行为而存在。

所以行动中的意志的定义说明了行动中的目的。我们必须把意志的特殊性质与大自然间的其他力量区别开来。意志是在不同程度的力量之间进行选择的惟一力量，也能对它所拥有的权力的行使进行限制。在不同的情况下，其他力量总是竭尽其所能，这说
128 明它们沿着阻力最小的路线前进。但由于目的的关系，所以意志选择了阻力较大或最大的路线，同时它对于本身在克服阻力方面所使用的力量加以一定的限制。

萨蒙德说：“至于意志的性质和它所施加的控制力量的性质问题，不应该是律师们争论的问题，这是一个心理学和生理学上的问题，而不是法律学上的问题”。[1] 但就宪法而论，“意志的性质”是经济学家和最高法院研究的问题。萨蒙德所唯一关心的是：审判法庭可以把意志认为是理所当然的东西，因为在它面前出现了意志的一种特殊行为，法庭可以把这种行为称之为“肯定的”或“否定的”的行为，一个就是正在讨论的行为，另一个就是“不履行”的行

① 萨蒙德：《英美法律原理》，第323页。

为。但是从“意志性质”本身的立场出发，世界上就不存在“不履行”这样一种东西。不履行就是不为。但意志是不能不为的。它必须行动。正是“意志性质”使菲尔德法官在屠宰厂案件上和所有其他法官在阿尔热耶一案上，把“自由”的定义从没有物质强制改变为没有经济的选择性。霍菲尔德法官说：“如果只允许一个人从事某一行业或职业，并局限于国内的某一地点，这是一种奴役的情况”。[1] 所以经济强迫就是“奴役”的定义，而“奴隶”是指物质的强迫。法院在改变这一定义时，采取了把法律的目的从阻止物质的强迫扩大到阻止经济的强迫的做法，使公民能按照他们所认为的“意志性质”而行动。

但意志不仅是在避免中履行，它也是在履行时对施加的权力的大小进行选择。虽然我们在上面提到“克制”这一个词通常应用于“有意的”不为，以区别于“无意的”不为，但是履行的程度也可以是有意的。“克制”是指在履行时，意志对于所用力量的程度所加的限制，这就是“意志性质”方面的问题，它对芒恩对伊利诺伊州的诉讼案和霍尔顿对哈迪诉讼案作出了裁决，并使法院为了农民和工人的福利把克制的义务加在资本家身上。

自然资源的缺乏和人口过多产生的限制引起经济判断问题，
而且正是由于人口与资源的关系，才产生了伦理的判断和抑制，形 129
成了义务和自由、履行、避免和克制的那种伦理的理想。每一个交易都是经济性的，因为每一个人都力争为他本身的目的尽可能使用他的有限的资源和才能；每一个交易也都是伦理性的，因为他的

① 参见第 2 章前段。

资源存在于构成别人私有财产的机会和力量之中。只有通过与他们交易，他才能把受别人控制的资源变成自己的和变成他所同情的其他的人资源，在这个问题上所使用的诱力和阻力都属于说服性的、强迫性的、欺骗性的或暴力性的。

交互性——正是目的的概念才把交互性的概念引入到各种交易中去。对立的双方在外表上都具备类似的权利、暴露、义务和自由。从出席审判法庭的律师的观点来看，这种互补性具有"交互关系"的机械性观念，然而如同考库雷克把"权力"比作为某一个人在对另一个人运用法律武器所获得的利益，而把"交互特权"比作为另一个人没有能力对本身运用法律武器。① 但就目的的观点而言，这是一个意志力的问题，也就是为什么法律要为对立面的人提供交互的利益和损失呢？

这种交互性的基本观念不是由霍菲尔德提出来的，因为他并不关心法律学的整个体系，他只关心在现有法律制度下，一个人对审判法庭所能期望做的事。但是最高法院会就合法程序问题提出疑问，审判法庭为什么要这么做？实质上这是有关公共政策的立法问题，通常被法院在对宪法所用字句的定义进行变更的过程中掩盖掉了。我们已经看到过财产和自由等名词的意义的改变及其在公共政策上所造成的改变。另一个宪法名词"平等"的含义已深深地根植于判例之中，所以它的意思正在较慢地变更。

现代经济和法律的理论，不仅以自由而且也以平等学说为基

① 参见前引考库雷克文章，载《密歇根法律评论》，第 19 期，第 49—56 页，另见本章图 14 下的片断。

础。但是平等的意义正在逐渐转入交互性的意义。如果所有个人 130
在物质、经济和说服的力量上完全相等，那就没有理由限制他们的自由，因为在这种情况下无论如何谁也不能损害或欺骗别人。但真正的现实情况是极端的不平等，所以在义务的名义下，就必须对权力较大者的自由，加以某些限制，以便可以保持比较合理的平等。这些义务为力量较弱的人创造了相互关联的权利，这等于减少强者的自由以减低较弱方面的暴露程度。反过来说，减少较弱方面的义务等于增加了他们的自由，与此同时等于减少了较强方面的权利并扩大他的暴露程度。随着这些限定的发展，就形成了一方的暴露与另一方的自由的交互性，以及权利和义务的交互性。

我们在第十三次和第十四次修正案上，并在芒恩案及霍尔顿对哈迪的诉讼上，见到过这一发展的过程。平等的教义，如果严格地解释平等学说，那么这种解释也许会认为我们正在讨论的法律，甚至修正案都违反了宪法的精神，因为它们剥夺了当事人的同等自由，而且人们常常作出这样的解释，但是如果把各当事人按经济力量的不同加以分类的话，那么这就会改变自由的意义，把它变成不相等的自由，这就是交互性。平等的待遇还是保留的，但这是指同一阶级内的具有类似经济力量的人之间的平等，而不是指对立的各阶级具有不平均的经济力量的人之间的同等的自由。

从平等向交互性的转变的合法性是建立在据信受我们所讨论的法律所影响的目的之上的。当考虑到交易中特定的阶级时，国家的物质力量，总是被动员起来去限制一个阶级的经济力量，从而扩大对立阶级的经济力量。但是，只有通过赋予较弱阶级的私人目的以公共的偏好，以使它超过较强阶级的私人目的，才能实现这一目标；这样，他们的私人目的在这一范围内就成为了公共目的。

究竟这种公共的偏好可以达到什么程度，这不是一个平等或逻辑的问题，而是一个看法和评价的问题。由于某种原因，在特殊
131 的场合或特殊种类的交易上，较弱阶级的价值比之较强阶级的价值要估计得高些。行使国家决定权力的那些人在各阶级间的人中进行选择，运用统治权力使另一个阶级丧失权力和承担责任，从而有利于另一个阶级。因此交互性就是对于人的善恶的官方评估。

不仅平等一词的含糊意义，而且“相关关系”一词的含糊意义把凡是包含人的价值的判决也搞得朦胧不清。“相关关系”的反面是“缺乏相关关系”，有时指缺乏交互性，有时指缺乏权利及其相应义务的相关关系，有时又指缺乏一致性。这些我们可以从图 17 中见到，这是三种完全不同的关系。交互的义务不同于相关（相应的）义务，因为它是来自一个人的自由的缩减的义务，而相关的义务则为一种强加于对方的支持性的义务，一个相关的义务支持甚至创造了一个人的权利，但是交互的义务则从一个人的权利中派生出来，一个人本身的权利和义务是不相等的，但是这里却存在一个人的权利和另一个人的义务的平等，也就是它们间的相应性。

这一道理也同样适用于自由和暴露。一个人的暴露恰恰相等于其他各人的相关的自由，但是一个人的暴露是他自己的自由的交互关系，而且永远是不相等的，因为没有一个人暴露在其他人的自由面前时，与他人是完全相等的。

如果现在“权利和义务的相关关系”这个词指的是“权利和义务的一致性”，那么得出平等的决定毫无意义。一个认可的权利，如果不去兜一个圈子以确定他人的相关的（相应的）而且恰恰相等

的义务时，它就不可能有一个确定的意义。在同一个交易关系中，一方面是“我”，另一方面是“你”，一方是受益的方面，另一方是难以负担的方面。

可是与此同时，一个权利如果不通过依附于它并减少它的可能的利益的那种交互义务的或多或少的削减，那么，它就不可能存在。法律上的一句格言，*sic utere tuo ut alienum non lzedas*，证明这种交互的义务是从权利的范围内演绎出来的。因为不管这一格言在衡量减少量时多么无用，[①]它仍旧证明了每一权利必有伴随着的最低限度的削减，也就是说一个人不得以损害他人的权利和自由的方式行使自己的权利和自由。为什么说这一格言不能对判断有帮助，主要原因是因为它“用未经证明的假定来辩论”，因为它有相关（相应）和交互的双重意义。作为“相应”的意义它毫无意义，因为根据图 17 所示，一个人的交互义务不论它有多大或多小，132
总是恰恰相等于另一个人的交互权利，好像是一块板的两面一样。而且按照交互性的意义，这个格言用未经证明的假定来作论据，因为它需要在不同程度的交互性中进行选择，就像两块不同的板，其中一块可以随意的尺寸大于或小于另一块板。一个相关的权利及其义务总是一致的和相等的。一个是同一交易的阳面，另一个是它的阴面。一个交互的权利和义务是永不相同也不相等的，因为一个是另一个的扣除额。从“相应”的意义上来说它是一个相关的义务，任何方式都不能使它在数量上不同于相关的权利。在交易中，权利总是相等于义务，不论这种交易具有多大的强制性。在这

① 布维尔，第 2163 页及所引各案。

个意义上讲平等是没有意义的。但是这种交互的义务在数量上是否接近于它所依附的权利，这永远是一个决断权的问题，从归属于它们的人的价值方面来许可或者支持他们的力量的大小。这是一个信念、感觉、情感和价值的问题，也就是一个观念以及观念的差别的问题。

"相关关系"的第三个含义是指存在于一种成文法或一个案件的判决书里的若干部分间的逻辑一致性或机械协调性。这里相关关系这个词，几乎说明人的智力所能达到的纯粹推论的一个数理程序，其中不夹杂着价值、感觉、看法或不同利害的影响。它是为了达到最终的愿望和价值而将各部分合并成一个机械装置时的对机械的完善性的判断。把弗罗因德教授与其他法律著作家相比，他更多地将交互性概念与应用在现代工业上的平等的观念区别开来。他所使用的"相关关系"这一个词就具有交互性和一致性的双重意义。[①] 然而这二者是有区别的。一致性是指逻辑上的，交互性是指感觉和看法上的。

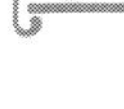

由于"缺乏相关关系"含有三种不同的意思，所以这三方面的区别也体现出了重要性。作为"相应"的意义，就不会有缺乏相关的关系。在任何核定的交易关系上，这种相关关系是不能违反的，虽然在我们所指的伦理关系上也许和事实上存在着违反的可能。因为所以要用到核定交易，这里有一个明显目的，那就是在权利和义务听凭私人看法摆布的时候可能会缺乏关联性，而核定交易可以把它们关联起来。另一方面，当相关关系作"交互性"解释的时

① 欧内斯特·弗罗因德：《美国立法的标准》，第225页(1917年)。

候，这是一个“程度”问题，它是可以改变的，以适合在当时情况下当事人之间对什么是“合理”或“公正”或“平等”的看法。但是“相关关系”作“一致性”解释时，这是一个逻辑、智力、数理、机械作用的完善或不完善的问题。

相关关系作相应关系解释时，违反相关的关系原则是不可能 133
的；作交互性解释时，违反相关关系的原则是不公正的，作一致性解释时，违反相关关系的原则是不合逻辑的。相关关系作相应关系解释时，对缺乏相关关系的补救，是没有意义的；作交互性解释时就是指在相互的利益和负担上建立一种似乎更加合理的层次；作一致性解释时就是指把各个部分重新进行安排，使成为一个更加合乎逻辑或更有效能的体系。对第一种的“相关关系的缺乏”进行补救是不必要的重复；对第二种进行补救是价值感觉的变化；对第三种进行补救就是要能清晰地思考。

就如我们指出的那样，通过把一致性与交互性的概念等同起来，法律的论证才能以逻辑的推理代替价值的感觉，从而得到一种“确定性的幻觉，使法律的论证似乎像数理的论证一样”。在对利害的相对重要性进行估量的时候，同时也对利害进行了估值。这是在一个利益共同体中人的相对价值的问题，在这个范围内有限资源的负担和利益必须共同来分摊，这些不是可以由逻辑的定理来给予分配的；它们的分配是按照价值的感觉，也就是按相对的重要性或交互性来分配的。

所以在进行每一笔核定的交易时，都伴随着两对相关关系，它们说明了相反的当事人的两种伦理估值在权力方面的相关关系，而且这些就是从交互性的基本观念中产生的，这种交互性无非就是有限的体系，或者像奥斯汀所说的“相对的”权利和义务。这两对相关关系是指权利对义务和自由对暴露的关系，这两对关系的基础是它们的等价物，即权力对责任和特免权对权力丧失的关系。根据交易的参与者在交易中处于相关关系的某一方，交易者就受到授权、许可或抑制。

因为一个交易的完成总是包含有任何一方的若干可能发生的行为，而属于每一方面的交互关系和限度则以不同的方式与这些可能发生的行为相适应。一个人实现自己意志的最大力量是由他的权利决定的，因为他的对立方在他的权利范围内就受到履行、避免或克制的义务的约束，而且上级权威也会在这个权利范围内对他予以帮助，因此他不是单枪匹马地干。

但是这种帮助是有限度的，超出了这种限度，这个人就暴露在对立各方的自由面前。在这范围内，对立各方可以随意选定履行、避免或克制而不致犯错误。上级权威对这些问题不会进行干涉。

一个人的这种暴露与同一个人的自由是颇不相同的。在不增
134 加暴露的情况会增加自由，反之亦然，这是由法制权力所认为恰当的交互程度和物质、经济或说服力方面的相对不平等性决定的。因为自由是指不同于暴露的一种行为。例如，一个人的自由是指他可从事附带的履行、避免或克制以促使另一个人有所行动，这样做是不犯任何错误的。而他的暴露是指他人可能施加于他的那种合法损害的危险。

一个人的交互义务也是如此。政府通过肯定的行动从他的自由上减去了交互的义务，而从他的权利上减去了暴露。义务是指

上级权威通过政府的肯定行动加在他身上的强制性，而暴露仅仅是指得不到政府的帮助。然而一个人的义务不等于另一个人的义务，它是那种义务的交互关系，取决于这次交易中法定权威相对更重视哪一方。

简言之，由不同的限度划分的几个方面，表明了上级权威对于一个交易的任何一方的态度和承诺。政府肯定的帮助就是一个人的合法权利；一个人的暴露也就是指政府对他漠不关心；政府的容许就是他的自由；他的义务是指政府的强制。而且凡是适用于政治管理机构的那些带有物质强制力制裁的业务规则，也适用于工业管理机构的那些带有经济强制力制裁的业务规则，同样适用于文化管理机构的那些带有被认为有价值的好恶舆论产生的制裁的业务规则。

6. 业务规则

我们始终没有忘记人的意志不是一个毫无规律的反复的力量，它是在一定限度内活动的。在这些限度内，它有一个不确定的决断权范围或选择的自由。通常所说作“法则”，就是指对决断权的限制。但从一个或多或少控制着他周围力量的活动并具有创造力和智力的人的角度来看，这些法则并不是不能控制的某些不可避免的东西，确切地说，它们相互间具有关键性或限制性和互相补充的关系，一个智力健全的人全然可以驾驭它们，虽然这对它与意
志无关的东西发生作用，但是与意志无关的作用所产生的结果却 135
多少有些符合他心目中所要的东西。局限意志活动范围的法则或

限度可以分解为三个原则或趋势，一个人往往有意识地或无意识地会去考虑到这些问题，而且不同时期的经济学家学派提出了其中的一个法则作为一个指导原则，而把其余的想当然地看作为意料中的常识问题，在当时的情况下，不必把它们作为一个因素来阐述。

我们把这三个根本原则，分别称为：机械论原则，主要应用于宇宙的物质或无生命的力量，但当人类本身和社会，明显地作为机械论的一种特殊问题时也适用于这一原则；稀缺性的原则，应用于生物的、心理的，并因而应用于一切人类的和社会的现象，因为稀缺性是指有生命的东西与有限资源之间的关系问题；业务规则的原则，应用于由个人组成的一切团体和集体，它们作为有组织的运动是永无休止地存在着的，人们通过出生、吸纳、死亡和除名加入或退出这些组织。

就是这些业务规则指导个人行为的程度和方式，构成了有时所谓的“集体意志”、“社会心意”、“法治而非人治”、一个“神授的”或“自然的”秩序等，虽然这些人格化比拟，只是简略的语句，但实际上表明了一整套业务规则，不论个人加入或退出，它始终发挥着作用。

现在来讨论一下有关个人的问题。这三个原则，即机械论原则、稀缺性和业务规则原则限制着个人的行为，因而把意志变成某些一致性的行动，通常称作为“理性”、“德行”、“伦理”、“常识”等，而在没有一致性的地方，这些意志也会被称作“反复”、“罪恶”、“不道德”和“精神错乱”等。一方面机械论和稀缺性原则可能是不同的，另一方面它们也可能不同于业务规则原则，因为业务规则是由人的意志本身产生的，而机械论和稀缺性原则不是由人的意志产生的。但是如果赋予业务规则一个恰当的含义的话，就可以 136
抹去这些差别，它就可以应用于一切共同体、野兽、牧群、生物群落、蜂房、作物等，这些由自然演替的个体组成的群体，当共同体本身向不确定的方向发展的时候，这些个体加入群体、在群体中合作，也会消失于共同体中。简单地说，业务规则是指一个运行中的机构的成员资格。人类社会的业务规则是从人史前社会的业务规则演变而来的，而且实际上个人进化的本身也就是按照每一个人所接受的共同规则而采取联合行动的各种能力的进化。甚至文字和语言也无非是参加并继续留在集体之中的人所共同承认的标志和象征，而且文字和语言像其他业务规则一样，是联合行动的一种手段，联合行动在一个有组织的群众运动中使人们成为一个机构的成员。

通过每天的经验和长者的教育人们接受了语言和许多其他的业务规则，这些后来都变成了习惯和习俗，大部分业务规则是由此而来的，但是经过一定的时间，其中很多的实用规则是通过军事征服和压制各阶级和各国人民的方式强加于他们的。后一类的业务规则，是以君主的绝对意志或立法机关的有意识的决定体现出来的，随着这类实用惯例被大加滥用，结果使 18 世纪的哲学家和经济学家起来反对所有的业务规则，他们认为业务规则完全是专断的权威对于人的行为的任意、恶毒或疯狂的控制，他们尽力想要建立一个理想的社会，在这个社会里除了像牛顿使人熟知的那种机械原则，或者像按照理性、德行和常识行动而产生符合天意的作用的规则外，不应该再有任何其他的业务规则。简单地说，17 和 18

世纪的唯理论者所反对的教会和国家的业务规则源于以征服为基础的特权原则，而唯理论者所建议的以理性、自然法则和自然秩序等名义取代的那些业务规则，来自习俗和习惯的原则，在英美法中，这些都称作为习惯法。

当时有充分的理由给这些习惯法的习俗冠以“理性”或“自然
137 法则”的名称，因为习惯法并非意指任何一种习俗或习惯，而只是在解决争端中起指导作用的那些习俗或习惯，从而相对于那些被排除的不好的和带有破坏性的惯例来说，这些习俗或习惯就是被认可的、好的和可操作的。因此唯理论者所想建立的，旨在反抗君主和立法机关的法令的那种“个人主义”，是以对个人的假定为基础的，这些个人的习俗和习惯符合习惯法的业务规则。好几个世纪以来，人们把这些业务规则作为解决社会成员间纠纷的最普通和谨慎的方法，从而取得了合理性。虽然根据更现代化的和复杂的倾向（这种倾向追究的不是某一件东西的实质，而是它究竟做了些什么），显然这些规则就应该称作为业务规则。但是按照提出这些意见的哲学家所具有的神学、形而上学或唯物主义的倾向，业务规则就有了理性、天道、自然法则或甚至机械力的和谐均衡等名称。

18 世纪的法学家和经济学家的疏漏，完全是由以下情况造成的：即他们没有得益于现代心理学的惯例和习惯中，而是力图将人类事务行为方面的可行的习俗和习惯所造成的东西，归结为理性、智慧、痛苦、快乐或天意或理智的引导。因此亚当·斯密提出的经济学说排除了一切社团、公司、工会，甚至连整个国家机构本身和管理个人交易的业务规则，几乎一概不要了，代之以自利的个体单

位、劳动分工、自由、平等、自由选择职业和那“看不见的手”或天道等等代替了业务惯例，这无非就是亚当·斯密在18世纪中叶所能了解的那种在有秩序的社会中的业务规则。

由于他们的出发点是个人而不是运行中的机构的业务规则，因此历史和因果关系颠倒过来了。因为对个人来说，关键问题是他的权利和自由能受到保护而不为他人所侵犯。因此就产生了一种推测，认为有理性的人为了保护个人固有的权利和自由制定了业务规则。但是事实上从历史上来看，个人权利观念的形成，要比充分发展的业务规则晚几千年，而且从因果关系上来看，业务规则主要是用来保持和平和促进集体行动，其次才是用来保护权利和自由。到了人类发展的后期阶段，个人利益受到了断然的维护，这 138
时所有业务规则才具有了管理人们冠以权利、自由等名称的行为这种特征。但是首先从历史和因果关系着眼，如果解决纠纷的权威机构可以把社会的集体权力施加于上面所提的那些人的话，业务规则简单地说就是规定了什么是个人必须做的、必须不做的、可以做的、能够做的和不能够做的。

这些规则基本上是必要的，而且在受到资源缺乏在压力下，它们能使个人的过分和无限的私利心结合在一个运行中的机构内。这就是它们从历史上幸存下来的原因。它们是在解决纠纷和组合集体的行动为一个整体在进攻或防卫另一个集团这个过程中产生的。这必然意味着选择个人的良好习惯和习俗，而不是去选择那些足以削弱集团作坏的习惯和习俗。从这种完全有必要的业务规则中又产生出了那些容许进行劳动分工和职业分类的次要规则。每一规则如果可靠的话，可以使一个人预先就知道，在集体力量的帮助下什么是他所能够、不能或可以做的，什么是他必须做的或必须不做的，从而他在这些限制中就知道何处是安全之所在。最后，当集体的力量足够强大而且它所能支配的资源非常充分时，对规则的重点就从什么是个人必须做或必须不做的，移向什么是可以做的或能够做的，从而个人现代的自由和自由权作为若干世纪以来业务规则发展的丰硕果实形成了。到这时，才能安全地要求权利和自由，权利和自由也才得到承认。

由于律师职业的出现，个人的这种要求更为便利了，或更确切地说，更系统化了，律师们原来受过神学教育，他们在逻辑的才智上高于其他阶级，他们压制和抵制个人的要求，并对于产生于业务规则的强制关系给予一种辩证的和说服性的称呼。个人在社会的帮助下所**能够**做的就以权利这一名称被神圣化，并把它尊称为权力、权能或自由权。根据业务规则他**可以**做的事就是他的自由、他的特惠权或特免权，因为别人不能对他做的事进行干涉。因为社会对一个人有所强制或抑制，所以他**必须**做或**必须不**做的事，就以义务的名称而成为道德上的教化，以职责的名称荣得了尊荣，以责任的名称成为了预言，以制裁的名称被奉为神圣。最后，当他在得不到社会的保护或帮助，而去冒风险或暴露自己时，这时我们给他一个名称，即权力丧失或权能丧失。

139

在所有情况下，这些业务规则都受到我们上面提到过的经济、政治和伦理条件缓慢的历史变迁的约束。而且，在氏族、家庭以及部落的原始同宗分化出来的若干社会组织形式中，这些业务规则在形式上是极不相同的。随着教会与国家的分离，宗教原则也就与政治原则分开来了。随着工商业与教会和国家的分离，行会、公司和团体的商业习俗、议事日程和惯例，也都与宗教和政治原则分离了开来。然后，随后随着数以千计的以自愿原则组织起来的社团的兴起和发展，它们自己的特定业务规则也就跟着发展起来了。劳工组织与它们本身的涉及各方面的形形色色的惯例也同时出现了，这是一件很有意义的事情，由于各工会都有自己的特殊惯例，于是英国工会的伟大历史学家和理论家韦布夫妇把业务规则的现代概念注入了经济理论。[①] 他们发现工会为了适应现代工业中的程序行为，尽力想制定出公共规则，而且就是这些规则比工人的工资和劳动工时更能体现出“资本和劳动”的冲突实质。在韦布夫妇的发现之后，瑞典经济学家卡塞尔又把共同规则一般化，并将其应用于政府的一切法律。[②] 在美国的弗里德里克·泰勒的领导下，产生了一个科学管理工作者或工程师学派，它的专业目的是要把工业的工场规则系统化；而且最近，美国经济学家 E. G. 诺斯提出了一个颇有启发性的分析，他指出了几千贸易组织在销售方面的业务规则与联邦和州政府的补充性业务规则的相互关系问题。[③]

这些就是在过去的 25 年中有关业务规则原则的认识的几个 140
突出的例子。所有的经济学家总是在假设这些业务规则，在新的团体和工会的新的业务规则以及它们的重叠的和矛盾的政治、经济和文化规则还没有出现以前，经济学家们是不会去注意这些业务规则的，至于那些重叠的和矛盾的规则是为了解决纠纷并为协

① 韦布夫妇：《工业的民主》，第 560 页（1897 年，1920 年）。

② 卡塞尔：“经济学说的起源”，载《政治经济月刊》，第 58 期，第 668 页（1902 年），《经济理论》，第 2 版（1921 年）。

③ E. G. 诺斯：“农产品销售方面政府管制的恰当范围”，载《美国经济学会年会报告》，1922 年。

调许多机构的个人的行动，使之成为一个联合的集体运动所必要的。为了全面了解业务规则的概念使用在经济理论中的经过，我们必须追溯到韦斯特马克、吉尔克、波劳克和庞德等人的著作中那些初始的和后来发展起来的观点，同时也要追溯公司、商会、雇主协会和工会的历史。以上的分析已经就法院从封建农业和现代工商业的惯例中所吸收过来的实用规则的基本含义作了说明。如果我们对澳大利亚法院的判决案作进一步的分析，还可以看到工人和工会的习俗以及业务规则是如何进入英国的同一习惯法的。对于这个问题我们将在下面加以说明。[①] 这里只要先提一下这样一个问题就够了，那就是在业务规则的原则及其对交易的限制问题上我们发现了法律、经济学、政治学、伦理学和现代行为心理学的相互关系，也发现了在抽象的个人主义和抽象的社会主义之间，以及其他个人的和社会的历史二元论之间的矛盾冲突中忽略了的因素。

我们千万不能认为业务规则是脱离实际行为而存在的某些外在的、一成不变的或强制性的东西。它们仅仅体现在行为、交易和态度之中，所谓态度是指准备朝着某一方向行动而不是朝着别的方向的行动。考虑到在解释这些规则时将要作出的预期的决定，因此预期的原则及其默认的信心或戒心使这些业务规则又能叫做行为准则。没有一个业务规则能以这种方式来叙述的，因此我们可以说它应该受到奉行或精确的解释。业务规则表明，有多少人在解释或奉行它，就有多少不同形式的相近的或细微的一致性，而

① 参见第8章。

且在这里可以看到一个原则性的差别，它使实用规则在即将产生的变化条件下逐步发生变化，从某一方面或另一方面来改变行为，使它从原先对业务规则的解释中解脱出来。换句话说，一个业务 141
规则是社会的过程而不是形而上的实体，它是行为、交易和态度的或多或少具有伸缩性的过程；但具有一种可以辨别的倾向；而且从思想上抽象出来并以书面形式对这个规则进行解释的正是这种倾向。作为这样一种东西，在发生争执时它充当了解决问题的指南和思想上的标准，而且正是这种在解决争执时所预期的趋势，通过预测就成为自愿选择的基础，以便避免纠纷并继续得到同一组织成员的认可，使人人都能遵循这种规则。

那些作出权威决定的人自然总是会反对把这些业务规则书面化和刊印以供大家参考。他们通常以为这些规则相当复杂和难懂，所以只有那些专家或经过长期学习而且在解释这些惯例的问题上富有经验的人才能了解。经过一场剧烈的斗争以后，罗马法的十二部法典才得以印刷出来。据说埃及的神父曾经提出过一种真理性的经济原则，作为他们拒绝发表他们享有解释权的那些业务规则。工商业者、银行家、金融家、政治家、劳工领袖及其他的人也持有相同的论调，因为他们害怕有人会滥用他们掌管的具有伸缩性的业务规则，有一些人则干脆认为除了他们自己之外，任何人**无权**顾问这些惯例的发表。但这些业务规则的印行，是非常有效的手段，可以使任何机构的统治权威能对其本身的行为负责，并使这个机构的成员能够确定他们能做什么、可以做什么、必须做什么和必须不做什么。随着那些被要求服从规则的人获得了充分的知识和力量，他们首先坚持公开发表这些规则，然后要求有权参加解

释规则，最后主张对在这些规则范围内所发生的争执应该由独立的司法机关进行裁决。有关这一发展过程我们从 17 世纪英格兰
142 工商业阶级的兴起时已经看到了，在嗣位法颁布时，这一发展达到了高潮，而且随着工人、俗人或所谓的“群众”在各种机构里上升到掌握有知识和力量的地位时，我们也几乎可以在任何工商业、宗教、文化或其他机构的历史上见到这样的发展过程。

由此我们可以看到，几乎在所有的机构或任何类型的机构中，业务规则的发展，都经过了四个阶段：第一阶段是无知和过于自信的阶段，在这一阶段内，权威可以独自隐瞒或者解释业务规则，百姓们出于信仰、忠诚或顺从接受了他们的解释而不加反对。第二阶段是怀疑和抗议的阶段，但是当这些规则被公开发表后，不满情绪也就平息下去了。第三个阶段是抗拒、反叛和坚持要求参与规则的修订和重订。第四个阶段是当纠纷发生时，要求由独立的司法机关对规则加以解释。

以上所说可以说是业务规则结构性的发展情况。但是也可能发生革命性的发展，如在希腊城邦和罗马帝国暴政情况下那样，以及以后在政治和工业方面的类似的独裁情况下那样把旧的业务规则全部推翻，代之以另外一套规则，这时就没有经过公开发表、参与修订或独立的司法解释这些阶段了。

第五章　运行中的机构 143

1. 政治、工业和文化机构的业务规则

法律书籍将“自然人”与“人为的人”(artificial person)区别了开来,前者是作为自然界的产物而存在的人,后者为个人的集成,只存在于“法律的意图”中。但在法律的意图中,自然人也是人为的,而且在法律上,人为的人与自然人一样也是自然的。每一种人都是人格化的,而且都是一个心理的过程。政府认为个人和由个人组成的团体,都存在于法律行为之前,或者不受法律行为的支配。政府认为这两种人实际上是不可分离的,因为一个人能从动物进化到人,他必须经历过与他人的多种形式的交往和在不同的程度上屈从于他人的意志和对他人强加权力。如果一个人只是活着而无权利,他就不是人而是物,任何人都可以在不侵犯对他的任何义务的情况下捕捉他、饲养他、占有他和杀害他。如果一个团体没有权利,它就得不到法律的保护,而且可以以阴谋活动为理由惩处它的成员。政府对每一团体所做的就是授予强加以权利、义务、自由、暴露,以使其人格化。而且,如果对一个团体采取这些措施就意味着创造一个法人,那么,对一个自然人采取同样的人为过

程，也同样是在创造一个人为的人。它是一个思想的过程，而思想就是“人为的”。儿童通过自然的过程成长为一个大人，但政府认为他是一个公民。即使对于一个外国人来说，政府给予他一定的公民权利和自由的时候，他就成了一个部分的公民。人可以以家庭、合伙关系、社会、工会、国家的形式组合起来，但法律把这种组合作为一个单位，它把许多归属于自然人的法律关系加在它们的身上。

一家公司并未被赋予一个自然人所有的一切权利，尤其它没
144 有被赋予所谓的不可剥夺的权利，这一点不足以把法人与自然人区别开来。自然人在属于他们的权利、自由、义务和暴露等方面所构成的身份地位极为不同；而且从某种意义上来说，一家公司的社会地位可能比个人高，因为它可以享有法定的永久所有权，也就是所谓的“永存”。此外，个人和公司的权利都不可剥夺的，在法律实施过程中他得到了权利，而且，只有在法院承认了实施时他们的权利才会生效；这些权利的存在是有条件的，也就是在实践某些交互的义务时才存在。对于双方来说，法院承认的实质是意志——个人的意志和联合的意志。政府个别地或集体地把若干权利、义务、自由和暴露加到他们身上去，这些就决定了意志活动的范围。

首席法官马歇尔，追随爱德华·科克爵士及 17、18 世纪的思想，将公司说成为“一个人为的人，它是看不见的，无形的，而且只存在于法律意图之中。因为它纯粹是由法律创造的，所以它只具特许创造的规章所给予的那些特征，有的是明文规定的，有的是通过它的存在而体现出的。……其中最重要的特征就是永存性，此外，可以容许这么说的话，那就是个性；许多人不断连续下去的特

征，可以被认为是同一个人的，而且，也可以作为一个单独的人的特征”。[1]

这里的无形或不可见性两个概念混合在一个概念里。“创立的规章”——公司章程——只不过是政府以业务规则的形式所作出的允诺和命令的集合，表明将来在涉及这个组织、组织的成员及非成员的问题时，政府官吏应该采取什么行动。就是官吏们的这些允诺和命令或业务规则，构成了公司的规章并决定这个组织的地位。这些都是由过去的官吏为它的行政机构、法院和立法机关制定的条例，以便在将来处理这一机构中成员的问题。

但与公务官吏的这种无形的允诺性行为相并行的，还有那种
完全可以看得见的，有形的，现存的人的实体的行为，它们构成了 145
后来渐渐为人所知的“运行中的机构”。一个共同的目的使它具有生命力，它受它自己制定的公共规则的管辖，我们把达到这种公共目的的集体行为称为“运行中的业务”。构成马歇尔定义的那种不可见的无形的人，就是这种集体意志的集体行为和根据它自己的业务规则所指明的源源而来的交易，也就是运行中的机构的业务。它不是一种人为的“法律的产物”（它在没有法律以前就已存在于其成员的意图和交易之中，因此它不仅存在于“法律的意图”中，也存在人的意志的根本天性中）。

个人的这种集体的无形的生命过程和政府的各职能机构的存在都总是不稳定的，而且这一切都在继续“人为地”指导有关个人

① 达特摩斯学院对伍达德的诉讼，案例编号：(4 Wheat)第 518、636 页(1819 年)。

并使他比较安全地存在下去。官吏通过允许有关个人采取一定的行动来实行指导，也就是给他们的私人行为定下一个范围，并给他们一个官吏可能提供援助的预期官吏的行为也是集体的和无形的行为。这两个无形的概念，就是指对公务官吏集体行为的许可的无形性，这是私人行为的权威化，同时也是机构本身的成员预期的集体行为的无形性。一方面是政府对公务官吏制定业务规则后许可的行为；另一方面是运行中的机构对它的雇员、代理人和职能机构制定业务规则后有意识的行为。

这两套业务规则把运行中的机构结合在一起，依靠这两套惯例，这个机构在把总收入在成员间分配的同时，也提供了一个共同获得总收入的期望。过去建立起来的业务关系，顾客的惠顾和商誉是这种预测的基础，而且只要业务规则继续存在下去，那么希望在将来把业务关系，顾客的惠顾和商誉不仅维持下去，而且还要加以扩大。如果这种希望落空了，那么，永存性就不复存在。在希望继续下去的时候，这家公司就是一个“运行中的机构”。因此，法律形式是次要的。这种机构可以是一个合伙经营的机构、协会、团体、公司和合作社。最重要的问题是可见的、有形的人的运行中的机构，它也具有由业务规则所维持的那种在当前和遥远的将来的
146 不可见的和无形的行为。当然与其他的个人有限责任相比，和在必须把他们结合在一起而没有许多法定的转让的情况下的个人成员的永久继续性相比，现代的公司形式具有明显的长处。

运行中的机构，不论是公的还是私的，不论是政府或公司，当然都是通过自然人行动的，而且为了采取行动，所以这些人都具有双重人格。一方面他们是官员、代理人、雇员，他们的个人意志融

合在集体意志之中；同时他们又是以其他身份行动的个人，或者是作为其他组织或机构的成员。例如，股东在一个机构里是委托人或雇主，但是在其他关系上他们又是其他机构的成员。虽然通常认为公司就是股东，这主要是从法律上来区别委托人、代理人和雇员。代理人和雇员分享公司的总收入，但是他们的份额都是特定的或者是预先规定的，委托人或股东对于余留部分有权提出要求，而且从法律上来看，他们的意志在一定限度内居于最高的地位。

但实际上作为一个经济制度，运行中的机构的意志也就是在行动中有决断权的所有个人和意志的组合。法律不一定总是真实地反映了现实生活。现实生活包括每一个人，甚至包括最起码的体力劳动者。由于有决断权，所以即使是体力劳动者也是可以依赖的，否则牲口、白痴或机器就可以做他的工作。他们把自己的意志融合在集体意志之中，所以在决定共同意志时，他们作出了不同程度的贡献。体力劳动者在上级指示或工场规则的指挥下行动，他在与物质性的力量方面发生关系的时候，他的决断权有一个范围，这时他的意志只能稍稍地改变总的结果。工头、监工、经理、推销员和购买者接触的是人，在与他们有关的业务规则的范围内，他们的决断权对于总的结果具有较大的影响。股东、债券持有者和银行家的影响有大有小，作用也颇为不同。

因此从主要顺从他人的意志而行动的体力劳动者起，一直到在较大范围内可以按本人意志行动的经理、股东、创办人、银行家或金融家，他们的行政性和任意性的行动意志是有等级的。所以集体的意志是所有参加者日复一日地按照组织的规则所进行的自 147

主行动的有组织的会合。这是一个有组织的群众运动。

但是集体意志也是受过去的参加者的行为的指导。建立起来的惯例、习俗、习惯、先例和工作方法流传下去成了业务规则，对目前的决断权起着限制作用。有约束力契约、非正式的协议、谅解、股东的决议，以当今的行为延续着过去的业务规则。公司的章程和债券持有者的合约，更进一步地束缚着现时和将来的意志行为。总的来说，一般的成文法、习惯法、法院判决等，总之，就是整个政府的业务规则，都渗透到公司的章程，委托人和代理人、雇主和雇员、股东、债券持有者、资助人、顾客的一切交易之中，所以政府的意志，或者更确切地是它的实用规则，使这种权利、义务、自由和暴露得以继续保存下去，在它的范围内下级机构制定了它的业务规则，它的集体行为能赖以进行。

因此我们所以把运行中的机构看作为具有复合意志的一个人，但是这种所谓的“意志”无非是这一机构的业务规则，它通过遵循这些规则的人的行为和交易体现了出来。因为每个运行中的机构的每种业务规则，都程度不同地包含着上面提到过的四个动词，以指导与规则有关的参加者。规则首先规定了每个人所必须或必须不做的事。所以它是这个机构的权威可以执行的强制规则或者说义务。

其次，规则又规定了这个人能够做的事，这也就是说，如果他做了这件事，这个机构的权力机关就会协助他实现他的行动。所以这又是一种命令的规则或权利，因为这个机构的权威会以其集体的权力帮助他强制其他的人顺从他的命令。

第三，规则又规定了他不能做的事，也就是说虽然并不禁止他去做这件事，但一旦由于他人的行为对他发生了损害，这个机构的权力机关不会去保护他。所以这又是一种非认可的或非协助性的规则，这也就是说，只要他的自由行动会为他带来损害或他人被允许的行动会为他带来损失，在这种情况下，他是处在**暴露**或危险的地位。

最后，业务规则又规定了什么是他**可以**做，虽然既没有人要求 148
他去做，负责当局也没有向他保证当他要求他人服从他的意志的时候提供帮助，但是这个机构将运用它的权力，使他人不致在他去做这件事的时候进行干涉。所以这又是一种允许的规则，也就是说他有按照他本人的意志去做的**自由**，而不受他人的干涉。

我们在前一章里对于业务规则的这四种行为方面的关系已经叙述过了。在这里我们只需指出，在关于任何一个运行中的机构的成员的行动与这一机构的整个同时发生的行动的关系问题上，它们构成了所有运行中的机构的所谓“集体意志”，而且它们适用于一切机构，不论它是家庭、部落、工商业或政府。由于承认机构的联合权力适用于他的行动，因此他们才提到什么是每一个成员可以、能够、不能、必须或必须不做的。他们把代表机构行动的权力（权利）交给了这个人；由于这个机构会阻止其他人进行干涉，所以他们把行动的自由给予了他。他们又对他为机构而行动的权力进行了限制，使他不致因超出限制而暴露在机构无能为力的危险面前，而且它们还以违犯规则时进行制裁这种处罚（义务）而规定他以特定的方向行为或不行为。

所以一个机构的业务规则必须允许每一个成员有一定决断权，包括有关规则所允许的认可（权利）和特免权（自由），这些受到实际上受到可供他利用的选择机会的限制。凡是一名雇员可以在两种做事的方法上进行自由选择，或一位代理人在两笔买卖上可以进行自由选择，或一名行政官吏、法官或立法工作者能够在两种行为间进行自由选择，这就等于他在建立整个机构的意志。在不确定的情况下，上一级的权威可以作出决定，而且最后还可以由最高级官员、董事长、董事会或最高法院作出决定，他们在实施或解释业务规则时，代表了有关的委托人、合伙人或股东的集体意志。不论这个集体意志是统治整个机构并使它富有特征的坚强个性，或者它代表了许多人的动摇或犹豫不定的意志，然而这个集体意志总是在许多意志的辅助下像一个坚强或犹豫、持久或短暂的单
149 独意志在行动着，活动着，每一个辅助意志都按照规则的指导在行动，因此，事实上这个机构就像自然人一样，享有权利和自由，或负有义务和暴露于他人的自由面前。

因此科克和马歇尔的观点认为，把个人联合起来并把他们当作一个单独的人来对待，这只是法律上的一种人为的便利，从而他们也认为这种团体组织只属于法律的虚构，完全忽略了意志的根本性质，好像意志是一个与其他原子毫无关系的原子。在许多不同的集体意志中，每一个人的意志是对其他意志的作用和反作用。国家所能做的就是按照它本身的规则决定各种限度，以约束各种意志共同作用的方式；它不能有效地联合它们，如果国家不顾到意志共同作用的固有方式，那么，即使它一心想成功地把它们联合起来，那也是办不到的。人们作为和代理人、机构的合作者和成员、立约人和受约人、债权人和债务人或者是领导者和被领导者，国家的作用无非是详细规定政府官吏在进行帮助，实行强制、暴露或允

许他们交易时所达到的程度。[①]

国家本身也只是许多运行中的机构中的一个，它的至高无上的业务规则只是较大的集体意志，而政府官吏的行为就是一种集体的行为。国家也有它的事务代理人，他们都享有小小的决断权，因此从法律上来说，他们只是“雇员”。国家也有它的裁决的代理人，即公务官吏，不论他们是行政官吏、立法工作者或法官，他们的集体选择都日复一日地决定着应该遵奉的政策。这些人具有双重的人格。他们是采取集体行动的官员、代理人和雇员，但他们也是作为其他身份的人或以其他运行中的机构的成员采取行动。在集体行动的时候，他们根据先例、习俗、司法意见、成文法，也许还按照构成国家的成文宪法的那种组织章程而行动，所有这一切集合起来就成为国家的业务规则。[②] 国家不等于“人民”，也不等于“公众”，它是过去和现在具有决断权的官吏掌握的业务规则，这些官吏从前和现在都握有法定的权力，在过去和现在在其他官吏所定的限度之内，实现他们的权力，并通过现在和将来的其他官吏和雇员的帮助，使他们的权力有效。

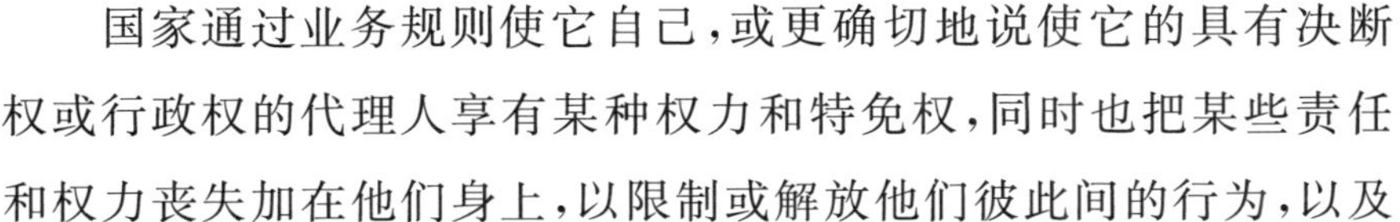

国家通过业务规则使它自己，或更确切地说使它的具有决断 150
权或行政权的代理人享有某种权力和特免权，同时也把某些责任和权力丧失加在他们身上，以限制或解放他们彼此间的行为，以及

① 参见 T. 贝蒂：“从思考的权利说到公司”，载《哈佛大学法律评论》，第 33 期，第 364 页（1920 年）。

② 参见 F. W. 梅特兰：“作为法人的王国政府”载《劳工季刊》，第 17 期，第 131 页（1901 年）；哈里森·穆尔，同上，第 351 页（1901 年）；W. 布朗，《奥斯汀的法律学说》，第 254 页起（1912 年）；H. J. 拉斯基：《统治权问题研究》（1917 年）。但是总的来说，这些作者留下的只是个实体的印象而不是一套业务规则。

限制或放松他们对于国家所认为的普通公民的那些人的行为。国家也是一个大范围的个人，是一个根据认可的规定活动的集体意志和运行中的机构，它像一家私营企业那样，要开展它的"运行中的业务"，所以它的官员处理人民的事务和其他国家的事务的集体行为就是"公共业务"。

根据这一理由，我们才把"国家"和"政府"与"社会"和"人民"区分开来。"国家"作为各种运行中的机构中的一个从人民中发展出来，因为它已经根据某些规则接管了暴力的权力，这就是统治权。另一方面，"政府"是指官吏和公民之间、同一国家或其他国家的官吏和其他官吏之间所进行的一系列交易关系。政府不是一种物，它是按照一定规则的工作过程。在构成这个过程的这些关系中，每一名公民或官吏都参与了暴力的控制。这正如"运行中的业务"，它无非就是一个运行中的机构的成员与其他机构的成员间在支配财富和贫困时所进行的一系列的交易，因此，政府是指它的官吏相互间以及官吏与公民之间在支配和平和暴力时的一种运行中的业务。这样我们就可以把"国家"和"政府"这两个名词交替地使用。国家是联合的个人的运行中的组织，而政府则是他们的运行中的业务。国家是享有统治权的人，政府是参与统治的人。

任何其他松散的或紧密的、临时的或持久的人的联合，只要作为一个单位进行活动的都是如此。家庭、教会和俱乐部也是运行中的机构，其成员之间的交易就是在其本身的业务规则的推动下所进行运行中的业务。

所以世界上有三种类型的人，即公民、私人机构和国家，通过授予的权利、特权、权力、特免权以及它们的对立面而得到了承认。

他们是人，因为他们或多或少都有自由意志，或更确切地说，他们是具有决断权的行动者，强加于他们的义务和暴露，指导、控制、妨碍或限制了他们的未来的行为，或者授予的权利和自由能为他们的未来行为提供报偿或解放。他们是人，因为根据权利和义务的
分配，他们有各自的特点和能力，他们的特点和能力可以得到保 151
护、帮助或抑制。他们有按比例配合进行交易的内在经济；他们在机会和力量方面存在着外在的联系；他们对于未来有所期望。公民是加入许多组织或为其成员的一个人，一方面他在与其他公民的交易中构成了他的人格、财产、自由和公民权；另一方面又决定了他在所有机构的运行中的业务中和国家的公共业务中的位置。

所以在17和18世纪把公司和国家视为仅存在于法律的意图中的人为产物的观念是颇有道理的。除非法院能从好的或坏的业务规则中作出选择，使好的规则能发生效力同时剔除坏惯例，不然的话国家的实用就很可能处于非法或阴谋的困境。马歇尔关于公司的定义是从科克那里抄来的，而科克按照共和政治时代习惯法律师的观点，认为公司只能依靠国王的特权的特许而存在和行动。它只有在国王的法院继续承认这种特许的统治权，并能由国王的行政官吏执行这种特许权利时，它才能继续存在下去。它只存在于“法律的意图”之中。他们对于国家和公共财富的观念也是这样。国家无非就是个人的总和，从集体的意义上来说，他们构成了一个抽象的实体，这就是“公体”或“普遍的意志”；而公共财富也只是所有私人财富的总和。

后来的经济学家们根据个人自由和个人作为社会单位的学

说，把国家也像公司一样分裂为人的单位和财富的单位，然后再把它们加起来构成一个整体，而且为了达到这一目的，他们只能依靠仅仅在思想意识上存在的抽象的实体，才能把它们结合在一起。从17世纪初叶的科克到同一世纪末叶的约翰·洛克的时代，从18世纪的卢梭和亚当·斯密再到19世纪的赫伯特·斯宾塞的时代，都遵循国家的个体主义观念，一方面只把它当作个人的总和，而在另一方面则又把它当作一个抽象的实体。而且到斯宾塞把这种形而上学的实体取消以后，他除了以生物有机体的比拟形式来代替这一实体外，他根本无法找到别的东西把各部分结合在一起。
152 这样一来集体意志完全不存在了，只有一个个人权利的抽象公式，它只会使个人分离开来，而只有生物的比拟才可以把他们结合在一起。然而真正能把他们结合起来的是他们本身的业务规则。

这种二元论是从17世纪自由和义务的矛盾中产生的。教会的神父、教皇、英国国教、国王特权的王室依附者，都一致认为，唯有依靠服从一个意志的原则，才能维持基督教世界的统一或国家的统一。[①] 国王的神权或教王的神权无非就是所有子民和信徒服从于一个单独意志的宗教性义务。[②] 即使像托马斯·霍布斯这样的反对崇拜偶像的人，虽然他破坏了宗教的实体，但是他仍旧像斯宾塞那样用一实体——巨兽利维坦来取代，他把公民当作巨兽的腿、臂和躯体的其他部分，而统治权是一个单独的意志，以恐惧的力量把他们联合在一起。哲学家康德把国家分解为个人的意志

① 参见W.H.弗里曼特尔：《世界济渡论》，1888年。

② 参见菲吉斯：《国王神权论》，1896年。

后，仍不得不以“终极王国”把所有的个人意志重新统一起来，结果就出现了普鲁士的君主专制制。[①] 在近代历史上，卡尔·马克思继承了这一思想体系，他取消了个人而从“社会劳动力”找到了社会的统一性，结果就得出了“无产阶级专政”的理论和创造了居于国王宝座上的列宁和托洛茨基的新的王室特权。

与此同时，从各法院实际受理的案件的判决中渐渐地产生运行中的机构的学说。人的心目中所存在的人为的实体学说帮助了这一学说的形成。自科克及其同时代的人起，开始以他们的“子民的自由”动摇了国王的神权，并动摇了公司和行会的垄断性，他们认为国王的官吏所赋予的特惠权是“垄断”的基础，所以这种实体把三个世纪以来的思想连接了起来。但是运行中的机构不仅是一种实体，而且是一种集体的行动；它是群众运动和群众心理；它是用以解决争端并使群众结合在一起以支持这种规则的那种业务规
则。为了公正地对待那些早已结合在一起的人，早已建立起业务， 153
承担了责任，建立了信贷制度的人和希望他们过去和现在的业务联系可以继续下去的人，有必要在解决争端的时候，决定哪些交易应该进行，哪些不应该进行，从而使这一理论在实际中得到贯彻。不能动摇这些希望，否则社会的整个结构就会垮掉。法院和立法机关发现这些希望存在于个人的习惯性交易上，他们承认了这些交易，然后核定了这些交易，使其权威化，让业务规则得到保障。核定是新的希望的基础，而存在于人们交易中的根本性质也就逐渐在“法律的意图”上占了一席之地。

① 参见 H. 霍夫汀：《现代哲学史》第 2 卷，第 108 页（1900 年）。

2. 能力和机会

我们已经看到，由于业务规则的变更而扩大了财产的概念，使它从有形的东西的所有权扩大到职业、专业、行业甚至个人劳动的所有权；而且自由的概念也从个人的自由扩大到了经济上的自由。我们已经知道在选择机会，或在两种不同程度的经济力量之间的选择包含了自由的内容。我们也注意到了资产或预期的两个含义，我们把它们区分为资产可以得到价值的两种不同意义的预期。一个是部分机会，另一个是全部机会。部分机会是指正在不断从事的全部机会中的一个机会，也就对一项单一交易或一系列的一再发生的交易的期望。经过资本化以后，它就是一个独立的资产，它所指望的预期，就是我们所讨论的资产在商品市场证券市场进行的一次交易或一系列的交易。它就是一种预期的卖出、买进、契约、单独一次或连续多次的交易，这对于实现全部机会的目的是必不可少的。它是全部机会中的一部分机会。

但是全部机会是指对一段时期内的比例分配活动的预期，希望从部分机会的来去中获得一个净收入。我们发现法官心目中的“专业”、“职业”、“行业”或甚至“劳动”与全部机会是同一个东西，它也等同于一个运行中的机构或一个具体职业。

但是法官所用的术语可以理解为业务，也可理解为具体的职业，这在工人同时也是商人的工业史阶段上是不可避免的。在屠宰厂案件中的屠宰商显然是些小屠宰商，他们拥有的是他们开展
154 业务的物质财产，他们自己参与劳动，也雇用雇工，他们购买原料

并销售产品;因而“职业”、“行业”、“专业”及“劳动”等术语,既包括商人或雇主的商业买卖行为,也包括在商人或雇主指导下生产一种产品或为工资而劳动的劳动行为。把这样的分析再推而广之,就像工商业机构的发展,以及为东家和代理人、主人和仆人、雇主和雇工的法律所承认的那样,我们可以把买卖交易称作“业务”,把雇工或代理人的行为称为“具体职业”(job)或“职位”(position)。

不论业务也好,具体职业也好,在他们的本身范围内都是一个机会的总和机会,而且“职业”这一词似乎适用于上述的每一种情况。“职业”(occupation)就是被“占有”(occupied)的意思,也是为本身有好处的而“取得并固守”的某种东西。在罗马法中是原来适用于物质的东西,如土地或动产,这些东西是在军事征服中发现并获得的从而被“占有”了,后来这个词的意义又扩大了,它指为个人自己使用而保有的任何无形的或无形体的东西,而且相当自然地当一个人准备从事于一个行业、职业或业务的时候,职业这一个词的含义也自然地又扩大了,虽然现在所指的这种东西只是他自己所从事的一种业务,于一种具体的职业,或充任一个职位的职能、能力或才能。

然而法院的上述意见,可以大致分为“运行中的业务”和“意图中的业务”。那些原来“早就从事”屠宰厂案件中所禁止的那种生计的人,所从事的是“运行中的业务”。他们早已占有了全部机会,所以抑制他们就等于剥夺了他们继续开展这种业务的权利。他们的业务是一种威力巨大的财产,充满了职业这个词原有的“占有”意义,因为这是一个被占有的全部机会,因此在开展业务的时候不需要附加的自由权利。为了开展作为一个整体的业务,也就是为了“继续开展业务”，他们在选择部分机会和开展必需的交易时的那种自由也被剥夺了，从这个意义上来说，他们也“同样”地被剥夺了自由。

对于“*意图中的*”业务或具体职业就不一样了。这里我们所说
155 的这个人，据说有的实质上就是他所掌握的本领、能力或才能。我们刚才说过，法官使用的“职业”这一个名词也包括这种财产，但现在所包括的是一种更为个人化的意义，即准备从事的“专业”、“行业”或“职业”，或甚至单单指劳动的“能力”，而不指实际从事这种职业。

在这里我们看到财产和自由的含义的更进一步扩大。“劳动”也是财产。所谓“劳动”当然并非专指体力劳动，而指从事于一种业务或担任一项工作或职务时所必须具备的本领。詹姆斯·穆勒曾经说过在创造财富的过程中人类所做的全部事情是“推动”物质东西，而其余的工作则由大自然去完成。包括卡尔·马克思在内的其他人，更进一步提出了有关劳动的三个方面的问题——“体力劳动、脑力劳动和管理劳动”。这三个方面也许可以更恰当地分为体力的、脑力的和管理的能力，通过直接的物质性的接触或努力去推动事物和人，甚至推动本身。由于在预测或推想行为的结果时能看得比较远或更全面，所以脑力是指在推动事物和人的时候所发挥的长的杠杆作用；假如把经营管理能力与这些区分开来的话，那么，经营管理能力是指促使他人推动事物的能力，这通常是通过允诺、警告或威胁等情感力量来实现的，在社会心理学上这些可以归纳为说服或逼迫、命令和服从。

体力、脑力和管理能力相互是有联系的，但是它们也是独立的

变数，因为各人在这方面的天赋或后来培养的能力的配合程度的差异很大。然而不管这三者是怎样配合的，我们可以把它们看作为人推动事物和人的独一无二的能力，反过来它们又能推动其他事物和人。这样，它们就成为可能控制自身的个人意志，准备或期待着去推动事物或人，但是还没有实质性地作出推动。

我们说“劳动”是财产，或者说一个人的“行业”、“专业”或“专门职业”，或甚至“普通职业”（准备从事的某一职业）都是财产，那么上面的分析似乎把财产的含义更扩大了。一个人所拥有的东西
是指融合在体内的体力、管理和经营能力与构成预期使用他的身 156
体的这些能力；而且，一个人拥有的这种能力是属于更内在的、更不可思议的、更持久的和更重要的东西，这就是人的本身、人的意志。

所以说财产的含义应该从物质的东西推到机会，再推到利用这种机会的能力，而且在人的内心深处，财产就是自由，这么说并不仅仅是一个形象比喻问题。实际上这完全是承认原来已经知道和感觉到的东西的问题，也就是说在物、机会甚至能力的背后还有人格的主要部分——意志的问题，意志在实现本身的目的的时候，对它们加以使用和配合。

然而在认识到以后，应该使它们保持区别和特性，关于这一点只要能使用适当的术语就可以做到。财产（不同于财产的权利）有两个方面的意思，即能力和机会，而把这二者联系起来的就是行为或交易。财产不是物质性的东西，而是一个人在能力与周围环境间必须建立起来的那种关系。他的能力是指他的劳动力，或更确切地说就是他的人力，他的体力、脑力和管理能力。人的本身是指

人的意志力，人的人格，人以他的意志力在行动和交易过程中对机会进行选择，克服阻力，顺从上级的权力，把他的能力和机会按比例配合起来，以期达到远至将来，并预料按照他的力量、机会和性格，实现他在当时所能产生的据认为在支出和收入方面的最大经济目的。这样，财产就变成为了准备占有机会的人的能力。

刚才所提出的关系表现在两个方面，一个是意图中的关系，另一个是实际的或实现了的关系。大致地说，意图中的或料想一类的机会，总是以能力的准备形式表现出来的，我们且不管这种准备是出于本身或同伴的还是上级的理智的或偶然的努力。一般地说，“教育”这一词包括本人和他人适应意图中的机会的那种行为。但实际的或实现了的机会是指具有各种交易的全部机会，这就是
157 运行中的业务、实际的工作或占有的职位。

因此财产与财产的**权利**是不能分离的。就像我们所看到的那样，“权利”这一个词，除非作为交互的权利、义务、自由和暴露讲外，就无法对它下一个定义。每一个所谓的权利都包含着这几个方面。因此所谓的“自由的权利”就是指在推动事物和人或促使他人去推动事物和人时，没有强制、抑制或义务。当然取得自由对于通过行动和交易的媒介把财产的两个方面，即能力和意图中的营业或工作是必不可少的。在对部分机会，即构成全部机会或运行中的营业或实际工作的千千万万个交易进行选择时，这种自由也是必不可少的。

但是既然对方也有交互的自由，因此工作的“权利”就暴露于他们否定这种权利的自由面前。而且既然对方也有交互的权利，因此这种对于工作的权利，还会受到在实现这种权利时的交互义

务的阻碍。当然，可以利用或可以实际占有的机会也同样是必要的。没有运行中的业务的业务能力，没有工作的劳动力都是没有价值的。

3. 资产和负债

由于财产的概念已从物扩大到物的交换价值，因此财产的**权利**，也从买入、使用和卖出物的权利扩大到买卖物的交换价值的权利。这种对物的交换价值的权利就叫做“无形财产”，用商业术语来说就是“资产”。

通常认为交换价值只是买卖的物的交换比率，那么交换价值又怎么能成为拥有的东西并因而也成为财产呢？一个人可以拥有交换比率吗？交换比率是财产吗？在交换比率上有财产权吗？

这一自相矛盾的论点在时间的推移中能得到解决。作为财产的东西，不是现时的交换比率，而是对于未来交换比率的一种现时权利。现时的交换价值，实际上是“自由”买卖财产的结果。但是对于未来交换比率的**权利**却是现时的财产，也就是对物的未来交换价值的现时“权益”，而这个物也是可以买卖的，并且有现时交换价值。因此，成为私有财产的当然就不是这个**比率**，私有财产是指
用现在所拥有的东西能在将来换到其他货物的权利。这是一种对 158
于这种东西的预期购买力的权利，而且这种权利现在就有，对它可以进行买卖，这种权利就是一种财产。

就是这种矛盾的论点使麦克利奥德不同意把商品和感觉作为

经济学的主体，他主张只有权利是可以买卖的。[1] 这一矛盾论点使他用两种计算方法来对待同一个东西，一个是把它看作为东西的交换价值的权利，另一个是把它看作为得到这一个东西的未来所得的权利。这也是类似于某种形式的重复课税的谬误，例如已经对土地按市场价值课了税，而又按土地的市场价值对以这块土地作保的借据和抵押再课一次税。也就是这个矛盾的论点使卡尔·马克思创造了资本剥削劳动的理论。劳动者生产了物质性的东西，但是资本家却占有了它的交换价值，交换价值又如何产生财富呢？

马克思在他的许多疏漏中，有一个疏漏是他没有估计到时间的预期的移动。他像其他物质经济学家那样，以为价值是过去以来所积累的劳动。但价值是属于未来的。对于价值的所有权是指对于东西的预期的交换价值的现时权利，正是这种权利才有现时交换价值。

这也是工商业者对于他的财产和资本的见解。当法院从物的所有权转变到对物的预期购买力的所有权时，法院是遵循着工商业的惯例的。一个厂商的"资产和债务"只是其财产和债务在预期市场上的现时估计的交换价值而已。财产是能够买卖的任何东西。资产是可以在将来出卖的东西的现时交换价值，或者是他的产品可以在将来的现时交换价值，而债务则是他人的现时资产。

"资产"也就是无形财产，包括可以出卖的每一种东西。它包括物质商品，如土地和建筑物、厂房和设备、原材料和投入品。它

[1] H. D. 麦克利奥德：《经济学概论》，第1卷，第153页（1881年）。

包括手头的现款和银行的存款。它包括正在履行的契约、应收的账款、其他公司的股票和债券、专利权、版权、商标，甚至包括企业的商誉。债务是指属于他人的资产。债务不仅包括反对把自己的资产用于将来支付的要求权，而且也包括对资产进行扣除的一切可能性。它们包括债券和抵押借款、应付票据、应付的薪金和工 159
资、应付的税款、属于股东的股本，甚至包括可能减少资产价值的那种预期的营业风险。

有几个问题是值得注意的。资产和债务是经过加减就可以得出的资产净额的各个项目，而且依据两个不同的市场对这些资产和债务进行估值。两个市场中的每一个市场，都是指未来的市场，不论它是近期的或远期的。一个市场是指不动产、机器和其他物质产品的各种预期商品市场。另一个市场是指预期的“货币市场”，或者更确切地说，是指债务市场，在这个市场上，可以买卖包括债权人和债务人的关系，如期票、银行存款、债券和股票等在内的无形体的财产。这些市场颇为不同。商品市场的活动遍及每一家商店、工厂、每一条铁路线、每一家戏院、仓库等等，在这里进行的是商品和劳务的买卖、储藏和扩大。货币市场的活动则主要集中在商业银行，在这里允许对议定的商品的**价格**进行买卖、保证和转让。货币市场重复或反映了商品市场所能获得的价格，而且就是由于这一点才产生了麦克利奥德所持的和把同一东西重复作两次计算的流行的谬误，一次是在商品市场上，另一次在货币市场上。但就工商业者的观点而言，不管是在预期的商品市场上或预期的货币市场上，所有的市场价值都是资产。

还有一种，在商品和债款之间享有特殊地位的第三种资产，这

就是“无形”财产的一种特殊例子，包括专利权、版权、商誉、营业信誉、好的信用、继续营业的权利，商店牌号、进入劳动力市场的权利，进入商品市场和货币市场的权利等等，所有这一切都有一个以买进和卖出、借入和借出、雇进和解雇等预期交易为基础的现时价值。它们的价值实际上就是**交换价值**本身，也正是卡尔·马克思在把资本家视为交换价值的占有者时所考虑的东西。就是这些进入市场的权利以“自由”的名义反映在屠宰厂案件和阿尔热耶案件上，而且现在我们所称的“无形财产”就是这些自由的权利，它不同于“无形体”的财产。“无形体”的财产是指债务，“有形体的”或“有形的”财产是指物质的东西，而“无形的”财产是指东西和债务的交换价值。

160 这第三类资产也就是无形财产，对于另一个值得注意的区别也有重要的意义，这就是资产在商品和货币市场所分别决定的价值与作为一个单位的运行中的机构作为一个单位的价值的区别。如果一家商行破产，并已交托于清理人或以其他方式进行清理，所有的资产均要分别出卖，而且每种都在商品或货币市场上每一资产都有它的“已实现的”市场价值，这可能不同于它们的预期交换价值，即通常所谓的“账面价值”。但是如果这家商行是一个“运行中的机构”，那么，它不是作为一个单位进行买卖，就是把它的股票和债券作为整个预期所得的份额进行买卖。只有**运行中的机构**才具有有价值的“商誉”或“良好信用”，因此这是一种特别的无形资产。

可以从运行中的业务里单独买进或卖出的无形财产或资产与更加普遍的资产、即作为一个整体的运行中的机构本身的商誉的区别，要求在资产的所有权方面加以区别。一家公司可以拥有另一家公司的股票和债券。对于第一个公司来说，这些股票和债券是无形的财产或者资产，它们在货币市场或投资市场上具有现时的交换价值。但是对于第二个公司而言，它本身作为一个单位不同于它的股东和债券持有者，它们都是债务；作为债务，它们是债券所有者和股东对于一旦确定的公司全部预期净收入的权利。

现在第二家公司的预期净收入可能很，以致它的股票和债券的全部价值超过了它的有形的、无形体的和无形的资产在分别出卖时所能获得的总值。这些额外的价值用什么方法来说明呢？它可以用不增资而增加股额和提高债券的价格等方法来解释。但是既然股票和债券是公司的债务，公司就应该在账目的另一边表示出相等于股票和债券的膨胀的一个数额。这可以用两种方法中的任何一种来进行，不是提高其他资产的价值，就是加进商誉的项目或按照其他资产总值与已发行的股票和债券的差额计算价值的类似的无形资产。但是商誉这一个项目是一种特殊的无形资产，事实上它是以净收入的继续存在为基础的，因此，它也许不宜作为 161
资产记在账上。[①] 所以它通常被其他资产的定价过高而掩盖起来。不过无论如何，不管它是否出现在账面上，正是作为一个整体的运行中的机构的净收入的无形预期，决定了它的股票和债券在市场上的总价值。如果这个机构没有这样一种预期的净收入，它的股票和债券的总值甚至会低于其他资产的价值，在这种情况之下，这机构就陷入了破产的境地，而其他资产也许不得不在市场上

① 参见 P. J. 埃斯奎雷：《实用会计原理》，第 244—250 页（1917 年）。

分别出卖以得到现金。因此正是这种无形的资产和以预期业务净收入为基础的运行中的机构的商誉，才在这一机构的股票和债券进行买卖时也可以进行买卖。它们无非就是对预期的营业净收入的要求权。

因此关于资产问题我们得出了两个重叠的概念。一个概念是指一个机构所拥有的有形的、无形的和非无形体的资产，另一个概念是指股东和债券持有者对于总的预期业务净收入的要求。但是即使这种预期的业务净收入也只不过是作为一个整体的这个机构所得到的总收入的剩余部分。这些总收入是逐日得到的，然后在不同的时期变成这一机构内的每一名成员的总收入。它以工资的形式成为机构的每一名雇员的总收入，以薪金的形式成为每一名代理人和经理的总收入，以利息的形式和本金的形式成为偿付给债券持有者和其他债权人的总收入，又以股息的形式成为股东的总收入。他们全无例外地只能要求从总收入中得到一个份额。对于这个作为一个单位的运行中的业务来说，他们每个人都是债权人，而同样作为一个单位的运行中的业务是他们的债务人。即使股东作为个人来说，并不拥有这个业务的个别资产、所有土地、房屋和无形资产，在没有把它们分配于参与者以抵偿这机构的债务以前，均属于这个共同的单位。

这个机构在营业上的预期净收入在减去债务的利息以后均属于股东所有，但是这并不能足以说明这个运行中的机构只是属于业主存在的，而不属于职工、代理人、债券持有者及其他投资者。
162 股东只能享有总收入的剩余部分，而其他人，首先是工资收入者都是属于享有优先权的人。所以商誉不仅是股东的，也是所有参加

这一机构的人的商誉，它使这些人集体地和个别地共同获得一个总的收入。股东拥有剩余的商誉，因为其他人在股东得到他们的那一部分以前，早已得到了由他们的共同商誉而创造的总收入中的部分收入。商誉的价值与运行中的机构的价值联系在一起，但是商誉的价值如果有的话，只是剩余的商誉价值才能被资本化，并且以股东所持有的股票的价值的形式表现出来。

因此这种属于股东所有的机构的净收入仅仅是企业总收入的一部分，而且从经济角度来看，它与其他部分没有什么差别。它们都是部分与整体的关系。这个机构和它的参加者都可以分别买进和卖出这些部分。总收入作为一个总体来说，存在于买卖各部分的交易之中。由于预期的总收入只是预期的有利可图的各部分的买卖交易，这种交易构成了获得总收入的行动过程，所以我们打算把这种交易称之为运行中的机构的运行中的业务。运行中的机构“拥有”运行中的业务，换句话说，它通过进入市场的手段，拥有继续营业的自由，它能“占有”总收入，也就是说，它的董事会有权获得、使用并处置那些总收入。但是一旦当总收入按照优先程序被分配以后、由董事会决定的剩余净收入就不再是这个机构的资产，而变成了这个机构对它的股东的债务。

所以运行中的机构拥有两种类型的资产，一种是物质的、无形体的和无形的资产，这些都是总资产中的各部分 ，另一种是它的运行中的业务，这无非是各部分的买卖和分配给各参加者的一切预期的交易。不管资产多大或多小，所有各部分资产加起来都相等于总资产，因为属于股东的剩余部分仅仅是其他部分的总和与整个机构的总收入的差额部分。而且正是这个作为一个整体的预期总收入构成了机构的“基本生命”，与其他一切物质资产相比，它具有“无可比拟的效力”。[①]

163 不论是分别对待所有的全部资产，或把它作为运行中的业务来看待，这种资产都有一个共同的基本特点，即它们都是在预期的商品和货币市场上对预期交换价值的现时权利。而且，既然预期交换价值就是它们在交换时对一定数量的其他物品的支配力量，那么资产实质上也就是现在所拥有或使用的预期购买力的现时价值。所以交换价值的所有权不仅仅是一个单纯的交换比率的所有权问题，它也是预期购买力的所有权，而购买力中，每一个预期的交换比率都是衡量力量程度的手段。

除非企业的主管部门准备到市场上去积极从事买卖的交易，否则，即使这样的预期购买力也仍然是没有意义的。因此财产的含义从资产的经营意义上来说，是指通过在商品市场和货币市场上的**预期交易**，从**物**移转到物的**预期购买力**上去了。而资本的含义指通过作为商品和货币市场上的预期的议价能力而可以利用的购买力，从物质的东西转变到即将获得的那种预期利益的现时价值。由此我们就有四个不同的概念涉及财产和自由含义上所发生的变化：

第一个就是**物质经济学家**称作商品或资本的物质性东西的概念，它们是以过去积累的劳动为基础的。但是由于在现代经济学中，这只是一个过程而不是一种东西，因此我们把它叫做运行中的工厂。[②]

---

① 参见 P. J. 埃斯奎雷，第 2 章，第 18 页。

② 参见本章第 6 节。

第二个是资产和债务概念，也就是以未来为基础的商品和证券的无形的一方面，并包括预期市场上的销售或净收入预期，工商业者和某些现代经济学家把这些称之为资本、资本化或价值。

第三个是货币预期的支出和收入概念，也就是在预期的商品市场和证券市场上，产生利润损失或净收入购买力或获得力，会计师把这些都登在账上，在任何时候这些也都以资产和债务的形式反映在资产负债表上。

第四个是买卖、借贷、雇用、辞退、租赁、偿债和收回债款等一
切未来交易的预期综合概念，它与商誉、专利权、其他市场机会和 164
债务清理等共同构成了运行中的机构的预期活动。这一系列的交易就是运行中的业务，它与运行中的工厂一起，从衡量资产和债务以及过去生产的物质商品增殖的现在的那一个时刻，进入到发生预期收入和预期支出的未来时刻。

这四个概念与物、对物的估价及物所以有价格那样，牢牢地结合在一起。东西是指能够买卖的任何东西；资产和债务是对它们的估价，也就是它们的资本化或以它们为基础的预期；在对它们估价时把它们估定为一定价值的理由，在于依靠它们可以获得作为收入的其他预期的东西，或作为由于它们而可以放弃作为支出的其他预期的东西，以及预期的交易，依靠它们可以获得或放弃其他东西。

财产和自由的这四个含义是资本主义的不可分割的属性，我们通常将它们区分为：

(1)运行中的工厂，它获得、生产和处置商品和资源。

(2)预期的事物，即资产和债务、资本化或现时价值。

(3)购买力,即占有力、业务资源或价格。

(4)运行中的业务,即交易和议价能力。

为了某种目的这四个含义可以合并成两个:预期和预期的事物。预期是指现时的资产和债务;预期的事物是指在交换中所预期的东西,也就是预期的购买力和议价能力。如果我们注意的话,我们可以看到,预期和预期的事物之间的区别非常相似于欧文·费雪对于资本和收入所作的区别。不过当他提到资本作为相等于资本化的资本“基金”的时候,我们指的不是“基金”而是预期、资产和债务或资本化,而当他从会计师的观点出发,提到以货币形式的净收入的预期流入时,我们却从法律和工商业者的观点出发,指出这是预期的事物,它包含在决定总支出、总收入和净收入的运行中的业务的预期交易之中。

财产的含义从物转变到了作为资产和债务的物,这样的转变
165 也等于是习惯法或从完全供个人使用的物质性东西的封建法律的含义转变到财产作为个人营业上所能利用的购买力、交换价值、占有力或价格的商法含义。这就是资本和资本化、物和资产、拥有的物和寄存于物的所有权之中的占有力、使用价值和交换价值、财产和力量之间的区别。前者是物,后者为物的购买力。但是购买力并不仅仅是被动的流动和流入,而是主动的,在意志力支配下的收入的占有。它是带来购买力的交易过程,而交易过程就是运行中的业务。因此财产含义的转化,是指从物的财产转变到在物的获得、持有、扩大和销售方面的财产和自由的含义,而且就像在阿尔热耶一案上所表明的那样,这些都是“第十四次修正案所保证的自由和财产权利的主要部分”。

4. 估值、分摊、归算

我们发现，交换比率就是对力量程度的衡量，因为它是与一个交易中随同产生的实际成本或支出与实际价值或收益的比较。在这种情况下的交易发生在两个相对的人即卖主和买主之间。

然而在业务中的每一个人**既**是买主**也**是卖主。他的净收入是从同一商品从最初的生产者到最后的消费者的至少**两个**交易中得来的。作为买主，他的支出意味着他减少了资产；作为卖主，他的收入意味着增加了他的资产。所以他的购买力的净收入意味着他的资产增加了，衡量的标准是他的货币支出和货币收入的差额。我们可以把这种差额叫做**利润比率**。他为买某一件物品付给卖主 1.50 美元，而在卖给消费者的时候卖 2.50 美元。他的资产净增为 1.00 美元，这两次交易中的利润比率为 1.00 美元对 1.50 美元之比，或 1 对 $1\frac{1}{2}$ 之比，或利润为 $66\frac{2}{3}\%$。

这样一对交易当然可以重复发生，从而成为同样交易的无限 166
度的**流转**。这种净收入也就成了一种**业务的净收入**，为方便起见我们可以把它分割为若干时间单位，譬如以一年为单位，在一段时期内，它受到业务总支出和业务总收入的差额的支配。在同样交易的流程中，利润的比率始终是一样的。譬如一年的业务费用是 150,000 美元，业务收入是 250,000 美元，纯收入为 100,000 美元，而**利润比率**同样是 $66\frac{2}{3}\%$。

以上关于利润比率的问题，在任何企业里都有一定的适用性，理由如下。首先它指的是相同交易的流程，而不是比例交易的流程；而且它是一个业务问题，而不是资本化的问题。后者所表明的是利润率而不是利润比率。所以区别立刻可以觉察出来。

一个运行中的机构的业务当然不是同样交易的流程，而是许多限制因素和补充因素的不断按比例的配合和再配合，这就是卡尔·马克思所说的资本的"有机构成"。经理人员并不是买卖单个商品，他所做的工作是在工人和许多种类和价格的原料问题上按比例地安排支出，使他的销售能适应各类买主的需要。因此作为一个业务的问题，业务收入和业务支出之间的比率是一个重要的问题，因为一个向下的趋势就是一种危险的警告，而向上的趋势说明他的政策得到了肯定。假设价格照旧不变，这种警告就会使我们对各种因素可能发生的比例失调加以注意，这种失调就是浪费，而向上的趋势则表明他已经达到较好的比例配合，这就是经济。最好的比例配合（在市场照旧的情况下）可以获得最大化的净收入，而最坏的比例配合则会消灭这种净收入。

不管业务净收入是什么，它总是通过资本化的程序从利润的比率换算成利润率。假定在上面所提到的每年 100,000 美元的业务净收入预计可以延续到将来，那么，那种业务净收入就可以与任何一种物质性的财产一样进行买卖。它不是物质性的财产，而是一个运行中的业务预期的扩张和经济。为数相当少的物质性财产也许与这种净收入有关，就像一家律师事务所的商誉那样。在资本化的过程中实际买卖的东西不论是少还是多，它总是对一个运行中的业务的预期机会、力量和经济的预期控制。

假定上述 100,000 美元的净收入，预计能无限地延续到将来，

那么，为了这个运行中的业务的买卖目的它就被资本化了。这种 167
过程是大家所熟悉的和很简单的。预期的事物变成了“资产”。卖出和买进的就是金钱上的净收入在现时的预期。对于这种演变可以用两种方便而任意的方法来进行衡量。一种是说它的现时价值作为资产就是它每年价值的倍数，每年的价值是每年业务收入的净额。如果认为它的现时价值是每年价值的 10 倍，也就是“相等于 10 年收入的买价”，那么，这一机构的总资产或资本化，就是 1,000,000 美元。如果认为它的现时价值相等于 20 年收入的买价，那么它的总资产为 2,000,000 美元。或者我们也可以这样说，在 10 年买价的时候，它的业务是按 10%的利率资本化的，而在 20 年买价的时候，是按 5%的利率资本化的。

这两种说明的意思是一样的。但是第一种是以算术的总和来说明的，也就是在整个预期的时期内，所有对资产的预期增加数在现时的相加。第二种是以每年的利润率来说明的，也就是资产的预期增加数在一年的任何单位时间内的倍数。这两个方法是完全相反的。一个是收入的预期，另一个是收入的本身，即预期的事物。如果购买者支付每年价值的 10 倍之数，那么，他每年所预期的利润率就是他所付数额的 1/10 或 10%。如果他付了 20 年的买价，那么，他的预期利润率就是 1/20 或资本化价值的 5%。他实际上所买进的就是一个预期的净收入，一方面是作为若干个预期年收入的总和来计算的，另一方面是作为年收入中的一个收入对总和的比率来计算的。由于比率既涉及数量的计算也涉及时间的计算，因此我们就完全可以把它称为利润率，于是利润率就可以被用来计算任何时期的利润数额。

上面的例子相当概括地说明了在资本化过程中所发生的事情，但是由此而得出的结论却被资本和财产的两个不同的物质性概念掩盖了起来。这两个概念都把资本看作为似乎是预先决定了的某种固定的东西，仿佛像我们旁边的房屋和土地那样根深蒂固。例如，J. B. 克拉克认为资本是一种“价值的基金”，它从一个目的
168 物转移到另一目的物，但永远是一种预先决定的实质的实体；而利息（或利润）是这一基金的一个依赖于基金所能赚得的利润数额的分数。[①] 但是如果利润是资本数额的一个分数，那么，资本就只是利润数额的倍数。如上所述，假如利润率为10%，利润的数额为100,000美元，那么，资本的数额就是100,000美元的10倍，或1,000,000美元。如果利润率为5%，而利润的数额还是100,000美元，那么，资本的数额就是2,000,000美元。所谓资本的“基金”，并不是基金而是一个预期，而且实际决定价值的并不是预先决定了的资本“基金”，而是预期的未来议价能力。克拉克笔下的“资本”，实际上是资产，或者是对物的收入的预期，而不是物质性东西的本身，他的“资本”不像河流那样从过去流出来的，又像“基金”那样积聚在“储存器”中；他的“资本”是在商品市场和货币市场上所预期的机会和力量的现时价值。这种物质性的东西诚然是从过去流出来的，而且在现在已经得到了增长，但除非从它们身上能预期到未来的经济机会和力量，不然它们就不是业务的资产。

欧文·费雪从另一方面充分地证明了“基金”是预期净收入的现时价值这种论点，但是他把财产作为财产所有者为自己使用而

---

① J. B. 克拉克：《财富的分配》，第119页（1908年版）。

占有的物质性的东西，这种原始观念使他误入了歧途，结果他把那种收入的来源归属于物质性的东西。而且由于这种物质性的东西就是顾客，于是他就得到一个逻辑的结论，他认为工商业者拥有他的顾客。[①] 凡勃伦从物质性东西的所有权出发也得出了同样结论，结果他就把工商业者作为雇员的拥有者。[②] 但是现代的资本不是物质意义上的资本，而是行为主义意义上的资本。这种行为就是在商品市场和货币市场上的预期交易。它不是有形体的财产，而是无形体的和无形的财产。它的名称就是“资产”，是物的交换价值，而且资产不是从物质性的东西而是从在与别人开展的预期的有利交易中得来的预期增加的收入，而非任何人可以占有的。

那么，物质性的东西，如土地、房屋、机器和原料，究竟变成了
什么东西呢，看起来它们正是财富、资本和财产的主体吗？我们必 169
须把所有权资格和所有权的实质区别开来。如果我拥有一笔财产，而别人拥有这笔财产的收入，那么，我所有的是一个空荡荡的口袋，而他得到的却是真的财产。物不是实质性的，预期的行为是实质性的。现代的工业已经很快地使它自己适应于这种明显的区别。公司的股票和债券并不是物质性财产所有权的标志，而是预期净收入的剩余份额的标志。公司本身已成为一个复合的人，而且就是这个人为的人实际拥有物质性的东西（资格），而剩余的净收入（实质性东西）作为在商品市场和货币市场上的购买力，按照

① 费雪：《资本和收入的性质》，第5、67、68页（1906年）。另见J. R. 康芒斯：“政治经济学与工商经济学”，载《经济学季刊》第22期，第120页（1907年）。

② 索尔斯坦·凡勃伦：《企业论》，第18页（1904年）；《科学在现代文明中的地位》，第339页起。

预先商定的分配方案配给债券持有者和股东。股票和债券是对公司的债权，在职工、材料供给者以及其他人都吸收了这种业务支出以后，按先后排定的程序它们吸收这家公司全部预期的“业务净收入”。

如果就上面的说明，我们假定净收入为100,000美元，我们把它分成两个部分，其中债券持有者享有得到20,000美元的优先权，股东的剩余所得为80,000美元，那么，净收入的总的现时价值或资本化价值，也同样在这两个债权人之间进行分配。如果将5%资本化，或作为20年的买价，债券持有者的20,000美元的年份额就可以值到400,000美元，如果总价值为1,000,000美元，则股东的份额就是剩下来的600,000美元；或如果总价值为2,000,000美元，则股东的余额为1,600,000美元。

非公司性的其他企业的安排大同小异。抵押权就是对农场净收入的优先债权，所以农民对所有权的资格只能值到那个余额的价值，这个余额在美国称为“衡平权”。抵押者和受押者在他们之间分配净收入，而这个农场的现时总值只是抵押权价值和衡平权价值的总和。

在这里，众所周知的重复征税问题以及马克思、麦克利奥德和克拉克的稀奇古怪的理论，都表明有关财产和资本的原始观念还
170 笨拙地残存着。农场是物质性的财产。它似乎具有实质性的价值。农民根据总的物质价值纳税。但抵押权也似乎是独立存在的一种价值“基金”。它作为一种增值而纳税。但实际情况显而易见。抵押权是对农场的预期净收入的优先要求权，而“衡平权”或所有权的资格则是对其剩余部分的要求权。抵押权和资格权两者

的总价值只是预期的业务净收入的现时价值，而对于经营农场的人来说，这仅仅是他对机会、力量和经济的预期利用。

不论是公司组织的或非公司组织的企业，在这两种情况中物质性财产的所有权资格只是为预期净收入的所有权增加保障的若干可能的方式之一，它往往不是最佳方式。是一只可能装有或可能没有装有实质性东西的口袋。

因此物质资本，如土壤的肥沃性、建筑和机器等就降低到了原料的水平，除了它的生命可以更加延长之外，它与其他原料根本没有什么区别。在营业上可以持续一个月或一年的一堆煤或 100 蒲式耳的土豆或一批货物，与可以延续到 10 年的机器，或与可以延续到 20 年的建筑物，或与可以延续到 30 年的土壤肥力究竟有什么不同呢？每一种都无非是供人类劳动的原料。每一种只能依靠人的劳动才能保持下去。从经济上来说，一堆煤或一批土豆的损耗与机器或建筑物的折旧，或地力的耗竭没有什么两样。每一种东西都是很快或逐渐消费掉的原料，而且每一种东西都按各自的比例成为这个运行中的机构的全部产品中的无法辨别的一部分。

就是这个运行中的机构把若干种原料配合起来，使它们进入我们所称之为的继续经营的工厂。在生产供使用的最终产品的过程中，每种原料既是限制因素，又是补充因素。原料、机器和土地都是部分，而运行中的工厂则是整体。

但是这些区别要求在资产方面进行恰当的分类。如前所述，我们可以把属于一个运行中的机构的资产分成两类，即部分资产和总资产。部分资产包括三种不同的资产。一种是有形的资产或“物质的价值”，包含在分别计算的各种原料的价值中，或包含在作

171 为制造供销售的营业性的物质机构的运行中的工厂这个整体的价值之中。由于极易产生的谬误的关系，它们通常被称作有形的价值或物质性的价值，因为它们是参照若干商品市场的情况而决定的物质性东西的交换价值。

另外一种是无形体的资产，也就是应收票据、银行存款、其他公司的股票和债券的价值，以及这一机构在其他方面所拥有的类似债权。同样用不太恰当的话来说，可以把它们称为无形体的价值，因为它们的价值取决于证券或货币市场。

第三种就是剩余的商誉，专利权和专卖权的价值，商业字号的价值，以及这一机构所拥有的其他类似的机会。我们可以把这些叫做无形资产或无形价值。

在这些对部分资产估值的例子中，每一种估值都不是为了把总的预期净收入加以资本化，也不是为了把净业务收入分配给股东和债券持有者，而是为了要把价值归算于获得净收入的不同来源[①]。

所以我们估值的目的有三个，即估值本身、分配和归属。估值本身的目的就是要把总的预期业务净收入予以资本化或进行现时的估价。它所得出的是整个继续经营的业务的价值。分配的目的就是要把预期的业务净收入按照优先程序分配给债券持有者和股东。归属的目的就是要区分净收入的来源。它们中的任何一种都无非是从不同的角度来看待一个东西。估值本身的主要目的在于

① 康芒斯比较赞同瑞典学派的某些理论，他在这里表述的内容也比较接近维塞尔在《自然价值》中的观点。维塞尔以提出“归算论”(imputation)而著名。因此根据思想史文献的习惯，我们把这里的 imputation 译为归算。——译注

了解资产与预期于资产的那种收入之间的关系；附带的目的是把这种剩余的收入分配给债券持有者，并把最后的资本价值或总资产分配给股东。但是为了整个企业的买卖或公共管理等目的，把价值分别归算给它的来源也是合宜的。

下表以上述业务收入和支出对这三种估值的目的进行比较： 172

1. 估　值

	预期的事物	资本化
总业务收入	每年 250,000 美元	
总业务支出	每年 150,000 美元	
净业务收入	每年 100,000 美元	1,000,000 美元（每 10%）①

2. 分　摊

预期的事物		资本化	
20,000 美元	（对债票持有者）	400,000 美元	（每 5%）
80,000 美元	（对　股　东）	600,000 美元	（每 $13\frac{1}{2}$%）
100,000 美元	（净　收　入）	1,000,000 美元	（每 10%）

3. 归　算

有形价值（继续经营的工厂、商品市场）	700,000 美元
非物质价值（债权、货币市场）	100,000 美元
无形价值（机会、货币市场）	200,000 美元
	1,000,000 美元

① 如果货币市场上的利率不同，那么，资本化的数字也就不同。

5. 单位规则

如果确实有运行中的机构这样一种东西存在，同时我们可以把它从物质性的东西中区别出来的话，那么，拒绝承认它显然是不公平的。在亚当快递公司的案件上，[①]俄亥俄州评估委员会为对该公司进行课税而进行评估，财产估值为449,377.60美元（资本化），但是该公司在该州的有形财产价值只有23,400.00美元（归算）。这个委员会把作为一个单位的公司的全部资本和债券，以“无形价值”的名义估计在内，而且还根据该公司在俄亥俄州内的路线的比例，把一部分价值划给该州。这家公司和联邦最高法院的四个表示异议的法官认为这个公司在州内的唯一“财产”就是马匹、货车、保险箱和类似的有形个人财产；对于这些东西应该按过

173 去估价的办法逐一评估；他们又认为所谓“无形价值”只是指“技能、勤勉、忠实和成就”以及公司的“声誉和商誉”，这些都不是财产；而且该公司在俄亥俄州所拥有的马匹和货车与它在纽约及其他各州所拥有的那些东西之间，除了单纯的所有权的统一性之外，并无其他的统一性可言；并认为电报和铁路公司在各州均有与其有关的物质设备，而作为一家快递公司它在俄亥俄州和在纽约的马匹和货车，都单凭思想上的假定才联结在一起，这是一种“形而上学的或思想上的关系”，是一种“想象出来的东西”。具有“真实

① 亚当快递公司对俄亥俄州的诉讼，案例编号：（165 U.S.）第165页（1897年）；再审案例编号：（166 U.S.）第185页（1897年）。

内在价值"的唯一财产是有形的财产。

但是法院的多数法官认为，使有形财产的独立项目具有价值的不是物质的统一性，甚至也不是所有权的统一性，而是"使用的统一性"。"作为不同的课税对象来说，一匹马就是一匹马，一辆货车就是一辆货车，一个保险箱就是一个保险箱，一个钱袋就是一个钱袋；但是 23,400 美元价值的马匹、货车、保险箱和钱袋又怎么仅仅会在一年的时间内产生出 275,446 美元呢？"[案例编号：(165 U. S.)第 222 页]"任何时候如果有形财产的个别物件，不完全依靠所有权的统一性，而是依靠使用的统一性联合起来的，在不少情况下会形成财产，虽然也许是无形的，然而它的价值却可超过有形财产的个别件数的总体价值。"[案例编号：(166 U. S.)第 219 页]"如果一个州要把所有财产包括在一个课税的方案里面，那么，必须承认一个有组织的已经建立起来的工业的商誉是具有价值的东西。"[案例编号：(160 U. S.)第 221 页]

法院的这种意见意味着财产的含义已经完成了 50 年来一直在进行着的那种演变，即从个人所拥有的有形财产转变为一个运行中的机构所拥有的运行中的业务的财产。除了物质设备之外，有形财产已不复存在，替代它的就是已经成为买主和卖主、债权人和债务人、委托人和代理人、统治者和公司间的个人关系的那种财产。法院方面说："在现代的复杂文明之中，社会的大部分财富属于无形财产。……究竟这些无形财产包括什么内容，是特许权、公司专卖权、契约或责任，都没有关系。只要它是财产就行，虽然它是无形而确实存在的，而且具有价值，能产生收入，并能在世界各市场通行，这就够了"。[案例编号：(166 U. S.)第 219 页]

关于财产含义转变的历史步骤在税收问题上可以约略地作如
174 下的说明。起初是把财产的各项目分别列出，然后再把它们的价值加起来，房地产和货物是作为公司的财产列出并课税的，而股票和债券则作为在股东和债券持有者手上的无形项目。

另一方面，对公司的特惠税或专卖税，最初是一个任意固定的税额，对于价值没有明确的关系。后来为了对专卖权的价值实行课税进行了各种尝试。关于银行拥有免税的政府公债问题，1865年裁定，[①]如果已对股本课税，就不能再对其所有的公债课税，虽然股本的价值有一部分是依靠政府的免税公债得来的。所有个别项目的收入都流入到一个公共的财库，而且就是这种净收入，才给股本提供了统一性和价值、它不同于产生这种收入的政府公债等项目。根据联邦法政府的公债不得列为课税的财产个别项目，但是从它们所得到的预期收入的现时价值，则可与其他收入合并作为一个单位而课税。

在对铁路公司课税的问题上，最后也得出了类似的结果。一条铁路的总收益中的一部分收益来自个别项目的货运通行费。但是如果这种特惠税或专卖税是对各批货运逐项收取的话，那么这就是对运货人的州际贸易课税。但到了1891年[②]如果这种税是对于一个单位的总收入来收取的，虽然它们是从同样的货运得来的，但是它们对于商业没有妨碍，而且是有效的。下面的两种税收集中说明了它们之间的区别，一种是在办理托运的时候所课的特

① 范·艾伦对估税员的诉讼，案例编号：(3 Wall)第573、593页(1865年)。
② 梅因对大干线铁路公司的诉讼，案例编号：(142 U.S.)第217页(1891年)。

别税,这可以用较高的运费转嫁于托运人,另一种是对于所有运输的总收入课税,对于托运人来说这不是负担,可却是承运者的财库的一种负担。

然而各公司的总收入税不是千篇一律的,因为它不考虑业务
成本上的差别。真正衡量纳税能力的是**净收入额**。但是即使净收
入也不能单独作为正确衡量的标准。具有同样净收入的两家公
司,在营业上可能投了不同数额的资本,所以按投资计算,一家公 175
司是在亏损,而另一家却在赚钱。此外,对一个公司的业务具有价值的,不是仅仅某一个年份的过去净收入,而是对未来几年中所预期的净收入。所以当这些预期净收入被资本化的时候,它们的资本化价值无非就是股票和债券的总价值。这是第二个步骤。当“股本额”是指股票和债券,并对作为一个单位的公司估值和课税时,这种课税就受到了支持。在 1875 年,法院方面曾经说过:“当你已经确定了长期借款在当时的现金价值及全部股份的当时价值以后,你就通过那些比任何人能作出最佳估计的人的估计,确定了这条路,它的所有财产、股本及其特许权的真正价值;因为这些都体现了债券债务和股本份额的价值”。[①]

然而这些判决带来重复征税,一方面对作为一个单位的公司的“股本额”课了税,另一方面又对股东和债券持有人作为个人在他们对于资本额部分所有权的要求权上课了税。当时认为重复征税并不是不正当的,因为是两个不同的人拥有两种不同的东西,公司拥有以股本计算的特许权,每一名股东或债券持有者则拥有他

① 州铁路税案件,案例编号:(92 U.S.)第 575、605 页(1875 年)。

的预期利润的份额。法院方面说："公司是银行一切财产的合法所有者，包括不动产和动产……股东的权益使他有权分享银行赚得的纯利润……这是财产方面的一种与众不同的独立的权益。"[①]

随后出现了对股东和债券持有者实行部分或全部免税的情况，他们的无形财产从此就明显地逃过了估税员的评估，虽然他们还是要付股本税的。[②] 这就是税收方面的"单位规则"(unit rule)。

因此，就像我们在亚当快递公司一案上所见到的那样，税收单位规则把公司作为一个运行中的机构来对待，结果它不仅趋向于代替了对公司所有物质项目的课税，而且也趋向于替代了对这种机构的净收入具有部分要求权的个人自然人的课税。物质性的东西和个人都混合在一个运行中的机构的运行中的业务之中。

但是物质性估值的原始观念痕迹始终还存在。在这些有关税
176 收的案件中，在单位准则指导下，他们曾经试图从股本的价值上减去有形财产的价值，以确定特许权的价值，而且遵循单位规则的所有法规都始终使用这一办法。这种办法使一个运行中的机构产生了两种显然不同的价值，即"有形价值"和"无形价值"，虽然股本的价值作为一个单位，当然把有形和无形的两种要素都包括在内。即使被估值的东西本身已经从物质的东西转变为一个运行中的机构的预期净收入，可是物质价值的观念还是没有受到触动。但是事实上并没有无形和有形的两种价值，只有一种价值，这种价值就

① 范·艾伦对估税员的诉讼，案例编号：(3 Wall)第573、584页(1865年)。

② 匹兹堡铁路公司对白克斯的诉讼，案例编号：(154 U.S.)第421页(1894年)；西方联合公司对塔格特的诉讼，案例编号：(162 U.S.)第1页(1896年)；中央和西北公司对威斯康星州的诉讼，案例编号：(124 Wis.)第553页(1906年)。

是无形的价值。

由于没有能够把我们所说的“正确估值”与“归算”区别开来，因此产生了这种混淆。正确估值就是资本化，它是指未来。归算是对原因的分析，是回顾过去的。只能有一个正确估值，而这就是对于一个运行中的机构的净收入的无形预期。有好几个因素共同决定现时的预期，其中有些是物质性的，但是所有的因素都是有来历的。

随着单位规则的发展，已经出现了或正在出现某些更重要的情况，关于这个问题我们可以从亚当快递公司一案中看出来。公司特许权的含义已开始分成三个意义，它们是“特许的存在”、“特许的行为”和“运行中的业务”。“特许的存在”就是创造这个公司法人的公司组织章程，公司法人具有像自然人一样的行为力量，而且被创立的法律性实体只存在于创立它的那个州。在早期的公司法中，“特许的行为”与特许的存在没有清楚地区别开来，因为公司是专门为开展某一种特别的事情而创立的。但当一个实体出现于某一个州而其行为发生于另一个州，尤其当这种实体按照一般公司法创立，同时所有这样的实体不能享受特惠权时，“特许的行为”就变成了独立的特惠权，由同一个州或另一州特许于铁路或电报公司等公用事业特惠权存在于物质财产的所在地和使用这些物质财产的地方。所以特许的行为与发挥物质单位作用的一大批物质财产密不可分，177
而且就是这种物质上的统一性才使有形的东西轻易地转变到无形的特许权，它的价值就是与那种东西有关的股本价值。

但是在快递公司一案里产生了新的情况。这家公司在俄亥俄州既没有特许的存在，也没有特许的行为，因为它不是在那一个州里组建的，也没有在那一个州内占有一片土地。它只是一家普通的私人企业，与铁路公司在该州所开展的业务是不同的。为了适合这种情况，法院扩大了“特许行为”的含义，使它不再成为在一个特殊区域在业务方面的特别许可或特惠权，而成为“一家公司所享有的经营的一切业务的综合性特许”。[案例编号：(166 U.S.)第224页]当然，这是指在没有特许权的情况下，任何个人在开展任何普通业务时可以做一切事情。换句话说，“特许的行为”成了任何个人所能享受的普通权利和自由，但是如果一个人现在是由个人组成的团体并作为一个单位的行动者除外。特许的存在和特许的行为与一个运行中的机构的运行中的业务是相同的，关于这一点我们从上面援引的案例中可以看出。

1875年的州铁路税案上开始了含义的转变。法院在这个案件中认为，为了纳税的目的，动产的所在地，包括特许权在内，不一定非要处于公司或其总部的所在地，立法机关可以把它们分配到
224 所有开展业务的地方。[①] 亚当快递公司一案认可了分散的动产所在地，为此，公司的所在地至少不再是一个假设的实体或公司的中心所占有的地点，而成了公司进行交易的任何地方就是它所在的地方。这一转变就是从实体转变到了交易，而运行中的机构就是这种个体心理学的重复表现。哲学家笛卡尔认为人的灵魂处在松果腺上，但现代的心理学则认为灵魂就在人的动作上；同样，从前律师们认为公司的所在地就在准许它创立的那个州内，但现在法院已把公司的所在地放在它经营业务的任何地方。

这就是说，在“特许的存在”已经从组织公司的特殊行为扩大

① 案例编号：(92 U.S.)第575页(1875年)。

到普通公司法所允许的个人结社的普遍权利，“行为的特许”也开始为非所有的公司都能享有的特惠权松绑，而且事态还向相反方面发展，一直到它变成任何运行中的机构的普通的运行中的业务为止。正像我们见到的那样，“运行中的机构”就是所有联合起来的人组成了这一机构。“运行中的业务”就是机构的所有交易的统一和按比例的配合。商誉就是从交易中得到的那种交互利益的预期。所以运行中的机构是人们一起在经营，运行中的业务就是他们的交易，而商誉是保持它们运转的社会心理。

关于“特许的存在”、“特许的行为”和“运行中的业务”的演变过程，我们可以从产生它们的两个渊源中去找到说明，这两个渊源就是国王的特权和习惯法。公司的组织的章程，作为一个运行中的机构以及作为一个单位的“特许的存在”来自国王的特权。从这种特权又产生了经营业务的特惠权，也就是“特许经营”其他机构所不得从事的“特许的行为”。这些都产生于高于习惯法和不受它约束的国王的特权。它们是统治权力的特许权和特免权，而不是大家都可以享有的权利和自由。

但是在习惯法演变到商法的过程中，又产生了执行契约的问题（负担法），也产生了买卖自由的问题（机会法）。这是所有的人都可以享用的，因而构成了“运行中的业务”的普通权利和自由。

最初由于特许权就是特惠权，所以大家并不把它看作为财产，而是看作为享有特惠的活动，它对其他子民的自由和财产是有害的甚至起破坏作用的。它们是被赋予特权的自由。在这个角度来看，一家公司的“特许的存在”与“特许的行为”，起初是无法区分的，因为统治权力所赋予的就是特许在做某些事情方面享有的特惠权地位。它使享有特许的人免受自由竞争的影响,而当时的习惯法却正在形成机会法和商誉法,而且,虽然这种免除竞争影响的做法也有其无形的价值,但这不是财产,因为它的价值是从加重社会负担得来的,它的价值比由于社会对它的好感而产生的价值更
179 高。但是在立法机关取代了国王的特权以后,随着 19 世纪中叶在纽约开始实行普通公司法,和公司享有普遍的权利后,公司的特许的存在就受到了竞争的约束,而它的价值也就低落到在各州登记处办理登记的单纯成本的地步。

"特许的行为"就不是这样,因为一家公司和一个个人都可以享有它,而且原来就是怎样享有的。它保持了它的特惠性质,因为它需要一种特殊的许可,如同经营银行、保险公司、收费公路、铁路、运河或市政建设等公用事业,它收取的费用和通行税这是一般企业无法享有的特惠权。在许多情况下,由于物质条件的关系,竞争者无法进入这一领域,所以这种特许权还保留着特惠权的性质。但最后,在亚当快递公司一案中,即使这样的特许也合并入了习惯

运行中的机构的法律渊源

国王特权——存在和行动的特权

商法——普通公司法

运行中的业务
- 责任
  - 正面(债务)
  - 反面(机会)
- 机会
  - 特惠权
  - 商誉

商法——资产和债务

习惯法——物

法的"运行中的业务",并与"使用的统一性"等同起来,这些无非就

是运行中的业务的商誉，我们早已注意到了。

这样，在普通的非个人的，但像个人那样运行业务的运行中的机构在合法活动时，商誉和特惠权是从两个方面汇合起来的。上一条线路是通过任何个人的竞争而决定的有关资产和债务的普通商业习惯法，汇集成供享有特权的人们使用而占有的属于封建习 180
惯法的东西，下一条线路是通过普通公司法，汇集成享有独占权的国王特权。

运行中的业务，也就是习惯法和国王特权的共同结果和产物，仍然保持着它从每一方面所得到的特点。它从习惯法那里得到的是构成私有财产的那些责任和机会；它从国王特权那里得到的是联合起来的人作为一个单位而行动的权力和特免权、特许的存在以及在特殊情况下运用一般企业不能享受的排他性特权或特许的行为。

我们从以上所述就可以看到，包括运行中的业务在内的运行中的机构的概念是作为支持这个机构时所采取的保证负担上的平均性的努力的副产品而发展起来的。这一概念，并非产生于理论，而是从交易中产生出来的。不承认这个概念就显得不公平，所以这个概念得到了承认。但对它的全部属性在实际**交易以前**不能仅**凭推论**交易就予以承认。它在行动开始与其他方面发生密切的关系时，它才逐渐地得到承认。分担税收的负担就是这些关系点之一。在税收案件上所要确定的财产价值，对于财产的拥有者来说，不只是物的价值，而是**作为纳税人之间**的一个价值。为了使政府开展工作，就需要有一定数额的资金，而且这笔钱必须由纳税人来分担。如果一个人所支付的少于他的比例份额，其他人就不得不付出多于他们比例的份额。所以税收案件是所有其他纳税人与某一纳税人或某一类纳税人之间为了在他们之间分配政府的支出而进行的诉讼。

不是根据所得征课，就是**根据**财产的**增值**征课，支出的分配就是这么进行的。在任何一种情况下，为了确定每一个人所应该缴纳的税额，总是先规定一个划一的税率，然后应用于个人的所得数额或个人的财产价值。据认为在对于财产课税的情况下，财产每一个单独项目的个别价值，并非由所有者的个人行为所决定的，而是由市场的供求情况决定的，然而在征收所得税的情况下，收入所有者通过个人的活动或经营财产而获致收入的能力是课税的对
181 象。在征收财产税的情况下，当在财产的清单上加上股票和债务证件时，这些股份和债券也有与所有者个人行动无关的价值，所以它们随时可以划入有形财产一类中去。

运行中的机构本身的商誉情况就不一样，显然商誉的价值取决于组成这一机构的人的“技能、勤勉、忠实、成就和声誉”。当所有者不存在的时候，物质的和其他无形资产的价值，继续维持在那里，但作为一个整体的商誉价值是积极工作的人所造成的价值。所以当财产的定义扩大到包括运行中的机构的商誉时，它就由商品市场和货币市场的供求所决定的东西的价值，转变到由“技能、勤勉和忠实”所决定的个人行为的价值。

我们不能单纯从个别资产项目相加在一起的时候去寻求连接的环节，而应该从作为一个整体的单位的预期总收入上去寻找，预期总收入是从若干项目结合成运行中的业务时得来的。

从习惯法的物质财产观念演变为商誉和运行中的业务的完整

观念的过程，需要经过很长一段时期，甚至要经过好几个世纪。最终所形成的财产概念不是作为个人对物的单独占有，而是作为能为它的所有成员产生包括股东的剩余净收入在内的运行中的机构的继续经营的业务。但是即使扩大了的定义，也还是没有完全被接受。在印第安纳波利斯新闻报案件上，州评估委员会曾试图按照亚当快递公司案件的原则，在它的 47,657 美元的印刷厂和其他物质资产上再加 352,340 美元作为剩余的商誉及美联社特许权的价值。虽然州的宪法规定了“一切财产除了个别免税的以外都要课税”的原则，但是州最高法院却断言上述条文不包括这种无形财产所指的财产含义。该州的法院认为本案不同于亚当快递公司一案，理由是立法机关还没有明文规定，要不要对商誉课税，或对美
联社的股份课税，或者应该采用单位规则。[①] 显然如果立法机关 182
愿意这样做的话，或许可以使运行中的机构的原则适用于对各公司的纳税。

6. 运行中的工厂和运行中的业务

(1)财富与公共财富

我们已经注意到，为了想在政府的支持下，力求在纳税人之间达到公平合理的情况时，作为副产品出现了运行中的业务的概念。运行中的业务是客观存在的，但是由于财产仅仅是为物质性东西

① 哈特对史密斯的诉讼，案例编号：(159 Ind.)第 182 页(1902 年)。

的占有者本人使用的那种原始观念的影响，因此迄今为止运行中的业务还没有受到税法的承认。但是到了承认继续经营的业务是财产的时候，这时的财产不仅是物质性的东西，还包括组成这一机构的人的“技能、勤勉、忠实、成就和声誉”，而财产终于包含了这一有组织机构预期的有利可图的交易。

同样我们将看到，由生产组织所经营的运行中的工厂的概念，是从力求在卖主和买主间的公平交易中发展起来的。在有关税收的案件中，由于完全放弃了以物质性的东西作为财产的概念，并接受了预期收入的现时价值作为替代的概念，一个公正的概念终于产生了。以一家运行中的工厂为例，物质观念的残余影响还在“运行中的机构的价值”的名义不断妨碍着法院的判决。运行中的工厂是正在为公众提供服务的一个生产组织，但是运行中的业务是一个从公众那里获得价格的议价组织。这两个概念是截然不同的，从1892年开始，布鲁尔法官以“运行中的机构的价值”的名义把这两个相反的概念混合起来附加在最高法院的意见内。

美国国会曾经以征用的手段，认可了对摩诺加海拉航运公司①财产的收购，以期改善这条河流的航运情况，并取消这家私营公司对河上运输所收取的通过税。国会在采取这一行动时，曾明
183 文规定，不应该把特许这家公司收取的河运通过税看作或估计为是对该公司的财产的补偿。最高法院由布鲁尔法官认为，这个法案的这条规定剥夺了公司的财产而没有给予公正的补偿，因为这

① 摩诺加海拉航运公司对美国政府的诉讼，案例编号：(148 U. S.)第312页(1893年)。

家公司的财产不只是它的物质财产，也包括作为使用财产而收取的通过税。法院方面说："这种特许权是一种赋予的权利。政府有权给予这种权利。它与其他私有财产一样，为了公众的利益，政府可以在偿付公平的补偿以后把它收回，……就像政府不得随意拿走属于个人的任何财产那样，政府不得随意拿走，由政府给予的特许权"。（第 341 页）

法院进一步认为，美国政府在征用这一财产的时候，等于是在取得索取与这家航运公司相同的服务费用的"权利"。法院又认为，"如果确认了政府拿走这一财产的权利，政府就可以剥夺了财产的大部分价值，消灭了从收取通过税所获得的一切价值，而且降低估值的情况下拿走了这个财产以后，政府立刻就拥有并享有征收通过税而得到的全部利润，这岂非成了一件咄咄怪事。换句话说，在这场争夺战中，在取得财产以前和以后价值要素都是存在的，而只有在刚刚取得财产的那一个时刻上，价值消失了"。（第 337、338 页）

这种意见似乎使古代王室特权在当今时代达到了一个高潮，因为对国会的攻击似乎是以一种假定为基础的，即一个君主，在这里指的是国会，曾凌驾于习惯法之上赋予这家航运公司对社会课税以供公司使用的特权，然后为了能对社会课税而供君主使用它，又任意地废止这种特权。在英国伊丽莎白女王统治的末期至詹姆士一世统治的初期，在习惯法和王室特权问题上曾经发生过类似的争执。维护习惯法的律师认为，由统治者赐予当时的院外活动者的特许权、专卖权及特惠权，既然是赐予"不熟练于这行业的"人，只能在不增加公共财富的情况下用作以从公共财富那里来榨取私人财富，因为接受恩赐的人都“不是这一行业中有技能的人；但商人和制造商是靠自己的努力和自己的私有财产发家致富的，他们没有得到王室特权的帮助，他们增加本身财富的程度，也就是
184 增加公共财富的程度。根据这些理由，法院于 1599 年开始宣布这些特许权为无效，1624 年议会废止了特许权”。[①] 但到了 1892 年，布鲁尔法官又把它们重新加以恢复，他所采取的方法是一方面把国会比作专制的君主，而且全然不理会国会打算根本废除通过税的意图；另一方面它把财产的定义从物质性的东西扩大到了特许权，这样，取消特惠权就等于拿走了私有财产而不给任何补偿。如果财产不只是一种物质性的东西，而且也是因服务而收费的特许权，那么，财产的价值就不只是财产所有者加在公共财富上的物质财产的交换价值，而且也是财产所有者能从公共财富中抽取的超过他加于公共财富的那种额外的财富。两者都是有价值的，都是资产，而且都是财产。

但是依靠财产所有者正在与之发生关系的对方，**两种价值**的恰当区别本来是可以认识到的。**与其他私人相比**，一种特惠权是具有价值的，它的价值是由私人通过特惠权的所有权所能得到的利益来决定的；但是**与公众相比**，这种特许权就没有价值，因为在习惯法之下，公众保持着调节价格的权力，而且这种特许权只能在明文规定或隐喻价格合理的条件下才给予的。

美国的宪法禁止以公共目的征用私有财产而不给予合理的补偿。所谓合理的补偿是指在当时的市场上一个愿意购买的买主和

① 参见第 3 章初段。

一个愿意出售的卖主对这种财产所定的价值。所以宪法把私人间的自愿交易作为合理衡量价值的标准，以便根据财产征用法的权力，在征用私有财产时，把它应用于强制性的交易。在制定宪法的时候，当时流行的财产定义是指土地和物质性动产等物质性的东西。宪法的另一条文禁止损害契约上的债权债务关系，这是当时所知道的“无形体的财产”的唯一形式。在屠宰厂案件发生以前，宪法中的财产含义还不包括买卖权利的“无形财产”。而且在屠宰厂案件上，多数和少数的双方意见就如我们所见到的那样，多数派 185
和少数派法官的意见都否认特许的垄断权为私有财产。多数意见认为，作为干涉性的管制方法是它的惟一合理根据，可以把它废止而不予以补偿，后来法院在处理雷同的屠宰厂案件时正是这么做和这么坚持的。[①] 即使当少数的意见成为法院一致意见时，法院所承认的无形财产也只是个人在没有特许权利的帮助，仅凭自己的私人交易获得的那种东西。在这些案件上，少数派的意见还是坚持了习惯法和特权之间的原有性区别。特许权概念来自国王的特权，因而不是财产。财产概念来自习惯法，因为只有习惯法才产生了不享有特权的人的普通行为，并将这些行为构成一系列的法定权利、义务和自由。

但是布鲁尔法官于 1892 年又把无形财产的定义作了进一步的扩大。现在它不仅变成某一个人凭自己的努力在私人交易上所得到的财产，而且也指凭统治权力所特许经营的垄断而获得的财产，而在屠宰厂案件上财产的含义中不包括这一项，垄断权只有作

① 参见第 2 章初段。

为废止干涉权的措施时才是合法的。摩诺加海拉案件上[①]的特许权并不具有收取**过分**的通过税的合法权力，而且照习惯法的要求，如果这种通过税是合理的话，那么，这种特许权对公众而言就是没有价值的。不能认为公众享有勒索钱财的特惠权。在国王授予特许权的时候，情况确实是不同的，那是他在授予私人征税的权力。但在公众本身授予特许权时就不能作这样的假定。当国会作出补充规定，认为不能这样对特许和估计特许权时，这显然就是国会的意见。国会可以被看做为公众，它正在把征税的权力授予它自己，以酬谢它为自己所提供的服务。

为了支持他的意见，布鲁尔法官援引了达特茅斯大学案件，该案的法院判决认为一个公司的特许权是一种契约，订约的任何一方不能予以取消。[②] 但是达特茅斯大学的案件与“特许的存在”和“特许的行为”都有关系。它是在公司内部的自治权力的特许，是
186 作为一个单位的特许的行为，不是从公众那里收取通过税的特许特权。当然，在某一意义上，“特许的存在”就是“特许的行为”，但这一类的“行为”是各因素内部的比例配合，与局外人不发生关系，这纯粹是一个自治的问题。但是自从普通公司法已将拥有特权的“特许的存在”剥夺了的时候，和利用排斥第三方面的自由竞争在顾客身上得到的特别好处的时候，个人资源的扩大便成为“特许的行为”所包含的特殊含义。在习惯法上这种特许行为的含义是根据社会陪审团的决定，应该合情合理地运用特许权力。

① 见前引，案例编号：(148 U.S.)第 312 页。

② 见前引，第 344 页；达特茅斯大学对伍德瓦德的诉讼，案例编号：(4 Wheat.)第 518 页(1819 年)。

因此布鲁尔法官在有关达特茅斯大学案件的判决上，把自治的特惠权扩大到了对社会收取超过类似劳务的竞争价格的那种费用的特惠权；特惠权成为一种财产的权利，类似于对于物质性东西的所有权，而在习惯法中，它是君授的特权，或在屠宰厂案件上，它是干涉权的运用，而不是财产权。

(2)物质联系

在摩诺加海拉一案中，布鲁尔法官虽然陈述了他关于当时正在实行的特许权的意见，但是两年以后，[①]在堪萨斯市的自来水公司一案上，他又提出了关于一家企业特许权利已经满期的看法。立法机关要求堪萨斯市在特许权期满时收购这特许权所包括的财产。这家公司根据它的净收益索价 4,500,000 美元。市政府和下级法院把物质性的工厂价值定为 2,714,000 美元，这一估价是以再生产成本为根据的，也就是把“各部分设备合成一个作为完整结构的自来水体系，对于特许权所挣的钱和将来能挣多少钱的问题一概不管”。（第 864 页）

布鲁尔法官推翻了下级法院的判决并要求偿付无形价值的同时，他对于收益资本化可能造成的不公平的观点表示同意，因为收益资本化“意味着收益的继续，而收益的继续又是以经营自来水厂的特许权为基础的”，在本案上的特许权早已期满了。“原始成本”也不应该左右估值，187
因为他们所在寻求的是“现时的价值”。现时的价值必然是预期的价值。

① 全国自来水公司对堪萨斯市的诉讼，案例编号：(62 Fed.)第 853、865 页（1894 年）。

所以它不能体现于“再生产的成本”，因为虽然它明显地表示出了一个现时价值，但却并未表示以预期为基础的价值。法院所发现的预期事物当然不存在于特许权内，因为特许权已经满期了，也不存在于顾客所付的预期价格中（预期价格当然是依靠特许权的），而存在于连接顾客的住宅与公司的厂房的物质关系中，即使负担费用的和拥有这些物质关系的是顾客而不是公司，情况也是如此。法院方面说，“再生产成本是不够的，因为它没有考虑到自来水管道和该市建筑之间已经建立起来关系，并由此而产生的价值……自来水公司并不拥有街道上的水管与房屋间的连接关系（这种关系是个人财产所有者的财产），但是这一点也不会妨碍上述主张……，因为街道上的自来水管道和附近房屋之间如果没有任何联系，还有谁会购买这种自来水体系呢？或者至少可以说还有谁愿意出高价来收购呢？这样的体系就会成为一个死的结构，而不是一个有生气的或运行中的业务”。（第 865 页）

这些物质联系，打一个比方说，等于顾客方面对于机会的自由选择。法院方面继续说，“这些关系不是强制性的，而决定于财产所有者的意志，通过自来水厂厂主的努力以及它所提供的诱惑，保持了这种关系”。

布鲁尔法官的这种奇谈怪论继续作为以后判决的先例。它继承了洛克关于意志的空洞的概念。按照那种概念，一个大城市里自来水工程的联系确实不是强加于顾客的，每名顾客都有去替自己挖一口井的机会，但那是办不到的。

因此，就像摩诺加海拉案件那样，堪萨斯市政府不是公众，而是另一个个人购买者，他在购买一种物质性的东西，通过它他可以对公众收费以供本身使用。法院方面说：“市政府通过购买就可以

达到拥有一个自来水厂的目的，自来水厂不仅是向城市输送自来 188
水和通过街道上安装的水管为家家户户提供水源的一个完整的体系，而且由于街道上的水管和许多私人住宅之间早已有了联系，所以它又是一个业已获得巨额收入的体系”。如果没有这些物质的联系和财政的收入，“谁会要去购买，或至少可以说谁会出高价去购买这样一个自来水供应体系呢?”(第 865 页)

法官布鲁尔的这一段话，把企业组织为获得它所提供的服务的价格而从事的运行中的业务，与一个生产组织为提供服务而经营的运行中的工厂等同起来了。顾客已经从物质上把他们的财产与公司的物质财产联系在一起，而且通过这一办法，从思想上把他们对未来的需要与该公司所提供的服务联系了起来并且也默认了该公司在将来所可能收取的价钱。他们从物质上与自来水公司发生了联系，而且还必须付钱。尽管他们很难摆脱这种关系，但是这种“关系是非强制性的，而且还取决于财产所有者的意志”。

这样，由于采用了财产的物质概念，因此财产的原始概念也就保存下来了，财产的原始概念认为凭借拒绝服务的力量，财产本身没有经济力量，而且由于特许权已经满期，因此就不存在合法的强制力，因而也就没有强制。诚然，这种为个人使用而占有的物质财产的原始观念还保持着一个更加原始的意义，因为在这个例子里，还包含着一种将他所占有的依附于他的人也作为他的财产的观念，正如我们在上面所见到的那样，欧文·费雪曾作过这种错误的假设。像一个私人购买者购买地产和依附于地产的农奴那样，市政府“进而占有”了从物质上依附于该厂的顾客和业已获得巨大收入的一个体系。通过这样的比拟，布鲁尔法官把奴隶制的物质概念应用于公民权的信誉概念，从而把第十四次修正案转变为认可菲尔德法官所称的代替奴隶制度“奴役制”。

(3)合法性和非法性

布鲁尔法官在摩诺加海拉和堪萨斯市案件上把物质的概念带进议价的概念的时候，缅因州最高法院的萨维奇法官为这一说法加上了合法的外衣，后来其他法院都如法炮制。在自来水区一案
189 中，[①]要求对自来水公司的财产及其未满期的特许权一并进行估值，以便政府收购。萨维奇法官对评估员发出的指示中排除了特许权本身的价值。他清楚地看到，习惯法准则反对政府机关收取“超过纠偏权的任意规定的费率”，这就使特许权本身丧失了它那不利于公众的价值。这也使特许权下降成为一种单纯的证明，只证明这一机构的存在是合法的，它为提供的服务而收取的费用也是合法的，并且享有任何人在从事合法经营时所有的普通的平等权益。将要评估的财产的价值就像对普通合法财产的估值那样，不必予以特别的照顾。

然而这种普通合法性本身具有价值。他说：“即使成文法规定在估值时不应包括特许权，我们也意识到它一定意味着，这财产是依照它在正当的存在和正当使用的情况下而估值的。因为如果它们不能正当地被使用并收取合理的费用，这些地下的水管作为水管，或这些蓄水库、水堰或固定装置还会有什么价值呢？而且这些权利都是特许权。”(第 378 页)这位法官继续说，“只要这些组织结

① 自来水区对自来水公司的诉讼，案例编号：(99 Me.)第 371 页(1904 年)。

构是根据特许权加以维持和使用的，这一点就可以增加这种组织结构的价值。一个组织结构如果能被正当地使用，任何人都愿意付更多的钱，反之，当然不愿付更多的钱……这是一个实际使用着的组织结构，而且所有者有权利使用它，他们可以为对顾客提供的服务合理收费。整个事情就是这么回事。在讨论的时候它具有三重性，而实质上只是一个问题”。（第 376、377 页）

因此一个“死的组织结构”含有两种意思：一种是布鲁尔法官的意思，指不发生物质联系的组织结构，另一种是萨维奇法官的意思，指向顾客收取使用费但没有得到合法授权的组织结构。没有这种合法权利，这个机构就没有收益的价值，也就是没有使这家工厂转变为资产的那种生命力。布鲁尔法官在这里强调了物质联系，以便构成一个运行中的机构，而萨维奇法官又需要合法的认可以便构成他所谓的“运行中的**业务**”。**没有**收费的合法认可，即使它是一个运行中的工厂，具备了生产组织系统，它也是没有生命的。**有了**合法的认可，它就是一个具备业务组织系统的运行中的业务，它也具有由它的预期合法收益能力所决定的资产价值。 190

萨维奇法官的分析既离奇而又正确。普通合法性的本身就是有价值的。在一个禁酒的国家里的酒厂或酒店的价值不如在一个不禁酒的国家里的价值大。一个奴隶在获得解放时就会失去他对所有者的价值。走私进来的货物对于它的所有者的价值要比国内合法存在的同样货物的价值为小。偷来的马匹对于偷窃者的价值小于合法买主购买的价值。一家能合法收取费用的自来水公司与一家非法收费的工厂相比时，前者的价值对它的所有者来说更大。

这是因为我们在把**合法性**与**非法性**进行比较，而不是把**享有特**

权的合法性与**平等的合法性**作比较。但是在与**其他合法**的财产比较的时候，合法性并不一定也会有价值。竞争性的财产也具有合法性，而且竞争性的财产合法地压低了其他合法财产的价格。具备合法性是有价值的，但是在与其他具有同等合法性的人竞争时，它并不增添价值。同等的合法性不仅意味着要求为合法的服务偿付的合法权利，也意味着**暴露于**合法的竞争。同等的合法性无非是竞争性业务的法律上的等价物，而不是增加在营业上的某些东西。萨维奇法官对合法性给予了双重的含义：与非法运用权力相对的合法运用权力，以及与**平等**运用权力相对的特许运用权力。特许合法性无非就是他以前排除在额外估值外的那种任意规定收取费率的特许权。由于把同等的合法性比作非法性，于是他在把特许合法性与同等合法性相比较时，他恢复了他过去排除了的东西。

萨维奇法官把布鲁尔法官的运行中的工厂的物质联系与他自己的运行中的业务所享有的特许合法性结合在一起，他从使用价值和交换价值的混乱概念中得出了他的“运行中的机构的价值”的概念。“首先，它是一个纯粹而简单的组织结构，包括水管、抽水机、引擎、蓄水库、机器等等，以及土地权和用水权在内。作为一个组织结构，它具有价值，这与使用或厂址所在地的使用权都毫无关系。这种价值很可能远远小于它的成本，除非它在当地使用它和拥有可以使用的权利。但是事情远不止这些，它是在实际使用中的一个组织结构是一个在某种程度上能因使用而获利的组织结
191 构。它有它的顾客。它是一个运行中的机构。它正在被使用，所以它的价值提高了，而且实际使用它对于一个运行中的结构的业务是必需的。我们有时提到一个运行中的机构的价值，仿佛与组

织结构价值无关或可能无关，与组织结构不同或可能不同(关于组织结构和运行中的机构的关系就讨论到这里)。但是这不是一个精确的说明。运行中的机构除非作为这种组织结构的一部分，不然它就不存在。如果没有组织结构，就没有运行中的机构。如果这是一个正在使用中的组织结构，那么，正在使用就会影响它的价值。价值只有一个。它就是正在使用中的结构的价值。”①

最高法院后来就是根据这种物质和法律的混合体，即布鲁尔法官的具有物质联系的运行中的工厂与萨维奇法官的具有合法联系的运行中的业务的混合体，创造了“运行中的机构的价值”的概念，尽管在霍夫法官的领导下曾经否定过这种说法。霍夫法官对它的谬误的明确揭露是在后来发生的。

(4)商誉和特惠权

在联合煤气公司的案件中“运行中的机构的价值”以“商誉价值”的名义出现了。纽约市政府曾经试图降低煤气费，于是煤气公司要求偿付特许权价值和商誉价值。当这一个案件最初由下级联邦法院受理时，②一个下级联邦法院霍夫法官所提出的论点，是第一次对这类案件中碰到的特许权和商誉从行为主义角度进行了区别。关于特许权问题，他说：“收益只能来自投资的预期，而且投资者在进行投资时必须放弃某些东西……它[公司]没有对特许权进行投资，因为它没有为特许权付什么钱……财产投资不是投在特

① 参见本案卷第376页。另参见他在前一个案件上的分析，肯尼贝克自来水区对沃特维尔市的诉讼，案例编号：(97 Me.)第185、220页(1902年)。

② 联合煤气公司对纽约市的诉讼，案例编号：(157 Fed.)第849页(1907年)。

许权上，而是在特许权许可下的投资，也就是在信任的基础上投资。特许权只不过是统治者的权力或统治者的特惠权的一部分，为了公众的利益而划归于某一个个人的那一部分，顺便为了个人的利益而授予的……对于动产和不动产特许权并未增加生产能力。它只认可了财产在某一特殊方式的使用，并保护正在这样使
192 用财产的所有者们……关于特许权的价值，我只能想象到三种说明的方式。它所以有价值，(1)因为它认可了私有财产以某种特殊方式所开展的盈利性使用；(2)因为一旦得到它以后，常常不容易或不可能获得另一个像它一样的权利；(3)因为它可以用来损害或妨碍另一个企业，虽然它本身并不给予或获得任何有价值的东西。第三种说明的方法已经被精确地叫做‘阻碍价值’(nuisance value)，虽然这是一种通俗的说法，但是它显然不合逻辑，因此就没有讨论的必要。仔细想起来，第二种说明的方法就是在说，因为统治者认为值得把这种公共工程委托给一个公民或一群公民，这种准垄断性的特许就等于授予了一种权利，使它所收取的服务费可以高于人人都可以从事这种行业时认为的公平或合法的程度。每逢私人把他的特许权的财产出售给政府时，由于官吏的无能或更恶劣的情况，付了那么多的钱而使公家受了巨大的损失，而且这种出售形式不赋予买主强制消费者再付给他早该付给国家的价格的权利。为此，我认为原则上应该说特许权是没有价值的，除非把它作为盾牌以保护在信任的基础上，那些把他们的财产投资的人，而且就特许权本身而言，当它与有收益的财产不发生关系的时候，它对投资者来说所具有的经济价值不超过具体的盾牌具有的保护价值，这里暂且不提持有盾牌的士兵。”(第872、873、874页)

霍夫法官也把所谓的消费者的好感排除在违反他们本身利益的估值以外，不作为他们为煤气应付价格的一个要素。我同意在以前一个案例上关于商誉或好感的定义，[①]该定义说“商誉或好感是指顾客倾向于某一字号的营业组织，而且他们愿意继续与它交易”，他感叹地说，“我不理解这名原告怎样才能具备符合于上面所讲的商誉或好感……法律规定必须对处于总管道、输气管道和装有煤气表的一定范围之内的地区所有要求煤气的人供应煤气。什么东西才能诱使顾客与公司保持关系呢？无非就是想避免挖掘街道的麻烦，以及被告现在所占有的街道的与他有利的垄断特点”。(第 871、872 页)

根据证词，公司的所谓商誉似乎是指我们所见到的包括在生产组织和业务组织这两种概念内的同一个“运行中的机构的价值”，简 193
言之，就是运行中的业务的价值，唯一的条件是这种价值是加在运行中的工厂的再生产成本上的额外价值。对于这一个问题，霍夫法官回答说，“组织的本身只是一个使用已投资价值的方法……但是商誉从该组织供应煤气业务的意义上来说，如果离开了使它具有必要特惠权的那种特许，它就不存在了。会不会有人想把这一类商誉资本化，并以新股份的形式在新旧股东中分配它的假定的价值呢”？(第 872 页)他说，这种对于商誉的要求权“似乎忘记了多年以来原告分配煤气的价格是受法律规定的。一位公民有权在他的房屋之前有一片清洁的街道，因为他所缴纳的赋税除了其他目的外还包括了这一目的……我毫不含糊地认为这个城市的煤气公司所想象的商誉大致相当于市政府街道保洁部门的商誉”。(第 872 页)

① 华士本对全国墙纸公司的诉讼案，案例编号：(81 Fed.)第 20 页(1897 年)。

虽然这是一个正确的论点，然而霍夫法官鉴于最高法院以往的意见，他感觉到虽然他不承认商誉或运行中的机构的价值，但是他倾向于承认特许权价值。他考虑到自己处于审判法庭法官的地位，他认为如果他固执己见，“他必然会违反上级裁判机关以往判决中所存在的相当清晰的法学理论和法律思想特点。在这种情况下，我不得不认为，有必要允许原告的已发现的特许权价值作为可以允许他获得相当收益的资本的一部分，因为不这样做就是意味着漠视上级法院关于特许权的一般特点的论述和管制程序……我的责任就是要遵循已经明确指出的推论方法，至于区别由上级裁判机关去作出，如果一个下级法院作出了这种区别，我认为就带有臆断的性质”。（第 875 页）在这个案件上，霍夫法官自己否定自己意见的同时，他觉得他自己“必须把特许权不仅看做财产，而且要看作是生产的，在本质上就是有价值的财产，如果对它的价值确定以后，它的价值就可加到原告的资本账目上去”。（第 877 页）他说：“这是一种熟悉的理论，公民个人可以通过一系列的甚至错误的判决取得既得的权利，这种权利会变得那么根深蒂固，但是当坚持错误的法院突然想纠正它的错误，并宣布原判无效的时候，牢
194 牢地依赖于这些判决的人受到损害，这么一来法院反而变成违宪了”。（第 875 页）于是他进一步采用了显然荒谬和不合逻辑的方法，他试图提高邻近土地的价值以确定这种特许权的正式价值。

然而霍夫法官用这样有力和精确的论点否定了他自己的判决，两年以后，他满意地看到最高法院采纳了他的论点而否定了他

的判决。① 但是这一次否定只改变了计算特许权价值的基础，并将特许权的价值从霍夫法官随便计算的标准改成了似乎在 25 年前纽约的立法机关在核定按当时特许权的价值发行股票时所偶然使其有效的那种价值。但是最高法院曾经明确地指出对于不存在这种有效性的案件来说，确认这种立法机关的特殊有效性不能作为先例来对待。（第 47、48、52 页）

我们可以看出霍夫法官显然把商誉价值与特许权价值区别了开来。商誉和特许权是相像的，因为，所有者凭借商誉就可以免于暴露在竞争中，而且通常能够得到超过他在充分暴露情况下所能获得的剩余收入。但它们在经济上和法律上是有区别的：经济上的区别是由于在特许权的情况下，顾客无法随便跑到别的地方去，除非负担巨大的费用，使特许权所得到的价值大体相等于顾客的选择发生的费用；但是在商誉问题上，他们可以随便到别的地方去而不必增加费用，所以由于顾客的自愿惠顾而给予商誉的价值是以他们自愿相信它是一种优质服务为基础的。特许权价值是一种阻碍价值，而商誉价值则是一种亲善的价值。这二者都反映了对顾客具有使用价值的产品的价格，但是在一种情况下，价格是避免障碍的价值，而在另一种情况下，价格是为了避免较差的享受的价值。

同样，从法律上来说，这两者是有区别的，因为商誉是从私人业务交易的习惯法产生出来的，它是以竞争者之间及卖主和买主之间所认为的公平交易为基础的；而特许权则来自国王的特权，它是以统治者 195

① 韦尔柯克斯对联合煤气公司的诉讼，案例编号：(212 U.S.)第 19、42 页(1909 年)。

把特惠权赐予朝臣和院外活动者的专断权力,它是没有竞争对手的。商誉是从每一人所享有的共同的普通自由竞争中产生的,而特许权则来自君主的额外恩典,使之在自由竞争中减少暴露程度。

所根据这些经济和法律论点我们制定了我们的术语,我们将把特许权说成是享有特惠权的价值,以示与不享有特惠权价值的商誉相区别;并把特许权的价值说成是享有特惠权的资产,商誉的价值说成是不享受特惠权的资产。显然这就是霍夫法官的区别,而当最高法院注意到这种区别时就立即采纳了。除了最高立法机关曾经错误地归还了国王特权,同时又从特惠权表面剥夺了商誉的地方,最高法院又立刻进而消灭了特许权的价值。

(5)运行中的机构的价值

然而,虽然联合煤气公司的案件已经解决了商誉价值和特许权价值的问题(除非由立法机关使其有效),可是最高法院却很快就按照布鲁尔法官的物质类比和萨维奇法官的法律类比恢复了商誉价值和特许权价值的混淆。这种恢复所采取的形式,最初是将费率限制的案件与政府收购的案件加以区别,不过布鲁尔法官的摩诺加海拉案件的判例仍适用于后者,后来又取消了这种区别而将费率案件并入收购案件。

在联合煤气公司案件之后,第一个收购案件就是俄马哈市收购俄马哈自来水公司财产的案件。[1]

---

① 俄马哈市对俄马哈自来水公司的诉讼,案例编号:(218 U. S.)第 180 页(1910 年)。

在处理这个案件的时候最高法院法官卢尔顿明白地指出，联合煤气公司一案为费率案件，“它与出卖契约规定的价值无关”。（第 203 页）这样的区别是闻所未闻的。其实，在同一年发生的摩诺加海拉收购案件中，最高法院曾根据布鲁尔法官的论点，认为以计算费率的价值，应该是铁路财产的市场价值，这一论点也适用于任何收购案件。[①] 得克萨斯州曾经设立了一个委员会专门对该州的铁路进行估值，并规定了货运和客运的收费率，以便以那种价值为基础产生收益。这个委员会把特许权排除在外，只把物质性财 196
产看作为一个运行中的工厂的再生产成本，然后对它进行估值。最高法院法官布鲁尔说（第 410 页）：“如果该州想利用征用财产的权力获得对这些铁路的所有权，那么根据宪法规定，它必须对该公司偿付公正的补偿，这种补偿就是它在世界市场上所具有的价值，而不是立法机关的法案所规定的价值，对于这一点难道还有任何疑问吗？那么，现在不是为了取得所有权，而是为了获得为公众谋福利的使用权，而偿付低于市场价值的补偿，是否就意味着少负一些不公正的责任呢？”[②]

布鲁尔法官在下一级联邦法院推翻内布拉斯加州立法机关所规定的铁路费率法案时，也表示了相同的意见。[③] 在这个案件上，他引用了利根案件的材料，他说，限制费率甚至比征用造成更大的

① 利根对农民贷款和信托公司的诉讼，案例编号：（154 U. S.）第 362 页（1894 年）。

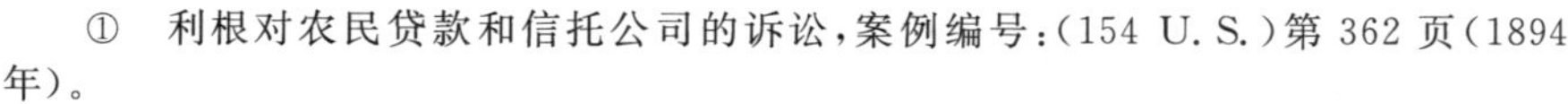

② 虽然文字上并未说到特许权，但是特许权显然是包括在内的，因为铁路的市场价值包括特许权的任何额外价值。

③ 阿美斯对联合太平洋铁路公司的诉讼，案例编号：（64 Fed.）第 165 页（1891 年）。

损害。当这个案件转到最高法院审理时,[①]该院都一致支持布鲁尔法官的意见,虽然哈兰法官在这个意见上再加上了一句话:“在决定合理收取费率时,以股票、债券和债务等体现的表面价值(即市场价值)”,公司使用的财产和特许权,不是“唯一考虑的问题”。(第 544 页)

显然布鲁尔法官在作循环论法的推论。市场价值就是预期费率的现时价值。如果费率是不合理的,那么,市场价值也是不合理的。费率和市场价值都以特许权为基础,如果特许权是没有价值的,那么,给它提供价值的费率就过高了。1910 年当这个问题出现在俄马哈收购案时,[②]这家法院刚刚把特许权价值排除在费率案之外,而现在却将费率和收购案件加以区别,并构成了布鲁尔法官和萨维奇法官的“运行中的机构的价值”的概念以取替特许权价值。俄马哈市有权在 20 年之后收购这家公司的工厂,但在契约上明文规定不得对公司的未满期的特许权支付任何款项。估价人把

197 价值定在 6,263,295 美元,其中包括 562,712 美元的“运行中的价值”,而市政府的评价人员对此表示异议。“运行中的价值”这个词是以“运行中的机构的价值”使用的。这里的物质结构虽然没有单独列出,然而已经包括使一家继续经营的工厂与顾客发生的物质联系和随时提供服务的所有间接成本,[③]但是,法院在处理的时候,用萨维奇法官的话来说,这似乎是一个死的、不合法的组织结

① 斯密司对阿美斯的诉讼,案例编号:(169 U. S.)第 466 页(1898 年)。

② 俄马哈对俄马哈自来水公司的诉讼,案例编号:(218 U. S.)第 180 页(1910 年)。

③ C. C. 亨德森:“铁路估值与法院”,载《哈佛大学法律评论》,第 33 期,第 1040 页(1920 年)。

构，因此再给它一个额外的价值，因为它与房屋物质地联系在一起，而且它正在合法地从顾客那里取得收入。法院方面（卢尔顿法官）说："收购的抉择权固然排除了以未满期的特许权为根据的任何价值；但这并不意味着把价值仅仅局限于工厂的躯壳，如土地、机器、水管或澄清用的水库等物质财产，也不局限于每一物质条件的再生产的成本。衡平和公正的价值必须包括对于形成一个完整和有效的工厂作出贡献的一切有联系的项目。一个死工厂与一个活工厂之间的差别，就在于真正的价值，它与使它运行的任何特许权无关，或与存在于这样一个工厂以及其顾客间的任何一点商誉无关。如在韦尔柯克司对联合煤气公司的诉讼案件［案例编号：(212 U.S.)第19页］中所提出的那种商誉，当一家企业像在当地处于一种天然的垄断地位，不管顾客愿意不愿意，他都不得不与这家公司来往时，这样的商誉简直没有或完全没有商业价值。这种企业作为一个运行中的机构的商业价值，即使与构成这家自来水公司的工厂所有各要素的再生产成本减去了折旧以后的数额相比较，差别也是明显的"。[①] 法院方面的意见是对布鲁尔法官曾在堪萨斯市一案上的主张的支持，"我们对于博学多才的法官的论点再也不能添什么内容了，而且我们也不准备这样做"。

根据这个意见，我们可以看出，这家法院虽然充分认识到6,263,295美元的再生产成本中已经包括了所有的成本，意味着产品已经生产出来准备提供给消费者的程度，而且特许权和商誉都没有估值的资格，然而仍旧加上了562,712美元的运行中的价

① 见前引，案例编号：(218 U.S.)第202—203页。

值，这样就把运行中的机构的价值代替了以前曾经被否定的特许权价值和商誉价值。

虽然认为俄马哈案件是一个收购案而非费率案，但是在这个
198 案件上，以运行中的机构的价值的名义恢复了特许权价值或商誉价值，但是法院在费率案件上曾一度按照联合煤气公司的一案，排斥了运行中的机构的价值，可是最后终于还是在俄马哈收购案上又改变了主意，把运行中的机构的价值也包括在费率案件中。不过关于那个案件有一点不太清楚，因为即使“继续经营的价值”是有效的并包括在内，法院仍旧认为费率没有能减低到足以没收运行中的价值的程度。[①]

在最高法院审理联合煤气公司一案的同时，法院曾以类似霍夫法官的推论判决了诺克斯维尔自来水费率一案，本案扣除了特许权、商誉及运行中的价值。[②] 两年以后在锡达拉比兹市煤气费率案中，最高法院明确地排除了由于占有某一垄断而附带得到的“商誉或利益，因为它有可能给原告收取高于合理价值的力量”。[③] 锡达拉比兹市煤气费率案发生 3 年以后，得・梅因市煤气费率案[④]中，商誉和特许权价值也是被排除在外，而且法院认为所谓的“运行中的价值”包括在已经承认的若干项目的“间接”成本之内，如推销成本、

---

① 见前引，C. C. 亨德森，第 1039 页。

② 诺克斯维尔市对诺克斯维尔自来水公司的诉讼，案例编号：(212 U. S.)第 1 页(1909 年)。

③ 锡达拉比兹市煤气公司对锡达拉比兹市的诉讼，案例编号：(223 U. S.)第 655、669 页(1912 年)。

④ 得・梅因煤气公司对得・梅因市的诉讼，案例编号：(238 U. S.)第 153 页(1915 年)。

法律费用、工程费、保险费、利息、管理费以及建造期内的意外费用等等。但是由于“运行中的机构的价值”的定义模糊，已经因此恢复商誉、特许权或运行中的价值的道路通行无阻了。得·梅因案件发生 3 年以后，在丹佛市的自来水费率案件[①]中才实际上恢复了商誉、特许权和运行中的价值。在以前的得·梅因案件中，“运行中的机构的价值”可以被理解为“运行中的工厂价值”，即在获得一个可供选择的运行中的工厂所付的费用，或者把“运行中的价值”也可以理解为未来收益的价值。但是在丹佛一案上，它不是包括间接成本在内的工厂成本价值，而是以费率和协调开展营业和挣钱的业务活动和存在的顾客为基础而追加的 800,000 美元。但是在这一方面，显然“运行中的机构的价值”只是“重新构成的间接成本的绝对重复”。[②]

在处理上述各案的过程中，应该看到，早期经济学家所持的商 199
品的物质概念已经发生了重要的变化，发展到了运行中的机构的概念，这个机构既是一个生产性的运行中的工厂，又是一个进行着议价的运行中的业务。现在我们参照使用价值和交换价值的意义，分别叙述这些变化：

残值，早期经济学家的“商品”概念，包含了使用价值和交换价值，但是作为一个运行中的工厂拆开的各部分来估值的，这些部分与工厂分离后可以在现存的商品市场上出卖而得到剩余资产。

运行中的工厂的价值，这是指重建一个开展生产性业务的物

---

① 丹佛市对丹佛联合自来水公司的诉讼，案例编号：(246 U.S.)第 178 页(1918 年)。

② 见前引，亨德森，第 1043 页。

质工厂的重建成本，包括原料和半制成品，在重建估计时期的所有间接成本，以及到能够最终制成成品并将它们交付给顾客，由顾客带走或就地消费时为止的成本。作为一个物质性的工程组织，运行中的工厂正在生产“社会使用价值”。作为一个由物质性东西组成的业务集合体，它拥有“有形的”资产，这些资产不是分别估值的，而是作为相互配合并在实际开展的业务中各部分结合成一个完整的经营组织来估值的。正是这些东西构成了“归算的价值”、也就是物质价值或有形价值。[①]

商誉价值，这指在经营运行中的工厂的生产组织的“技能、勤勉、忠实、成就和声誉”之上添加的价值，这类价值超过了运行中的工厂的再生产成本。作为一种使用价值，它是以超越竞争者的优越性的形式体现出来的，也就是说它提供了相同的服务，但收费较低或所付给较高的工资，这样就可以激发顾客、债权人或工人的信心，并能得到他们的青睐和惠顾，在丝毫没有强制和无成本选择机会的情况下，乐意为这个机构的优厚利润作出贡献。作为一种交换价值，商誉价值构成了不享有特惠权的无形资产。

政治价值，这是指立法官员、法官、行政官员或管理组织等政
200 治家在运用统治权时所加的特殊有利待遇而增加的价值，这种价值超过了运行中的工厂的价值或商誉价值所产生的那种普通的合法性价值和暴露于竞争所能产生的价值。作为使用价值，这种政治价值通常并不意味着对顾客、债权人或工人增加额外的服务，以激发他们的信心、忠诚或惠顾，实际上是由于政府官吏的错误、贪

① 本章第 4 节末。

污或智慧所形成的高于其他的利益，其表现形式为免税津贴、特许权、内部情报、司法部门的意见或超过竞争者所享有的普通合法性的王室特权。作为交换价值，这种政治价值超过了其他价值，因此就构成享有特惠权的无形资产。如我们已经初步发现商誉价值和政治价值，通常是通过抬高价值的方法隐没于运行中的工厂的价值之中，使这些资产与作为一个整体的运行中的业务的价值一起体现在账面上。

运行中的业务的价值。以上每种价值都是从归算的过程中得来的或者把全部资产分成各个部分，据说，每个价值是从资产的各个部分得来的。但是运行中的业务的价值是估值的主体部分，是所有人（顾客、投资者、职工或官吏）在市场上进行的全部交易的价值，这些交易在经济上是按比例配合的，由于通过总的支出可以获得较大的总收入，因此股东能得到一个净剩余收入。我们同在亚当快递公司一案[①]上所看到的，正是那种相等于股票和债券的市场价值或预期净收入的资本化价值的东西。

在使用这五种估值的方法时，不妨再详细地分析一下，法院所采用的运行中的工厂的价值这个名词，有时似乎是指法院心目中的残值。但是这并不是它们原来用意。“死的结构”、“全然躯壳”、“废物”、“拆散的工厂”、“不在使用中的工厂”或“不合法使用的工厂”等名词，都指各部分相互配合的，但又从思想上假定的运行中的业务中抽象出来的运行中的物质工厂。

如今从生产意义上来说，这种运行中的工厂是“资本”，但是从

① 参见本章第 5 节初段。

商业意义上来看，它又不是资本，因为产生使用价值或可以提供，
201 但却并不产生任何其他交换价值。可运行中的工厂同时也是营业的有形资产。其中的主要分歧即在于没有能把归算的过程与估值的过程区别开来。[①] 归算涉及市场问题，参照这些市场几种不同类型的资产被给予了归算的价值。众所周知，商品的价值并不决定于早期经济学家和马克思所认为的原有的生产成本或积聚于它们的劳动数量，而是决定于现有市场上按照现时的价格，在现时的折旧情况下的现时再生产成本。就是用这样一种归算的过程才能计算出一个工厂不同部分的"残值"，仿佛这些部分是在几个商品市场上分别出卖一样。它们是互不相关的资产，但是如果这个工厂处于拆散的情况下，那么，它的各部分的价值将低很多，正如大家所熟知的那样，残值会比一个运行中的机构的工厂的价值低5%—10%，或低20%。它好比一辆自行车，一个制造商要想在一家自行车修理铺里把自行车的零件凑成一辆可以骑的自行车，它的价格要比一辆完好的自行车譬如高出20%，这时制造商会感到为难的。零件是商品，归算于它们的价值是残值。但是这辆自行车是相互配合的，像一家运行中的工厂那样正在产生一种特殊的使用价值。在这一个例子中，自行车本身被看成是一种商品，而一家提供产品的工厂、农场、商店从广义上来说，也是商品，它作为一个整体单位可以进行买卖。但这是一个特殊的单位，一个生产的单位，一个运行中的工厂，它有它的市场价值，而它的各个部分有归算价值。

① 参见本章第4节末段。

运行中的工厂的价值也是如此，法院把这种价值叫做“废物”或“死的结构”。当它与运行中的业务的价值相比较时，它也是一种归算价值。在残值和运行中的工厂的价值之间的一个不同项目就是归算为“工程间接成本”的那种东西。把残值扩大为运行中的工厂的价值的就是这种工程间接成本，而且它还包含了技术上不属于工程成本的某些成本。例如，在进行这种估值时，对工程师所作的指示好像就是给运行中的业务的可能收买者的指示，他已经有了运行中的业务或特许权，但却没有运行中的工厂，于是他很想知道究竟要花多少钱才可以使这种运行中的工厂达到能供应实际服务的现时情况，从而使这种业务能获得预期服务的现时价格。这包括建造现有工厂的全部成本，但不包括“建立”这种业务的成本。作为这样一种成本，它除了所有独立的部分作为独立项目所 202
归算的市场价值外，还要加上归算于创办、建造、装置等间接成本，如法律、工程和营业费用、保险费、建造时期的应付意外事故的准备金、建造时期各项开支数额的利息及一切管理费用等等。这些“工程的间接成本”费用，在得·梅因煤气费率案中估计为15%，这一数字增加在基本项目的总体成本之上。

所以应用于决定运行中的工厂的价值的就是应用于决定残值的同一再生产成本准则，也是按照现时价格在现有的折旧情况下的再生产成本。每一种都是归算方面的特殊问题，或者也可以适当地称为可供选择的市场价值或再生产成本，因为它既是一种归算的成本，也是一种归算价值。对于买主来说，它是一种归算成本，因为这是它的一种支出，对于卖主来说，它是一种归算价值，因为这是他的一种收入。但是它是一种可供选择的市场成本和可供选择的市场价值，因为它的价值是参照在可供选择的自由市场上，按市场的原有价格的所需成本而估计出来的。它具有“阻碍价值”的性质，或者在技术上属于“反机会价值”，因为这是一个人在假定没有现存的工厂时，可能必须要付出的可供选择的价格。所以，运行中的工厂的价值是一种归算的或可供选择的市场价值，也就是按原有市场的原有价格，并在其原有的折旧情况下归算于这家工厂的再生产成本。

这样我们就可以把实际的收益价值与归算价值，或可供选择的市场价加以区别。收益价值就是运行中的业务已知的价值。可供选择的市场价值就是运行中的工厂的归算价值。凡是在伦理和政治问题不发生妨碍的地方，收益价值和可供选择的市场价值可以一致起来。因为市场价值无非是买主和卖主在自由市场上，根据财产所预期的收益价值而可能达成的价格。但是当收益价值因伦理或政治原因而产生问题的时候，那么，实际的市场价值就会完全消失，而且如果它作为归算价值再出现时，这一定是有别的原因的。奴隶对主人含有收益价值，所以对主人具有市场价值。但是当奴隶因政治理由而被解放时，他的市场价值消失了，因为他的预期收益价值已不能再进行买卖。一家运行中的工厂的情况也是如
203 此。如果私有财产取消了，那么，就如萨维奇法官天真地认为的那样，仅仅非法性一条就会把它的收益价值和市场价值一起消灭。然而，如果私有财产不废除，而只打算取消它收取非法价格的决断权，那么，私有财产的实质始终存在于买主不受强制的、有选择自由和平等的市场上所可能得到的归算估值之中，因为他有自由在原有的市场上按原有的价格积累或买进同样好的财产，而不必接

受以特惠收益力量的价值为基础而提供给他的财产。

这就是由运行中的机构的价值所引起的问题。萨维奇法官为了要替它找出合理的根据，不得不依赖于收益价值，由于伦理和政治原因人们对收益价值产生了疑问。作为特许权价值，他把它消灭了，因为它好像来自非法的收益价值。但是作为运行中的机构的价值，他又把它恢复了，因为为了有市场价值它当然有收益价值。我们也曾经看到，最高法院如何在诺克斯维尔、锡达拉比兹和得·梅因案件上，正确而又暂时地排除了特许权在享有特惠权情况下的收益价值，而接受归算于“间接成本”的可供选择的市场价值，作为对所谓运行中的机构的价值的充分准备。但是在以后的费率案件中和所有的收购案件中，法院在以替换再生产成本为基础的建设“间接费用”上再加上一种以收益力量为基础的运行中的机构的价值。这个准备数实质上不是像布鲁尔法官所坚持按原有费率计算的实际市场价值，而被公认为是从一种奇异的复合体所造成的归算价值，这种复合体中一部分是由于过多而变成非法的那种收益力量；一部分是布鲁尔法官所认为的公司未曾偿付的物质联系；还有一部分是萨维奇法官认为的与非法性而不是与均等的合法性相对的享有特惠权的合法性。

(6)未补偿的服务

我们已经注意到一种有趣的对比，即从18世纪的后半叶起，经济学家根据人与自然的关系，以商品和感觉的形式，不断地创立有关价值的理论，而法院则正在根据人与人之间的核定的和未核定的交易，以商誉和特惠权的形式不断地创立有关价值的理论。

这些估值的过程是不可分割的，但它们却属于不同的思想体系。人作为一个生产者，为了满足他作为消费者的需要，克服了自然的
204 力量。自然界提供了“基本的”效用，如化学的、物理的、引力的、物质本性的各种效用，而人把它们转变成“形式效用”，或把它们变成“地点效用”，或为“时间效用”而把它们储存起来，以便满足他的欲望，不管他有什么欲望，也不管这些欲望出现在何处或何时。

这些都是基本的问题，因为实在太基本了，所以对于其他动物也是如此。但是当人这种动物出现在本国和世界市场上时，他就需要额外的东西。他所消费的每样东西都要先经过很多其他人的手，而且每一个人都依靠上一个人以选择最佳的基本效用，给它们以最好的形式，并经常将它们运用到最需要的地方。随着商业上的相互依赖性的增加，每一个个体越来越不重要，每一个人愈来愈依赖于他对其他人的诚实、勤勉、果断和良好管理的信任。简言之，对他人的信任是一切效用中最大的效用，因为如果没有了它，每一个人就必须直接从大自然或通过一个小小的家庭或氏族来满足他本身的需要，因为只有这些成员才是他所能看到和左右的。

考虑到相互依赖是信任的必要条件，所以亚当·斯密不得不假定人是受到一只“看不见的手”或一种自然法则（他称之谓天道）的支配，它引导人们在追求本身自我利益的过程，又能在无意中满足他人的需要。[①] 但是经验告诉我们，正是这只看不见的手生产了消费者不得不忍受的“劣质而污秽”的货物，这就使卡莱尔、拉斯金、莫里斯和其他浪漫派经济学家都想回复到中古时代那种限于

① 亚当·斯密：《国富论》，第1卷，第421页（凯南版）。

邻近区域内的生产和消费。但是法院非但不复旧，而且开始使自己适应于当前所存在的那种变化无常的情况。早在 1580 年，法院的看得见的手已开始滥用它的干预的令状以保护一个制造商的名声，这个制造商依靠他生产的优质商品唤起了顾客对他的信任，从而他逐步扩大了他的业务。[①] 他把无形的效用加在他的产品上，使它不仅具有购买者在一种商品上所能看到或感到的那种基本的、形式的、时间的和地点的效用，而且还有对另一方面所默许的允诺和依附于其他人所制造的商品的信任上所看得见的一种效 205  用。如果说财富的生产就能减少人类缺陷的某一种和一切劳务的生产（人类最大的缺陷是无知），如果说，那种劳务的可靠证明就是实际的行为，那么，无形的效用和可以使人对别人的良好行为产生信心的那种允诺也是生产财富的。所以使用价值的五个构成要素就是指自然界所提供的基本要素，劳动所提供的形式和地点效用，投资者所提供的时间效用和人的品性所提供的信任效用。简言之，对他人的信任就是一种“超越一切的”效用，没有这种信任，现代社会就不可能极大地丰富它所需要的基本的、形式的、时间的和地点的效用。

这些区别能使我们确定由运行中的工厂和生产组织控制的各个部门，并将这些部门分配给几个科学的分支。运行中的工厂是指在人的劳动支配下，在满足人的需要的过程中的自然界力量和物质。人与自然的这种关系包括了三个方面，即艺术、科学和工程：艺术是指通过调节人和自然的力量去满足最终消费者的需要

① 参见第 7 章第 3 节。

和特性；科学是指以力量活动过程为基础的力量的智识；工程是指力量的经济化或经济的比例配合，以期支出最小的能量和获得最大的效用增殖。艺术和科学是浪费性的；工程是经济性的。艺术是目的和理想；科学是假设和证明；工程是规划、估值和执行。艺术起主导作用，科学起了解作用，工程起执行作用。它们结合在一起，就是自然或技术经济的领域，不仅包括对运行中的工厂的控制，而且也包括对运转这家工厂的生产组织的管理。它们是人的和非人的力量的领域。在这些力量能成功地导向财富生产以前，我们必须对它们有一个了解。通过一些相应的科学才能对它们求得了解，这些相应的科学是物理、化学、生物、动物心理以及人的心理，即重视“质”和“量”的检查，后来被叫做“科学管理”和带有推销艺术的所谓“科学广告”。效用经济学自始至终是艺术、科学和工程在控制和按比例配合自然和人的力量的一种联合。它是运行中
206 的工厂及其生产组织的经济。工厂本身是根据每种力量的品种、供给量和价格比例配合的自然力量；而生产组织则是根据人的体力、智力和管理能力的供给量和价格的比例配合的人的力量。工商业者都以各自的工厂和组织感到自豪。他的“良好的组织”意味着人的才能的良好配合。他的富有效率的工厂，就是自然力量的良好配合。这两者是不可分割的。如果没有一个生产组织，这个运行中的工厂就是一个死的结构。如果一个运行中的工厂，这个生产的组织也不会产生成果。它们体现了人与自然不可分割的关系，这种关系是根据运行中的机构的成员在当时对艺术、科学和工程了解的水平情况下，按比例加以配合，并使其经济化。

但是工程经济虽然生产了商品，可是它本身却不能产生对商

品的信任。诚实和良好的服务是产生对商品的信任的根源。所以财富的生产,也就是艺术、科学、工程及伦理的密切结合。伦理就是那种无形的效用,即信心的生产领域,没有无形的效用,有形的效用根本就不会产生。伦理的使用价值就是对别人的信任,而伦理的交换价值则为它们的商誉的市场价值。

像商品的其他效用那样,商誉与其他效用的比例可以大不相同。由于各种各样的原因,它与其他的品种的比例可以减少或增加。错误、服务糟糕、不诚实、虚假的谣传等等都会减少其作为资产的价值,因为这些东西会缩小信任。此外,顾客的好感与他们的需要有点背道而驰,因而垄断、特权、不公平的利益和其他形式的经济强制,虽然使商誉作为资产的价值降低了,但却相应地把公众的需要扩大成为一种资产。因为商誉是一种竞争性的资产,随着竞争性的商誉的增加它的价值就降低了。竞争的水平随着公平竞争的法律和习惯的广泛采用而提高了,因此某一家商号的商誉降低到了更加一般的商誉水平,那就是所有相竞争的商品所同样具备的普通合法性。它丧失了作为资产的个别价值,然而即使在较高的竞争水平上,它可以以提供上等服务的新的形式继续存在下去。

商誉既然是一种社会关系,它就意味着一种交互的关系。它
是互惠交易的预期。它根据当事人明显的或隐喻的行为推测到一 207
种契约,要求一种补偿的服务,这无非就是投资关系中的债权人和债务人的关系。劳动者在没有领取报酬之前,他也是业务的投资者,因为他把期待的服务加到了工作的服务上去了,而且他的投资数额就是他付出的劳动力尚未得到报酬的数额。在星期六晚上,这种要求得到了清偿,一位直接的投资者预付了购买力,把劳动者

的更多的期待的劳务取了过来,如此往复进行,直到最终的消费者(同时也是交互的生产者)在价格上付出其最后的报酬。

所以运行中的业务虽然是一种不断进行的交易,但它是建立在对隐含的协议的基础上,这个协议就是认为交易是对尚未补偿的服务进行补偿的手段。这是隐含在私有财产制度中的投资和清偿的过程,在预期的补偿得到满足之前,它使财产所有者有权抑制劳务的供应。近年来所以要对资本和财产给予新的定义,就是因为认识到了投资和补偿之间有这样一种伦理的关系。安帝哥案件[①]中的威斯康星铁路委员会开创了这种关系,后来为其他案件所遵循,又得到了州最高法院[②]的支持。为了使原始投资及后来的赤字和盈余保持平衡和得出一个“无偿成本”的现时总额或“净总损失”,或“无偿的合理损失”[③],就需要搞清楚财产的财务史,而上面所提到的种种被看做是营业资本化的总额,以使所有者能在过去的投资上获得一个合理的收益。[④]

① 希尔对安帝哥自来水公司的诉讼,案例编号:(3 W. R. C. R.)第 623 页(1909 年)。R. H. 威登:《公用事业公司的估值》,第 1 卷,第 520 页(1912 年);第 2 卷,第 1274 页(1914 年)。

② 阿伯莱登自来水公司对铁路委员会的诉讼,案例编号:(154 Wis.)第 121 页(1913 年)。

③ 参见约翰·鲍尔:“估值的基础——公用事业投资收益的控制”一文,载《美国经济评论》,第 6 期,第 568、575 页(1916 年);詹姆士·艾立森:“公用事业估值的伦理和经济要素”,载《经济学季刊》第 27 期,第 27 页(1912 年);J. R. 康芒斯在美国参议院州际商业委员会上的证词(1913 年);C. C. 亨德森:“铁路估值与法院”,载《哈佛大学法律评论》,第 33 期,第 902 页(1920 年);D. R. 里赫伯格:“费率调节的永久根据”,载《耶鲁大学法律杂志》,第 31 期,第 263 页(1922 年)。下一个案件加尔维斯敦电气公司对加尔维斯敦市的诉讼,案例编号:(272 Fed.)第 147 页(1912 年)和(42 最高法院报告),第 351 页(1922 年),显然接受了这些作者的结论。

④ 阿伯莱登对铁路委员会的诉讼,案例编号:(154 Wis.)第 121、147、149 页。

这个估值方法是有缺陷的，因为从一开始需要重新做账，并必须确定过去认为合理的利润率以作为计算盈亏的基础。而过去在 208
制定限制利润的法令之前，投资者的预期并不是这样受限制的。部分地依靠了利润，建起了物质工厂，这种利润在当时不管怎么多，仍被看做是当时投资者的财产，建立物质工厂所需的另一部分来自新发行的证券。而且这种方法补偿了投资者过去的亏损，这与竞争性营业在艰难时期或在管理不善情况下所忍受损失的那种方式是相反的。这种方法把所有亏损的累积数加到了现时的资本化价值上去，而竞争性营业则是从资产上减去所有亏损的累积数。

为了充分了解投资者在过去实际预期些什么，就有必要根据当时的建造成本去确定他们一年接着一年地在这家工厂里实际上投入了什么。现在的这家工厂是由各部分组成的，其中有些部分在工厂初创之年就有的，还有一些部分替换了早先各部分，再有一些部分是新增加的，而所有各部分都随着时间和使用或多或少地要进行折旧。在不同时间安装起来的各个部分实际成本需根据当前的情况进行折旧，并包括协调各部分的工程间接成本，从而产生了鲍尔所说的“净装置成本”[1]，或联邦估价法所称的“现时的原始成本”[2]，而且用来衡量投资者在投资时和在将来对整个财产所具有的信心程度。在当前评估时所得出的总额代表了投资者在不断投资的过程中按当时所具有的预期而投入企业的财产价值。它标志着“最接近于投资者的直接牺牲的实际近似值”，[3]而且是在这

① 参见前引，鲍尔，第582、583页。

② 美国法令，《商业管制法》，第19a(1913年)。

③ 参见前引，鲍尔，第583页。

个工厂的历史上发生各种变迁的情况下，按照他们认为的在安装工厂时期所应该得到的补偿为标准而衡量出来的一种无偿累积数。

总而言之，这种净装置成本，或减去折旧以后的原始成本，历史地衡量了投资者的好感，因为它日复一日、年复一年地控制着投资者对于企业的态度。

因为好感就是交易双方非强制性地选择机会。投资者选择机
209 会意味着他从投资而获得的预期收入之间进行选择。他所放弃的是现时的购买力。他所预期的是未来的购买力。投资者的好感代表了这家企业富有信用。这是由对于管理方面的信心和对于产品能获得交互补偿的信心所决定的。我们已经发现，大家普遍认为垄断或享有特权的市场与顾客的好感观念矛盾，因为顾客的自由选择受到了限制，但是同一个垄断或享有特权的市场在投资时期绝对享有投资者的好感，因为他在“货币市场”上尚未投入的资本在所有自由选择的手段中是最完善的。如果这个运行中的机构从这个投资者那里所得到的信任超过了他对可供选择的投资的信任，那么，作为一个局外人，他通过以高价买下这个机构所发行的新证券，从而减少他在投资上所得到的利息或利润率的方式表示了他对这个机构的信任，或者作为一名股东，他可以宣布只把净收入的一部分作为红利而把其余部分再投入这个企业，由此来表示他对这个机构的信任。在任何一种情况下，在实际建设或重建企业时期所预期的净收入，与投资者对一个企业缺乏信任的状况下所获得的类似的收入相比，前者意味着扩充、复置或维修企业时可以从投资者那里获得更多的投资的手段。这种信任感影响到工厂

作为原始建造成本的物质规模和情况，也影响到工厂所提供的服务的数量和质量，而且这种信任无非就是这家工厂的每一原有部分在它实际安装时期的原始成本。

过去的工资和薪金早已按当时所认定的报酬率付给了生产业务组织的所有成员，以酬劳他们的劳动。他们对这家企业没有什么进一步的要求了。过去的利息和红利已经按投资时所认定的条件和风险报偿了投资者。如果过去发生了亏空，他们不再能为这种亏空提出要求，因为他们默认了这种亏损，这与他们在过去获得了盈余，但也不能因此而对他们提出正当的要求，因为诱使他们冒亏空危险的正是这种盈余。因此，对于过去业务经营上的收入和支出以及投资者过去所得的报偿不必再加追究，这样就可以确定
未偿付劳务的应计数额。不管这个应计额有多大，正如竞争性的 210
企业促使作出选择那样，它总是各有关方面在实际建造或重建企业时在各种情况和预期下对于机会的实际选择。按照过去所支付的价格，这个运行中的工厂从过去的这些选择中，经过折旧保持了目前的这个样子，并且用原始成本减去折旧的数额加以衡量，它就代表了投资者根据他们自己的自由选择实际留剩在这种企业中的东西。

这样我们就可以看到，这种“运行中的机构”开始把自己分成三个概念，每一个概念均按因不同的目的而使用的不同方法所确定的资产价值数额而加以区别。

第一，这是一个运行中的工厂，是物质性的东西，它的“结构价值”、“物质价值”、“有形价值”是一个归算价值，它被看做是在当前情况下再建立与原厂有联系的，并把产品交付给顾客的类似的工

厂的成本。作为资产，古典经济理论的竞争成本原则是它的估值基础，古典经济理论认为，一样东西的交换价值不决定于它的原始生产成本，而决定于它的现时再生产成本，然而这不适用于个别的商品，而适用于扩大了的商品，即一个各具体部分协调配合的正在运转的整个工厂。这个运行中的工厂的估值或财产目录，就是它的归算的“现时价值”，这是指一个买主如果从事这种营业或拥有特许权而没有这家工厂，他必须按现时价格重新把它建设起来的话，那么他根据这家工厂的现实状况愿意购买而支付的价格。

第二，这是运行中的业务，也就是把有形的、无形体的和无形的资产进行配合，它的“运行中的机构的价值”，或更确切地说它的运行中的业务价值就是各项预期交易的价值。预料的原则是估值的基础，最初是由奥地利的庞-巴维克从心理上提出了根据，后来美国的费雪从心理和商业角度进行了论述。[①] 从这一概念中产生了“现时价值”，但是它不受再生产成本的支配，而受预期的议价力量的现时价值支配，也就是说预期存在于未来而为现时所预料到的那种净收入。

第三，这是实际的投资，即“现时的原始成本”、“实际成本”、
211 “净装备成本”、“未经补偿的合理牺牲”，伦理的原则是它的估值的基础，这一原则着眼于劳务和补偿的关系。它也给予了“现时价值”，但这种价值是未偿劳务的应计额，亦即过去所提供的而至今尚未为顾客和最后的消费者所补偿的劳务。

---

① 庞-巴维克：《资本实证论》(1891 年译本)；I.费雪：《资本与收入的性质》(1906 年)。

运行中的机构的三个方面，实际上也就是资本的三个概念。第一，这是以资本为物质性东西的古典经济概念，占有资本的目的是为了未来的生产和收入，但是，在商品市场自由竞争的制度下，它不能超过再生产的成本。第二，它含有更复杂的商业概念。资本作为资产的购买力，包括有形的、无形的和无形体的资产，当一个运行中的机构由预期净收入的资本化来决定时，它就有了一个现时市场价值。第三，它是伦理的概念，这是指那些为了他人未来的使用，并有权在将来要求报偿的过去提供财产的人的未偿的劳务的应计额。按照第一种概念，资本是物质性东西的现时市场价格；按照第二种概念，资本是未来收益能力的现时价值；按照第三种概念，资本是未补偿的劳务的现时价值。

在财产[①]概念上也发生了类似的变化。按照第一种概念，财产是为生产和出卖而保有的物质性的东西；按照第二种概念，财产就是预期的收益能力；按照第三种概念，财产是表现在以现时为基础的对未来议价能力的预期中的服务。

在这三个估值和归算的原则指导下而获得的几种资本价值和财产绝非相同。如果价值是一个固定的外在东西，具有物质的形式，那么，在一个时间和一个地方，一种东西就只有一个价值。但是如果价值是一种估值的过程，那么，估值的目的就会决定其价值。[②] 如果目的是要说明买主和卖主、债权人和债务人、雇主和职工、统治者和公民之间表现于价格上的伦理关系，那么我们就可以

① 不是“财产的权利”。

② 后面第 9 章。比较弗赖迪：“价值学说的扩充”，26《经济学季刊》，第 197 页(1922 年)。

看到，同一种东西有多少种基本的人的关系，就会有多少种价值。因为在那时候，价格就成为公正和不公正的衡量手段，同时也是供
212 求的结果，而且当价格在相当大的程度上受到政府和资本或劳工团体的控制的时候，它愈加成为公正和不公正的衡量手段以及供求的结果。

在接受有关资本和财产的这种伦理概念的时候，过去遗留下来的两样东西起了阻碍作用。一个是把价值看作由自由竞争决定的再生产成本的个人主义的、物质的概念，另一个是把价值看作为运行中的业务的现时价值的业务概念。这两个概念密切相关。据认为再生产成本不仅是运行中的工厂，而且也是运行中的业务的再生产成本。但是运行中的工厂和运行中的业务是属于两个不同和甚至相反的体系。运行中的工厂是对公众提供服务的一个生产组织。运行中的业务是为生产者带来收入的营业组织。一个是为他人服务的组织，另一个是对他人施加力量的组织。一个是对他人提供服务的手段，另一个是为这种服务取得价格的力量。因此要根据两种不同的社会关系和两种不同的观点来对它们进行估值。

在衡量卖主和买主为追逐私人目的而协议的价格时，我们计算出了再生产成本。如果一个买主不是按照现有状况买进，那么他自己究竟会花多少钱去建设这样一个工厂和业务呢？对他而言，价值就是估计出来的可供选择的牺牲，是可供选择的市场价格或“阻碍价值”，如果他有业务而没有工厂，或者他既无工厂，也无业务，而想要建设类似的工厂和业务，那么他在取得这家工厂时必须负担上述价值。无论在哪一种情况下，他所资本化的就是他想

在将来得到一个类似的收入所需要花去的那种成本，而不是收买现在属于卖主的那种收入。他是在业务的阻碍价值的基础上把业务资本化的。

但是当政府插手的时候，政府代表的不是买主和卖主，而是具有公共目的的国家；它所以进行干涉，正是因为这种收入本身已经引起了问题，即它已不再被认为是从商誉产生的，而是来自特权。于是就力图把这种关系恢复到消费者能在生产者之间进行自由选择的关系。消费者事实上很少或完全没有选择的自由，但财产却是作为针对消费者的要求权而进行估值的。消费者是隐含的债务人，财产的估值是他们为这种劳务需要付出的预期价格的价值。如果处于目前这种状况的运行中的业务，在反对消费者的情况下 213
资本化，那就是把他们的不愿意的情绪在违反他们的意志的情况下估值在内，但是应该只有他们自愿的惠顾才能合理衡量他们所应付的价格。

商誉实际上与特惠权相类似，因为这是其他竞争者得不到的利益，因而它可以从实际投资方面产生较大的利润。然而商誉也是与众不同的利益，必须依靠经常注意改进服务才能维护下来，因为它是一种脆弱的利益。那么，问题的实质就在于，是否应该以资本化的形式或以利润率的形式承认商誉的要素呢？不管以后提供什么样的劳务，财产估值针对消费者提出了一个永久性的要求。但是利润率的起落并不针对消费者提出一个永久性的要求，因为利润率随着一般业务情况而变动，也随着商誉的好坏而变动。这就涉及了对私营企业的进行管制的关键性问题。为了管制费率，我们绝对不能把商誉资本化。商誉是以预期的服务为基础的资产。与商誉的性质相一致的更为精确的方法就是采取价格和利润水平的滑动管制，这样，如果这家机构降低价格，利润就可以增加，如果这家机构把价格提高，利润就会相应地减少。关于这种方法的切实性和详细介绍，这里不再进行讨论了。[①]

① 各种滑动制度，请详见市民联盟关于市营和私营公用事业的报告，第1卷，第24页(1907年)。

第六章　地租契约——封建主义与使用价值 214

奥斯先生为方便起见，曾经搜集了有关财产的许多法律定义以说明令人眼花缭乱的多样性。这些定义包括了以下几种："改进、使用、持有、享受和处置某一样东西的权利"；"以一切合法手段保护某一个人的财产权利"；"任何有价值的权利或权益"；"不管怎么不重要的，凡是具有所有权权利的任何东西"；"凡是具有交换价值的每样东西"，不论是"有形体的或无形体的"、"有形的或无形的"、"可见的或不可见的"、"不动产或动产"。其中包括"劳动及劳动权利"、"地役权和特许权"、"抵押权"、"采矿权"；"对不动产的每种权利和资格"、"对不动产的留置权和选择权"、"货币、货物和动产"、"火险申请书"、"保险单"、"依法赢得但未实际占有的动产"、"能清偿债务的信用"、"股票"、"专卖权"和"思维的产物"。[①]

财产和自由的各种含义是若干世纪以来的法律史的产物，所以，如果我们把它们按历史的顺序排列起来，并分析产生这些观念的不同来源，我们会发现，它们也许就会形成一种类乎次序的东西。以上各章的讨论提出了现代财产概念的两个来源。一个是王室的特权，另一个是习惯法。这两个概念同时发生了演变，事实上

① 伊莱："财产与契约"，第 855 页(1914 年)；另见鲍维尔的著作，第 2750 页。

它们是不可分割的。特权起源于军事征服，而习惯法则起源于人民的习惯和信仰。但是这些是由国王的司法代理人对这些习惯和信仰加以解释，并由国王的行政代理人来执行。威廉一世及其律师并未将他的财产与他的统治权相区别。[①] 两者都是占有权而不是财产。他既是地主又是国王。他拥有征服的权利所以土地是他的，而人民却是他的被统治者。财产权和统治权是合在一起的，因为二者无非都是对物和人的支配。

215 类似所有权和君权的观念，普遍流行于自由民各阶层中。我们曾经提到过把财产作为专供个人使用和享受的那种绝对占有的原始观念。但是这种“使用和享受”并非只是对东西的物质性占有。它们也是对被统治者的行为的控制。财产就是由于占有而得到的君权。[②] 它是命令和服从的个人关系。“在中古时期的英语中，有人曾经提到一头野兽或其他动产的**统治者**”[③]，而且布莱克斯通在当时把财产说作“一个人对于世界上外在的东西所要求的唯一和绝对的支配，完全排斥了宇宙间任何其他个人对于这种东西的权利”。[④]

但是在早期时候，这种“唯一和绝对的支配”不只是对物的支配，确切地说，是对人的行为的部分或全面的支配。土地、农奴、佃

① F. W. 马特兰：《末日载判书及其他》，第 102、168、169 页（1907 年）；W. S. 霍尔兹沃斯：《英国法律史》，第 1 卷，第 10 页，第 3 卷，第 354 页（1903 年）；E. 詹克斯：《英国法律简史》。

② 波劳克和马特兰：《英国法律史》，第 1 卷，第 149 页（1911 年）。他们指出，中古时期的思想只关心东西的物质占有，很少能了解后来对于“财产”和“所有权”之间所形成的那种没有物质占有的区别。

③ 同上书，第 2 卷，第 4 页。

④ 《布莱克斯通纪事》，第 2 页。

农都是连在一起的。从最低级的自由民起，直至国王都参与了对这些人的控制。每一个自由民对归属于他的那个部分内所包含的劳务以及对于其他人的个人劳务，都是所有者，也是统治者，而且这些劳务是以物质产品的形式偿付的。[1] 原始时期的思想，难于了解物质对象和个人以外的任何东西，而且他的了解实际上只是事实的反映。在一个暴力的时代，有权势者的意志就是政府，而且在农奴和佃农时代，对人的物质上的控制很难与对土地和动产的排他性占有相区别。那时候还不存在货币经济，可以使地租转化为价格；劳动者很少或没有个人的自由，这样就使对人的主权与对东西的主权分离了开来；那时还缺乏一个可以自动强制履行契约的稳定的政府，因此一个人不必施加个人的命令以获得属于他的东西，只凭债权人的权利和债务人的义务，就可以使它源源而来。通过以后的这些改革，这种为个人自己使用和享受而占有物质性东西的更物质的观念与那种以命令和服从为主的更加强调领主的
观念区别了开来。但无论在哪一种情况下，不管这是个人的劳务 216
或物质的产品，封建制度下的统治和地租契约的实质，总是使用价值而不是交换价值。

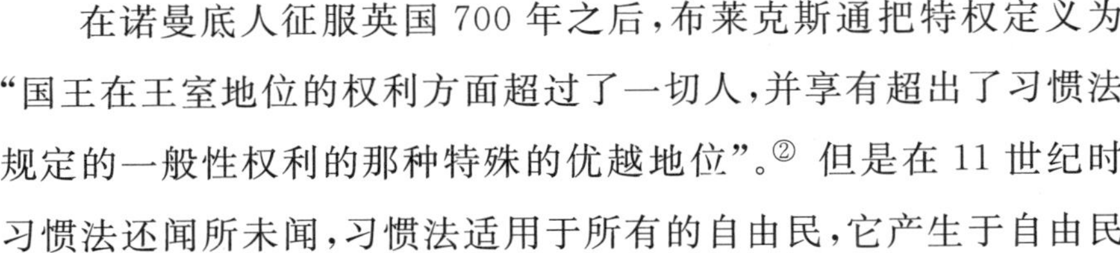

在诺曼底人征服英国 700 年之后，布莱克斯通把特权定义为“国王在王室地位的权利方面超过了一切人，并享有超出了习惯法规定的一般性权利的那种特殊的优越地位”。[2] 但是在 11 世纪时习惯法还闻所未闻，习惯法适用于所有的自由民，它产生于自由民

① 波劳克和马特兰，第 2 卷，第 145、148、181 页。

② 《布莱克斯通纪事》，第 239 页；参见约瑟夫·奇蒂：《国王的特权》(1820 年)。

的习俗，也是保护他们的财产和自由的法律。那时候只有地方性的习惯和裁判权，但是还没有具有可以充分抑制特权力量的习惯法，由此特权就成为“普通惯例”中的一个例外。特权就是权力的源泉。一部分反映在国王对子民所特许的统治权力和特免权，另一部分表现在他通过自己的代理人而运用的权力。我们已经提到过在经济特惠权方面他特许的两个主要方式，这就是授予土地和授予其他特许权或“自由”，这些在后来就变成了排他性市场和公司组织的特许权。他所保持或试图保持在自己手中的经济特权，就是对税权和通货的控制。

授予土地、市场和公司特许权的条件是有差别的，不过差别很小。每一项都是通过私人的协议个别地出卖或授予他的子民。正如他可以出卖王室的土地一样，他可以出卖特惠权和特许权。每一项授予都带有经他同意的统治权力和特免权。这种允诺的权力是指国王的法院和行政官吏可以在必要的时候把其他人从这块土地和这个市场上赶出去，从而使被授予者享有规定地租和价格的经济权力。特免权是指国王的法院和行政官吏允诺在被授予者使用那种权力时不进行干涉。每项授予也都明文规定或隐含着被授予者对国王的尽忠或效劳作为报答，而且这种报答的条款可以随意改变，因为国王的法院不能对国王提出起诉。

因此受治者对于土地或自由，只要君主能行使收回土地或任意修改条款的权力，子民们就没有强制取得土地或自由的**权利**。
217 它们只是对于财产的**允诺**，而不是财产的**权利**。贵族们曾经一致想把这些允诺变成权利写在大宪章里。他们在战场上诱使国王约翰同意，“除非经过贵族的合法判决或按照国家的法律，不得对自由民加以逮捕或监禁，或剥夺其自由保有的土地，或取消他征收通过税和租税的自由或权利。……”然后他们设立了自己的常务委员会，打算在权力上超过国王，以便当协议发生争执时能决定对国王采取行动。国王对于这一点也曾表示同意。对于要求土地或“自由”的人，他的要求应得到与他的地位相同的人的承认，而不是由国王的代理人去承认；而且这一贵族的常务委员会以及他们的继任者应该拥有一支军队，以便在国王食言时，对国王进行惩罚，在国王纠正他的错误之前，可以侵占并保有他的土地。[①]

大家知道想以集体行动的方式把王室特权转变为财产权利的粗鲁尝试并没有取得成功。实际上王室的特权仍旧在滋长和扩张，在亨利七世和伊丽莎白绝对专制时期王室特权达到了登峰造极的地步。

与此同时，在特权的基础上，习惯法正在发展起来，这是属于自由民的，而不是属于奴隶的有关私有财产和个人自由的法律。在英国被征服之前，早期的英国法律是由自由民在市镇上通常举行的群众集会上制定的。他们在判决案件时没有书面的记录，而只凭记忆力和习俗中活的证词，而且这些案件主要是涉及斗殴、侵害和偷窃。这些集会在同一时候既是立法，又是司法，又是行政，而且法律程序不是分成裁判、陪审、作证和辩护等职能。

诺曼底人的征服大体上把盎格鲁撒克逊自由民降为征服者的佃户和奴隶，废除了他们的群众大会，并建立了地主和佃租户的集会，因为作为国王的佃户或转租佃户而占有土地的人，就具有刑事

① 麦基齐尼：《大宪章》，第467页。

和民事的裁判权，佃户间发生争执时，可以进行审问和判决。那时的租佃活动和政府是分不开的。每一领地或租地既是一个农业单位，又是一个政府单位。一项有自由民和分成租佃户耕作的地产，正像带有农奴的庄园那样，既作为一个运行中的农业机构的经济
218 统一体，又作为一个拥有一批群众的集权的政府统一体。但是封建地产与农奴的庄园是不同的，因为自由的佃户享有常常从征服以前的时期遗留下来的某些习惯性的权利，但是他们通常一方面有劳务的契约权利，而在另一方面又有受保护的权利，这在征服以后的时期中形成习惯了。各种不同程度的贵族私人法庭决定了这些权利，从国王开始往下一级一级地统治着各自的直接佃户。他们是受限制的农业君主，而农奴的庄园则为专制的农业君主。

直到12世纪后半世纪，亨利二世才派出他的巡回法官到各郡去主持法庭。他们把一些自由民组织了起来，开创了陪审制度，这不是像有些人所说的那样，出于人民的习俗，这是出于国王的命令，目的在于襄助法官深刻了解附近各地的习俗和各人根据这些习俗所要求的权利。陪审员就是证人，既是人民习俗的证人，也是各人的所有物、要求权、斗殴和侵害的证人。[1] 对他们提出的问题中，不仅有法律问题，而且还有事实的问题。后来当国王的法官开始保护佃户以对抗地主时，他们也询查附近各地和这块土地上的习俗性地租和地租的惯例。这是国王手下的法官拥有的最主要的权力，即他有权把佃户对地主的控告向地主的私人法院提出来，并

① 参见波劳克和马特兰的著作，第1卷，第138页。

根据邻居陪审的证词对佃户给以公正的处理。[①]

私人封建法庭消逝得很缓慢。有权势的贵族对国王的习惯法法庭进行威逼。当地方法院碰到无法处理的大人物的案件时，国王的大法官又开始把这种案件接过来，并对民事案件进行判决。[②]直到 15 世纪发生的贵族战争以贵族的失败和亨利七世的胜利（1485 年）而告终时，国王才有可能禁止贵族拥有自己的大批武装侍从，从而把贵族的权力连根铲除了。国王通过设立星法院和小额债权法院以补充国王的大法官法庭的民事裁判，并通过对大贵族进行传询和处罚的非常刑事和民事裁判权完成了对贵族势力的彻底铲除。

农业君主制的经济焦点落在了地租契约上。英国的土地的租地规模是逐级减少的，从唯一的所有主国王起，通过主要的佃户、逐级租给转租户、自由保有地的佃户、奴隶和半奴隶租户。在每一 219
级租地水平上，在土地所有权和政府之间都没有区别。国王既是地主又是君主。贵族和贵族的支系也是如此。每一个贵族在他的贵族地产上都既是地主又是立法、行政和审判长的联合体。

所以地租契约含有双重意义，既是经济的又是政治的。一方面它涉及地租，另一方面又涉及捐税。这二者是不加区分的，所以它们实际就采取上级和下级间的契约形式，不过是按强迫程度的不同，即按租地权的“自由”和“不自由”的两个主要类别而分成等级的。对大君主的忠诚就是自由租地权的基本精神，这里还附带

① 参见波劳克和马特兰的著作，第 1 卷，第 147 页。

② 参见霍尔华斯的著作，第 3 卷，第 176 页。

着忠诚的合约和誓言，还要举行表示服从的仪式。[①] 出席君主的法庭或封臣的集会是强制性的。军事性的佃户也就是骑士，以提供若干骑士候补者或武装兵士为条件从国王那里租得土地。在他们之下是佃农，后来他们就成为分成租佃者，也就是纯农业佃户，他们以劳务和产品向地主缴纳地租。在一切租户之上的，就是这个惟一的地主和君主。

政府的地租是逐步通过货币的介入，在使使用价值转变为交换价值的过程中，从经济地租上抽取出来的。就主要租户和国王的关系而言，这个过程就包含了剥夺他们的侍从队伍，和建立国王的常备军队；也包含了国王的法院，不仅从贵族的法院那里取得了对他们的租户的习惯地租的决定权，而且也从他们手中取得了所有其他民事和刑事的裁判权。

由于把军队拿过来了，国王就需要钱维持他的军队和政府。这些钱是以各种方式从租户那里得来的，通常所采取的形式就是或多或少随意决定的付款，他所用的名义有“补助金”、“捐款”、“救济费”、婴妇“监护费”、在结婚或出卖土地时的补偿费等。人们力图想把这些地租契约上的任意的负担转化成固定的和有规律的货币支出。1610 年提出了这些打算，建议用一种“总合约”把这些任意决定的付款加以赎买并转换为现款，但是国王詹姆斯所提出的
220 现款地租不能满足地主的要求。[②] 最后，1660 年的议会在地主的控制下，在丝毫不给国王补偿的情况下，着手废除由于军役而保

① 参见詹克斯的著作，第 32 页。

② 参见詹克斯的著作，第 237 页；另见加德纳：《英国史》，第 2 卷，第 106 页；再另见道威尔：《租税论》，第 1 卷，第 187 页。

有的地产。但是他们以永久世袭的向人民征收的酒类消费税作为代替。

对于废除这种任意决定的地租而将其折换为货币的做法，布莱克斯通说得好，“这对于英国公民的财产来说，其收获超过了宪章；因为这样做仅仅消除了产生于军役地产的奢华，而实际上却保存了这种地产的元气，但是国王查尔斯的成文法却灭绝了一切，把它连根带枝铲除了”。①

的确，在王政复辟时期的王室租户，凭借议会的这一法案，真正创立了现代的土地财产制度，因为他们把国王的任意地租转化成了货币地租，结果他们就把自己从租户的身份变成所有者的身份，并使他们能对外在的东西实行“全面的和绝对的控制”，同时也就构成了统治权和财产。

君主是以地主身份出现的，封臣是作为租户身份出现的，他们之间在土地的地租价值问题上经过了450年的斗争，在长期的斗争中，土地私有财产的权利产生了。随着大宪章的产生，1218年开创了地租集体契约制度，这一制度到1660年的王政复辟时期和有限度的君主立宪时期告终，当时采用的方法很简单，把租户对君主应缴纳的地租以固定和确实的货币租金代替原来以商品或劳务随便计算决定的地租，这么一来就把以君主意志为主的支配权转化成以租户意志为主的支配权。在全国最大的地主也就是国王与租户之间实行以货币计算的地租的集体契约的时候，私有财产产

① 参见《布莱克斯通纪事》，第77页。有关本法的全文请见亚当斯和斯蒂芬斯：《英国宪政史文件选集》，第442页。

生了。由国王和纳税人代表集体决定缴纳一定现金税额的义务代替了由天字第一号地主个人所决定的以商品和劳务偿付地租的那种模糊的义务。只要国王能任意规定地租,不论是劳务地租或货币地租,他就是真正的所有者和统治者。当地租由集体规定以现金支付时,国王仅仅是统治者,而他的租户变成了所有者。所谓统治权与财产权的分离实质上就是从个人的地租契约转变成集体的地租契约,也就是从使用价值转化到交换价值,于是国王议会每年
221 制定的现金契约限制了国王的专断意志;地主不再是国王而是租户了。以货币为单位的集体地租契约就是土地税,而私有财产是缴纳了土地税以后留给地主的以使用价值或交换价值出现的那种剩余力量。

当然并不是一定要改变所有权名义上的归属,在英国所有权还是属于国王的。但是无论如何,真正的所有者已经是租户了,因为地租是以货币计算的一定税额,而无定量的剩余已移向名义上的租户,而这种余额才是实际所有权的标志,因为它标志着一个范围,在这个范围内的意志才是自由的。所以从历史的角度来说,地租从物质地租转变为了货币地租,而且地租已经不是国王从私有财产上取走的某些东西,财产是租户集体从国王那里取得的统治权。结果货币租税变成了土地所负担的政府地租,工商业自由和安全的法律中包含了土地的财产,所以实际上像动产一样,它也能根据它的预期的货币价值被买进和卖出。

自由保有地的租户处于直接与国王订租的大租户和较小的贵族之下,在 14 和 15 世纪当服军役转换成货币地租以后,他们把地租付给直属的地主而不再付给国王,虽然他们原来是为国王服军

役的。[1] 由此就产生了小地主或自耕农，从政治方面来说，他们只在国王召唤他们从军的时候才服兵役，但在经济方面他们还要对直属的地主以劳务、产品或货币缴纳地租。在好几个世纪之内，他们的物质景况越来越艰难，直到开始出现分成租佃时情况才有所改善。

最后要提的就是佃农问题，后来他们变成了分成租佃者，他们是一大批体力劳动者，主要从事农业，但是他们没有机会到国王的法庭去对抗他们主人的专横权力。在 14、15 世纪，他们的个人劳务已有一部分转换为固定的现金地租。最后，在 16 世纪当物价全面上涨以后，于是地主们大批驱逐租户并提高了地租额，这时除了习惯法的法院外，国王还成立了新的法院，它们开始按照有关规定对地主加以抑制。这种规定说，“地主不得随心所欲地改变与某一 222
土地租赁有联系的习俗。……地主必须尊重领地习俗和租地条款”。[2] 假如这些习俗在法官眼里是带有压迫性或奴役性的，这些习俗本身不应该得到承认。这样习惯法就逐渐地把分成租佃法律同化在自由租地的法律之中，而分成租佃就像自由租地一样，变成了没有奴役色彩的土地所有权的一种形式。[3] 所以当科克在 17 世纪初撰写《彻底的分成租佃者》一书时，他作这样的说明：“现在分成租佃者的基础是扎实的，现在他们对地主的不快毫不介意，他们不会因暴风的侵袭而动摇，他们安稳地吃、喝、睡觉；大家把目光都集中到一个问题上，（即）小心翼翼地履行他们的租地权所确实

① 参见詹克斯的著作，第 33 页。

② 参见霍尔兹沃斯的著作，第 3 卷，第 178 页。

③ 同上书，第 179 页。

规定和习俗所确实要求的义务和劳务；让地主去不满去吧，分成租佃者不必担惊受怕，因为他知道自己是安全的，不存在什么危险，如果地主的怒气发展到了要把他们驱逐出去，法律已经确定一些补救的办法；因为他可以请求法院传询地主或控告地主的不法行为与其对抗。从许多方面来看，时间对于分成租佃者是大为有利的”。[①]

这样，习惯法法院终于变成了人民的法院，保护了自由的、甚至受奴役的租户的土地所有权和地租契约，所以在伊丽莎白女王时代，她的显赫的秘书和钦差大人史密斯爵士把英国描写为“共和政体”(res publica)而不只是“一群人”，或作为一个人的意志的工具。他说：“我们可以把共和政体称作一个社会，或称作许多集合在一起的自由人，统一于一个共同的意志和他们自己的约法，使他们在平时和战时达到保卫自己的目的。我们不能把一群人滥称作共和政体，因为他们只是在特定的时间为了特定的目的而集合在一起，一旦任务完结以后，他们相互就分开了，恢复到以前的老样子。而且如果某一个人像某些古罗马人那样(如果历史记载可靠的话)，押有V千个或X千个奴隶，虽然他们也许都居住在同一个城市里，或分散在各个乡村，即使能把他们管理得很好，但还是不能称作共和政体；
223 因为奴隶与主人之间没有思想感情的交流，唯一追逐的是主人的财富，而不是奴隶或农奴的利益。……一名奴隶或农奴(除了生命或人道的原因之外)，仿佛就是主人的工具，像一

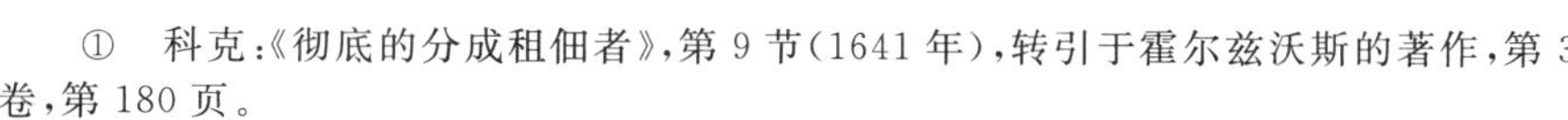

① 科克:《彻底的分成租佃者》，第9节(1641年)，转引于霍尔兹沃斯的著作，第3卷，第180页。

把斧和一把锯一样，所做成的箱柜和什具还是属于木匠的。……虽然一名农夫可以有很多这样的人，而且看来待他们相当不错，但是这并不能构成共和政体，而且也不能以此相称，因为他们唯一关心的是农夫的私人财富，而且他们没有共同的社会或各自的一份，没有法律，仆役和主人之间不能展开辩论。因此，除非土耳其人中间还有什么别的制度和统治方法，如果土耳其的帝王（像历史对他记载的那样）的确把所有其他人都作为他的奴仆和奴隶（只有他自己和他的儿子是自由人），那么，人们就可以怀疑究竟他的统治是否可以算是一个共和政体或共和王国，实际上只能算作为一种统治，即在他之下有无数的奴隶或奴仆，在他们之间没有权利、法律，也没有共和政体而只有君主和皇帝的意志”。[1]

而且托马斯·史密斯把农业的英格兰共和政体的人民划分为四个阶级，其中有三个阶级参与共和政体，有一个阶级除外。三个参与共和政体的阶级是指“男爵或地主阶层”；“骑士、乡绅或者就是绅士”，他们“悠闲地生活，无需劳动”；以及“自耕农”。[2]

这些自耕农“在共和政体里负担最重，作为最大，确切地说，他们比其他人更辛劳地为共和政体服务”。他们是自耕农，即“介于农民和绅士之间的一批人”，“他们自己以农业谋生，并在一定程度上养活了主人”。[3] 他们是“地主的租户”，也是胜过骑兵的射手和丁役，因为在作战时，英格兰的国王总是和他们一起打仗而不和骑

① T. 史密斯爵士：《英格兰共和国》（1567 年），1589 年以《英格兰共和政体》的书名再版，第 20、21 页（1906 年）。

② 同上书，第 31 页。

③ 同上书，第 43 页。

兵一起打仗，所以这就表明，“正如谁都可以猜测的，国王会认为他的力量是在什么地方”。[①]

最后，史密斯说，“在我们之中的第四种人或阶级，就是古罗马人所称的贫民或工人，雇工或贫农，人民中最低贱的一种人，没有
224 自由土地的商人和零售业者，分成租佃者，以及所有的工匠，如成衣匠、木匠、砖窑匠、砖瓦匠、泥水匠等”，他们“在我们的共和政体里既没有发言权也没有威望，而且大家都瞧不起他们，把他们看作只能受制于人而不能制人的人，但是他们却又不是完全被忽视的人”。[②]

所以在伊丽莎白女王时代，国王的法官似乎认为合理的从人民的习俗中产生的习惯法已经建立了一个农业的共和政体，它所使用的方法就是剥夺贵族的私人法院和军队，而以国王的习惯法法院来取代它们，习惯法法院又通过把社会的经济基础从使用价值的契约转变为交换价值的契约，为农民创造了财产和自由。

① T.史密斯爵士:《英格兰共和国》，第31—47页。
② 同上书，第46页。

第七章　价格契约——资本主义与交换价值 225

1. 共和政体

托马斯·史密斯爵士在叙述共和政体的时候，几乎没有提到“次于绅士地位的”“市民和自由民”，但是自从约翰[①]王朝以来，就是这些市民和自由民正在不断获得集体的权力和特免权，也就是所谓的“自由”，而且在史密斯的著作发表以后的三分之一的世纪里，他们像地主一样，他们的特许权的垄断和支配特点又开始丧失了。商人和制造业者的行会特许权曾为他们提供了一种“集体的君权”，类似于贵族的私人权力，因为他们的行会建成了像政府那样的机构，有群众会议、立法机构、法庭、行政官吏，甚至还有对违反条例的人执行处分和监禁的权力。多数成员的表决具有约束力，这是国王所赐予他们的最主要的统治特权，使他们能作为一个整体单位而行动。这些“商人和制造业者”的行会在它们的权力高

① 格鲁斯提到了 1215 年以前发给商人行会的 24 个执照。参见格鲁斯:《行会商人论》，第 9—16 页(1890 年)。

峰时期，不仅是合法化的“限用行会会员的行业”，而且也是合法化的政府。在它们的管辖区域内，非经行会认可的人不得加入竞争，而在行会内部除非遵照行会规定的公平竞争条款，否则就不得进行竞争。它们维持了产品的质量标准和竞争者的资格，他们的目的是为了保护公众并防止破坏性的竞争。[①] 它们甚至要求各成员分享他们可能获得的原料和任何预期的好买卖。它们强制成员执行所订的契约。它们联合起来甚至获得了对市县级政府的控制，而且它们的头面人物当选了市长和高级市政官。

226 在散布各地的行会里产生了资本主义的萌芽。在周围都是封建地主的情况下，它们要想得到做行商或工匠的特许，只有依靠上级的封建主给予的特惠权，使它们能作为单位而行动，并能制定和执行它们自己的规章制度。这种行会是自卫性的资本主义。但它们的财富和力量却有了增长。在市场和商业发展的情况下，它们的自卫特权超过了黩武主义和农业，成为排他性的特权，以买卖为生的人日益增加，而他们过去是依靠命令和服从为生的。

从 1599 年开始，由于上面提及的菲尔德法官在屠宰厂案件上作出了那些重要的判决[②]，于是习惯法的最高级法院，即英国高等法院认为，只要这种封锁行业的特权是以国王的行政官吏强制执行处罚为基础的，法院就要剥夺这些特权。法国在大革命废除了这些特权；在德国，这些特权一直延续到 19 世纪；在英国它们作为自愿的组织而存在，但是不拥有物质性强制执行行规的统治权力。

---

① 试比较 J. R. 康芒斯：“美国的鞋匠”，载《经济学季刊》，第 24 期，第 39 页（1909 年）；《劳工与行政》，第 219 页（1913 年）。

② 参见第 3 章初段。

1599年伦敦的成衣商行会第一个丧失了合法化的封锁行业的特权。那年国王的高等法院宣布成衣商协会的一项施行细则为非法。这项细则规定该协会中的每一个“弟兄”在给该协会成员以外的任何成衣工人制作衣服的衣料时，至少也必须给另一名“能操作成衣工人技艺”的弟兄提供同样多的制作材料，否则处以罚款10先令，并把他的货物作为强制执行的抵押品。在早年发给该协会的执照中曾经核准了这一细则，并得到历代国王和历届议会的确认，但还是被认为违反公共权利和公共利益，而且“违反习惯法”，因为作为一种垄断手段，它“违反了人民的自由”和“违反了共和政体”的精神。①

1602年，伊丽莎白王朝的末期，在垄断案件上这一论点阐述得更清楚和更有力量。② 伊丽莎白女王为了建设这个国家，发展新的资源，并鼓励国外的新的进口，曾特许了许多专卖的垄断权。③ 真如昂温在论述伊丽莎白女王继承人詹姆斯及查尔斯所特许的类似的垄断权时所说的那样，“它不仅仅因为这些特许似乎能为国王有增无减的财政困难提供一个最容易的出路。这种公司性的垄断精神在从事工商业的各阶级中相当普遍，从最富有的到最贫困的，都受到它的影响，这种精神也许真是要想使特许既不成为令人痛恨的但却又是不可避免的筹款方法，它能部分地体现国家政策的伟大和有利的计划”。④

① 达维南特对赫狄斯的诉讼，案例编号：(Trin，41 Eliz.)，莫尔(K. B.)第576页(1599年)；另见科克关于垄断案件的评述。

② 达西对阿莱因的诉讼，案例编号：(Trin 44 Eliz.)(1602年)。

③ W. E. 坎宁安：《英国工商业发展史》，第2卷，第58、287页脚注(1903年)。

④ 乔治·昂温：《伦敦的行会和公司》，第300页(1908年)。

然而伊丽莎白女王屈从于反对垄断的呼声，结果撤销了最不得人心的各种专卖权，然后让法官去对其他垄断作出判决。达西的案件涉及纸牌的销售、制造和进口的垄断。审判长波法姆及整个法院认为它违反习惯法和议会的法案，并根据下面四个理由宣布其为无效：

1. 凡是可以防止“毒害共和政体”的怠惰，并能增加各人自己和家庭的财产，俾能于必要时为女王服务的所有行业“对共和政体都是有利的”。2. 任何垄断必然会带来违反共和政体利益的种种因素，如抬高价格，降低质量，使技工及其家庭陷于贫困，因为得到专卖权的人既已独占了这种行业，他所关心的只是其私人利益而不是共和政体。3. 为了“公众的利益”女王才赐予特许权，但“特许权被用以追逐专卖者的私利而违反了公众的利益”。因此女王是被蒙蔽而授予特许权的。4. “不能设想 E. 达西先生和女王宫内便殿的一个侍臣会有机器制造纸牌的技艺；……禁止真正掌握这一技艺的人制造纸牌，而让毫无技艺的人专门去做纸牌将会使这种专卖完全无效”。

所以在很早以前，习惯法法院的审判长已经明确指出了共和政体的基本原则：任何人只要能使国家致富，也允许他发家致富，但是如果他单纯地从共同的财富中榨取私人的财富，那就是不许可的。

在这个关键性的时期中，还作出了其他类似的判决。1519 年
228 亨利八世颁布了允许伦敦的医师成立自己的组织特许状，这一特许后来为议会所确认，特许授权他们审查市内及市郊的医师资格，并禁止不合格的人行医，对于违反规定者处以罚款和监禁，医师组

织的负责人和监察员负责执行。在这种权力的操纵下，1608 年，博纳姆医生被这一组织的代理人监禁，于是他向法院控告对他的非法监禁。当时法院的审判长就是科克，他判定医师组织的监察员和理事都没有这种权力，而且在这个案件上他采取了极端的行动，把议会的法案彻底否定了。他说："在很多情况下习惯法可以约束议会的法案，有时并可判决其完全无效：因为当议会的法案违背公共利益和理智或不宜或不可能实行时，习惯法就可以抑制它，并宣告议会的法案无效"。[①]

接着于 1615 年发生了伊普斯威奇成衣工人协会案件。[②] 该协会是由亨利七世特许的组织，并于 1504 年为议会所确认，它有权制定并执行自己的章程。这一组织控告了一名成衣工人的过失行为，因为他到市镇上来从事这一行业时无法出示他曾当过七年学徒的证明，他的合格工人身份并未得到师傅和监护人的承认。法院根据习惯法判定："不得禁止任何人从事任何合法的行业"；法院认为青年人应该"学习合法的科学和从事合法的行业，这对共和政体是有利的"；法院又指出，这种抑制是"违反人民的自由和自由权的"，而且"所有这一切都是与习惯法和共和政体背道而驰的。"

这样，习惯法法院在行会案件上，完成了它们在贵族案件上所完成的任务。它们废除了行会私设公堂的私自裁判[③]，从此就如建立地租契约习惯法那样，为英国开辟了一条建立价格契约习惯

① 博纳姆案件，科克案情报告，第 8 卷，第 114 页 a，第 118 页 a(1610 年)。

② 科克案情报告，第 2 卷，第 53 页 a。

③ 18 世纪的某些判决似乎支持了行会的要求。参见霍尔兹沃斯：《英国法律史》，第 1 卷，第 352 页。行会私设公堂废除于 1853 年。

法的道路。工商业者同自耕农和分成租佃者一样，现在都能由国王的法官了解他们的习惯，并确定他们的权利和利益，以对抗行会和贵族的私设公堂。资本主义进入了进攻的阶段，打算对政府加以控制，而在自卫的时期，资本主义还求助于政府的力量。实际上
229 资本主义的请求变成了它的权利。在以后的一百年中，一直到1700 年嗣位法颁布时为止，农民和工商业者想要成为共和政体的成员而展开了持续的斗争，他们要求法院愿意并能够把他们习惯上的买卖关系变成财产和自由的习惯法。自从伟大的习惯法战士审判长科克于 1616 年被国王詹姆斯免职以后[①]，国王的法院也就无能为力了，因此贫民和工商业者转向集体控制议会的途径，转向建立军队，并甚至在 10 年之间，废黜了国王和贵族院，并将王国名正言顺地改成共和政体。虽然后来又恢复了王国，还把共和政体的名称从记载上抹去，但是 1700 年以后，法院不受国王的控制了，而且工商业的习惯法合并入了农业的习惯法。共和政体的名称移至美洲，并在新的形势下澳大利亚共和国复活了共和政体。

我们可以看出，T. 史密斯爵士在 16 世纪中叶对共和政体概念所作的解释，与亚当·斯密，尤其与亚当·斯密的追随者在 18 和 19 世纪所解释的“国民财富”概念存在着不同之点，因为它把经济和政治包括在同一个概念之中。它既是一个共同利益的概念，而同时又是通过获得权利以及相应的权力以求得政府对他的帮助，并使他能分享这种共同利益的概念。古典经济学家趋向于把国民财富与共和政体分离开来，使国民财富与共和政体内的一个

① 加德纳：《英国史》，第 1603—1642 页；第 3 卷，第 27 页(1890 年)。

单独的阶级，即工商业者的繁荣相一致起来，他们认为依靠了这一阶级才使其他各阶级发迹起来的。但是在16世纪与T.史密斯同时出现的共和政体概念与引起了17世纪的两次革命的共和政体概念是指每个自由民都既可以参与政府事务又可以参与国民财富的概念。T.史密斯的概念与科克、塞尔登、利特尔登和17世纪的律师及其追随者的概念的差别仅在于商人、制造业者和农民积极参与共和政治的程度应与贵族、垄断业者、行会及其他享受国王特 230
惠权的人参与共和政体的程度相同。1640年推行的字面上的“共和政体”进一步废除了君主和贵族院。结果使地主比以前更能参与政府事务。又经过了200多年，当居于劣势的商人和制造业者发展成为资本主义新世界的强大力量的时候，人们才重新把注意力集中到在伊丽莎白、詹姆斯及查尔斯王朝时得到承认的共和政体概念。

然而原来分享国王特权的那些人也正在力图完成他们必须要完成的任务，而且当保护他们的特权力量遭到削弱的时候，还必须以其他方式来完成这些任务。为了废除行会的立法权，法院必须把公平竞争的准则和强制执行契约的任务接过手来，这些契约原来是从习惯中产生的，而且由行会本身的公堂强制执行。我们将会看到，习惯法法院是怎样于1580年和1620年着手把行会的某些准则制定成适用于全英国的法律并加以实施，以及废除这些行会的私人权威。第一个关于商誉问题的判决强制执行了出售一个运行中的机构的契约(1620年)，第一个关于商标问题的判决强制执行因竞争者使用自己的字号名称而要求的损害赔偿(1580年)。这些判决都只不过是把行会在它会员中所曾采用的公平竞争准则合法地推广到了全国。废除行会权力的法院开始承办行会原来所做的工作。它们原来私设公堂现在变成了国家审判。而且行会内部力图实行的习俗变成了法院强制全国实行的习俗。垄断、行业封锁和私下设公堂的现象结束了，但是经济学和伦理学还维持原样。又过了许多时间，在现代共和政体时代，法院或立法机关承担了行会的其他作用，如维护产品质量和从业人员的资格等。除了发给执照的行会外，市集上还有一些不太正式的法庭（市场法庭）。商人把各自的货物运到市集上，相互间以汇票结算，所以差不多在
231 这一时期中，习惯法法院开始注意这些问题，并按商人的习俗加以解释。习惯法已经变成了财产、自由和工商业的法律。

但是只要国王的特权还凌驾于习惯法之上时，商业预期以及为财产和自由的法律所鼓舞的那种预期都不可能扩大。从大宪章所开始的斗争一直到新教和商业兴起之前，斗争没有达到危急的关头。前者确定了一种新的权利，即崇尚平等、自由和安全的权利，后者确定了业务上的平等、自由和安全的权利。当国王的特权还在反复无常地进行控制，特别对通货、特许权和地租实行控制时，谈不上业务的自由和安全。

在爱德华六世以后[①]，不再任意变动通货，从此货币就成为比较可靠的价值标准和交换媒介，它普遍代表了产品价值，成为劝诱和补偿的可靠工具，并从而成为信用制度的扎实基础。直到议会在内战中取得胜利，国王个人控制下的特许权才被剥夺，但完全的剥夺却要等到1700年的嗣位法颁布以后，因为嗣位法确认了

① W. E. 坎宁安：《英国工商业的兴起》，第2卷，第127页（1903年）。

1602 年的垄断案件和 1624 年的垄断法。1689 年规定，非经议会同意不能征税后才把赋税制度确定了下来。通过这些措施，以预期价格为基础的业务才能不受国王的任意干涉而获得了发展。

虽然在通货、特许权和地租问题上进行了持续的改革，为以价格为基础的工商经济开辟了道路，但是在 1689 年的革命，尤其在 1700 年的嗣位法取消了国王对法院法官的免职权力以前，还不能说这些改革是一劳永逸的。1603 年当詹姆斯一世继伊丽莎白执政时，君王的特权中除了包括他对习惯法法院和这些法院的最高级法院，即国王的高等法院可以委派法官的权力之外，他还能随心所欲地任免其他法院的法官，确切地说他们是国王的代理人。星法院是最大的法院，这是国王的顾问机构，凡是有关国家或显赫人物的重大问题，或因违犯国王特权而引起疑问或争执的时候，星法
院便以法院的身份行使民事、刑事和政治裁判权。星法院的最重 232
要意义在于它享有行政法院的地位，有了星法院国王的官吏可以免受习惯法法院的审询。[1] 税务法院也有类似的裁判权，税务法院不仅审理税务官本身的案例，也审理国王和纳税人之间的纠纷。它有权让习惯法法院把案件移给它去审理。[2] 然后还有高级宗教法院及其下级宗教法院，它们有权审理教义和宗教仪式的案件，并可有权让习惯法法院把牧师案件移交给它去审理。[3] 最后还有大法官，他是国王枢密院的成员之一，他的地位仅次于国王，他掌管国王的御玺，御玺本身可以证实国王的行为，他也可以使用国王的

① 霍尔兹沃斯：《英国法律史》，第 1 卷，第 276 页。
② 同上书，第 104、105 页。
③ 同上书，第 375 页起。

特殊权力，颁布命令使有关方面的案件不致起诉至习惯法法院，或者当已经起诉时，行使制止法院判决的权力。[①]

1640年的议会和继之而起的革命废除了这些特权法院或对它们加以限制，而1700年的嗣位法[②]使大法官和法官摆脱了国王的控制并使他们的任职成为终身职务。由此可见，英美法表现出了明显特殊的特点，不仅公民而且官吏也都受普通法庭的审判。就是这一特点使弗朗西期·利勃有可能在1853年说，“法律至上的保证产生了一个原则。据我所知，人们从来不想把它从英国人民所居住的地方移植出去，但是在我们的自由体制下，它已经成为完全不同于职能政府的彻底法治的政府的一个自然产物”。[③] 这又使英美的法院说，我们的政府是“法治的政府，而不是人治的政府”。其所以如此，因为每一位官吏和公民都受制于同样的法院，应用同样的法律程序。

然而美国的宪法更向前发展了。虽然嗣位法已使法官取得独
233 立的地位，但是议会仍然保持着超越法院的权力。众所周知，美国宪法明文规定最高法院是宪法的最终解释者，它不仅是公民权利和义务的解释者，也是官吏责任和职权的解释者。在这一点上，正如海恩斯[④]所提出的那样，美国回到了爱德华·科克爵士的理论，科克爵士不仅想把国王而且也想把议会处于从属于英国高等法院即习惯法法院的地位，他当时就是主持这个法院的审判长。但是

① 霍尔兹沃斯：《英国法律史》，第246页。

② 亚当斯和史蒂芬斯：《英国宪政史文件选集》，第475—479页。

③ 利勃：《公民自由和自治政府》，第91页（1853年）；泰勒：《法律程序》，第608页（1917年）。

④ 海恩斯：《美国的法律至上学说》，第25页起（1914年）。

在一个问题上是有差别的，科克本来是使国王和议会都服从于习惯法。美国的最高法院使立法行政和司法都服从于习惯法和衡平法。习惯法是历史上的习俗、判例及古时的国法；衡平法则为道德心、理智和上帝或自然的法规。实际上这两者是不可分割的。国王詹姆斯说道，“他以为理智是法律的基础，他认为法官具有理智，他和别人也都有理智”。科克说，“诚然，上帝曾把优异的才能和杰出的天赋赐予了国王陛下。但是国王陛下并不精通他统治下的英国法律，而且自然的理智不能决定有关他的臣民的生命、遗产、货物或财产的诉因，起决定作用的是人的理智和法律的判决，这种法律是一种条令，长时期的研究和经验，才能使人达到对它的认识”。的确，国王的地位不应低于任何人，他只能低于“上帝和法律”，然而这不是詹姆斯和教会所说的上帝的法规，而是习惯法。[①] 此外，科克认为，当一个法案，即使议会的法案也罢，如果违反公共的权利和理智，或不宜于或不可能实行时，习惯法就可对其加以控制并宣布这个法案无效。[②] 所以科克认为习惯法不仅可以作为古时法律的判例和习俗，也可以是习惯法法官所解释的“公正和合理”的准则。在这一点上，他把习惯法与衡平法区别了开来，在当时情况下，衡平法体现了君主的专断权力，所以他同意与他同时代的伟大的约翰·塞尔登的意见把衡平法比作审判长的脚。

与此同时，在 18 世纪的贵族曼斯菲尔德的影响下，习惯法本

① 参见“罗伊禁令”，科克关于案情的报告，第 12 卷，第 64—65 页(1608 年)；海恩斯:《美国的法律至上学说》，第 280 页。

② 参见博纳姆案，科克关于案情的报告，第 8 卷，第 118 页 a,b；海恩斯，同上书，第 31 页。

234 身吸收了罗马法和衡平法中所包含的自然公正原则并将它们加以扩大[①],以使它能适应从封建经济过渡而来的资本主义经济。又经过了一百年,英国议会于1873年把习惯法法院和衡平法法院合并成一个最高审判法院。[②] 美国1787年的宪法使这两种法院实现了合并,因为它使联邦政府的司法权扩展到宪法范围内的所有法律和衡平法案件,1840年从纽约开始各州的宪法也规定了类似的合并。

衡平法的法律程序比习惯法的法律程序明显优越之处在于它能在行为发生以前即对行为加以控制,而不是在行为之后加以处罚。诉讼的手续不必像习惯法那样要经过长时期的调查、起诉和陪审,违反衡平法的禁令和处罚都能迅速进行。因为衡平法法院拥有特殊权力,它可以只根据原告的辩解和宣誓,就可以训令或禁令控制特定的行为,而不必像习惯法法院必须等到造成损害时才能起诉,那个过程就缓慢了。衡平法先发布命令,然后再找法律、权利和事实的根据;而习惯法必须先找出法律和事实根据,然后再下命令。为了创造现代工商业的无形财产的权利,使物质的财产能过渡到无形的财产,单单上面提到的特点就要求衡平法庭以禁令进行干涉,否则就要求由习惯法法庭扩大其所发布的令状或禁令。通过禁令,法院就能事先详细研究为了承认新的权利和用以保护人身和财产的新的定义。[③] 习惯法只能有效地处理物质的东

① 参见霍尔兹沃斯的著作,第1卷,第253页;参见詹克斯的著作,第234页起。

② 参见詹克斯的著作,第408页。

③ “这种使判决能适合某一特殊情况的精确要求的能力,确实是衡平法的最明显的长处,在这一点上超过了习惯法,而且这一点对于衡平法的起源和发展必定有过不小的贡献。”比斯法姆:《衡平法原理》,第8版,第9页(1909年)。

西并于事后加以处罚，而衡平法则可以处理最不具体的价值，因为它可以在事前直接控制以价值为基础的履行、避免或克制。衡平法把财产看作为要求别人的行为；而习惯法把财产看作为一个人所拥有的东西。[①]

诚然，衡平法的主要任务在于创造使用和信任，这就使物质的 235
东西与从物所产生的预期交易相区别开来。而且价值既然并不寓于物而寓于这些预期的交易，那么，衡平法的程序立刻就从习惯法的程序中抽出了价值的根本实质。因此就产生了整个衡平法的行为主义价值，作为它对习惯法的僵化和缺陷的补救，如对意外和错误的补救、控制账目、合伙关系和公司法的细节等等。在18世纪衡平法审判显著地发展起来了，反映了以货币的预期为基础的资本主义的兴起和以物质权力为基础的封建主义和特权的相应衰落。从此以后，随着工商业本身的发展法院就有可能建立起工商业的法律。

2. 无形体的财产——负担

(1)承诺

有关信用工具的法律经历了两个阶段：第一阶段是实施契约的阶段；第二阶段是认可契约本身的补充买进和卖出阶段。第一阶段可以称作为实现承诺阶段也就是无形体财产的阶段；第二阶

① J. B. 艾姆斯：《法律史讲演集》，第108页(1913年)。

段是协商承诺的阶段，也就是无形财产的阶段。第一阶段实际上在 16 世纪后半期已经完成；第二阶段开始于 17 世纪初，也就是从第一次对汇票作出文字性说明开始的。无形财产的法律与非物质财产的法律，也就是我们所谓的机会的法律与我们所谓的负担义务的法律的特殊例子法律是有区别的，主要区别在于究竟对方在选择机会的时候是否有选择的自由。

如果对方对于争论中的特殊行为没有选择的自由，那么，在这个时候他就有了履行、克制或避免的负担。但是如果对方有选择
236 机会的自由，那么，他们之间的关系就是一种机会的关系。行为的负担的法律就是权利和义务的法律；行为的机会的法律就是自由和暴露的法律。负担表示命令和服从的心理关系。一方发出了命令，对方服从或被迫服从。他没有抉择之权。但是机会表示了说服或逼迫的心理关系。对方可在机会之间进行自由的选择，而不是服从。所以一方所作出的不是命令和服从，他必须采用诱导的方法，这就是要提供或利用可供选择的机会，使对方能从中进行选择。如果可供选择的机会很不理想，不好选择时，对方还是可以从中挑选出一个较好的机会，以改进他当时的境况。他通过选择总可以有所得益，而说服和逼迫在性质上没有什么不同，在程度上是有差别的。一个不堪接受的和于对方有利的选择就是逼迫；一个合意的而不是不合意的选择就是说服。

所以从法律角度来看，命令和服从不同于说服或逼迫，虽然从心理角度来看，它们有类似之处，因为从某种关系上来说，对方并没有合法的选择。他必须要服从。但是从另一种关系上来说，他是有抉择权的；他可以自由地接受或拒绝。命令和服从意味着对

方负有义务的法律关系，所以我们称之为负担。说服和逼迫意味着自由的法律关系，我们把它理解为机会的选择。命令和服从，也就是负担通过法律惩罚手段进行制裁；说服或逼迫，也就是机会，通过经济上的利害关系进行制裁。据说每一种都对第一方有利，但是负担也是有利的，因为它们是对于对方所提出的命令性的行为；机会的有利点在于它们是与对方的可选择的交易。所以负担的全面的定义，就是指预期的、有利的、片面的和命令性的行为；机会是指预期的、有利的、相互的和随意的交易。

因此，无形体财产的法律是负担的法律中的一个特殊的例子，因为它只强加“正面的”义务，也就是履行的义务，而克制和避免等“反面的”义务就是无形财产的法律所特有的义务负担。无形体的财产着重于偿付债务的义务，而无形的财产着重避免或克制使用

物质的、经济的或道德力量的义务。这两种东西事实上是不可分 237
割的，只有据认为当需要实现的承诺要兑现的时候，二者之间的区分才能作出。在承诺未兑现**之前**，双方处于选择机会的地位；在承诺兑现**之后**，而且如果这种承诺是可以依法执行的，那就不再有选择的余地。但在这种承诺兑现的前后，双方和所有的第三者都有克制或避免的义务。履行、避免或克制等行为方面的负担都经历过逐渐变迁的历史过程，这标志着无形体财产和无形财产的演变和由此及彼的前后变动。

因此既然履行义务的特殊情况是无形体财产特有的特征，我们就理所当然地认为存在着必要的克制和避免等相辅的义务，而且可以把负担的法律说成是履行的积极的义务负担的法律，这样，它与无形体财产是相等的，因为这是债权人和债务人的关系；而机

会的法律是无形财产的法律，因为它处理的是买主和卖主在其各种不同的买卖、借贷、雇用和解雇、租赁和其他等等的关系。

我们可以说，积极的负担的法律得到了双重的发展，可以区别为劳动负担法律和投资负担法律。劳动的法律在历史上曾经逐步表现为奴隶主和奴隶、地主和农奴、主人和仆役、雇主和雇工、委托人和代理人的法律，也许还可以分得再细一些，如父母和子女、丈夫和妻子等的法律。投资的法律主要是地主和租户、房东和房客、债权人和债务人方面的法律。每一种法律都表示了财产观念发生了变化，对从可见的东西的所有权演变为行为和机会的不可见的负担的所有权。

在支付工资或薪金之前，雇用和代理的法律先建立了一种债权人和债务人的关系，然后非正式地逐渐发展到某种特殊投资的法律。现代工业的主要投资者是以专业人员的身份出现的，他在支付薪金的日子，从他的职工或代理人那里取走了等待补偿的负担，直到最终的消费者为所有以前的劳务付出报酬时为止。他可
238 以是正式的或非正式的投资者。作为非正式的投资者，他以自己的钱投资自己的事业。

正式投资者所做的买卖是出卖他现时的购买力以交换未来的购买力。这在现代工商业史上是以很多形式出现的，包括公司债券、期票和股票。在任何情况下，根本的交易就是指出卖现时的购买力并接受未来购买力的一种承诺或预期。一方面是货币，另一方面是信用。

在出卖现时购买力的时候，他正在出卖原来属于他的控制购买力的那部分自由，因此他的自由度暂时受到了他的避免义务的

限制。反过来，他得到的是未来购买力的承诺，也就是对债务人或运行中的机构的负担，而这种投资的负担或无形体的财产，正是从专为个人自己使用而占有的物质性东西的原始观念产生出来的。

在习惯法之下，投资者的负担的法律，是与物质东西的财产观念，和与相应的法律措施同时出现的，这些法律措施指收回错误地从所有者手中夺走、扣留或不交还给他具体的货物，甚至特种硬币；它也与因土地、动产或人身受到暴力侵害而进行的控告同时出现，这种现象持续到了16世纪中叶左右，它才逐渐成为对单纯承诺的强制履行，这种承诺是以明确的、意含的、书面的或非书面的形式作出的，得到了正式的承受或即使没有正式承诺过，但是也像曾经承诺过并按照承诺而付诸实践。

例如，"权利令状"和"债务令状"都表明了类似的思想和程序，前者是对于强力扣留土地的补救，后者是对于强力扣留物质性动产的补救。权利令状由国王颁发给行政官吏，命令他通知被告A必须把他不公地从原告B处取得的一块土地还给B。[①] 这仅仅给了B一个较优于A的占有权利。它给了占有权而不是财产权。[②] 但是实际上从这种补救办法中产生了对物或财产在判决上的全面补救，通过各种不同的补救从一切方面确认了财产的绝对权利，适用于一切物质性东西的拥有者的主权和所有权，土地、货物甚至用以证明所有权的契据都在此列。

除了原告所要求的物质对象以外"债务令状"与权利令状很少 239

① 参见詹克斯的著作，第56页(1912年)。

② 参见波洛克和梅特兰的著作，第2卷，第77页。

有什么不同之处。“债务令状”也吩咐行政官吏让被告A把拖欠原告B的债务而不是土地还给B。譬如说,A拖欠B 100个特定的硬币。被告应该以原来所借的硬币归还。后来这笔钱变成不必归还指定的特种硬币,而只要偿还一定数额的债务。[①] 即使在债务人履行某种行为的个人义务已经得到承认的地方,也还是一定要有一种客观盖有印鉴的借款保证书,在订立借款保证书时要举行一定仪式,有证人在场或在法庭里举行[②],而且构成债务根据的不在于债务人的承诺,而在于这种借款保证书的本身和大印。[③]

但是现代的简单或口头契约,书面的或非书面的承诺,以及对债务人的个人责任的承认,并不是通过强制履行承诺,而是由于对债权人的人身或财产产生了物质性的损害后才获得承认的。“侵害令状的依据是在断定被告曾以暴力和武器,破坏了吾王的仁爱和平,并侵害了原告的人身、土地或货物。”[④]后来在1285年[⑤]根据议会的职权,侵害令状可以扩大到类似的案件,后来曾称为“侵害性的类似案件”,然后又称为“侵害案件”,然后又简单地称作“起诉案件”,或单纯地称作“案件”。在这种许可下,早在1374年侵害令状扩大到了“渎职罪”,或对原告所拥有的东西的损害;然后又在1424年扩大到了“不履行义务”,或在没有欺诈或诡计情况下单纯由于不履行承诺所造成的损害;然后又扩大到了“违法”或被告有

① 参见詹克斯的著作,第57、58、59页。

② 参见艾姆斯:《法律史讲演集》,第123页(1913年)。

③ 参见詹克斯的著作,第135—136页、第510页。

④ 参见詹克斯的著作,第137页;参见波洛克和梅特兰的著作,第182页(契约部分),第510页(侵害部分)。

⑤ 爱德华一世英议会,2,13,c.第24页(1285年)。

意采用欺诈手段而不履行承诺，尽管没有造成特质性的损害（1433年）；然后又包括了“损害赔偿诉讼”但受到“对价”理论或“如数收讫（value received）”的限制，这样，就在16世纪后半叶契约的现代形式产生了。[①]

这样这种期票或甚至为双方行为所隐含的或口头作出的简单承诺在16世纪中慢慢地合法化起来，而法院也就承认了信用工 240
具，或现代的无形体财产的基本概念，它们认为对这种东西的保护是应与其他东西有所区别，而且与原告的人身、土地或货物的不受侵害的保护的旧的保护概念是大相径庭的。

并不是因为在封建时代从来不存在过无形体的财产，而是因为那时候的财产不存在平等的人之间出于自愿协定的现代关系，那时的关系是对物质东西或者就是土壤或劳动的物质产品的封建主权。土地的“地租”甚至也是对土地和租户的封建主权的一部分。“要求偿付欠租的地主并不是要想强制履行一种契约，而是要想收回一种东西。”[②]只有随着时间的推延，并具有了现代的劳动自由和货币经济以后，这种“中古时期的现实主义”[③]才变成现代的平等的人之间的契约义务。地主和佃户的法律发展成各式各样的出租者和租入者的法律，这是债权人和债务人的法律的一个特殊例子。出租者把他对财产的控制转让给租入者，而且在这一时期内承认了投资者和债权者的经济关系，租入者承认了工商业者或运行中的机构和债务者的经济关系。

① 参见波洛克和梅特兰的著作，第2卷，第511页。
② 参见波洛克和梅特兰的著作，第126页。
③ 同上，第181页，见“所有权和占有”一节。

我们应该随即对非正式的投资者进行一番研究，他们是一批把自己的财产或货币投入自己的企业的工商业者。他这样做，当然不是根据一个正式的承诺，而是根据一种隐含的预期的某些东西，它大概超出了在类似情况下所允诺的东西。他在预期的机会上作冒险。

（2）法定货币

自从重农学派和亚当·斯密对重商主义产生反感以后，经济推理方面常常主张，不把货币列入考虑的范围而回到物质的商品和人的欲望的现实中去。货币只是衡量价值和交换的媒介，虽然这一点是重要的，但是它的重要性却在于度量衡或工具的范畴。正如像规定长度、重量或立体容积的单位那样，政府应该规定一个衡量价值的可靠单位，而且它也应该对铸币和银行进行有效的管理，因为政府所规定的就是亚当·斯密笔下的“流通巨轮”。在这些方面，货币的价值只是名义价值，在它本身除了是一种衡量的标
241 准或一个空的篮子之外，并不包含任何东西。在它背后的真正东西是一定数量的商品生产、交换和消费，货币不过便利了它们的衡量和移转而已。

这些见解显然采取了个人主义或私人的观点立场，它与重商主义所采取的公共的观点立场，或更确切地说君主的观点立场相对立。个人所需要的是商品而不是货币，是满足而不是价格。当需要公共立场的时候，公家是作为滚动“流通巨轮”的工役或管理者出现的，而不是作为裁决纠纷的法官出现的，或者作为“自然秩序”及自然或上帝的仁慈意志出现的，而不是作为强制执行私人契

约的习惯法法官出现的。因此从原始社会的习俗追溯货币的历史，可以看出货币的原料由小珠、家畜、烟叶，演变到铁、铜、银、金和银行信用，引人注意的显然是货币和信用的**机构作用**，而不是法官对于承诺的解释和对履行的强制。

这种看法与经济学家和国际法学家的一般看法是一致的，他们受到了国王和议会之间所开展的长达三百年的宪法斗争的影响，使他们认为政府似乎只重视行政和立法部门，而不重视司法部门。因此他们只从君主的特权所宣布的内容或立法机关所制定的条例中去寻找货币的属性，而不从习惯法去寻找。但是法定货币的本质实际上起源于习惯法，因为它是使人民的习俗标准化的一种法律，而君主特权或立法的职能则到后来才进而向法官指出度量衡的合法标准，其中包括了货币，这是全国所有法官在解决纠纷和执行承诺时应一律采用的。

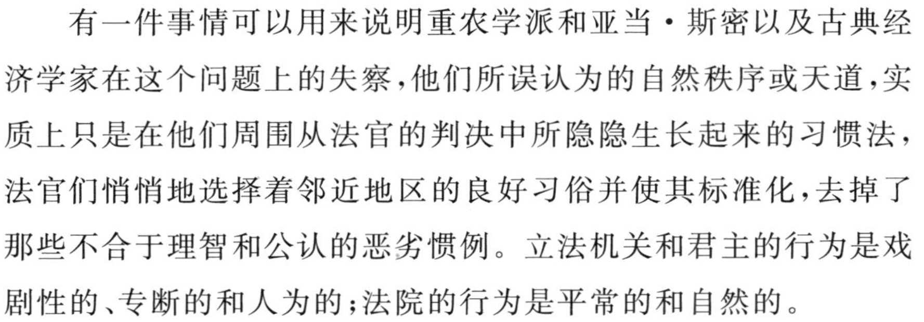

有一件事情可以用来说明重农学派和亚当·斯密以及古典经济学家在这个问题上的失察，他们所误认为的自然秩序或天道，实质上只是在他们周围从法官的判决中所隐隐生长起来的习惯法，
法官们悄悄地选择着邻近地区的良好习俗并使其标准化，去掉了 242
那些不合于理智和公认的恶劣惯例。立法机关和君主的行为是戏剧性的、专断的和人为的；法院的行为是平常的和自然的。

从另一方面也可以说明这个问题，即经济理论曾经一方面一贯采取了个人的观点，而在另一方面又一贯采取了商品的观点，而不采取个人之间的交易观点。我们在分析交易时，发现在每一笔交易中总存在着一个第三方，他就是法官，他根据适用于所有类似交易的共同规则的原则解决争端或期望解决争端。商人在进行每天的交易时，并不直接关系到立法机关或政府或君主所做的事情，他希望知道法官和行政官吏将做些什么。但是这位法官必然采取公共立场，因为他的判决一定要符合其他法官在类似争端中所作出的判决，并符合社会的习俗和法律所认可和支持的东西。在他应用共同规则时，他就是在遵循公共的意志。因此公共的意志存在于每一笔交易中，这对于原始社会和信用经济社会完全是一样的。

货币诚然起源于个人在交易时的习惯和习俗，但是一旦当个人之间在价格或双方协定的价格的偿付问题上发生争执的时候，显然，对社会行使控制权力的法官、酋长、首领或国王必须决定卖主或债权人所必须接受的流通媒介的数量和质量。这一决定解决了争端，制止了私人的报复手段，解放了债务人或买主，从而也抑制了债权人或卖主。然后当市场和市集出现时，同样的过程再次自动出现，而且当时英国的临时行商法庭[1]就可以证明司法机关有解释和执行公认习俗的传统作用，即使是最暂时的和最个人主义的那种行商的习俗也在此列。

因此，在讨论货币起源的历史时，还应该考虑到另一种习俗，这就是法官根据业务规则的原则解决纠纷的习俗，从而在解决清
243 偿要求时可以决定什么是“合法货币”或“法定货币”。法官们大都根据社会习俗，实际上是通用的习惯法作出判决，也就是解决纠纷时选择良好的和公认的习俗并扬弃不良办法。

法院的这种习俗开创了一个新的阶段，即在征服或组成联邦

① 行商的“风尘仆仆”法庭；参见波洛克和梅特兰的著作，第1卷，第467页；参见霍尔兹沃斯的著作，第1卷，第300、302、309页。

时将若干种族，连同许多地方法院以及许多私人造币者和公家造币者都放在一个统治者之下。在盎格鲁撒克逊时代的君主埃塞尔斯坦，埃德加和凯纽特都曾经发布过文告，谴责破坏货币的人并要以刑罚对付他们；爱德华一世曾宣告，“在买入或卖出或作其他支付时，任何个人均不得被迫接受除了以合法金属即银或金所铸造的任何货币”；据说亨利二世也曾经从佛兰德来的一批外国商人那里选出了一种银币，叫做埃斯特令，并公告以这种银币的标准成分作为所有银匠或造币者的标准，[①]而且显然也作为亨利二世初次派往各地的巡回法官的标准。于是，就出现了这样一条习惯法，即国王可以“用他的绝对特权”使外国的或任何硬币作为英国的合法货币[②]，而且一个固执的债权人在习惯法上不能获得偿付的补救，“因为如果付给他合法的货币而他拒收时，这只能算是他自己的愚蠢”。[③] 1300 年圣・伊惠斯的行商法庭的记录记载了对商人的裁决，一名商人要求另一种同业商人以“合法货币”偿付，因为那名商人原来答应偿付的两种异币（Crocards 和 Pollards）已为“国王禁止在全英国使用”。[④]

显然国王是最关心铸币的稳定，因为损害铸币就会使国王损失税收、罚金和补助金，这些都是强制人民的债务。后来到现代银

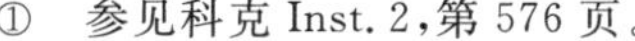

① 参见科克 Inst. 2，第 576 页。

② 参见《科克关于威德案情报告》，（案例编号：Trin. 43 Eliz.）第 5 卷，第 114 页（1601 年）。

③ 参见科克：《文献》，第 207 页 a、b，第 208 页 a；庞对林赛的诉讼，案例编号：（I Dyer）第 82 页 a，（Hil. 6 和 7），爱德华六世；1《布莱克斯通纪事》，第 276 页；瓦伊纳：《提出支付的金钱》。

④ 参见《塞尔登协会》第 23 卷，第 80 页。

行制度兴起的时候，有了票据、钞票和存款，法官如何解决争端的预期就成了私人交易极重要的标准。工商业者和银行家的“习惯”虽然还是货币的基础，如果工商业者的承诺保险的话，私人的习惯
244 必须符合法院的习俗。法院习俗所要求的就是以法定货币作为偿付媒介，包括政府的纸币即“绿背纸币”[①]在内，在美国称为“合法货币”，这种习惯法的名称可以追溯到盎格鲁撒克逊时代。

所以，只要一旦为支付手段的纠纷作出了权威性的判决，那么每一种货币制度一定包含着公共的目的，即使最原始的制度也是如此。公共的目的随着人口的增长，人民的惯例、政府的体制及统治者的动机而发展的。在古代，它也许只想保持和平状态，但很快它就变成君主收取税收的目的；随着现代资本主义的发展和政府心目中工商业占主要地位时，这个目的又变成亚当·斯密所提出的“流通巨轮”，使它真正成为“经济共和政体的一个组成部分”。

随即也就产生了一个问题：法定货币标准本身原来是不是就想全面实现“流通巨轮”的目的，然后接着要仔细分析一下，从公共的立场出发，这些各种不同的目的相对重要性如何。从约翰·洛克的时期以来，为了适应现代的世界贸易，首要任务就是要使单一的价值标准不受干扰，使它不受到控制颁布价值标准的君主的无知或利害关系的扰乱和影响。这种金和银的标准化的出现是1689 年英国废除了君主专制制度，议会代表的宪政方式控制了政府之后。这里国家的意志只是想为国内和国际贸易准备一种简单

---

① 参见赫伯恩对格里斯瓦尔德的诉讼，案例编号：(8 Wall.)第 603 页(1869 年)；《法定货币案》，案例编号：(12 Wall.)第 457 页(1870 年)；朱拉德对格林曼的诉讼，案例编号：(110 U.S.)第 421 页(1884 年)。

划一的交换媒介。

确定了交换媒介的主要目的以后，经过了150年，开始提出了一个新的理想化的公共目的，也就是一个稳定的价格水平，以便防止债权人和债务人之间的不公平性。这一目的是以一种新的统计方法即表示价格或物价指数标准为基础的，这个标准最早是由一位伦敦的商人约瑟夫·洛1822年提出来的，1833年政治家和国际法家波利特·斯克罗普对这个标准提出了补充的意见。

1821年马尔萨斯从公共的立场出发，曾经提出过另一种切合 245
实际的目的，也就是防止繁荣和衰退的波动和过分就业和就业不足的波动，他以为这种波动与货币的总购买力的变动是分不开的。[①] 这样的公共目的现在已经处于主导的地位，成为价值的法律标准和银行体系运转的决定因素，这也就是政府用以供给和抑制信用的两种手段。[②] 如果掌管的官员发生了变动，或现任的官员改变了他们的思想以便符合这一新的目标，或再次出现约翰·洛克于17世纪末致力于那些问题的情况时，那么，官员和法官行为上所表现的公共目的会再朝前迈一步，不仅采纳一个单一的价格标准，而且还要有一个稳定的价格水平作为它的目标。

因此，法官在解决纠纷时所采取的态度才决定了价值衡量和交换媒介，铸币材料和货币与信用的机械作用发挥的作用不大。工商业者对商品所必须支付的价格，不是由黄金而是由法院所规定的黄金的法定货币的属性决定的，因为正是这些才决定了契约

① 参见马尔萨斯：《政治经济学原理》，第397、398页（1821年）。

② 参见康芒斯、麦克拉肯和苏吉的“长期趋势和商业循环”，载《经济统计评论》，第6期（1922年）。

的履行、债务的清理、运行中的机构的资产和责任。价格确实只是"名义价值",它们是在强制执行承诺时对司法行为的一种预期。现代经济并不是重农学派和古典经济学家所认为的那种**物物交换**经济或**实物支付**经济,也不是享乐主义经济学家所认为的那种生产和消费方面的快乐和痛苦的经济,而是工商业习俗和法院习俗实际上所认为的那种**价格**经济。因为工商业并不是商品的**交换**,而是商品的**买入**和**卖出**。它是买主和卖主、借方和贷方的经济,而不是实物支付或物物交换的经济。它的基本特点在于,在进行其他任何事情以前,先通过清偿承诺的合法媒介的支付,转移东西的主权,并解除债务人的负担。严格地从字面上来讲,它是一种"信用"经济,因为货物和劳务的转移只是通过支付价格的单纯承诺来
246 实现的,问题的实质无非就是对公民、法官和立法者预期行为的信任。在这种非实质性的微妙的思维过程所具有的纯粹名义的价值或价格后面,存在着生产和消费、繁荣和贫困、私人财富和公共财富等重大的现实问题。但是在我们还没有懂得另外一种最值得注意的思维过程的特性之前,我们就不能清楚地了解承诺和现实之间的关系,而法院通过这样的思维过程,使单纯的承诺看上去好像就是商品,而且能够像商品一样起作用,这也就是可流通的特性。

3. 无形财产——机会

(1)**可流通性**

关于财产这一名词,从习惯法中的物的含义演变到商法中的

物的价格的含义问题，我们已经讨论过了。预期的价格归算为现时的价值，并因而成为资产，也就是工商业者在商品市场上对于未来交易的各种预期。一个人对于另一个人的单纯承诺转变为可以在货币和证券市场上进行买卖的商品是从习惯法到商法的更大的演变。麦克利奥德指出：①“如果有人问，哪一种发现对于人类财富的影响最深远，我们也许可以正确地说，发现债务可以成为可供出卖的商品，这一件事对人类财富的影响最深远。当丹尼尔·韦伯斯特说，信用对于各国发财致富所作出的贡献远远超过了世界上所有矿产所作的贡献时，他是指人们发现了债务是一种可卖的商品或动产，和债务可以像货币一样地使用；并产生货币所具有的一切效力”。

在两种情况下原始的习惯法不能执行契约的转让或流通，这就是把财产作为具体东西的概念和把契约作为个人关系的概念。247

具体的东西的概念起源于人与物质自然的关系；个人关系的概念来自施加于个人的性格和信任。当 17 世纪的商法正在把人与自然的关系转变为运行中的机构的资产时，它也在通过把个人的债

① 麦克利奥德：《银行业的理论和实际》，第 5 版，第 1 卷，第 200 页。关于可流通和转让的其他参考如下：约翰·T. 莫尔斯：《银行和银行业》，第 4 版，1903 年；霍尔兹沃斯：“可流通票据的起源及其早期的历史”，载《法律季刊》，第 31 期，第 12、173、376 页；载《法律季刊》，第 32 期，第 20 页(1915—1916 年)；E. 詹克斯：“可流通票据的早期历史”，载《法律季刊》，第 9 期，第 70 页(1893 年)；格里尔：“习惯法中的习惯”，载《法律季刊》，第 9 期，第 153 页(1893 年)：A. T. 卡特尔：“英国商法的早期历史”，载《法律季刊》，第 7 期，第 232 页(1901 年)；詹姆士·巴尔·艾姆斯：“有偿契约史”，载《哈佛大学法律评论》，第 2 期，第 1、53、377 页(1888 年)；《英美法律史文选》，第 3 卷，第 259 页；霍尔兹沃斯：《英国法律史》，第 302 页(1909 年)；波洛克和梅特兰：《英国法律史》，第 2 卷，第 226 页(1911 年)；《佩奇论契约》：第 2346 页及他处(1919 年)；庞德、罗斯科：“契约的自由”，载《耶鲁大学法律杂志》，第 18 期，第 454 页(1909 年)；布朗：《常例和习惯的法律》(1815 年)。

务变成运行中的机构的资产和负债，以消除个人的特性。

原始的见解认为没有物质性的占有就没有财产。“财产”实质上是以政府的承诺为基础的一种无形关系，所以一个人可以拥有一种他所不能看到的东西。但是“占有”的原始意义是对可见的、可接触到的和可占有的具体的东西的物质关系。而且，如果这种东西不能被物质地加以处理，那么可以用另外一种物质性的东西使它发挥象征化的作用。所以契据和借用保证书这类凭证中所包含的承诺，或者经庄重的仪式在见证人面前立据，并由立据者盖上印信的“盖印契约”，代表了拥有者或所有其他人对这种物质性的东西的直接占有，而在借用保证书的情况下，代表了拥有者和所有其他人对将要交付给他的同一种东西的间接占有。原始的见解不能在不可见的基础上，也就是不能从法院执行承诺方面的预期行为去理解潜在的承诺，而必须以盖上大印的契约去理解潜在的承诺。

这种原始唯物主义的残余一直继续到现在。为了使已经有了改变和修正过的契约的象征能与包含在契约中的未经修正承诺的“实质”区别开来，霍姆斯法官于 1901 年曾指出，在原始的法律之下，“这种改变就等于取消契约，它与撕去契约上面的印信所发生效果是一样的。这种规矩是从过去遗留下来的，那时盖有印信的契约与文件的实质密不可分，因此当后者由于各种原因而受到毁坏或改变了它的身份时，灵魂与躯壳一起消灭了”。[①] 而且关于将
248 债务与只作为债务证据的文字凭证区分问题，霍姆斯法官在另一案件上指出，“债务与构成债务的单据是不可分割的，这是古时遗

① 参见培根对霍克的诉讼，案例编号：(177 Mass.)第 335、337 页(1901 年)。

留下来的传统。所以单就财产的所在地而言，据认为在州范围以外所保有的抵押是无法实现的。……但是转移显然必须要依靠纽约州的法律，这不是由于对债务在什么地方的问题作理论上的推测造成的，而是由对债务人的人身施加权力的实际情况造成的。……使债务发生效力的是什么东西呢？无非就是债务人所在地要他履行偿还的那种法律。审判权是从对债务人人身所能施加的权力得来的”。①

所以为了探究把物质性的东西看作为财产的“实质”或代表的原始观念，和找出不是存在于物里的，而是存在于受法院保证支持的个人的承诺中的财产现实性，需要不断进行法理的分析。这个结果的实现，经过几百年的实践经验才最后得出了一种简单的承诺原则，不需要盖印，也不需要举行我们在上一节里所讨论的那种庄重的仪式，这便是最终的结果，长期经验还创造了可以买卖承诺的手段。

另一个基本的理由也可以说明为什么原始社会的承诺是非流通的。明确表示或隐含的承诺是人类社会的基础。有一种理论认为社会在契约中产生，这种理论的根源也在于此。但是这种契约不是在社会开始的时候就一劳永逸地制定下了，然后由每个人去进行解释，一种隐含承诺的过程，这些承诺是根据当时公认的做事方式的日常行为中推想出来的。② 当某一个人与其他人一同走进

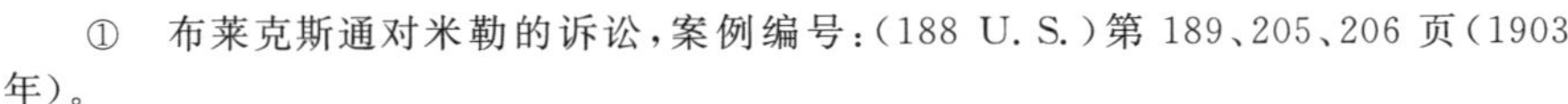

① 布莱克斯通对米勒的诉讼，案例编号：(188 U. S.)第189、205、206页(1903年)。

② “社会契约的条款是一代接一代地慢慢由习惯写成的。”参见F. A. 格里尔：“习惯法中的习惯”，载《法律季刊》，第9期，第153页(1893年)。

一间房间时，他就以进入这一房间的事实保证不侵犯别人和会遵循这样一类集会的习俗。这种允诺是个人性的，是在共同生活和共同行动的人之间作出的。但是这种承诺虽然是个人性的，却不是个人的而是集体的。对于其中一个人的损害就会关系到所有共
249 同行动的人。在原始社会里，这种集体的预期吸引着集体中的每一个人，因此一旦违反了这种明显的或隐含的承诺，就必须由集体中的其他成员和违反者的子女来偿还，而这样的偿还也就不能单独归于受损害的个人，应该归于他的集体和他的子女。所以两族间因杀人而引起的争斗、世袭的农奴制、个人的固定地位以及共产主义制度都是随着集体责任和强制负责的集体力量等原始观念而产生的。

当个人从集体中冒出来时，他的出现是有阶段性的和阶级性的，第一是依靠征服而出现的地产所有者，第二是享有主权的资本家，第三是劳工。他们在构成这个阶级的个人的平等和自由中产生的，使他们能对尚未享有主权的各阶级的各个人保持其优越和支配的地位。在上下级之间的承诺，是不自愿的保护和服从的承诺，而且它的强制执行权是掌握在上级的手中。在平等的人之间的承诺是一种自愿相互服务的承诺，而且正如我们所见到的那样，它的强制执行是靠司法官来完成的，司法官虽然承诺承诺的约束性，但却不让个人拥有私人强制执行的权力。

承认平等者之间所允诺的相互服务等于容许作出个人承诺的自由和履行承诺所附带的个人责任。作为这样一种承诺，双方达成的契约并不约束承诺者的继承人，而利益也不归属于接受这种承诺者的继承人。同样，补偿违反这种习俗的责任，不能替代性地

转移到另一个人身上，也不能将要求权转移到另一个人，而必须由犯错误者亲自作出这种补偿，而且受害者必须亲自获得这种赔偿。这种责任的存续期不应超过犯错误者的寿命，同时对补偿的要求权也不应继续存在到受害者的生命终了以后，否则就会以血仇的报复或奴隶和农奴的世袭关系来结束，这将使同一阶级的个人之间的平等和自由归之无效。因此关于个人平等自由的法律也就是要求补偿的权利及作出补偿的义务的不可移转性与不能继及于残存者的一种法律，而奴隶制度和社会地位的法律是属于上级权利和下级义务均具有移转性和继承性的法律。

所以在16世纪债权人和债务人的法律完善以后，还需要100 250
年的时间，才能把有关自由和平等的习惯法所了解的存在于平等者之间的债权人和债务人的个人关系，转变为资产和负债的财产关系。这种转变就在于发现了承诺的可转移性和可继承性，而不必受承诺当事人的人格的束缚。这是一个具有实质性的转变，因此从法律上和从一般的观点来看，平等者之间构成信用制度的那种债务的单纯承诺本身可以被当作商品，虽然它们并不是商品，但是同其他商品一样可以进行买卖。也不像奴隶或农奴那样可以当作商品，但是它们是由政府、法院和工商业者所作的承诺的信心所产生的一种心理上的预期。

把自由民的承诺尽可能转变成像货币一样的东西，这是工商业惯例的基本要求。原始的买进和卖出属于物物交换的性质，即可转移产品的直接交换。即使使用货币时，货币交换实质上也还是硬币与产品的物物交换，而且二者都是动产。这就绝然形成了一种货币交易，它与信用交易或价格交易是不同的。那时信用交易还没有得到认识，因为“债务诉讼”的目的就是要收回被别人非法占有的硬币或动产的诉讼，它与土地“要求的诉讼”（即要求收回被别人强占的土地的诉讼）的性质是一样的。它们都是为收复物质财产的诉讼，而不是为强制履行承诺的诉讼。只要强制执行的是一种单纯承诺，不包括非法的迫胁、侵害或偷窃，那就只是一个良心或信誉的问题，因此受理控告的法院仅仅充当了忏悔室的牧师的角色，或者它就等于古时凭决斗保持名声的断案者。

这与地主和租户的关系相类似。作为人与人之间的关系，在没有得到对方同意之前，地主或租户不能把地租交易关系以及由此而达成的契约转移到另一个地主或另一个租户手中去。不得到国王的同意国王的租户就不能把租地权转让出去；没有直属上级地主的同意，各级转租户也同样不能转让租地权。

这些道理也适用于其他契约。契约既然是债权人和债务人之
251 间的关系，因此除非得到原订立契约的一方的同意，债权人就不能把契约出卖给第三方，也不能由另一名债务人为原来的债务人承担责任。既然是人与人之间的信誓的承诺，或是平等者之间个人劳务的相互承诺，因而习惯法的律师就无法理解原来不受相互信谊约束的其他方面怎么也受到这种约束，除非他们亲自以同样的信任相互地保证过，否则就不能这样。

所以按照习惯法的原则，契约权利既然为平等和自由双方的自愿承诺，因此对方如果不同意转让，权利转让就不能发生效力。这种双方的关系是一种人与人的关系，来自对人的信任，而不是来自物质性东西转移的财产关系。无论在什么地方，只要这样的人与人的关系继续存在，即使在今天的情况下，这种契约也还是不能转让的。结婚的承诺就不能由受约人转让给第三方，也不能在市场上流通。履行任何可能以立约人的品性或技能为基础的特殊任务的承诺也是不能转让的。

流通性是转让的最高级和最完善的形式，这是指以一定数额的货币在一定时间和地点作无条件偿付的承诺。这里人与人的关系问题已经完全不存在了，因而合法受让的第三方可以用他自己的名义提出诉讼，好像这种承诺是对他个人作出的。而且在这样做的时候，他不受债务人为原来实际订契的一方可能设下的欺诈或抵消的一切防御的制约。某些流通票据持票人的权力甚至比原来的债权人权限还要大，因为他不受权限方面的缺陷的影响，也可以不管给他这张票据的原债权人还有什么需要解决的衡平请求权；于是就出现了一种异常的情况；一个人有权出卖比他实际占有的更多的东西。债务人首先必须负责偿付，然后才能对那个胆敢出卖多于其所有的原债权人提出诉讼。

在立法机关不得不出面干涉之前，这种异常情况始终留在习惯法法官的头脑中，一直到 1704 年，审判长霍尔特还拒绝对伦敦的金匠发出的期票实行强制性的执行，这是一种见票即付的形式，是现代银行纸币的前身。他说，这种期票“只是伦敦伦巴德街金匠的新发明，他们很想形成一项可以约束所有与他们实际进行过交易的人的法律；而且如果让这样一种票据能具有任何留置权，这等 252
于就是把法律上原来只是作为一种口头契约证明的一张纸片变成了一种盖印的契据，此外，它还会使人有权把自己所不拥有的东西转让给另一个人；因为既然原来的受票人不能采取这样的行动，那

么他的受让人又怎么能采取这种行动呢?”[①]后来议会通过了一个法案才把审判长霍尔特的这一习惯法理论推翻。[②]

虽然期票的流通长时期地搁置了,但是汇票的流通性,包括存款人对银行所开支票的现代化措施在内,轻而易举地得到了承认。汇票或支票是债权人对债务人发出的一种支付命令,要他支付所欠债款的一部或全部给指定的第三者,甚至给任何第三者的“持票人”。在英国承认汇票流通的第一个有文字记载的案件是在1603年判决的。[③] 案情涉及一种国外的汇票,而且由于国际贸易不同于国内贸易,国际贸易必须遵循各国商人相同的商业习俗,它的流通很容易得到认可。一旦汇票在国际贸易中打开了渠道,后来国内汇票的流通也渐渐获准了。最初对于汇票和期票都必须先说明并证明商人的习俗,但到了1695年及1704年以后,法院开始认为这种习俗应该是“司法常识”,因而只要有一项单纯的声明就可以了。[④] 最初法院把这项法律只限于实际经商的人,后来又适用于所有商人和经营特种商品的商人,最后在1689年,一个承兑人如果实际上不是商人,反被禁止否认其为商人。[⑤] 所以经过了一百年扩大适用范围的过程,再加上衡平法和立法的帮助,逐渐取消了

① 参见布勒对克利浦斯的诉讼,案例编号:(6 Mod.)第29页(1702年)。但参见麦克利奥德:《银行业的理论和实践》,第1卷,第224页起,他认为审判长霍尔特的意见是错误的,而且根据习惯法票据是可以流通的。这一意见忽略了一个重要的事实,即霍尔特是最著名的习惯法律师之一。

② 参见安后纪事3、4,第7页(1705年)。

③ 参见马丁对波尔的诉讼,案例编号:(Cro. Jac.)第6页(1603年)。

④ 参见威廉斯对威廉斯的诉讼,案例编号:(Charthew)第269页(1693年);布罗米奇对莱昂德的诉讼,案例编号:(2 Lutw.)第1582页(1704年)。

⑤ 参见沙费尔德对威德莱的诉讼,案例编号:(Carth.)第82页(1689年)。

习惯法所规定的债务人能抵御偿付债务的保护，持有债务人承兑票据的人，不仅可以用他自己的名义起诉，而且在法律上他甚至还可以形成一个比原来的债权人更有力量的案件，尽管兑付承诺不是对他本人作出的；而且在过去属于特定的个人之间的人与人的
关系现在却已变成一个运行中的机构的资产和负债了，这与过去、 253
现在或将来谁构成了这个运行中的机构均无关系。

因此我们可以看出，为什么现代资本主义是从契约的转让和流通开始的。它们完成了两项任务，一项是低利率，另一项是资本的迅速周转。这两者共同发挥了作用。资本主义很难在10%或20%的高利率水平上和一年一次或两次的周转中生存下来。它是在3%至6%的利率水平上和一年3次至5次的周转中生存下来的。这种差别是累积的。每年周转一次按年息10%计算的资本的间接成本，比每年周转5次按年息5%计算的资本大10倍。利率低一半，同一数额的资本可以发挥五倍的作用。

17世纪中叶以后不久，于1668年，当上面所说的转让和流通在英国已完成了一半任务的时候，英国重商主义倡导人乔舒亚·蔡尔德爵士把荷兰所享有的利益与英国的情况作了一个对比，荷兰市场的“平时”利率是3%，而在英国的合法利率为6%，荷兰的资本周转为英国的两或三倍。蔡尔德说，我们现在所称为的“周转”在荷兰是靠“人们之间所实行的规定债务单据可以从一个人转移到另一个人的法律来完成的；对于他们的商业来说，这是非常有利的；使用这种方法他们可以把存货在业务上周转两次或三次，而在英国则只能周转一次；为此，我们在英国卖出外国货以后，一直要等拿到钱后我们才能再买进图利；这可能要花6个月至9个月

或12个月才能弥补过来；而且如果我们销售的数量很大，我们就需要有一个有能力的人全年忙于向酒商和店主去要钱。但是如果我们有了有关可转让的票据的法律，那么，我们在卖出货物以后立刻可以处理我们的票据，并将账目结清”。[①]

此外，蔡尔德爵士还提出了一项繁琐的立法，认可相当于现代的“承兑”的票据转让，这一个措施在以后的30年内完成，正如我们刚才所见到的那样，它是通过法律承认并强制执行商人习俗的
254 简单方法来完成的。他说，“大多数人，尤其商人充分了解把一个人的债务票据转让给另一个人的法律对这个国家所带来的巨大利益。为了这个目的而制定一项法律并不困难，困难在于把它付诸实践；因为我们已经长期习惯于只以口头契约买卖货物，对于为购买货物而必须在票据上签字盖章的做法，富商们在相当长的时期内往往认为这有碍于他们的声誉，而较小的商人又恐怕因为硬要他们的顾客对他所卖出的货物开出票据而失去他们的光顾”；如我们所知，面对着商业银行提出的买卖短期承兑票据的更大的经济，这种大大小小商人的遗憾早就不存在了。1704年的法案确定了承兑票据的流通性，20年以后，英格兰银行的贴现率跌到了2.5％，而且以后也总是根据商业形势于2％至7％之间浮动。

(2)商品券和价格券

这种流通上的显著革新，1603年关于汇票的第一个判决到

① 乔舒亚·蔡尔德爵士：《贸易新论》，原文发表于1668年。见《政治经济学词典》(第6版，1804年)。

1704 年议会否定了审判长霍尔特的意见，整整经过一个世纪才使流通问题上的显著革新完成了；它虽然建立了现代的资本主义，却也在物质商品的原始观念与把承诺视作商品的新观念问题上产生了难以澄清的混乱。1792 年证券投机买卖的狂热第一次充斥着英国人的头脑[1]，1716 年密西西比股票投机风潮在法国势不可挡，1718 年南海泡沫大规模地侵袭了英国，而且在二百年间，通货膨胀和紧缩、经济繁荣和衰退总是有规律循环出现，有的学者把原因归咎于太阳、金星、人的天性或人的堕落，直到最近人们才发现这是承兑票据的流通性这种聪明发明的作用。流通性实际所带来的是两个相反的市场、对商品或劳务的两类相反的法律要求权以及两个相反的价值概念。两个市场就是商品市场和货币市场；两类法律要求权可比作为商品券和价格券；而两个价值概念就是归属于商品或劳务的实际价值或以价格表现的名义价值。 255

每种生产企业都开展着两种业务，一种是以商品和劳动形式出现的购买、储存、扩大和出售各种数量的实际价值或实际财富的业务，另一种业务就是创造、购买、出售、抵消和取消为偿付那种实际价值或实际财富的名义价值或价格所作出的承诺。前一种业务是在工厂、零售和批发商店、铁路、戏院、仓库、物产交易所、农场及房地产市场中进行的，在这些地方人们交付商品或付出劳动，并把对它们的权利进行转让。每一个工厂仿佛是一个仓库，在那里把原料和劳动“存储”起来，以便于几周或几月内使它们以制成品的面貌出现。每一个批发店和零售店也仿佛是一个仓库，在那里买

① 参见 T. B. 麦考利：《英国史》，第 4 卷，第 256 页（1856 年）。

下和储存着制成品和售货员的劳动，以便在几天或几周内再出售。每一个农场、工场、戏院，每一条铁路等也都是这样。这些就是国家的商品市场和劳动市场，而在那里所进行的活动就构成了我们所称的运行中的工厂及其生产组织的过程，它们创造了国家的实际价值和实际财富。

但是创造、购买、出售、抵消和取消在商品市场上所议定的那种**价格**的偿付的承诺的业务，实际上是在国家的货币市场即商业银行中所进行的业务。任何企业的“运行中的业务”都与它的商品市场和货币市场联系在一起，因为它就是商品市场上买进和卖出、雇用和解雇、租进和租出的业务，也是货币市场上借进和借出、贴现和存入，并于 24 小时至 90 天内以法定货币偿付对商品价格的各项承诺的业务。

从历史角度来看，这种法律上的转变就是从财物的委托，即商品券转变为债务，即价格券。荷兰的阿姆斯特丹银行和伦敦的金匠开始了他们的“银行”业务，把它作为储存黄金和白银的仓库，并按存储人所存入的商品、黄金或白银的数额，签发仓库存单。目前我们从美国的黄金和白银“库券”上还能看到这种仓库业务的残留痕迹。后来他们发现这种储存的商品不会一下子全部取走，于是
256 他们就违反了收储的誓约，把储存人的钱贷放给其他人并收取利息，同时他们签发超过实存商品数量的商品券。如果普通的仓库业者违反了誓约，这意味着非法转换委托，因为在这种情况下，如小麦或黄金等存储商品不是仓库业者可以贷放或出售给他人的财产，是储存者的财产。为了使金匠的这种非法行为可能变成合法，法院有必要把黄金**出售**给银行以代替顾客**储存**黄金，并把银行对

顾客的**债务**代替顾客对仓库的**委托保管**。这时仓库业者已经变成商品的所有者而不再是受托者，而原来的所有者已变成了拥有银行票据的债权人，而不再是拥有商品的储存者。这就是“一心一意想制定一项法律的伦敦伦巴特街的金匠”的非法发明，这项法律不同于习惯法，因此激怒了审判长霍尔特，直到议会通过了一项法案，才制服了霍尔特。

虽然存储人已经从物的所有者变成银行的债权人，但是银行业务还是保留了“存款”和“存款人”的名称，这是为了不违反人们心理上坚持要有具体证明的保守唯物主义，虽然现在存款人所存储的已经不是商品，而是他自己的或顾客的支付承诺。但是在银行的支票制度下，保留这种原始的唯物主义是合适的，而且银行通过流通工具，已经不再是仓库业者，而是承诺的所有者。“货币”现在已经不再是金银等有形体的财产，而是具有两种法律特点的银行信用，一种是有形体的财产，也就是银行要求付款的承诺；另一种是无形的财产，那就是这种承诺在市场上的交换价值。而且这种货币已经变成具有弹性的东西，因为它的数量是随着工商业者所同意对商品支付的价格而变动的。这样就完成了从商品券或委托保管到价格券或银行信用的演变，前者需要有指明的特殊有形体财产，如金或银，而后者仅仅需要按当时交换价值计算的任何商品。

商品券实际上就是有形体财产所有权的证据，价格券是一种
可以流通的承兑票据。商品券所以重要，因为原来它就是有形体 257
财产，是物质性东西的所有权，甚至是不动产，它的所有权并不因物质的交付而转移，而是因商品券上的记载而转移，这就是所有权

的证据。所有商品——动产——也是如此。我给你一蒲式耳的土豆,然而我没有把所有权转交给你,除非同时还有一种为法律所承认的作为转移所有权的证明。所以一切所有权的证据都是政府认可的商品券,不管这种所有物的价值如何发生变化,它们都是所有权的证据。

这种所有权的证据逐渐地移用于那一大类的委托保管,其中有某些是属于个人性质的东西,被交付给了另一个人,由他来保有但还不是属于他的,将来还要交还给本人或交付给第三者,这种证明就记载在类似仓库存货单,船坞存仓货单,车船装货提单以及阿姆斯特丹银行和伦敦金匠的那种原始的储存品的证据上,甚至什么记录都没有,就像暂时租借或留下来修理的货物那样。

委托保管就是对交付的物的承诺,它广义地变成了所谓的期货,即对交付的物的价值的承诺,如同一位铁制造业者承诺交付一定数量的铁或它的价值,或如同一家银行答应兑付黄金或与黄金等价的支票存款,实际上这只是用来抵补那家银行或其他银行的其他债务人的一个账户。但是它在清偿债务时却具有很大的价值。

这类特殊的期货又逐渐变成投机的期货,"期货"这一名词通常就用在这一方面,在这里任何一方实际上都不拥有这种东西,他们期待着到市场上去购买或借用,或以交货日期的市场价格交货,或至少以议定的价格与当时市价的"差价"交货。

但是商品券本身最后甚至包括了一系列的有形体财产、无形体财产和无形财产,因为有了股票、债票、信用债券、存货单、提单等几乎都具有货币性质的流通工具,并且这些单据连同所有权的证明随时可以从一个人手中转移到另一个人的手中。

但是在所有这些交易中，商品券不论它们是对不动产、动产、托管货物、期货或甚至所有无形体的和无形的财产的要求权，始终具有其特有的性质。换句话说，商品券的价值随着物本身价值的变动而变动，因为商品券就是这种物的证据。但它又不同于作为 258
价格券的货币。货币是交换时的一种力量，它不是某种特指的东西，而是按任何东西的当时价格获得**任何东西**的一种力量。一张仓库的收据可以从仓库中取得**一定数量**蒲式耳的小麦；但是一张价格券可以按当时小麦市价取得**任意**数量蒲式耳的小麦。如果小麦涨价了，这价格券就只能得到一个较少的蒲式耳；如果小麦跌了价，这张价格券就可以得到较多的蒲式耳。

所以，尽管每一个企业在商品市场和货币市场上的两种业务是不可分割的，但是它们很可能明显地朝不同的方向分离，而且产生不相同的社会后果。如果我以每吨 20 美元的价格卖给你1,000 吨生铁，你答应在两个月之内付给我 20,000 美元，我把你的付款承诺送进银行，银行给我减去贴水的 20,000 美元的存款。银行在它的账簿的“贷款和贴现”项目下记上在两个月内**可以收到**的 20,000美元，并在“存款”项目下记上随时**可以付出的** 20,000 美元活期存款。

但是假如我以每吨 40 美元的价格把那 1,000 吨生铁卖给你。现在你答应给我 40,000 美元。我现在把你的付款承诺送进银行，得到了 40,000 美元的贷款和存款。生铁的数量是相同的。商品并没有改变。它储存在仓库里或变成了火炉或钢铁。我把所有权或提单转交给你，这等于给了你商品券，凭它可以提取 1,000 吨生铁，而且根据具体情况从你那里得到一张20,000美元或40,000美元的付款承诺，在两个月以法定的货币支付，然后银行同意了这种承诺，它一方面承认那个价格为现时价格，你和我在两个月内有能力支付的价格，在另一方面又签发了它自己的一经要求可以即付的可流通票据。这种“存款”就是一种价格券，在任何银行都可用以偿付债务。

问题之所以重要就在于商品券和价格券是朝着不同的方向分离，因为它们在不同的市场上是独立的变量。如果一家仓库业的公司承诺随时交付“储存”在仓库内的1,000吨生铁的实际价值，那么，它所收进的和交付的都是1,000吨，不管在这期间的名义价值是否从20,000美元变成40,000美元或从20,000美元变成10,000美元。但是如果一家银行承诺随时支付生铁的价格，它就不管这20,000美元在同一个两个月的时间内能买到1,000吨或
259 只能买到500吨生铁，它就必须这样做。仓库经营的是商品，价格变动它是不管的；而银行不管商品数量的变动，它处理的是价格，不管1,000吨生铁的价格是否从20,000美元变成40,000美元，商品券要求交付1,000吨生铁。但价格券所要求支付的是一个价格，譬如20,000美元，然而它不管以后这个价格能买到1,000吨或500吨的生铁。

商品券适用于仓库、工厂和农场，因为它只是所有权的证据，提货的单据，仓库的存单，是在戏院内或电车内要求座位或站处的权利，它所要求的是一定数量的商品或服务。但是价格券适用于银行，因为它是从一家银行为商品或劳务的一定价格提取“银行存款”的支票。有效的商品券适用于特定的商品市场。具有可靠性

的价格券适用于任何商品市场和任何货币市场。不论价格如何变动，商品券在所有权发生任何变动时都与特定的商品联系在一起。但是价格券在某一天把那种商品价格冻结在银行里，不管冻结的价格在这期间能买到的商品数量如何变动，这一价格在一至三个月内在各银行之间流通。

在这里我们可以发现那种流通的承诺票据，即价格券或银行存款的公共目的是什么。商品市场和货币市场上的这两种业务与业务方面的两种致富或盈利的方法相适应。一种方法是指在不提高价格的情况下，增加产品的数量或降低产品的成本；另一种方法是指在不增加产品数量的情况下，通过提高价格获得利润价格。第一种方法是在稳定价格水平的情况下增加商品的数量；第二种方法是提高价格水平而不增加商品的数量。第一种是产量的增加，第二种是相对地限制产量。第一种是属于通过增加社会福利获得利润的**生产性**方法。第二种是攫取别人谋取利润的**投机性**方法，因为别人的价格没有以同样快的速度提高，因而对他们没有提供相应增加的实际财富。

商业银行本身为什么没有把这种私人观点与公共观点明确地区分开来，主要原因有两个：它们所关心的是借款人的偿付能力和它们自己的法定货币的准备，它们不关心一般价格水平的变动。 260
换句话说，没有公共政策的共同规则作为它们的指导原则。如果顾客的产品价格同样在上涨，他所出售的生铁价格为每吨 20 美元，他的出售量从 1,000 吨增加到 2,000 吨，于是当生铁价格从每吨 20 美元上涨到 40 美元时，生铁生产者也许也在为 40,000 美元的银行存款冒险。在任何一种情况下，银行也许都可以安全地把

40,000 美元,贷给这位生产者,为他提供一个“新的信用”,这无异于创造了“新的货币”。

但是这两种创造新货币方法的社会效果是不同的。第一个方法创造了新的货币,因为它把价格提高了。第二种方法创造了新的货币是因为真正的财富扩大了。在第二种情况下,银行实际上向公众保证,真正财富的数量已经增加了一倍。但在第一种情况下,银行只保证那种财富的价格已经提高了一倍。这是因为当商业社会将名义价值或价格提高的时候,在双方的银行账簿的银行贷款和银行存款或有价证券的总量上,几乎增加了一个相同的数额。这只是以银行承兑数额的提高去追认工商业者承兑数额的提高。

银行业者的私人观点的第二个原因是,他的法定货币准备与他所承认见票即付的支票数额之间的比率。如果这是一种物物交换经济或金属货币经济,那么生产者所提供的商品数量只会有极小的或甚至完全没有弹性。但是银行不和商品打交道,它处理的是支付法定货币的承诺。而且如果银行希望手头有足够的法定货币可以兑付顾客或其他银行对它连续提出要求兑付的支票,而这些兑付超过了顾客连续存入的支票和从其他银行开出的支票,这时银行对于见票即付的承诺数额所冒的风险与上述情况所冒的风险同样大。如果这两个数额差不多相等,那么,银行仅仅以其他承诺抵消账目上的一个承诺,它的负债总额始终不变。

但是如果因为它承担了工商业者之间一个扩大数额的协定价格,而大大增加了它见票即付的承诺数额,这时,它付出的支票数额增加了,而存入的支票数额却没有相应地增加。但是由银行承认的
261 见票即付的法定货币数量构成的准备既然同其他商品的数量一样

大，因为它不能单独依靠签发更多的承兑票据使法定货币增加，而只能依靠买进或生产更多的商品才能增加，在这种情况下，法定货币对于见票即付的承兑数额的比率就一定会下降，风险一定会增加，而银行也就不得不停止签发承兑票据。从银行的观点来看，这就是通货膨胀和通货紧缩的过程，膨胀是指与银行法定货币准备有关的存款的增加，紧缩是指与银行准备有关的存款的减少。

但是从公共的观点来看，通货膨胀意味着价格全面上涨，然而生产数量却没有相应的增加，而通货紧缩意味着价格的全面下跌，然而在产品数量上没有相应的减少。

这两个观点只能在采用稳定一般价格水平的业务规则时，才能一致起来，因为要求名义价值的价格券总是要求支付尽可能多的同样的实际价值，而且银行不可能向工商业者保证，在谋求利润的时候，单靠提高价格并造成全面崩溃的后果，但银行向他们保证，他们可以通过增加商品的数量和降低商品成本来谋求利润，从而形成社会福利普遍提高的后果。[①]

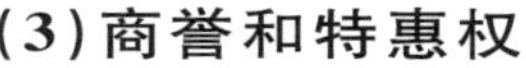

(3)商誉和特惠权

就我们目前的讨论而言，[②]每种社会关系都至少包括三个方面，我们可以把他们称为第一方、第二方和第三方。第一方指本

---

① 参见欧文·费雪的《货币的购买力》(1911 年)和《稳定美元》(1920 年)，G. 卡塞尔的《利息的性质和必要性》(1903 年)、《1914 年后的金融市场和外汇》(1922 年)、《世界货币问题》(1921 年)，以及 R. G. 霍特里在《通货与信用》(1919 年)和《币制改造》(1923 年)；福斯特和卡金斯的《货币论》(1923 年)，他们在这些书中详细而实际地讨论了这些问题。

② 参见第 4 章第 1 节。

人。第二方指对立方，比如债务人、代理人、职工或卖主。第三方可能为第一方和第二方的关系上制造障碍，譬如他可能是一个侵害者，强力干预者、竞争者或背约者。

此外，就我们目前的讨论而言，[①]每一个行为既一种肯定的行为，就是一种否定的行为（一种“不为”，或否定的履行），我们把前者称作**履行**，把后者称作**避免**。

262 一种负担可能既是肯定的也是否定的，也就是一种履行或是避免，在这两种情况下把它叫作负担是恰当的，因为它使受强制执行的人的自由受到一定的限制。如果这是一种肯定的负担，这就是履行，意味着**对立**方必须履行一种肯定的行为，如清偿债务，服从主人或雇主的命令等等。他没有选择的权利。我们把这种负担的形式叫做劳动负担或投资者负担，或无形体财产。

但是如果这是一种否定的负担，这就是避免，意味着**第三方**的行为受到了限制，这些行为如侵害、干预或竞争等等，从而迫使他的行为向别的地方发展。每种负担都把另一方自由行动的范围缩小了，履行的义务否定地缩小了第二方原来所控制的活动范围；避免的义务在可能的情况下，又限制了第三方把他所控制的范围向其他方面扩大。

如果我们正在讨论的问题是一种肯定的负担，也就是债务人与债权人的关系问题，那么，强制第二方履行义务即意味着对所有的第三方强加了一种避免的义务。所以负担含有两重性的意义：它是足以缩小**第二方**的自由的义务履行，它也是足以缩小任何**第**

① 参见第 4 章第 2 节。

三方的自由的义务避免。

机会与负担是不同的，因为第二方交易者在交易发生的范围内，既不负有履行的义务，也不负有避免的义务。他在我们所讨论的问题的其他方面，可能负有和事实上负有避免的义务。他断然不能使他过分超出所允许的欺诈或逼迫的限度。但是如果他超出了这个限度，他就可以进行自由协商，提供选择机会，进行说明或逼迫，要挟或屈服，这时他丝毫没有履行或避免的负担，正如第一方那样，他是自由的。在这种机会的范围内，第一方和第二方之间的关系是一种自由的关系，一种没有义务的关系。

但是第三方负有避免的义务，他是可能的侵害者或竞争者。当第一方和第二方可能做成买卖的时候，在任何时候他千万不能进行干预。在这时候，他必须避免作出物质性的扰乱或侵害、竞争的扰乱或背约的行为。

为了论述简单起见，通常都不明确地说出第三方在负担或机会 263
的情况下所扮演的角色。第三方通常指“所有人”，而且总是把施加在他们行动自由方面的否定的负担（即避免，或不做某一件事的义务），认为是理所当然的。一般地说，我们将把第二方说成是对立方，因为为了与对立方进行交易，才把避免的义务加在第三方，所以通常只在第一方和第二方进行交易的时候，才使用负担和机会这些名词。因此这两个词的使用范围是有限制的，而且总是考虑到和理所当然地认为第三方的存在，所以，负担就是对立方的肯定的义务；机会既指没有履行的肯定义务，也指避免的否定义务。

但是不能老是认为第三方永远存在。在紧要关头，有的人就从“所有人”中冒出来形成一种特殊身份的人。举例来说，当某一个人出卖他的企业的“商誉”并因而出卖他的竞争的自由时，或者当法院保护第一方的商誉或商标，而使他不得再从事于不公平的竞争或欺诈时，他就是一个第三方（即可能的竞争者）。无论在哪一种情况下，他作为一个第三方所必须履行的，并不是一般的而是一种更特殊和有限的避免的义务。有关商誉和特惠权的法律就是从这里产生的。

商誉法律的形成过程比负担法律更慢。一直到1620年，才似乎第一次判定一个人可以合法地把他的企业和自由一起出卖。习惯法的最高级法院提出了这一意见，然后再诉诸“英国高等法院的所有法官和贵族”进行公断。一名法官对此表示了异议，从这里我们可以发现一个疑点。这一意见引起了广泛的注意，当时所有的记者都进行了报道[①]，因为那时国王正在滥用他的特权，对贸易实行限制，引起了一场严重的骚动，恰恰在这个时候，这一意见又以滥用习惯法的手段把贸易限制予以合法化。

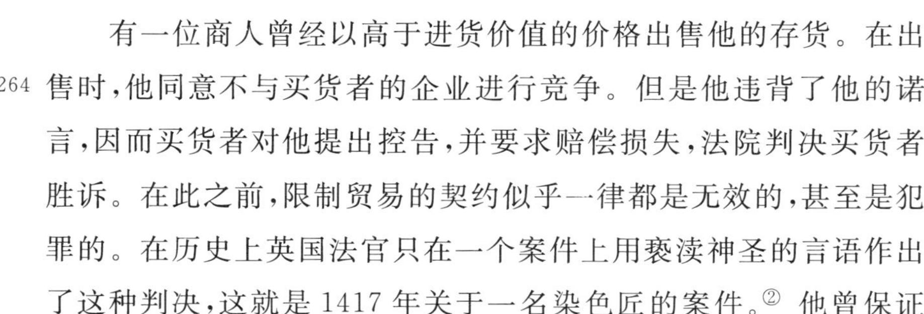

有一位商人曾经以高于进货价值的价格出售他的存货。在出
264 售时，他同意不与买货者的企业进行竞争。但是他违背了他的诺言，因而买货者对他提出控告，并要求赔偿损失，法院判决买货者胜诉。在此之前，限制贸易的契约似乎一律都是无效的，甚至是犯罪的。在历史上英国法官只在一个案件上用亵渎神圣的言语作出了这种判决，这就是1417年关于一名染色匠的案件。[②] 他曾保证

① 约雷弗对勃劳德（1620—1621年）的诉讼，案例编号：（Cro. Jac.）第596页；（Noy）第98页；（2 Rolle）第201页；（W. Jones）第13页。艾克塞特的成衣工人一案中（3 Lew.）第24页（1686年）提到了上述案件。

② 亨利五世年鉴，第2卷，V，第26页（1417年）。赫尔法官说：“遗憾得很，如果原告在此，他早就该坐牢，直到他向国王付清罚金为止”。

在一定时期内不在这个镇内染布。法院却宣告这种保证无效，并免除了染色匠必须遵守的保证。所以，从1417年以后，法院的判决否定了所有有关限制贸易的协议，直到1620年才产生一个例外，它为现代的商誉法律奠定了基础。

差不多在1620年初次判定一个人可以合法地出卖其一部分自由时，在另外一个案件[①]中提到了1580年的一个更早的没有报道过的案件，据说这一案件判定，即使没有经过竞争者的同意，也可以合法地剥夺他在进行竞争时的一部分自由。据说在1580年，有一位织布工人宣称“他织的布已经获得很大的声誉，为此他的销售量很大，并获得巨额利润，他还说他习惯于在他的布匹上印上自己的标志，使人知道这是他织的布；而另一位织布工人发现了这一点之后，在他的劣质布匹上使用了同样的商标，以达到欺骗前者的目的”。前者对后者提出了控告，这个案件的判决扩大了“侵害案件”的令状，使它能对业务上的损害提供补救的办法。法院1580年的判决认为，“控告具充分理由”。本书在讨论履行契约的章节中曾经提到过这一类控诉的情况；[②]我们在这里发现它已经分裂成为订立契约的法律，也就是契约自由的法律。在后一种情况下，它表明无形财产已随着市场的扩大而形成了，法律正在从对物质财产的保护逐渐地和不显眼地扩大到对无形财产的保护。古代的
“侵害令状”曾经是习惯法的一种诉讼形式，它以所控告的人身侵 265
害，或以强力侵入原告土地或动产为依据。后来“侵害”这一个词

① (Poph.)第144页(1618年)提到过一种意见，说这个问题在(22 Eliz.)中曾提及过。参阅魏格慕：《民事法律案件选集》，第1卷，第318页。

② 参阅魏格慕，第2节，第239页。

的含义扩大了，它包括了造成损害的每一种非法行为。这就使习惯法法院有可能把民法随着市场的扩大而扩大，所以从1285年[①]的议会法案到1580年的商标案件，经过简易的步骤就使对物质财产的损害变成了对业务的损害，暴力成为不公平的竞争，侵害成为侵犯。

所以在1580年和1620年，在对无形财产提出要求赔偿损失的诉讼时，和在支持一个人可以随着出售业务而自愿出卖自由时，有关商誉的法律的两块基石奠定了。有案可查的由法院强制执行的限制贸易的自愿协议的第一个案件发生在一项重大判决的10年以后，该项判决宣布行会在国王赐予的专卖权和章程范围内所实行的垄断和非自愿限制贸易均为无效。上面已经提到过，这一点的意义深远。关于上面已经提到过的垄断案件，法院认为女王把专卖权赐给贵族达西的做法不符合习惯法的原则，法院所持的三个理由中的两个是关于涨价问题和产品质量下降问题，法院说，享有专卖权的人并非“精于这种技艺”，所以实际制造纸牌的行业必须交给工匠，而他自己“既然独占了这个行业，他所关心的必然只是私利而不是公共的财富”。[②]

同样，在伦敦成衣商行会的案件（1599年）中，实施细则要求各成员与其他成员分享所有的业务，虽然这些细则在很早以前国王特许的章程里是核准了的[③]，但按照习惯法垄断被判为无效。

① 参阅魏格慕，第2节。

② 参见本章开头。

③ 另外还有伊斯普威奇成衣工人行会的实施细则（11科克，第53页b，1615年）也以同样理由为无效，但执行“习惯”的细则认为有效。这些案件与后面将要提到的米切尔对雷诺兹的诉讼是有区别的。

英国高等法院的这些判决奠定了习惯法的通则，以反对国王特权所特许的限制贸易的垄断和章程，它的部分理由是国王的特许等于把压迫公众，即压迫“公共财富”的权力放进了私人的手中。随着这些特许的限制清除以后，就有可能为那些不压迫公共财富 266
并且不享有特惠权的那种限制扫除了障碍。虽然收取的价格也许会高于竞争者所收取的价格，但是究竟顾客本身是否得到相当的利益，这可以让顾客自己去斟酌，因为我们有这样的根据，如果顾客感到不满意，他尽可以随便到哪儿去购买。

1620 年的事件以后，差不多又过了一百年，帕克法官于 1771 年[①]讲述了自愿限制贸易的法律在这段时期内的演变过程，而且他的意见被公认为对以后的意见是有指导性的。他把自愿的限制和强迫的限制（后者一定是非法的）区别了开来，他也把“一般的”限制和“特殊的”限制区别了开来。由有关各方面协定的自愿限制，如果涉及的范围很广，也就是涉及全国，那就是无效的，即使为了换取这种不竞争的协议，而付出过一定的代价也是如此。[②]“根本没有一个人可以订立契约，以停止他对行业的使用”，“因为公众的利益不允许他长期处于怠惰状态”。“特殊的”限制是指对地点和人的限制，这些限制如果没有补偿也是无效的，但是如果“有一

① 米切尔对雷诺兹，编号：(1 P. Wms.)第 185—189 页(1711 年)。

② 后来通过一项条例使这种限制扩大了范围，如果出卖的营业实际上达到全国范围，即它就可以扩大到全国范围。但买入者是否可以坚持要求卖出者完全退出这种营业，对这一点是有怀疑的，虽然这取决于法院阻止垄断趋势及鼓励卖主方面的怠惰的程度。尼姆斯：《不公平的竞争》第 2 版，第 38 页起(1917 年)；佩奇：《论契约》(1905 年)第 1 卷，第 589 页起；诺顿菲尔德对马克辛诺顿菲尔德枪械、军火公司的诉讼，案例编号：(App. Cas.)第 535 页(1894 年)。

种良好而适当的补偿使它们成为正当而有用的契约，那么，它们是合法的”。即使是“一种特殊的限制，如果没有公正的理由和补偿也是不好的”。虽然法律意味着维护自由，但是正如一个人可以放弃他的财产那样，他也可以放弃他的一部分自由，条件是“经他本人同意，而且能得到有价值的补偿”。而且，他既然已经为不进行竞争的诺言接受了补偿，如果这些诺言是在特殊的限度之内的，法院就会强制他遵守他的诺言。

但是直到1743年，“商誉”这个名词才第一次进入判决书，而且在那时这个词只用来说明不同的事件。[①] 在1769年耶茨法官又把这一名词应用在有关版权的案件中，作为例证以表明习惯法
267 不把版权作为财产对待。他说，商誉不是财产，因为购买者“无权把它局限于本人，因为顾客如果愿意撤回的话，第二天就可以把它撤回”。此外，他不能“使用任何权力去阻止他人获得这种光顾”。关于这一问题，耶茨法官遵从习惯法中的财产观念，财产只限于物质性的东西，尽管在这一案件上，多数法官对于版权问题都采取了不同的见解。[②]

直到19世纪初期，商誉的含义才扩大到可以包括全部竞争的范围，因此审判长艾尔顿勋爵于1803年初次以比较现代化的含义，阐明了“公平”和“不公平”竞争的法律。艾尔顿勋爵虽然通常把这个词限于所谓的“地点”的商誉，但是他却认识到其他的两种

---

① 参见吉勃雷特对利德的诉讼，案例编号：(9 Mod.)第459页(1743年)；另见本章第4节。

② 参见本章第4节。

商誉，即个人的商誉和企业的商誉，或运行中的业务的商誉。[1] 他说，地点的商誉“无非是指顾客仍旧会光顾老地方的一种或然性”。在这一方面它只是土地价值的一种特殊例子，而且衡平法院不可能在不干预地主对他的土地的合法使用的情况下，禁止享有地点的好处。

但是欺诈或不公平的竞争却是另外一回事了。有了公平的竞争，就不会有损害或伤害。因此艾尔顿勋爵发布了一项禁令，不得阻止“合法经营以改进贸易的公平途径”，但是应该阻止他所代表的贸易，实际上是别人建设起来的、已经确立了的业务。[2]

但是商誉说到底是以个人的商誉开始的。它是通过个人的努力而形成的。一个人可以出卖他的地点商誉或商业商誉，但是他还是能保留他个人的商誉。为了使这样的商誉也卖出去，他必须同意以契约的方式出让他未来的自由。实际上卖主出卖的并不是物质性的东西，而是产生一定净收入的市场机会，而且为了使这种出卖能够有效，他必须放弃使收入减少的某些活动的自由。机会的“物质”部分显然只是他曾经得到的，而且预料还会继续得到的
顾客亲自的光顾。他所出卖的实际上不是他的顾客而是把出卖商 268
品的自由卖给顾客。而且商誉购买者所买进的也不是商品，而是把他出卖给顾客的某种商品的排他性自由权卖掉了。他确实买到了某些无形的东西。他已经买到了控制商品供给的权利，因为他买到了一种预期，即如果竞争者企图供应那种特殊的商品时，政府

---

① 参见霍格对柯培的诉讼，案例编号：(8 Ves.)第 215 页(1803 年)；克拉特威尔对莱的诉讼，案例编号：(17 Ves.)第 335、346 页(1810 年)。

② 参见上注。

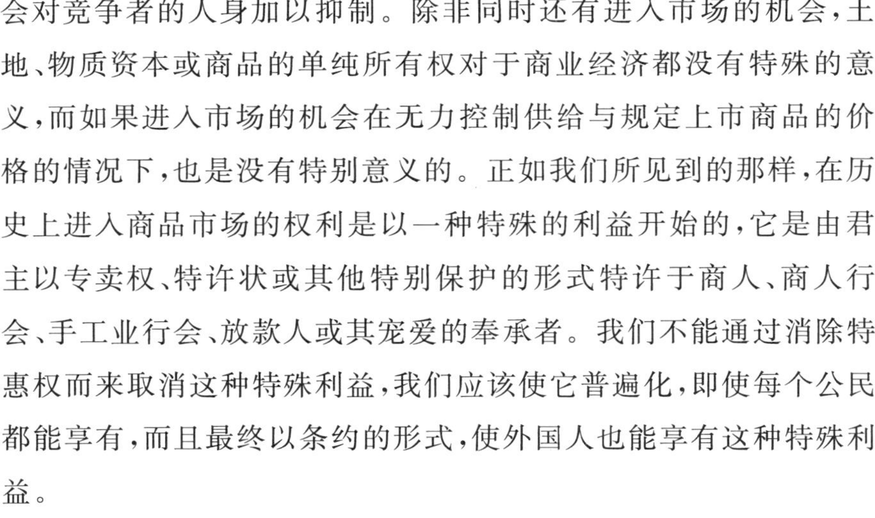

会对竞争者的人身加以抑制。除非同时还有进入市场的机会，土地、物质资本或商品的单纯所有权对于商业经济都没有特殊的意义，而如果进入市场的机会在无力控制供给与规定上市商品的价格的情况下，也是没有特别意义的。正如我们所见到的那样，在历史上进入商品市场的权利是以一种特殊的利益开始的，它是由君主以专卖权、特许状或其他特别保护的形式特许于商人、商人行会、手工业行会、放款人或其宠爱的奉承者。我们不能通过消除特惠权而来取消这种特殊利益，我们应该使它普遍化，即使每个公民都能享有，而且最终以条约的形式，使外国人也能享有这种特殊利益。

这样，它就变成普遍能进入市场的平等权利，也就是经济自由的个人权利。但是作为这样一种权利，它是没有价值的，因为它面临着自由竞争的危险。只有到它能脱离个人而出卖给其他人的时候，它才具有构成营业资产的价值。

1580 年的商标案件和 1620 年合法化自愿限制贸易开始使企业商誉和个人商誉分离了开来。如今被人所拥有，并受法律保护的对象仅仅是有利交易的可能性，如果一个人已经尽心尽力地或把他的财产为自由来到市场上来的那些人服务，并使他们感到满意，这就是他具有充分理由所怀抱的预期。为了保护这种互利的预期，并给它以可流通的属性，法律就把没有价值的个人权利转化为有价值的财产权利。

所以保护商誉不等于保护物质性东西的财产，它是保护控制东西的供给的权力以抵抗在无限度竞争情况下价格的暴露。因此
269 企业商誉与个人商誉的分离也就是物的供应的控制与物的所有权

的分离。在物本身的供应受到物质的限制的地方，由于受到这样的限制，上面所说的分离就无法办到，而企业的商誉也就形成了一种特殊的利益。所以“地点的商誉”无非是土地价值的一个特殊例子。裁判长艾尔顿勋爵于 1810 年给它下了一个定义，认为它“无非是指顾客仍旧会光顾老地方的一种可能性”。[①] 当地主把土地出卖或把地租提高时，企业的商誉就被土地价值所吸收。商誉为那个地基增添了新的价值，而且由于新增添的土地价值或地租可以侵蚀营业收入，侵蚀的程度与企业商誉被享有特殊利益的地基价值吸收的程度是一致的。

这些只能发生在客户订购或零售商店的工业阶段。到了工业进入批发采购、批发投机、商业资本家或工业资本家阶段的时候[②]，企业商誉自己就分离出来了，它不再依赖营业的地点，它几乎扩大成为可以促进业务成就的公众态度或企业的活动能力的任何东西。威斯康星州最高法院在评论艾尔顿勋爵有关地点的商誉时候，温斯罗法官说：“人民从商人或制造商那里购买货物的习惯是购买者将继续保持的任何期望的基础，这种习惯取决于地点以外的许多东西。……商誉仿佛是从卖主到买主的一条走惯了的道路，这条道路所以易于行走，主要靠多年的努力、花钱做广告、诱惑和旅行推销员的推荐、展览考验、货品陈列等等，常常也依靠与地方经销商的联系，因为他们得到邻居们的信任等等”。[③] 美国最高

① 参见克拉特威尔对莱的诉讼，案例编号：(17 Ves.)第 335—346 页(1810 年)。

② 关于一个一个的阶段，请参见康芒斯：“1638 年至 1895 年，从美国制鞋业工人说起——工业发展缩影”，载《经济学季刊》第 24 期，第 39 页(1909 年)，转载《劳动和管理》，第 219 页(1913 年)；《美国工业协会文献》，第 3 卷。

③ 参见罗威尔对罗威尔的诉讼，案例编号：(122 Wis.)第 1、17 页(1904 年)。

法院于 1877 年说:“假定后者在他的制造业上已经赢得了声誉,不论这些声誉来自对他的货物的较大需求,或来自公众愿意对他的货物支付较高的价格,而不愿为另一制造业者的货物支付较高的价格,他都有权利享受声誉给他带来的一切利益,因为另一位制造业者的声誉没有他高”。而且斯托里法官把商誉的内容又引申了一步,他在 1841 年把商誉描写成一家企业获得的特殊利益。由于
270 一般顾客的光顾和它从老主顾那里受到的鼓励,由于它所处的地点和一般名声,或由于它在技术方面的声誉、资金充实或按期交货,或从其他偶然的情况或有必要时,或甚至由于往昔的偏袒或偏见,使它获得的利益超过了它的资本总额、基金或财产的单纯价值。①

斯托里法官走得更远,他把顾客的“必要性”也包括在商誉的内容中,如果所谓必要是指缺乏不费成本的选择的话。自从斯托里法官的时代以来,现代工业发展起来了,在现代工业的情况下,随着大规模公用事业公司的发展,它们在销售产品方面居于有限的和战略性的地位,所以地点的商誉具有新的重要意义,并将企业的商誉变成了垄断特权,并把顾客的自由变成他们的必要。1907 年当纽约的联合煤气公司要求向顾客收取高于“商誉和专卖权”足以获得的收益的价格时,联邦法院的霍夫法官拒绝承认有关商誉的要求权,他认为这家公司事实上享有垄断的地位,顾客除了与这家公司保持关系外,别无其他办法。最高法院采纳了这个意见,它指出,“原告处于事实上的垄断地位,而且消费者必须从它那里得

① 参见《合伙的故事》,第 139 页(1841 年)。

到煤气，要么就不用煤气。消费者最终必须求诸这家(老店)，因为他无法从其他地方得到煤气”。[①]

一家自来水公司把顾客对它的好感算为有价值的资产，缅因州最高法院的萨维奇法官在处理这一案件时指出：“在毫无选择余地的地方，不宜谈商誉。只要被告的企业事实上是排他性的，就不应该考虑商誉问题”。[②] 威斯康星州的法院在审理垄断的一个案件的时候，也像自来水公司一案那样，不把商誉看作为资产。[③]

耶茨法官在版权案件上，虽然否认商誉是一种财产，却是他肯定了商誉的基本属性。所有者根本无权对抗顾客。确切地说，所有者受到顾客的自由的威胁，因为商誉是指顾客在不增加额外花 271
费的情况下选择机会的自由。商誉不像使人清偿债务的权利那样，不是肯定的权利。它是一种否定的权利，也就是对抗第三方的一种避免的权利。

所以商誉是自由的副产品，并且应该在自由达到成熟的地方去寻找。经济自由的最重要和最完全的工具就是货币。一个美元是在不同种类的商品之间以及同种类产品的不同生产者之间的一系列的选择权。货币提供了为人所知的最大的自由，尽管受到拥有的货币额和可以获得的机会数目的限制。由于可供选择的机会随着市场的扩大和产品的多样化而增多，所以选择的自由权也就跟着扩大，而货币的所有者也就远远地离开了强制选择的限度。

---

① 参见第 5 章第 6 节。

② 肯尼伯克水区对沃特维尔的诉讼，案例编号：(97 Me.)第 185、217 页(1902 年)。

③ 阿伯莱登自来水公司对铁道委员会的诉讼，案例编号：(154 Wis.)第 121、141 页(1913 年)；第 5 章末段。

从属阶级收取的货币补偿的间隔时间已缩短了，而且对他的支用不再附有任何义务，这时经济自由的范畴按比例扩大，商誉也必将得到，而且从字面上来讲，他们从原来的“顾客”的地位升到了“顾主”的水平。

因为商誉是一种要好的作为，它不一定是一种善良的意愿或相爱的意愿，或者情感上的好感，而是一种可以随便到其他地方去却实际上没有去的意愿。商誉是财产，不是爱、同情或忠诚。但这种好的作为所以好，不是为了任何东西或任何人，而是为了愿意接受并支付这种价格，从而在毫无强迫的基础上带来相互的利益。好感是一种交互的关系。它并不证明两方中的一方的意愿的好或坏，而是指两个对立意愿的一致。说它“好”，因为它克服了竞争，它产生了同意，这里谈不上动机或用意的好坏，它是行动中的“意愿的会合”。它在没有强制会合的情况下得到的意愿的会合，而且它所指的不是形而上学上的“自由意愿”的会合，而是在实际情况下的自由选择，也就是在有限资源和可供选择的机会的范围内的意愿的会合点上的自由选择。

所以商誉是愉快的东西，因为它不是经济理论中的个人主义的快乐或主观的效用，是被说服而不是被逼迫的那种快乐。对于经济必需的痛苦、无能或贫困而言，它是经济自由、力量和财富的快乐。

272 它也是说服的社会心理学，而且也指在进行选择之前被告知的那种权利。任何一个人，不论他有多大的自由或有多大的力量，他无法在孤立无援的意愿下作出决定。他的自由选择的权利是指他要有获得所有可以供他进行自由选择机会的权利的信息，因为没有机会就没有选择，而且自由权是指能为自由的言论、自由的出版、自由的广告、自由的集会所说服的权利。一个人越是狭窄地束缚于某一个单独的人所提供的机会，他就越接近于变成那个人的私有财产。这就是菲尔德法官所说的奴役，以区别于奴隶制度。[①] 信誉与忠诚和义务的区别也在于此。奴隶如果能忠心耿耿地为主人服务，这说明这名奴隶忠于主人但主人并不依赖于他的好感，否则他早该解放奴隶。如果工人唯恐失去饭碗而处处为雇主的权益着想，这说明工人效忠于雇主，但工人的信誉是指在他解除了原有契约的义务后仍继续愿意订约的意愿。忠诚是义务和恐惧；信誉是自由和希望。业务上的信誉是指到别处去的自由。随着可供选择的机会的减少，信誉也就相应地减少，等到所有可供选择的机会完全消失，信誉也就消失在奴役性的忠诚里。

所以商誉作为业务的资产和财产的权利，并不限于商业上的商誉，它也是工业上的信誉，这是指雇工宁可为某一雇主而不愿为另一名竞争的雇主去工作的意愿。[②] 而且除了投资者的信誉以外，还有什么是“良好信用”呢？自愿的投资者会以较低的利率出借他的大部分储蓄，所以投资者的信誉是业务的最大资产，如果缺少了它，所有其他一切就得不到了。

自由仿佛是公民的公共财产；信誉是特定的人或机构的私有财产。自由可以无限地供给，因而它不具有价值，因而是公共财产；信誉的供给是有限度的，它是对于收入的一种预期，因而是私

① 参见第 2 章，初段。

② 参见第 8 章，中段；康芒斯：《工业信誉》(1919 年)；另参见 C. J. 福尔曼的一篇重要文章，“论商誉的经济和利润”，载《美国经济评论》，第 13 期，第 209 页(1923 年)。

有财产，它是由预期收入的大小来决定的。自由为公共财产，因为它是一种永远处于未来的未曾使用的选择权，永远不能被占有的，一经使用它立即就会消失。信誉有过去的、现在的和未来的；它有
273 过去履行的历史，过去使用选择权的历史和投资现在增长的历史；它也有一种现在可以计算、资本化和流通于市场的未来预期收入。自由是无价值的选择权，信誉是不断进行选择的有价值的权利。所以保卫自由就是指从事任何业务或参加任何职业的普遍权利；也就是经营业务或工作的权利。但是保卫商誉是指保护从事于原来已经参加的业务或原来已经在做的工作的个人权利，也就是继续开展业务或继续工作的权利。

因此商誉是资产，不过这是一种非常容易消失的资产。它只能在良好的行为基础上才能保持下来。在所有的财产中，对它需要格外谨慎小心。良好的声誉可以因为一点未加纠正的小小的错误而消逝。英国的合伙法武断地把商誉的预期收入按“两年的买价”予以资本化，这是按50%的利率计算的资本化，而债券和土地却按20年的买价，或5%的利率自动地在市场上资本化。商誉要求把过多的努力、思考、能力和注意力集中在业务上。所以就难怪资本家都想把它转变成债券、土地和垄断。

因此商誉是一切资产中最讲信用的资产。只有当它所提供的劳务确实能使接受劳务的人认为具有等价时，它才能继续存在下去。它是唯一可以用来衡量、证明所有者日益富裕的境况是与他对公共财富的贡献成正比的，因为行为主义的试验是衡量它的唯一标准，而行为主义的试验是指那些可以进行自由选择的人的乐意光顾。因此邪恶对善行的歌颂常常被用来替商誉增光，而且，垄

断、特惠权和经济压迫在商誉的名义下掩盖了它们的交易。

尽管商誉是价值的法律学说和业务的主要资产的核心，但是在价值的经济理论中它不占一席之地，它的原因或许应该从这些学说的个人唯物主义和享乐主义中去寻找，因为它们把意愿当作某些易于变化的精神状态，因此想把它消灭掉。然而商誉是看得见、摸得着的东西（但是在商品中看不到它，只能在业务的交易中才能见到它；在消费和生产过程中看不到它，可是从主顾、投资者和雇员和信心方面却能感觉到它）。

(4)版权和专利权

一直到所有权的概念已经从对物的占有演变到业务交易所得 274
到的利润的预期时，物质性东西的概念才真正完全过渡到营业资产的概念。上面所讨论的问题主要涉及用来**保护**所有权的手段，而不涉及作为所有权的**主体**本身。18 世纪的英国法院，起初财产是指对物质性的东西的所有权，后来财产是指通过与别人所作的有利交易而得到利润的那种看不见的东西的所有权，这两个概念相当悬殊，所以 18 世纪的英国法院在把这两种概念的距离缩小的时候遇到不少的困难。

1743 年曾经发生过一个问题，在处理一家未组成公司的企业的利润份额所代表的那部分产业的时候，问题就产生了。审判长哈德威克勋爵指出，“我们无法明确地规定财产的各种性质，尽管如此，它还是可以传送给继承人的。……我们应该根据已知的交易性质和各方所采取的方式去考虑这一类事物并处理它们。……如果法院不与购买这类东西的人站在同一个立足点上考虑问题，那就是对当事人的一种欺诈。……有很多例子表明在开展业务的过程中并没有使用或利用某一遗嘱人的财产，但是指定执行遗嘱的人却仍旧必须对作为遗嘱人的个人财产的营业利润负责。物质性的[①]秘密或秘方就属于这样的例子，在那里，每样东西都是用遗嘱人死后所购买的材料做成的，但是这种秘方仍旧属于遗嘱人个人产业的一部分。……如果这一家商号是一个生意兴隆的商号，那么，他就必须解决所谓的商号的商誉价值问题”。[②]

这些参考资料表明，在18世纪中期，不同于具体的东西的所有权和由此而分离出来的利润的预期，已经进入了财产的概念，当时财产的内容指为个人自己使用和排他性占有，可以进行买卖和可以传给继承人等等。我们已经看到，1580和1620年的判决，初
275 步奠定了商誉的基础，1743年的一个案件中初次提到了“商誉”这一术语，那时商誉只用来说明已确认的一种财产。1774年开始出现的版权案件，[③]较好地说明了形成商誉的实质，但却把无形的东西，尤其是把财产的含义从物质的东西转变到利润的预期这一既困难又危险的步骤。当财产从原始习惯法的含义发展到现代商法的含义时，这些案件发挥了关键转折的作用，正是由于这些原因，这些争论点是值得引起注意的。

1769年，最高习惯法法院在审理米勒对泰勒的诉讼时遇到了一个问题：既然有形财产的拥有者及其嗣子和继承者对于有形财

---

① 即医药的和生理的。

② 吉布雷特对里德的诉讼，案例编号：(9 Mod.)第459页(1743年)。

③ 米勒对泰勒的诉讼，案例编号：(4 Burr.)第2303页(1769年)；道纳森对勃克特的诉讼，案例编号：(4 Burr.)第2408页，(2 Bros. P. C.)第120页。

产和由这些财产所产生的产品拥有独占、永久使用和出卖的权利，那么一位作者及其继承人对于他的著作是否也享有习惯法所规定的相同的权利，使他能永久独占印刷和出版权。安尼女王曾于1709年颁布了一项特许的版权法[①]，该法规定，凡依法登记的作者已享受为期28年独占利益的特惠权，但是1769年的密件涉及了一本42年前出版的著作，并用它没有根据版权法办理登记手续，因此当时提出了这样一个问题，究竟这位作者的合法继承人在该书初版40年以后，是否可以对印行未经作者同意的版本的竞争出版商以习惯法上的“侵害案件”为由提出诉讼。

英国高等法院，也就是最高级习惯法法院对这个问题的意见有分歧，多数人支持曼斯菲尔德法官的意见，他似乎有些走极端，因为他把某一个人的手稿在印刷和出售方面的独占权利与持有或出售物质性东西及其产品的独占权利同等看待。如果后来他和大多数法官的意见能经贵族院通过的话，那么，版权就会像物质性东西的所有权一样，可能永远成为作者及其继承人和受让人的永久财产。显然，曼斯菲尔德迫切希望出现这样的结
果，他说，“这种具有局限性的版权财产（即把它看作一项习惯法 276
权利），可以同样地一代一代地继承下去，而且可能永远地继承下去”。（第2397页）对这个结论抱异议的耶茨法官提出了有力的反驳，他说，“一般的财产原理根本不能保证永久独占的要求权”。（第2367页）

但是显然主要由于后果而不是由于逻辑的关系，曼斯菲尔德

① 《安尼女王纪事》，第8卷，第19页。

的意见没有永久占上风。五年以后这问题提交到贵族院讨论[①]，这个最高裁决机构中的多数人虽然同意曼斯菲尔德所主张的习惯法赋予永久性的版权，然而他们又机智地认为，按照1709年版权法的含义，该法已经取消了习惯法的权利，而给以为期只有28年的独占权利，曼斯菲尔德对这一点明确地表示不同意。（第2406页）

从1620年出售商誉的案件和1580年的商标案件开始，通过单纯扩大财产的定义和扩大限制贸易的习惯法，这些案件几乎又扩大了它的永久性。在商誉案件中，根据事件的性质，贸易限制只能延长到商人或织布工的有生之年或延长到他的运行中的业务的存在时期。但是在这一案件中，它却要永远延续到作者的受让人和后代，这就像土地和其他物质性东西的所有权可以无限地延续下去。杰斐逊也许就是因为考虑到这些后果，所以他在1788年曾呼吁："我认为应该禁止在美国使用曼斯菲尔德勋爵在英国高等法院任职期间所作出的任何判决；虽然他的判案中许多是好的，但是在大多数判决中，都含有时隐时现的毒素，所以全部禁用不失为上策"。[②] 1834年在版权案件上，与曼斯菲尔德法官相反的耶茨法官的意见被美国最高法院采纳了，他们认为，"这个意见体现了一种显然不为人超过的、平等的才能"。[③] 杰斐逊对于曼斯菲尔德的比拟推理的方法所表示的意见，成了美国最高法院的意见。

① 康诺尔森对布克特的诉讼，案例编号：(2 Bro. P. C)第129页，(4 Burr.)第2408页(1774年)。

② 参见《杰斐逊文集》，第2卷，第487页。

③ 参见维顿对彼德斯的诉讼，案例编号：(8 Pet.)第593、655页(1834年)。

曼斯菲尔德的理由，首先是公正的意识。在这一个问题上他介绍了洛克于1695年初次提出的理论，1776年亚当·斯密再次 277
引证了这一理论[①]，这一理论认为，财产权利的根源并不在于君主的意志，而在于个人对其自己的劳动及其劳动成果的自然权利。财产权并非产生于上古的习俗，而产生于公正的意识。曼斯菲尔德曾问道："那么，什么是习惯法的根源呢？……根据这一论点——因为一位作者以本身的天才和劳动获得金钱方面的利益是公正的……，他有权决定什么时候出版，或者是否要出版，他这样做完全是恰当的。他不仅应该选择出版的时间，而且应该决定出版的方式、印数、卷别、字模等等（第2398页）。最终，解决了下面的问题，所有问题都解决了：'作者在出版后与出版前同样拥有这个稿本是不是合乎自然的原理、道德的公正性和恰当性'。（第2399页）……多少世纪以来，整个王国都持有肯定的意见。"（第2399页）

耶茨法官与曼斯菲尔德勋爵所持的不同之点主要在于内在意识恰当与否，而不在于逻辑是否正确，而耶茨的财产定义体现了这些分歧。物质性的东西，如土地和动产是永存的，或者按它们的物质结构而异；它们的所有权在人与人之间辗转，或传给后代，永远为继承者所继承。但这些无形的东西就不是这样，而现在也有人建议把它的所有权无限延长下去。耶茨说，"一个商店或一家酒铺的商誉和惯走的熟路（这是挑夫的话），也经常被作为讨价还价的

① 约翰·洛克："两论政府"，载《文集》，第5卷，第354、421页（第11版，1812年）。

对象而出卖，它们好像也是财产。但是这些究竟是什么呢？无非就是顾客的好感，如果顾客愿意，他们就可以在第二天从好感撤回。购买这种惯常的交往或商誉的人，并没由此而获得确实的财产；他无权把它控制在自己的范围内，他也不能使用任何权力去阻止别人获得这种光顾。它是一种利益……，因为它把光顾的优先权给了购买者。出版书籍的问题也是这样；它给予一种优先权，并因而可以得到第一批顾客。但是任何例子都不能确立绝对、永久和独占的财产”。（第 2369 页）他说“习惯本身根本不能成为一种权利。……不是很古的习俗就不能成为法律的一部分或具有习惯的力量”。（第 2368 页）

278 是否恰当的问题不仅使曼斯菲尔德和耶茨在有关习惯法的解释方面，而且也在有关特权的解释方面发生了分歧。诚然，他们都同意，从亨利八世时起到斯图亚特王朝末年，这种特权的延续不能作为足以说明财产名义从物质性的东西发展到利润的预期的合理根据的先例。那时的国王曾经按行会那样组成一个文具商公司，在该公司注册的书籍拥有独占的出版权，而且它对于那些未经核准的书籍具有检查和扣押的强大权力。但是曼斯菲尔德认为，这家文具公司的做法是以“稿本”的私有财产观念为基础的，根据这项措施，曼斯菲尔德认为稿本的私有财产的含义是指“出版智力方面的东西的独占权利”。所以他把耶茨“含糊使用的有关‘财产’的错误含义，强加在‘稿本’这个词上，因为财产有时指人的权利，有时又指东西本身”。（第 2362 页）耶茨毫不含糊地声称，以国王的特许为基础的文具公司的独占权实质上否定了没有加入该公司的作者或其受让人的财产权。（第 2377 页）

但是曼斯菲尔德承认，国王拥有的令人生厌的特权早已被1689年革命所推翻，所以他认为他的“稿本”财产权不是以文具商行会行使的国王特权为根据，而是以把**特权**变成国王的**私有**财产的比拟为根据。国王对于英国的圣经、法规、年鉴、公共祈祷书拥有独占性的出版权，因为这些书籍是由他自己出资印刷的。（第2403、2405页）从而以此类推，“我认为，凡是把作者的情况比作习惯法中所涉及的国王的财产问题时有关的习惯法无疑也一定适用于作者”。（第2406页）所以，不是国王的特权，而是国王的私有财产，使国王有出版这些专利书籍的独占权利，因此不享有特权的作者或其受让人也拥有这样的权利。（第2402页）对于这个问题，耶茨答复说，国王的这种权利不是以“财产”为根据的，它的基础是当今美国许多人或许都了解的“以宗教和国家的理由为出发点的”“教会和政治组织的领袖”所使用的**干涉权力**。（第2382、2383页）“国王的权利并非来自他本身的劳动或写作，或来自任何与作者有关的任何情况。”（第2384页） 279

所有的法官都一致认为，“版权并不是专权的结果，而是法律和正义的结果，因此版权应该是安全的”，（第2314页）但耶茨认为，版权既不以**习惯法**为依据，也不以**习惯法**中关于引申了的财产定义为依据，它的依据纯然是1709年的版权法，这是在运用扩大了的统治权中的特权，它把特许权的有效期限制在一定的年限内，约等于作者估计寿命。总之，根据耶茨的意见，司法机关不能单靠扩大**习惯法**中有关财产定义而创造财产的权利，而应该在运用国王的特权的时候，由司法机关去解决这个问题。

但是耶茨法官和大多数法官对于被要求的永久所有权究竟是

什么东西的问题都不太清楚。曼斯菲尔德和多数法官似乎都认为这是属于思想，而耶茨认为这就指手稿。后来法律方面的意见才表明，被要求和被拥有的东西仅仅是对他人的预期行为，即通过预期抑制竞争和控制本书的供给量的预期行为。

曼斯菲尔德提到了“思想观念或思维方式”和“财产概念”，好像某一个人所独占的所有权就是他自己的观念，而他的“表达方式”和他的“某些思想”，他可以把这些表达出来，也可以不表达出来 。而且，即使他表达出来，他也只是用“文字把它们表达出来”，或通过一本书来出售，除非他明确表示有意而为的时候，他不会把这些思想的财产权转让给“公共所有”。他拥有负责正确表达的权利，防止增删、篡改和增加发行的权利，这正如他有权使用自己的姓名一样。（第 2398 页）

耶茨回答说，拥有拒售和出售一个人的思想观念似乎类似于对物质财产的占有、拒售和出售的情况，但是习惯法中的财产概念只包含了后面一种情况。就作者而言，物质性财产就是手稿，它确
280 实同其他财产一样，是通过劳动获得的。但“观念”和“思想”却不像手稿那样，为本身的使用而具体地产生出来和保持下去。他说，“在获得具体财产本身的方式中，发明和劳动就是指所谓的占有的发明和劳动”。[①] 根据这一含义，耶茨又说，“发明就是指确定和发现一种还没有被占有的财产；而劳动是指对这种财产的占有，并对其进行耕耘。财产是以占有为基础的。但是对于单纯的思想意识

① “占有是指拥有原来不属于任何人的东西。这是一切财产或分别拥有这些东西的真正的基础，按照不受社会限制的自然法则，这些东西本来属于整个人类所有。”

问题，怎样去占有，并坚持占有的行为呢？……占有思想，确实是一种新的形式的占有”。（第 2357 页）

在应用这些原始概念的时候，耶茨法官只能承认三种财产，即不动产、货物和债务（第 2384 页）这些也可以分为“有形体的”和“无形体的”财产。但是这种我们把它称为“无形的财产”，或出售和控制待出售物品的供给量的机会，也即曼斯菲尔德所说的那种印刷和出版某些知识的独占权利，不包括在这三种财产中。习惯法没有把它包括进去，因为它既不包括在专供个人使用而排他性占有土地、货物或劳务中，也不包含在契约的强制执行中，而包括在不受竞争影响的市场机会和应控制的范围中。在这种情况下的唯一适用于原始概念的财产就是手稿。这确实是一种“货物”；它是“有形体的”，包含着“可见的实体”，“也可以被实际地占有”。但是它也“只是思想观念”，它们“不能明显地被分别占有”。

耶茨又说，“作者未经出版的手稿的确属于这一类财产，这是无懈可击的，因为它是有形体的；但是一经出版，这种单纯的思想观念完全是无形体的；因此不能对它明显地分别占有；谁也无法把它们夺走，没收或占有”。（第 2385 页）它们已经变成全世界公有的东西；对于它们的法律权利已被放弃；它们已经被“放弃”，因而可以为人所采用，但是任何与它发生接触的人不能单独“占有”它。“凡是不能作为唯一的和独占享受的任何东西都不能当作财产来看待。”（第 2362 页） 281

就是手稿与手稿出版之间的区别为以后在制定版权法、专利权法、商业秘密法，甚至在制定商业方面的运行中的机构的法律提供了启示。以后关于版权案件的判决都把实际出版的时间作为分界线，但是分界线没有像耶茨所主张那样，划在实际手稿与思想观念表达之间，而是划在与作者发生关系的人的类别之间。就像以后各案的判决那样，"出版"是指"作者显示他为公众服务的那些行为"。但"公众"是指"人民大众"，而不是指我们所说的那些具有"经济"内部关系的人，如具有朋友、代理、雇用或秘密关系的那些人。为"公众服务"的行为，是从作者的意志占首要地位的范围内取出来的，再把它放进我们所说的为"扩大"的范围，在这个范围内，其余的人，即人民大众都可以自由运用他们自己的意志。承印商可以印刷这本书，但是他没有出版的权利(除非事先有所规定)，因为作者或其受让人可能要把这些书籍收藏起来，或请他们收藏起来而不发行。如果作者把这部书稿借给朋友去阅读后再收回来，这说明他没有把书奉献给公众，而且禁令还可以制止这本书的出版。本书也可以在"明确地或隐喻地拒绝为公众服务"的条件下，作"有限度的出版"，或把"它的内容限制性地或私下传播"。口头发表的演讲不能算作"出版"。甚至一本印就的书，如果只租给订阅者专供自己使用，而不为人民大众阅读，这也不能算作出版。[①] 在这一区分的基础上，大量业务发展起来了，因为它包括通讯社的专利权，交易所和市场商情报告的使用，大规模商情预测制度的使用；所有这些都属于无形的财产，它的重要性和价值远远超过了物质财产。

专卖和商业秘密的法律也已经采用了类似的原则。一种秘密的生产过程或发明在没有献给公众或取得专利以前，从习惯法上

---

① 参见(6 R. C. L.)第1134页及其援引的案件。

来说还是属于发明者的专有财产，谁也不得以欺骗的方法把发明
从他手中抢过去，而且谁也不得以破坏信任的方式，把它的发明泄
露给他人或为他人所用。但是“不管在什么时候，一俟发明者允许 282
他的发明越出单独占有的法定限度时，他对这一发明的权利就终
止了，而全人类对它的权利也就从此开始”。[①]

换句话说，**物质财产的占有**和**契约自由**之间的原有区别，已经成为接受命令和服从命令的那些人与只接受说服或逼迫的那些人在行为上的区别。“经济”是指根据个人意愿为本人使用的单独占有，但是现在为本人使用而占有的东西不是物质性的东西，如书稿，甚至也不是印就的书，也不是包含一项发明的物质对象，而是人们的行为，所有者对于这些人保持着命令和服从的权力，因为他们是他的职工、代理人、朋友，他们在使用手稿、书籍或秘密制造法时，对他的命令有服从的义务。在另一方面，“扩展”是指人民大众，即界外人的行为，他们有选择机会或行使经济力量的自由，这些属于说服或逼迫的范围。

① 参见 W. C. 鲁宾逊：《论专卖权法》，第 24—40 节（1890 年）。

283 第八章　工资契约——工业制度

1. 个人协议

356

我们已经从屠宰厂个案中看到，少数派法官认为，一个人的“专业”、“职业”、“行业”和他的劳动就像他可能拥有的物质性东西那样是他的财产；一个人在选择职业或行业的权利也就是在选择使用劳动的方向，这种选择也是他的自由的一部分。把劳动作为财产的定义的权威性根据并不出现在早先的法院判决中，而是由亚当·斯密提出来的，他说，“由于一个人通过自己的劳动得到的财产是所有财产的原始基础，所以这种财产是最神圣不可侵犯的”。[①] 科克和共和政体时代的律师们改变了大宪章中所提到的贵族“自由”的含义，这一改变就使选择专业的权利，也就是“选择某一个人愿意生活和工作的地方”的权利找到了权威性的根据。贵族们的一个自由是指占有土地及依附于土地的农奴的特权，以此来对抗头号地主——国王的权力。所以宪法上所使用的自由和财产这两个词的含义已经从物质的自由和财产引申到了经济的自

---

① 参见亚当·斯密：《国富论》，上册，第 10 章，第 2 部分。

由和财产，它是市场扩大所带来的商业革命和解放奴隶的政治革命在法官们思想上的一种反映。

把劳动作为劳动者本身的财产和自由是劳动的新定义，根据这一定义，“劳动”的意义究竟是什么是很不明确的。显然它不是指劳动者的肉体。从不完全的意义上来讲，劳动者的肉体是他的财产，因为它过去是属于奴隶主或他的父母的财产，而通过购买、征用，或因为年龄的关系，这项财产转给了劳动者。但是由于他无法根据法律把所有权交给他的肉体，因此他就不能把所有权出卖，因而所有权也就没有像营业资产那样的交换价值。他对自身肉体的所有权 284
是不完全的，因为他只有使用它的权利，而没有出卖它的权利。

但是他也不能出卖肉体的使用权。肉体的使用是指为了他本身的目的需要而做的肌肉运动。经过这样的使用，这些使用就成为他推动事物和人的“体力、智力和管理能力方面”的机能。这些就是他的“劳动”。当他出卖其劳动的时候，他所出卖的就是按照别人指出的方向自愿使用他的机能。他出卖服从命令的承诺。他出卖他的信誉。

即使这种承诺也没有交换价值。当商人出卖他的商誉时，他答应避开这种业务，不进行竞争。他的商誉是一种依附于他的运行中的业务并可以转让给另一个人的可以分离的资产。同样，当劳动者出卖他的物质的产品时，他在出卖他的回避的承诺，避免把他的意愿施加到产品上。但当他出卖劳动时，他在出卖，表示他以劳动继续从事这一工作的承诺。这通常是一种没有价值的诺言，因为问题不在于他不会继续从事这一工作，而是因为近年的法律不同意以强制的手段迫使他继续做一定的工作。立约的仆役、从前的合同工人或学徒、奴仆，甚至奴隶都曾经出卖过承担工作的诺言，而且法律强制履行这种诺言，当他们违法逃跑时，可以加以处罚，或在他们不顺从的时候，允许购买者进行处罚。工人的承诺是一种含有强制意义的契约，或做工的法律义务。但宪法的第十三次修正案禁止任何一种非自愿的奴役，除非作为一种犯罪的刑罚，但是罪行必须在法庭上经过合法程序认定才行。① 因此工人可以合法地改变他的意思而不致遭受刑罚。同时，改变他的意思就是违反他的诺言。

但是如果他的身体已经不再能提供作为履行做工诺言的保证时，他的可分离的资产、工具、房屋、家具、牲畜，也许还可以用作赔偿损害的保证。但是即使这些东西，根据八十年来的法律也早已明文规定地免除了强制执行，所以由于因工人破坏契约而试图提出起诉而要求赔偿损失，实际上成了一句空话。②

因此自由劳工是随意雇用的，雇主没有永远要他工作的义务，劳工也没有继续工作的义务。在一般情况下，不能禁止工人辞去
285 他的工作，③也不禁止雇主辞退工人。而且在一般情况下，任何一方不得因没有履行承诺而获得赔偿。所以劳动契约不是一种契约，而是在每一分钟和每一小时不断默许**更新**的契约，当雇主对工人的服务认为满意时，契约就继续下去，而当劳工对于工作的条件和报酬满意的时候，契约才继续下去，这便是契约的基础。正如一

① 参见克来亚特对美国政府的诉讼，案例编号：(197 U. S.)第207、218页(1904年)。

② 试比较康芒斯和安德鲁斯：《劳工立法原理》，第2章(1920年)。

③ 参见亚瑟对奥克斯的诉讼，案例编号：(63 Fed.)第310页(1899年)。

个作者在《耶鲁大学法律杂志》上所说的那样[①]，“诚然，无论在什么地方在 C 受 B 雇用的时候，他们的关系往往叫做雇用契约。但是可以说在他们之间根本就不存在有效的契约，或者充其量说，他们之间只存在着一天天或一周周的契约。双方中的任何一方都没有以后的契约义务，因此也不会有第三方插足破坏契约关系。……尽管在上述例子中，B、C 之间事实上不存在契约关系，但是有的法院却还是倾向认为他们之间实质上存在着契约关系。这无疑是考虑这一类诉讼的本质问题。原来的根据是这样的，因为 C 受到了别人的诱惑而违约，从而使 B 损失了 C 的劳动。虽然这种诱惑的理论早已被批驳了，然而法官的头脑中还始终保留着某些残余”。因此两者之间的关系不是权利和义务的关系（既不是工人对某项具体工作的权利问题和雇主保留他做这一工作的相应义务问题，也不是雇主要这名工人继续做这一工作的权利问题和工人继续做这一工作的相应义务问题）。双方的关系是自由和暴露的关系，也就是指工人辞去工作的自由，以及可能由于行使这种自由而使雇主处在同等的暴露中而遭到损害；相反，也就是雇主也有辞退工人的自由，以及工人可能相应地遭到失业的损害。

所以这种关系不是任何一方在自由方面的肯定的负担的关系，我们把这类关系叫做“无形体财产”关系，而是买进或卖出的机会，也就是所谓“无形财产”的关系。劳动契约不是一种契约，它是每一分钟不断更新的契约，因为实际上只是工人在从事工作，雇主在接
受他的产品。我们所看到的这种关系不是一种负担，而是一种机 286

① 《耶鲁大学法律杂志》，第 30 期，第 618、619 页（1921 年）。

会，不是信誉就是特权（如果对任何一方所提供的选择是好的，那就是信誉，或者认为最好的选择机会不堪负担，这就是特权）。

所以当我们说“劳动”是财产的时候，即意味着工人拥有依赖于雇主信誉的一种预期，事情就是这么回事。工人并不拥有工作，他的雇主没有让他永远工作的义务，他所拥有的是继续与雇主谈判的自由，通过谈判他根据他不断提供并为雇主不断接受的劳动而保存他的工作，也就是说他能使契约不断地更新。

所以当他开始被雇用的时候，这种契约不是契约，而是一种惯用法、习俗或习惯，它是双方之间的一种谅解，换句话说，在默认契约不断更新的时候，更新的条款都符合双方的谅解，但是任何一方都没有更新或相互适应的义务。因此工人始终待在劳动市场上，即使是他在工作岗位上工作的时候，他也是在一面生产一面谈判，这二者是不可分割的。他的谈判就是指他为雇主生产某些东西的行为，而他所生产的某些可以被接受的东西就是他所用以谈判的手段。

因此这类协议是对各种机会的不断选择。众所周知，在就业机会缺乏的萧条时期，工人要比在就业机会较多的繁荣时期更卖力地干活。同时在繁荣时期，当工作机会超过工人人数时，工人就会利用雇主缺乏选择工人的自由而要求少干活多拿钱。反之亦然。雇主和工人不断地待在劳动市场上。工作就是劳动者的运行中的业务，这是以他提供产品以换取酬报，并在机会之间进行选择的连续交易为基础的。而工作也是雇主的运行中的业务的一部分，它是以雇主所进行的雷同的交易为基础的。因此如果劳动者的劳动是他的财产，它也同样是他的雇主的财产，因为在每一种情况下，它都是对相互有益的交易的一种预期，这种交易根据因必须选择最佳可供选择的机会所引起的损害程度构成了信誉或特权。雇主的信誉就 287
是工人的财产，而工人的信誉也就是雇主的财产，因为每一方面作为达到占有的手段都是有价值的。而且同样，如果一方面享有特权，另一方面就不享有特权，因为一方不依赖另一方的信誉，而只依赖于另一方的缺乏选择机会，所以，一方只是享有特权的财产的所有者，而另一方则为不享有这种利益的财产的所有者。

有时法律语言似乎在说工人的“产品”就是他的财产。但是工资收入者的产品并不是他的财产。根据他们双方活动的谅解，工人的产品是雇主的财产(因为他为雇主的工厂工作，使用了其雇主的机器和原料)，他仅仅增加了雇主财产的使用价值。

有时也说工人的“工资”是他的财产。工资确实是他的财产，但工资是“无形体的财产”。工人在星期一早晨去工作，星期六晚上领到工资。在周一和周六，工人和雇主之间的关系是自由和暴露的“无形财产”关系。一方对另一方的未来行为均不得强加任何负担，或要求这种关系继续下去。但是在这个星期内，由于工人为雇主增加了产品，雇主的负债也在增加。工人为雇主的工厂或产品增加了使用价值，而雇主在他的负债上，增加了一定货币数额的债务。即使在对他的报酬不存在协议的地方，“法律认为雇主会同意付给工人与他的相应劳动应得的报酬”，换句话说，也就是根据当时劳动力市场公认的劳务报酬。[①]

工人为雇主产品所增加的使用价值就是工人为运行中的机构

① 布维尔:《应得酬报数额》及所引各案。

的财产所增加的一种负担。雇主成了债务人，而工人成了债权人。因此工人在这个星期里是企业的投资者；从 1829 年起[①]，机械工和工人有了留置权以后，他们通常就是优先的投资者。到了周末，他所领到的工资不是产品，而是那种通用的无形财产，即货币，也就是他可以到商品市场上去随意购买东西的自由。然后雇主或银行等正式的投资者或非正式的投资者代替了他们的地位，这时他的临时投资也就结束了。

288 所以在存续期内工人的工作是无形体财产和无形财产的密切结合，是证券市场的一个特殊例子，因为这种投资的时期很短，所以不正式计算利率。为什么说它是“无形财产”呢？因为这是在劳动力市场上的自由和暴露的关系。为什么说它是“无形体的财产”呢？因为这是在投资市场上的债权人和债务人的关系。而且它是定期地转换成名义工资或货币，这又是另一种“无形的财产”，由于是各种商品市场上的自由和暴露，所以在商品市场上存在着构成为劳动而得到的实际工资的食物、衣服和住所。

2. 联合的人和联合的财产

正如上面提到过的俄勒冈州法院审理的案件所表明的那样，保护健康和道德是在工资问题上抑制财产权利的法律根据。[②] 在

---

① 康芒斯和安德鲁斯：《劳工立法原理》，第 60 页（1920 年）。

② 俄勒冈州为男女工人制定了 10 小时工作法，包括 1.5 倍的加班工资。当这个法案提交法院时，法院认为这样的工资规定等于是罚款，而且说（概略地说），“我们对这项法律是否可以调节工资至今没有加以考虑或作出决定”。邦廷对俄勒冈州的诉讼，案例编号：（243 U.S.）第 426 页（1916 年）。

这一方面它与芒恩案的法律根据是不同的，因为芒恩案不涉及道德和健康问题，而只涉及权力问题。美国最高法院所审理的劳工案件中，只牵涉权力问题而不涉及其他问题的就是国会和州立法机关保护工人有权加入劳工组织的案件。在阿台尔案件上，法院根据第五次修正案否认国会享有这种权力，而在科巴奇案件上，又根据第十四次修正案否认各州享有这种权力，法院认为这样做等于不经过合法程序剥夺他人的自由和财产。[①]

美国国会为了要达到使铁路部门的劳资纠纷能自行调解的目的，曾规定铁路公司及其代理人不得借口工人为工会会员而拒绝雇用和辞退他们或以辞退相威胁。堪萨斯州也制定了类似的法律，它们之间的不同之点只在于堪萨斯州的法律不仅适用于铁路或公司，而且适用于各公司的一般职工。曾经有六个州的法院认为这些类似的法律违反宪法的精神，其中也包括了堪萨斯州法院

的较早意见[②]，但是当第二个类似的法案通过时，州法院又采取了 289

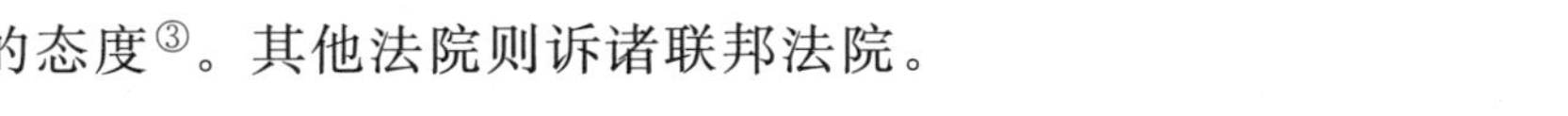

支持的态度[③]。其他法院则诉诸联邦法院。

最高法院在审理科巴奇案件时以阿台尔案件的判决为先例。

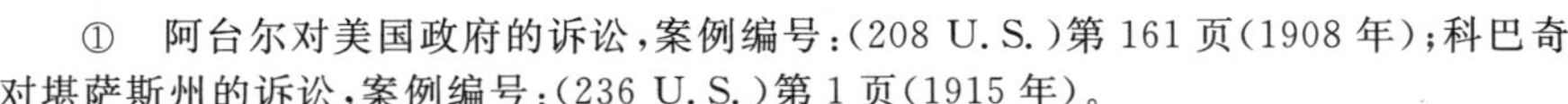

① 阿台尔对美国政府的诉讼，案例编号：(208 U. S.)第161页(1908年)；科巴奇对堪萨斯州的诉讼，案例编号：(236 U. S.)第1页(1915年)。

② 堪萨斯州对朱罗的诉讼，案例编号：(129 Mo.)第163页(1895年)；吉来斯巴对人民的诉讼，案例编号：(188 Ill.)第176页(1900年)；州对外关系案，什尔满对克鲁伯格的诉讼，案例编号：(114 Wis.)第530页(1902年)；科菲维尔砖瓦公司对潘莱的诉讼，案例编号：(69 Kan.)第297页(1904年)；人民对马加斯的诉讼，案例编号：(185 N. Y.)第257页(1906年)；州对外关系案，史密斯对丹尼尔斯的诉讼，案例编号：(188 Minn.)第155页(1912年)。

③ 堪萨斯州对科巴奇的诉讼，案例编号：(87 Kan.)第752页(1912年)。

据皮特尼法官说[①]，如果由于第五次修正案有关合法程序的规定，联邦政府不得“随意干涉契约自由的话，那么，由于第十四次修正案的相应条文规定，各州同样不得随意干涉，关于这一点已经十分清楚无需进行辩论”。

堪萨斯的法律规定，任何企业、公司及其成员、各级负责人或代理人都不得通过强迫、命令、要求或施加影响的手段，不准任何人参加任何劳工组织，或成为和继续作为劳工组织的成员，以此作为保证雇用或持续雇用的条件。科巴奇是一家铁路公司的负责人，他要求扳道工人工会会员赫奇斯在一份协议上签字，并正式通知他，如果他拒绝签字，他就不能再被公司雇用。赫奇斯拒绝签字，也拒绝退出工会，于是科巴奇把他解雇了。堪萨斯州的法律条文不许可科巴奇的所作所为，皮特尼法官代表多数法官（戴法官、霍姆斯法官和休斯法官持异议）宣称，科巴奇的做法等于不经合法程序剥夺了一个人的自由和财产。他说，“个人自由权和私人财产权中包含了为了获得财产而签订契约的权利。在这些协议中受雇问题处于最重要的地位，通过雇用，才能使劳动和其他劳务去换得货币或其他形式的财产”。[②]

这一案件中包含了两个问题，一个是立法机关能否使经济强
290 迫本身成为非法；另一个是，是否允许立法机关可以创造和保护个人的联合权利，以对抗财产所有者的联合。

---

① 案例编号：（236 U.S.）第1、11页。关于这些案件的讨论，可参阅科克：“工会在为生存而斗争中的特殊利益”，载《耶鲁大学法律杂志》，第27期，第779页（1918年）；T.R.鲍威尔：“在最高法院面前的集体协议”，载《政治学季刊》，第33期，第396页（1918年）。

② 案例编号：（236 U.S.）第14页。

我们在上面所援引的四个妨碍性案件解决了第一个问题。[①]在这些案件中正如我们所见到的那样，法院不只是认为财产不均或剥夺别人的权力才包括在“强迫”的定义之内。在这些案件和类似的案件中，一定要出现某些人与人关系上的不平等，才能说上级的行为是强迫性的。关于这一个问题在科巴奇案件上所表现和判决如下：赫奇斯作为铁路扳道工工会的会员有权获得属于保险性质的收益 1,500 美元，如果他不是会员的话，他非牺牲这笔钱不可。但是如果雇主科巴奇“在他的合法权利范围内，坚持要求赫奇斯作出抉择，要么继续受公司的雇用，要么保持他的工会会员的资格，然而由于这样的选择并不会使赫奇斯遭受金钱方面的损失，基于这一事实，不能认为这种坚持是非法的行为”。[②]

而且立法机关试图把强迫的定义加以引申，防止其定义只包括经济力量。堪萨斯州的立法机关曾经试图把下述情况说成是刑事犯罪行为。“赫奇斯是一个独立自主的雇员，而且是一个具有充分了解能力的成年人，他没有受到抑制，也没有丧失能力。在雇主科巴奇与赫奇斯交涉时，科巴奇曾坚持求赫奇斯作出自由抉择，究竟他愿意放弃公司的雇用，还是愿意在受雇期内不再与工会发生关系。堪萨斯州的用意是想通过这一立法对像科巴奇等人的行为进行惩罚，立法机关确实存心想要惩罚强迫和其他类似的行为，虽然在本案中并不存在任何强迫、强制、胁迫或过分的影响等内容。显然，单是因为提出某些雇用的条件，事实上并没有强迫、胁迫或

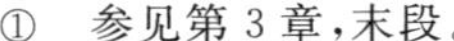

① 参见第 3 章，末段。

② 案例编号：(236 U.S.)第 8、9 页。

过分影响等情况，而打算惩罚雇主或其代理人，这与公开的抑制、强迫、胁迫和过分影响并无任何合理的联系。任何一个州都不能把并非真正的强迫的行为说成是‘强迫’，或者把对个人自由或财产权利的正常或基本上合法使用说成是犯罪的行为。”（第15、16页）

291 堪萨斯州法院曾经说，“雇工在订立契约出卖劳动时，在财力上他大概总是不能同雇主在订立契约购买劳动时有同样的独立性”。对于这一点最高法院说，“毫无疑问，凡是存在着私有财产权利的地方，就一定会有，而且将来还会有财富的不平均性；所以在商订契约的各方面自然不是同样不受情况的限制的。……除非所有东西均归公有，否则某些人一定会拥有比别人更多的财产，这是一种不言而喻的道理，从事物的性质来看，不可能一方面维持契约的自由和私有财产的权利，另一方面又不同时承认财富不均的合法性，因为这是使用这些权利的必然结果”。（第17页）

第二个问题，即保持个人联合的权利以对抗所有者的联合的问题与第一个问题密切相关，因为皮特尼法官所指出的“财富不平均”并不是赫奇斯和科巴奇财富方面的不平均，而是赫奇斯和铁路公司财富方面的不平均。虽然堪萨斯州的法律仅限于合伙商号、股份公司和股份有限公司，但这个问题却根本没有向法院提出，更不必说讨论了。因为就第十四次修正案的目的而言，一家股份有限公司被看做一个人，而不是若干人的联合，其原因也显然在于此。

公司的含义就像财产和自由的含义一样，在几十年和几百年中一直在变化发展，当一家公司出现在法院面前时，不同的历史阶段赋予了它各种不同的形态。它不是联邦宪法内涵中的公民，而是第十四次修正案所指的那种“人”。[①] 有时，它表现为若干人的联合，有时又表现为一个人；有时，它脱离其成员而独立地存在，有时，它又是把股东的行为隐藏起来的名义代表。[②] 有时，它只是存在于法律意图中的一个假设，而且严格地局限于创立它的法案所许可的权力范围之内；有时，它又是一系列的交易，随之产生了章程上并未明文规定而通过法律实施强加的各种义务。[③] 对赫奇斯 292
来说，公司仿佛是控制着 20,000 个工作岗位的令人生畏的庞然大物。但当他去法院的时候，公司只是一个科巴奇，与他自己没有两样。公司具有使自己的形态伸缩的能力，而且当你认为已经把它抓住的时候，它却滑出了你的手掌，所以公司的定义确实不是一个具体的定义。

罗斯科·庞德指出，一家公司的人格不是一个实体而是一种方便的工具。但是只有把它作为一个整体，同时把它作为一个整体集体行动的时候，它方始既安全又方便。但是这种统一体带有双重意义，它是财产的联合体，又是个人的联合体。

作为财产的联合体，这家公司已经从专为个人自己使用而占有物质性东西的原始概念扩大到由与他人有所交往的个人的联合所经营的运行中的业务的概念。在这一方面，它利用了所有有关

---

① 库克：《论公司》，第 1 卷，第 94 页（第 7 版）。

② 同上书，第 32、33 页，载《习惯法评论》，第 7 卷，第 4 期。

③ 同上书，第 12 页。“公司理论认为，除了明文规定或必然隐喻的以外，它没有别的权力。但这一理论已不能严格应用于私人的公司。如果经一家私营公司的全体股东都同意，而且它的债权人没有一个受到损害，它可以行使许多额外的权力。除了国家以外，没有人会来责备，而且这家企业既然完全属于私人的，国家不会加以干涉。”

债权人和债务人、委托人和代理人、雇主和雇工、买主和卖主的一切法律，这些是从习惯法的历史演变成的，这些法律也得助于衡平法和成文法，而且主要是为了保护物质东西的权利和占有而制定的。

作为人的联合体公司就成了王室特权的继承者，它分享着部分君主赋予子民的个人权力。在17世纪，虽然那时所特许的很多个人特权，上面所提到的垄断和各种封建主义的“自由”等特许个人的特惠权早已废除，或者更确切地说这些特惠权已改由议会享受，但是公司的特许权在议会和立法机关的支配下却一直保留到19世纪。公司特许权与其他特许权一样，要经过国王和他的子民私下特别协商后才能授予。当立法机关继承了国王的特权以后，这种协商是以院外游说，施加政治影响和贿赂等方式进行的，直到19世纪中叶左右，首先美国判定了一般公司法，然后这种特惠权不问个人的地位如何，才向任何公民的团体开放，这些公民应该在符合一般规则的状况下，以契约的形式结合起来，然后在主管登记的官员那里陈述他们的意图。这样，原来国王特许给个人的特惠权就变成了所有的人都可以享有的联合的权利，藉此，他们可以联合在一个习惯法中从未有过的统一体内。

公司特许权把联合的寿命延长到超过任何个人的预期寿命。
293 在必要时它可以不经少数人同意，由多数人作为一个整体而行动。它在相当大的程度上减少了个人的责任，并把全部责任限于公司拥有的财产数额。因此集体地或个别地给个人的最高权力和特免权就是永久的、自治的和有限的责任，这样，在与世界的其余部分交往时一个单独的意志能通过代理人进行活动。所以财产单位或

一个运行中的业务与个人是分离的，它是一个独立存在的体系，自成一体的工业组织，而且具有自然人从未有过的发展能力。

如果正在扩张中的财产单位还保持着财产的原始意义，那么，它只是对物质性东西的虚无的占有，不具备业务上的价值。即使把财产的意义扩大一些，使它包含 1602 年科克在垄断案件上和 1872 年少数派法官在屠宰厂案件上所主张的被动选择机会的自由，这样的财产还是无效的。后来在 1876 年发生的芒恩案，1898 年发生的霍尔顿对哈迪的诉讼案，1916 年和 1917 年发生的邦廷案和斯坦特勒案时，财产的含义扩大到经济力量的运用，这是因为这个特权的产儿已经变成享有特权的人的联合体。

至于后来在阿代尔和科巴奇各案上不再使用扩大了的财产含义，这似乎是因为出现了一些新的情况，在审理这些案件时，国会和立法机关都想设置工会机构，由它来完成在其他各案中原由政府委派的工厂督察所担任的职责。皮特尼法官不能领会工会组织所负的公共任务。“它们在法律上不是负有公共或政府职责的公共机构，它们只是使会员们只直接关心一般的福利问题。”[①]他在区别霍尔顿对哈迪的诉讼和其他类似各案时，他说，这些案件涉及健康、道德或公共福利等公共目的，“案件的内容超越了对拥有财产的人剥夺他们的象征‘经济独立性’的部分，以使不平均的财富达到均衡的设想。……对自由或财产权利的单纯限制不能称为（公共福利），也不能把它看作干涉权的法定目标；因为案法修正案

① 科巴奇对堪萨斯州的诉讼，案例编号：（236 U. S.）第 7、16 页（1915 年）。

所禁止的恰恰是这种限制”。[①]

294 缺乏公共目的似乎也是希吉曼一案的意见所依据的理由。[②]本案涉及正在试图把西弗吉尼亚一家煤矿公司的煤矿工会化的一个工会和工会代表的问题，他们受到禁令，甚至不许他们说服矿工加入工会，也不准他们在必要时采取罢工的手段，以使煤矿实现工会化的计划。几年前，在一次罢工失败后公司重新雇用工人时，曾经提出受雇工人不得加入工会组织，而且以后雇用的工人也都必须同意这个条件。在阿代尔和科巴奇各案中，国会和立法机关不准禁止雇主在就业的契约上坚持这种条件。而在希吉曼一案中，不准工会干涉这种契约。

在希吉曼案件上，法院的大部分法官（布兰代斯法官、霍姆斯法官和克拉克法官持异议）虽然承认工人有权组织工会并可吸收工人加入工会和扩大会员人数，但是他们认为工会蓄意要以罢工的方法使公司遭受损失来实现工会化是没有理由的，公司方面由于害怕经济损失而同意煤矿工会化，这样做实际上倒是一个比较小的损失。虽然工人是被自愿雇用的，雇主和工人的关系可以在任何时候为任何一方所中止，但是公司有权得到雇工的信誉。法院不理解为什么工会也有权发展自己的信誉来与公司的信誉相竞争，因为这种信誉是一种资产，只有靠着引诱顾客离开第一个机构而光顾另一机构，对第一个机构造成损失同时扩大竞争机构所得到的光顾才能建立起来。

① 科巴奇对堪萨斯州的诉讼，案例编号：(236 U.S.)第18、19页。

② 希吉曼煤炭公司对米切尔的诉讼，案例编号：(245 U.S.)第229页(1917年)。

尽管竞争者也在使用说服的手段，但是要维持和扩大一个机构的信誉，通常都是靠说服顾客来达到的，而顾客在任何时候都可以随意中止或拒绝光顾。信誉是一种竞争性的说服力量，如果不准竞争者为顾客提供可供选择的机会，那么，保持顾客的手段不是靠信誉，而是靠顾客不了解其他机会，或缺乏其他机会，因此这是一种特权，并不是一种信誉。所以自从 1580 年法院所审理的第一 295
个禁止一个竞争者以原告的商标加在他自己的“劣质布匹”的案件是以公共目的为依据的，但是这种目的包含在顾客自决权之内，不存在欺诈、强迫或义务，而对于竞争方面所提供的吸引力有了解的机会。

少数法官的意见认为，劳资纠纷的一个方面体现了“一种合理的努力，试图通过工会组织加强他们的谈判力量，并扩大工会力量的范围，以改善在工业部门工作的工人状况”。[①]

多数法官的意见认为，劳资纠纷另一方面体现了“合理的可能性，只要能恰当地对待雇工，付给他们合理的工资，避免产生合理的不满情绪，它就能继续雇用他们，并以相同的条件雇用其他工人以填补随时发生的空额”。（第 252 页）

这里显然是工人的信誉的竞争，把顾客对商人的信誉的竞争扩大了。根据多数方面的意见，“原告过去有，现在还有得到雇工信誉的权利，正像商人有权得到顾客的信誉一样，虽然顾客并没有继续与他交往的义务。……这种合理可能性的金钱价值是无穷

① 希吉曼煤焦公司对米切尔的诉讼，案例编号：(245 U. S.)第 223、268 页(1917 年)。

的，而且在各种关系方面均为法律所承认”。但是法院方面由于没有认识到顾客并无继续与商人交往的义务或契约，在另一名竞争者的说服下他可以转向他人，所以法院重新回到了主人和奴仆的旧法规上去了，并说，“说服雇工脱离雇主的行动权利是得到普遍承认的”。（第 252 页）这里显然在自由和义务，信誉和奴役问题上存在着混乱的认识。信誉是自由；契约是义务；强制执行契约是奴役。雇主没有必须雇用工人的义务，工人也没有继续为他服务的义务，而阻止工人获得对机会的了解就是奴役。

296 这里不是说要把有关信誉的全部理论从顾客转向雇工，虽然工人也是按照他自己的意志受雇的，但是显然这是由于工人在选择机会时的自由不被看做与顾客的自愿光顾具有同等的重要性。因此工会试图说服工人脱离雇主的做法被认为是在毫无理由地损害企业，而竞争者或雇主虽然也同样在劝说顾客或工人离去，这却被认为具有正当和合法的理由。

显然，这里还存在着另一个不可分割的理由。希吉曼煤矿公司在法庭上是以单独的一个人的身份出现的，而不是若干人的联合，它的财产不是许多财产的联合，它没有工业组织，它不具备有限的责任和共同的永久存在；而工会则表现为若干个人的共谋，他们可以集会但没有财产，在契约条款达到协议之前他们能抑制劳动力的供应，从而仅仅对财产造成损害。（第 241、253 页）但是如果劳动力也是财产，那么联合起来的劳动力似乎也是财产；采取集体行动的工业组织的权利也是一种财产的权利；而且财产并不一定是具体的煤矿，那种通过集体协议而获得的、并按照协议的规则分配给它的成员的预期所得也是财产。这种预期与商誉相类似。

正如我们所见到的那样，按照法院的这种区分，整个单位的财产是没有力量的；不管这个单位有多大，它是一个没有活力的东西；但人的联合体就产生了力量，而公司所以缺乏力量就因为它并不表现为若干人联合起来的单位，而只表现为财产的单位。我们已经知道，芒恩案中所认定的与这种情况正好相反。

这似乎是共谋的法律理论。共谋的实质就在于若干人联合起来对某一个人施加威迫或强迫。下面一个例子就说明，如果一个单独的人拒绝买卖或工作也许是合法的，但是，如果这是由若干人的联合行动，那就可以变成非法的行为。共谋的非法性就在于联合的行动，而不在于行动的本身。这种行动如果为由同样数目的个人单独进行，完全是合法的，因为联合起来的力量或许比一个单独的人的能力更大。

但是**财产**的联合与人的能力的联合是不同的，我们却又不能认为它所施加的强制性力量大于一个单独的人施加的力量，否则，
公司做了一个单独的人可能合法地做的事情就会被看做非法了。297
由于得到君权的特许，公司被看做与其他人一样的一个单独的人，它可以合法地拒绝买卖、出借或雇用，正如其他人可以合法地拒绝一样。当然它也与其他人一样，可以与其他人或其他公司非法地结党共谋，然而即使在这种情况下，这种非法的威迫或强迫仍被认为是若干人的联合行动，公司作为一个人就是若干人中的一个人。但既然它只是一个物质财产的单位，也就是一个运行中的工厂，虽然它是许多人共同拥有的，但是当它在与个人交往时，不认为它是在施加威迫或强迫，这些个人包括买主、卖主、雇工、借款人或放款人。强迫和威迫都是从人的联合中发生的，而不产生于物的所有权的联合。

希吉曼案件中持异议的意见反映出了合法的强迫和经济的强迫，财产所有者的联合和没有具体财产的人的联合之间所存在的差别。布兰代斯法官说，“有人极力认为，被告正在‘强迫’原告使他的煤矿‘工会化’。但是当工会只是在努力说服工人加入工会，并试图以后在雇主不同意工场工会化时就发动罢工一事，从法律上来说并不构成强迫。这种压力不是法律意义上的强迫。雇主可以自由抉择，或者接受协议，或者甘愿遭受损失。原告的整个案件实际上就是在经济上的危急状态或不利状态的同样压力下所达成的协议。除非原告同意把他的工场变成只雇用工会会员的工场，否则以罢工相威胁，是一种强迫，如果真是这样的话，那么，除非要求工作的人能同意使工场成为一个只雇用非工会会员的工场，否则就以不予雇用相威胁，也同样是强迫。雇主害怕不签订协议得不到一个**劳动**，他也许会与工会签订协议；工人害怕不签订协议就不容易得到**工作**，他们也可能签订个人协议。但是这种恐惧并不意味着法律意义上的强迫。换句话说，雇主为了使他的工场能有效地拒用**工会**的劳工，他可以强迫雇工签订协议。由于协议本身是合法的，雇主就可以拒绝工人的经济上的需要——就业，直到工人同意签订这种协议为止。同样，不准雇用**非工会**劳工的协议本身既然是合法的，那么，工会也可以拒绝雇主的经济上的需要——劳动，直到他同意签订这种协议为止。从法律上来说，在这种情况
298 下所签订的协议是自愿订立的”。（第 271、272 页）

情况既然是这样，因此法院对于具有较大社会意义的一些人的联合给予了照顾。煤矿公司所以得到公司特许状并享有各种权力

和特免权，这主要是由于广大消费者都关心大批煤炭的开采。在处理劳工问题时特许权为公司带来了更多的谈判力量，这些力量是否也具有社会意义，这要看资本家的联合和工人的联合的相对重要性。在希吉曼案件上持多数意见的法官看不到工会能促成具有社会意义的事情，他们在科皮奇一案上也没有看到这一点。少数派方面看到了增强劳工谈判力量的社会意义。少数派认为，希吉曼公司的雇工是自愿受雇的，干预的目的"显然是为了加强工会，坚信这样做就可以改善煤矿工人的状况；通过集体谈判可以增强工人的谈判力量；而且有了工会的协议，集体谈判就可以得到保证。为了实现这个目的，我们毫不怀疑地认为，当工人不受契约束缚必须在这里就业时，诱使工人脱离或不受雇用是有合理根据的"。(第273页)所以对这个问题产生怀疑并不是由逻辑问题而是由信念问题引起的，而这种信念又无非是判决这类案件的法官的习惯性愿望，而且他们在商业革命以来的三百年中总是能够找到先例和逻辑来支持他们的愿望。判决这些案件的法官是属于相信商法和商业习俗的法官，他们是不相信劳工法律和劳工习俗的法官。

3. 习俗和法律

显然存在着两种相反的法律理论，一种理论体系可以从霍布斯和边沁追溯到约翰·奥斯汀。[①] 另一种理论体系可以从科克和

① 奥斯汀：《法理演讲集》；布朗：《奥斯汀的法律理论》(1906年)。

299 布莱克斯通追溯到美国的詹姆斯·C.卡特的论述。[①] 按照一种见解，上级对下级的命令构成了法律，按照另一种见解，法律是从人民的习俗中发现的。

奥斯汀对法律所下的定义是：法律是“一种规则，由具有理性的个人制定的，他有权控制另一个具有理性的人时，法律起指导的作用”。卡特认为不成文法是我们法律的主体，他说，法律是“从公正的社会标准，或从产生这种标准的习惯和习俗中产生的规则”。

在落实霍布斯、边沁和奥斯汀的理论时，制定法律的人，通过对人们性情的适当研究，也许可以根据他自己的公正和幸福标准将社会加以改造。在落实科克、布莱克斯通和卡特的理论时，制定法典者只不过是人民原有习俗的调查者和整理者。他没有制定法律，他只发现了法律，并把它记录下来。

当然两方面都没有把他们的理论推论到逻辑的高度，而且从历史事实角度来看，一种意见注意了君王的特权，另种意见注意了习惯法。一种理论导致了君王或立法机关制定了成文法或宪法；另一种理论导致了各法院零星地形成的不成文法。这两种法律是不可分割的。然而，如果只注重成文法，这种理论结果就会建议以法典或社会主义的乌托邦或无产阶级专政代替人民的习惯；而另一种理论由于注意不成文法，其结果就会从这些习俗中得出公正的标准，并把标准变成理性的意旨或上帝的意旨。法典、乌托邦和专政都已经做过试验，并破产了，或者被双重意义的字义加以解释。如果成文法或宪法不合乎习俗，它们就名存实亡了。正如卡

① J.C.卡特：《法律的产生、发展和作用》(1907年)。

特所指出的那样，它是由一个单独的人或少数的人所制定的，而且“所有这些作品必然会表现出缺陷和错误”。但按照卡特的意见，虽然不成文法在法院中形成，可是它们却是由上帝或仁爱的自然所制定的。它是“独自存在的、永恒的，就社会组织的目的而言是绝对正确和公正的、难以取消的和不能改变的。我们可以把它称作天意；因为既然它与习俗相符合，而习俗又是人类天性必然发展为行动的一种形式，它就只能为人类天性本身所造成的，除此之外就不可能再有别的创造者”。（第 231 页）

习俗确实是造成公正的原料。但习俗是有差别的，习俗是会变动的，习俗有好的也有坏的，而且习俗可以彼此发生冲突。它们 300
是不确定的、矛盾的和混乱的。对习俗必须要作出选择。一定要有人去进行选择，哪种习俗应该得到认可，哪种习俗应该受到谴责或听其自然。卡特为了维护他的论点，他只对“习俗”和“不良惯例”作了区分。（第 235 页）“习俗”就是**良好的**习俗；“不良惯例”就是**不好的**习俗。但由谁来决定呢？它是上帝的意旨吗？它是自然的法则吗？它是普遍真理，或是人民的呼声吗？卡特批评了最高法院，因为在铁路合并的案件中，它没有认可商业上把各公司合并起来以消灭竞争的现代习俗。（第 210、213 页）那种习俗显然就是上帝的意旨。但当最高法院谴责劳工组织奉行对他们认为不公平的雇主实行抵制时的现代习俗时，却受到了另一些人的赞成。这种习俗又显然不是上帝的意旨。

所以一定要有人在习俗中进行选择。任何作出选择的人就是法律制定者。警察也在选择某种习俗，而摈弃其他习俗，而且在他的权力和特免权范围内，他就是行动中的特权。他既发现法律也制定法律，所谓**发现**，就是他选择了管区内的良好习俗而摈弃了不良的习俗；所谓**制定**，就是他选定了方向，他指明政府的权力必须施加于那些违反良好习俗或实行不良习俗的人。法院也在权力和特免权的一个较大范围内进行同样的选择。还有立法机关则在它的范围内，处罚它所发现的不良习俗，并以政府权力促成良好习俗的发展，而对不好不坏的习俗则听其自然。这就是一种决断，而政府的决断就是在各种习俗之间进行选择。

习俗就是习惯的行动，而行动就是在人与人之间不断进行的交易。在这一点上，它们是与“习惯”不同的。“习惯”是个人的惯常行为。习俗是类似的各阶级的个人在类似情况下的惯常**交易**关系。从历史上来看，我们所关心的经济交易就是地主和租户、债权人和债务人、雇主和雇工的交易。在英美的历史上每种交易都是作为习俗开始的，认可的习俗就变成习惯法，这是不成文的，因为它们都零星地记录在法院的判决案中；这样习惯法就分成特权的两个部分，这就是衡平法和成文的合乎宪法的法律；最后在某些部
301 门在一定范围内全部习惯法成了法典。农业、农奴制度和奴隶制度以及他对土地、动产和人等具体财产权利的习惯法是从地租协议和地主和租户间的习俗中演变出来的。商人的法律与工商业和自由以及他们的无形的和无形体的财产权利的习惯法又是从价格协议和它在商人和制造业者之间的习俗中演变出来的。

这样形成的工商业法律与旧的习惯法是不同的，正如运行中的业务不同于一亩地，或一种承诺不同于一匹马是一样的。但正如我们所见到的那样，旧的东西很容易用法律的假定或旧字新释的方式渗入到新的东西中去，所以除了 17 世纪，即 1640 和 1689 年的革命

使专制政权的官吏与公民私人受同等法庭和法律制裁的那几个时期外，二者之间并无重大的变化。各法院的权力，尤其在衡平法方面，不久就延伸出去以适应正在发展的工商业，但是延伸的程度不如以往的40年中那么强烈，因为在那些年代，工商业正面临着工人的对抗，正如17世纪封建制度遭到工商业的对抗一样。

正如工商业习俗不同于封建农业习俗那样，劳工和劳工组织的习俗也不同于工商业习俗。因为如果把习俗的定义只单纯地作为本能的、冲动的、不假思索的一致行动的习惯，那是不够完全的。亨利·梅恩认为社会的进步就是从**法律地位**到**契约**的进步，[1]这种观念与习惯法可以为法典或宪法所代替的观念同出一辙，梅恩的观点就是以这样一种不完全的定义为根据的。按照梅恩的解释，“法律地位”是一个人在社会上的固定地位，受到固定的习俗的限制。但“契约”则表明他与过去做事的惯常方式相决裂，并通过他与别人的协商，形成他在社会上不断改变着的地位的那种自由。法律地位、习俗以及从它们产生的习惯法都是静态的；而契约、成文法和法典都是动态的。

我们不妨说习俗就是人们根据过去的经验以策划未来的那种常识的行动，而契约本身就是习俗。习俗的约束力量就在于对预期的保证。过去发生过的事情可以预料会再次发生，而且随便使
这种预期成为失望的人一定要受到抑制或处罚。习俗并不是从古 302
时固定下来的，而是不断在变动的，处理违反习俗的行为或发生的纠纷时，在集会上由集体不断形成的。一定要等到在这种松散的

[1] 亨利·梅恩：《古代法律》，第173—174页(1861年，波洛克编)。

集会上建立了政府，而且有了法官、行政长官、立法者这一官僚阶级或工商业的经理正式开始工作以处理违犯习俗的事件并裁决纠纷时，这些习俗才会形成习惯法，并按照各判决案中所定下来的判例以约束所有不同地方的集会。然后，在某一地方得到认可的习俗在其他地方出现类似情况时，开始也被引用。这就表明习俗是根据政治、经济和文化情况以及政府的变动而发生矛盾、进行选择和保留下来的。

从农业向运输业发展和从孤立的工业发展到集体的工业是引起新的习俗的两大经济变革；而两个同时出现的政治和法律变革是指从奴隶和农奴制度发展到自由或工商业，并发展到劳动的自由。第一种变革引起或扩大了债权人和债务人、买主和卖主之间的新的交易，因而也就发生从法律地位和习俗到自由和契约关系的明显改变。但是更确切地说，这种改变是从农业习俗到工商业习俗的一种转变。因为契约在发生争执时就需要进行解释；如果不能有一致的解释就不可能有工商业的安全，而一致的解释也就是惯常的解释。工商业的习俗只是拟订、解释和执行正式契约的惯常方式，而且从当事人的行为上去解释契约，就包含着这种契约是按照它所隐含的习俗而订立的意思。而且从社会地位到自由的改变是政治上和法律上同时出现的改变，也就是从地主和租户的习俗和法律转变到买主和卖主及债权人和债务人的习俗和法律。

从孤立的工业到集体的工业，以及从买卖物品到买卖劳动的改变也是一样的。就无产者而言，强制执行契约的结果就造成强迫劳动或为债务而受到监禁；而且随着这些的废除，不仅可以从社会地位转变到自由和契约，而且还有进一步的转变，那就是从契约

转变到**违反契约的自由**。由于契约不是强制执行的不具有约束
力。雇用和受雇、解雇和辞退都是自愿的。这不是以契约代替法
律地位或习俗,而是订立契约的一种新的习俗。劳动的契约是根 303
据谅解、习惯做法或习俗订立的。这种习俗并非以契约的预期执
行,而是以契约的预期不执行为基础的,因而它也就是以契约的不
断更新为基础的。

所以工资契约把信用契约的基本原则颠倒过来了,因为它以契约的不执行代替了契约的执行。对任何一方来说,领取工资者好像都是自愿的租户。他可以在毫无理由的情况下辞去工作,而雇主也可以在毫无理由的情况下辞退他。但是商人的法律理论还保留着某些影响,所以破坏契约总认为是非法的,而且如果发生违约事件,受到违约损害的一方立刻就可以起诉,提出赔偿损害的权利。但就工资契约的情况而言,法律和习俗都认为这种补救办法是无效的。劳工享有大量的财产免征权利,而且也不能以法律形式使他接受强迫劳役的处分。他也不能以非法的解雇控告他的雇主,因为根据习俗,他是自愿受雇的。因此法院对于工资契约的认识很模糊,它们一方面认为违约是非法的,但是另一方面法律又不准它们强制执行契约。如我们所见到的那样,资本主义制度是在契约的执行和流通的基础上建立起来的,所以今天的律师难以理解为什么雇主和雇工要破坏劳动契约的习俗,而在 16 和 17 世纪时候,要律师去认可商人的习俗,强制承诺的执行,并承认它们的买卖也同样不容易。固然不能为了违约而对雇主或雇工加以处罚,但是认为它是非法的那种理论有时却被用来处分或禁止劝诱这种违约行动的第三方,虽然工资领取者的唯一有效的自由就是

第三方所提供的选择机会。

正如我们见到的那样[①],这种缺陷来自意愿本身的学说。因为意愿并非只是做与不做之间的空洞选择,它是在做某一种事而不做另一种事的时候,决定使用不同程度力量的那种选择。意愿不能在一无所有之中作选择,它必须在资源稀缺的世界上选择某些东西,而它所选择的就是一次最好的机会。如果这个机会是好的,那么,这种意愿就是自由的,而且只能用说服的方法加以劝诱。
304 如果这个机会是不好的,或者根本没有机会,那么,这种意愿就是受强迫的意愿。在不同的机会之间进行选择,而机会是由其他意愿控制或不控制的,因其他意愿也在机会之间进行选择,而且这些机会是受稀缺性原则的限制的。

正如我们已经注意到的那样,[②]经济强迫在法律概念上找到一个地位是有困难的,因为财产和自由的法律所形成的先例都只涉及免除物质性的强迫。不论暴力是出于私人的威迫和侵害,或是出于有权执行国王或君主的有组织的迫害的官吏所发出的命令,财产和自由都是指不受武力和暴力的迫害。但是劳工试图为财产和自由得到的保护虽然也包括对暴力的防御,却也包括对经济强迫的防御。防御经济强迫的事例诚然是可以找到的,但正如我们所看到的那样,这种事例通常总是经过避免经济力量的观念并把它看作为君主授予的一种特权,或者看作是法定的上下级之间违反了机密或其他的关系而构成的。经济方面的优势和劣势不

---

① 参见第 4 章第 2 节。

② 参见第 3 章。

同于人的或法律的优势或劣势，从没有得到法院方面的主动认识，而且只有当法院屈服于立法机关意见时才留给它一席之地，关于这些我们在芒恩对伊利诺伊州及霍尔顿对哈迪的诉讼案件中都见到了。而且，在法院没有屈服，并把这种宣称为违宪或根据定义使之无效时，法院总是可以找到充分的先例来说明不能把经济强迫看作为非法的理由，因为它不是暴力或迫害。

工业组织就是以经济强迫为基础的，因为它的最严厉的处罚和使人服从的诱力产生于对贫困的恐惧，从破产的恐惧到失业的恐惧可以在很多方面有其大不相同的形态。所以从工资领取者的习俗而产生的那种特殊的劳动习惯法与从商人和制造业者的习俗所产生的那种历史的习惯法是不同的，其不同之点在于，劳工为了尽力想要实现他们的理想而对雇主采用防御经济强迫的措施。

这些理想和习俗很特殊，而且在许多重要问题上不同于工商 305
业的理想和习俗。它们主要由于工作和职位缺乏保障而引起的，所谓缺乏保障是指两个方面，即提供的工作机会有限以及资本家对提供工作机会实行控制。由于工作机会不够分配的想法和据认为工作机会是属于资本家的，于是就产生了很多特殊的观点和习俗。有一种观点认为，比别人得到更多工作或比别人的工作做的更快的那个人，仿佛就在从别人嘴上夺取面包一样。因此也就产生了另一种观点，即应该使一个人的工作能持续下去，或者让别人共同承担这种工作，这种观点又导致那些违反习俗和拒绝在机会有限的范围内受连锁观念约束的人受到严厉的谴责和非难。

当然这与三百年以来法院曾经陈述和分析过的工商业理想和习俗格格不入，可是与工商业以它的商人和制造业者的小小行会与封建制度进行斗争时期的理想和习俗却是相近的。主动精神、企业心、雄心壮志和个人成就等等都与行会和工会所持有的团结互助和公平竞争的规则背道而驰，所以法院对这种习俗当然不会比资本家有更多的了解和认可。用卡特的话来说，这都不是“习俗”，而是“不良惯例”。

因为个人的成功即意味着从一个较低的阶级升到一个较高的阶级，也就是从工人阶级升到专门职业、经理、资本家或官吏的阶级，所以要想通过增加别人的所得去增加自己的所得的成功与从大家的有限机会的供给中专为自己获得一个较大份额的成功加以区别是有困难的。一种是成功，另一种是公平的竞争。成功是要升到这个阶级之上，而公平的竞争却是要同这个阶级一起上升。工人处于一种不明确的地位。如果他增加个人的产品，那么由于减少了产品的交换价值，他就减少了他的阶级从全国生产量中所得到的份额。对于与他处于同一职能阶级的同伴来说，他似乎是一个自私的人，因为正是他通过增加全国总产量及其个人酬报的行为，减少了他自己的阶级从全国产量中所得到的份额，而且最后也会使他自己所得到的酬报减少。

306 当然在工商界里也有反对削价和剧烈竞争的那种众所周知的不满情绪，正如工人中也存在着反对“贪快的人”、“自私的人”、“工贼人”等的不满情绪。这是劳动分工和交换价值的副产品。当工商业者要求工人“生产”，并批评他们限制生产的时候，他们是在要工人做工商业者自己所没有做到的事情。因为他们同工人一样，不是不加区别地乱生产一通，而只是生产一个有限的数量，以期维持产品在市场上的价格。他们对工人呼吁增加产品，就是工人减少在那个行业上的劳资联合产品的交换价值。当减低的价值接近于无利可图时，资本家就会以停工的方式限制工人的产量。所以限制产量的方法是双方都采用的，不过在一种情况下，由于没有利润，所以认为是“自然的”和正当的；在另一种情况下，由于它使国民财富受到了限制，所以认为是武断的和错误的。然而工人却持不同的看法。解雇工人是错误的，因为应该把以往的利润考虑进去；而把工作平衡地分摊到全年是正当的，因为工人没有积蓄的工资去渡过解雇的难关。

不同的经验及不同的希望和恐惧产生了不同心理状态，不同的心理状态又产生了上述的不同情况。工商业者具有投机性的心理状态，一个时期的高额利润可以弥补另一个时期的损失，再通过各种准备金，到年底还是可以利用各种准备金发放利息和红利。工人具有保守的心理状态，他知道一个时期的高工资并不能补偿另一个时期没有工资。他不具备方使的场所供他投资他的储蓄，他们也没有以借款作为维持生计方法的诱力和保证，因为如果遇到一个没有工资收入的时期就会把他们的储蓄都用在偿还债务上。工人的生活是过一天算一天的，而工商业者的生活是以一年一年计算的。投机使一方面丧失活力而使另一方面产生活力，而且当它增加活力时，好像一切都显得自然和正当，而当它丧失活力时，一切又变得反常和错误。

4. 工业组织

正如我们早已看到的那样，当工商业的力量还相当薄弱，并正

在封建制度下为它自己的地位斗争的时候，商人和制造业者行会所显示的特点，与刚才提到过的同样的限制和束缚的规则是相符
307 合的。当习惯法法院从 1599 年开始废除行会禁止非会员营业及公平营业等规定以后，也就是这些法院，特别是经改组的衡平法法院又开始提出了运行中的业务的财产权利问题，这就成为公平和不公平竞争的法律。所以历史是在新的水平上重演的。正如 16 和 17 世纪的特权法院无法了解和同意行会以外的虽小却又采取攻势的商人和制造业者方面所提出的自由和权力的要求，今天的法院也无法了解和同意咄咄逼人的工人所提出的有关自由和权力的新的定义的要求。历史在重演，就像特权法院保护君主及其党羽的特权那样，最高法院负责保护工商业的权利和自由。禁令又显出了它的重要性。衡平法法院审判长埃尔斯米尔在其与科克争辩时受到詹姆斯国王的支持，以致后者被免去了习惯法法院审判长的职务，这是有史以来第一次。那时的理由和先例都支持埃尔斯米尔和詹姆斯。如今情况也一样。理由和先例都支持工商业者，当初工商业者所要求的自由和权力与封建制度的先例或国王的特权或行会的特惠权或农业英国的习惯法都是格格不入，今天劳工所要求的自由和权力与其先例也是格格不入。今天的特权就是工商业的特权，而今天正在争取得到承认的习惯法就是无产者在自己的集会上和工业法庭中发展起来的习俗。然而当这些法院在取消禁止非行会会员营业的特惠权时，开始把行会关于公平竞争的规则接起来了，但是当它们宣布工会关于全部雇用工会会员的要求归于无效时，却没有把保护劳工以对抗“不公平的雇主”的任务贯彻下去。显然，现在需要一种“新的衡平法”，像保护工商业

那样保护工人工作的衡平法。

当新的情况出现时，衡平法立刻作出反应。衡平法的弹性可以从它的扩大到预先防止犯罪行为上看出来，过去这种行为由习惯法管辖，要由大陪审团提起公诉。公诉是惩罚性的，而禁令是预防性的，因而当法院认为罢工为非法时，这对防范罢工更加有效。

就罢工而言，在很多情况下，罢工非法的性质是显而易见的，308
因为它总是以暴力或以暴力相威胁。遇到这种情况，就像德布斯案件[①]那样，法院就根据行政方面的要求发出一项禁令，然后再根据行政方面为职责命令它去履行。在其他的情况下，这种非法的性质主要要看法官对于这件案件所牵涉的公共政策的意见如何而定，因为在没有"暴力强迫"的地方，工会在罢工事件中所能诱使雇主接受其条件的惟一方法是通过使雇主发生金钱损失的那种经济力量而造成的"动机上的压迫"。[②] 如果法官感觉到，在这种情况下，雇主所有财产权益的社会意义大于工人组织的权益，那么，它就会发出这种禁令。如果他觉得工会的社会意义大于雇主的社会意义，他就会拒绝发出这种禁令。无论出现哪一种情况，总是要发生一种损害，或者由工会加于雇主的企业，或者由雇主加于雇工的

① 关于德布斯案，案例编号：(158 U. S.)第 564 页(1895 年)。

② 1787 年，乔治·戈登勋爵聚众要求议会废止那些曾经把罗马天主教徒某些丧失能力的规定予以取消的法律，他被提出了公诉，托马斯·厄斯金爵士替戈登辩护时，曾对陪审团说，"你们必须看到，戈登集合这些人是存着背叛的用意：你们必须看到，这不只是一种骚扰的非法的请愿，不是动乱的非礼的强求以影响议会，不是因为看到很多人民集合在一起以一致的情绪作骚嚷的请求所造成的动机上的压迫，而是很多人以叛逆的共谋和武力相联合的敌对行动所构成的绝对无疑的暴力的强迫"。案例编号：(21 How. St. Tr.)第 486、594 页。

工作。而且作为政府的代表的法官，为了大众的利益，总是选择他所认为较小的损害，并禁止他所认为较大或更不堪担负的损害。

这个结论是由霍姆斯法官在一些较早的案件中得出的，在这些案件中，马萨诸塞州最高法院的多数法官同意了一项禁令，禁止工会对其他工人采用任何“策略或共谋”以迫使他们不受雇用，而霍姆斯法官认为，如果采用暴力或以暴力相威胁，就应该禁止它们。霍姆斯法官在这个案件上说：

> 在各种情况下，法律可以允许故意造成的临时性损害，因为它认为这是有合理根据的。……考虑到政策和社会利益，这样的判决是有充分理由的，如果认为这些裁决可以单凭谁也不会提出异议的逻辑和法律的一般命题就可以作出，那是徒然的。关于公共政策的命题很少能得到一致接受，而且即或有之，也难以得到无可置疑的证明。即使要想使一个人能对公共政策发表明智的意见，他也需要接受特殊的训练。至
> 309 少在法律的初期阶段，这种命题是以不能言喻的本能表现出来的，而不是作为早就备有理性答辩的一种明确观念。……几百年以来的法律认为，即使在一个小得只能支持一家商店的乡镇上，还是可以允许一个人去开业，虽然他预料并希望原来存在在那里的商店会因此而失败，他自己的意图能得到成功。大家都承认，自由竞争对于社会的价值大于它对社会造成的损害，这就是他去开业的理由，而且根据这个理由，造成这种损害倒是有利的。……如果我们的法律所根据的政策用自由竞争这一个词来表达显得太狭窄的话，那么就将用生存

> 自由斗争来代替。……自由竞争就含有联合的意思。……一方面联合是特许的，也是很有力量的。在另一方面，如果这种斗争能以公道和平等的方式进行，联合是一种必要而有利的配合部分。[①]

同时，随着财产和自由的定义的扩大，禁令本身也就扩大了，它不仅保护财产的权利，同时也能保护过去认为的人的自由和公民的权利，而现在认为的财产的权利。法院方面曾于 1888 年说[②]，"衡平法院的职责和裁判权，除非以明文的律令予以扩大，是以保护财产权利为限度的。它对于刑事犯罪的起诉、惩罚或赦免都没有裁判权"，而且还引证了英国习惯法高等法院审判长霍尔特于 1704 年所说过的话，他说如果衡平法院审判长对当时正在法庭审理的刑事犯罪案件发出任何禁令，他的法院会"撕毁"任何禁令，而且会保护不顾这种禁令而进行诉讼的人。[③]

现在随着财产含义的扩大，在 1915 年财产含义中也包括了外国人的生存和继续就业的权利，接着最高法院有权宣告损害财产权利的任何法律为违宪行为，在亚利桑那州法院就曾经禁止过对一种犯罪案件的起诉；法院说，"如果阻止起诉对于保护财产权利是必须的话"[④]，对于不合宪法的法令，衡平法的裁判权可以制止刑事犯罪案件的起诉。

① 范格仑对格德纳的诉讼，案例编号：(167 Mass.)第 92、105、107、108 页(1896 年)。

② 关于沙远，案例编号：(124 U.S.)第 200、210 页(1888 年)。

③ 霍尔德斯达弗对桑德斯的诉讼，案例编号：(S.C. 6 Mod.)第 16 页(1704 年)。

④ 特鲁克斯对雷克的诉讼，案例编号：(239 U.S.)第 33、37、38 页(1915 年)。

最后,随着现代公司和现代工会发展到了全国范围,这种针对公司或工会的成千上万的代理人、工人、会员和同情者普遍发出的
310 禁令,既没有指名道姓或正式警告任何人,事实上就同立法机关所成立的任何法案一样,变成了一种立法的案件。这种"笼统"的禁令对于受禁止方面的代理人含有隐喻的警告意义,以及在犯法时与他们联合在一起的"任何一切其他的人等"的最后认可的简易步骤,可以在各案中查考得到,这里不再赘述。[①] 现在只需注意在这一过程中表示异议的几名法官所提出的那种无效的辩驳就行。哈伦法官在上面提到的 1911 年的美孚石油公司一案时曾说,"按照法院的判决,以及它在陈述理由时所用的语言来看,它不仅把这一法案久经采用的解释根本推翻,而且还篡夺了政府立法部门的宪法职能"。[②]

考德威尔法官在 1897 年也表示过异议,他说,"衡平法院没有执行刑法的裁判权。……主张联邦法院承担裁判的人说,对于违反法律或以违法行为相威胁的那些人来说,这是比根据规定和习惯法的方法进行诉讼更敏捷和更迅速的处理方式,因为它可以免除陪审团在审问时所引起的时间上的拖延和不确定性,可以减少诉讼费用,而且可以保证比较迅速的惩罚。所有这些都可以认为是正确的。但这一论据在逻辑上产生了难题,它等于把赋予审判

① 美国钢铁和电缆公司对拉丝工人工会的诉讼,案例编号:(90 Fed.)第 598 页(1898 年);关于黎斯案,案例编号:(107 Fed.)第 942 页(1901 年);联合太平洋铁路公司对鲁也夫的诉讼,案例编号:(120 Fed.)第 102 页(1902 年);《哈合论禁令》,第 1443 节(第 4 版)。

② 美孚石油公司对美国政府的诉讼,案例编号:(221 U. S.)第 1、83 页(1911 年)。

长的裁判权同样赋予了群众。……对于捷径和违宪方法的受害者来说，剥夺他们的宪法权利的是群众还是审判长，这都没有什么两样。事实上这种走捷径的愿望是因仇视陪审团审问的情绪而引起的，这种审问方式从来就没有受到富有的贵族或公司和托拉斯的欢迎，要想掩饰这种事实也是徒劳的。……美国的宪法为执行这种裁判权制造了无法克服的障碍。……‘所以除了在弹劾案件外，关于犯罪的审问，必须由陪审团进行’。（宪法第 3 条）‘在审理所有犯罪案件时，被告应该有权利享有公正的陪审团的迅速而公开的审问’。（同上，第 6 条）……如果要以禁令的方法支持政府，宪法中还应该增补有关陪审团例外的审讯权利：‘许多人为了一个共同目的而联合起来时，对工会和其他劳工组织成员的案件及对所 311
有资历薄弱的人[①]的案件，均不在此限’”。

另一方面，李克斯法官[②]又对这些异议及篡改的责难作了答复。“据说在这个案件上所发出的命令是没有先例的。但衡平法院所知道的每一个公正的命令或裁决都产生于某些意外，以适应某种新的情况，因而在当时原是没有前例的。”而且他还引用了布鲁尔法官的意见作为后盾，他说：“我深信，衡平法院具有广泛的权力，它的程序和手续富有伸缩性，这就足以适应日益复杂的工商关系和满足权利保护方面不断变迁的意外情况。”

衡平法院所继承的国王的特权不是一个单独的人的绝对权

① 霍普金斯对奥克斯莱桶板公司的诉讼，案例编号：(83 Fed.)第 912、921—940 页(1897 年)。

② 托利多铁路公司对宾夕法尼亚铁路公司的诉讼，案例编号：(54 Fed.)第 746、751 页(1893 年)。

威，而且国王也没有超越和脱离私人利害的冲突，他是法院的同党，也就是从这种特权产生的朝臣、封建贵族、行会会员、特权或垄断利益的占有者和预期占有者的同党中的首领。而且我们认为特权法院同习惯法法院的主要区别就在于这些特权人物的代理人就是特权法院，它使他们不受习惯法中规定的不享受特权者的权利义务的约束。于是就发生了国王的特权法院和习惯法法院之间的斗争，结果两方面都隶属于立宪政府的统治，然后才有可能使工商业的习惯法发展为它所认为的属于工商业者的合理习俗。

劳工的习俗与资本主义及其代理人——监工和工头等的特权，也与上雷同。工人为了展开公平的竞争而施加于自由竞争的限制，开始被雇主接过去，由他们自己的劳动经理所管辖。正如贵族和资本家也曾经与国王一起共同参与对财产和工商业的保护那样，有组织的工人也参与了保卫工人的工作管理，然后通过选择劳
312 动的合理惯例和排除不良惯例，并剥夺了工会和管理部门双方对于工作机会的专断权力，这样，劳动的习惯法就形成了。在有关工业管理的机构的条例方面逐渐作出了修正："不按照工业法律的适当程序，任何雇主均不得剥夺任何雇工的工作机会，也不得对其管辖范围内的任何雇工不给予劳动习惯法上规定的同等保护"。[①] 即使成文法也开始增加有关劳动的部分，责成雇主防止生产事故、疾病、工作时间过长、工资过低和就业缺乏保障等。通过工资协议依靠避免出现管理方面的特权和工会方面具有武断力量的情

① 参见康芒斯等著《工业组织》中关于"合法程序"一章，马尔科姆·夏普出版社(1921年)。

况，并使工头、监工和业务代理人与工人一起受同一法律程序的管辖，于是工业组织的宪法正在形成之中。

313 # 第九章　公共目的

1. 机构和地位

以上从诺曼底征服起，到 20 世纪止的历史概述，说明了在英美的价值和评价制度的三个演变阶段，即农业、商业和工业的阶段。每一阶段都随着习俗的演变而前进，后来政府又把习俗制定成业务规则。习俗是指习惯的交易，而且习惯的交易又分为核定的交易和命令的交易，一种是平等者之间的交易，另一种是上下级之间的交易。农业阶级以地主和租户的关系为出发点，这一阶段的交易就是决定封建制度下的地租契约。商业阶段以债权人和债务人的关系为出发点，这一阶段的交易就是价格契约。工业阶段就是雇主与雇工关系的阶段，它的交易就是工资契约和工资体系。从命令的方面来看，立宪政府的体制或统治权是从地租契约发展起来的，而从核定关系方面来看，从地租契约中发展出了有形的财产、个人的平等以及财产所有者的自由等制度。常有无形体的和无形的财产及其契约和执行契约的平等自由等制度的银行和金融体系，或者货币权力是从价格契约发展起来的。从命令方面来看，工业组织体系是从工资契约发展起来的，而从核定方面来看，从工资契约中也发展起了带有非强制执行的自由契约的工业部门的工作机会或职位。

在这些历史阶段中的每一个阶段都意味着经济学、法理学和政治学三方面的发展。在**经济学**方面，它意味着从使用价值或“实际”价值发展到交换价值，从生产和消费发展到买进和卖出，从物发展到价格。使用价值也就是物质东西的“实际价值”，来自财富 314
的生产和消费过程中对土地、动产和人的直接控制。交换价值或价格则在最初生产者和最终消费者之间，通过全国范围的劳动分工、信用制度和自由买卖而产生的。封建制度是建立在使用价值基础上；资本主义和工业制度建立在名义价值或价格的基础上。在**法理学**方面，这种发展反映在习惯法上，习惯法从暴力时代对有形财产和人身的保护发展到在和平发展的市场上对业务和工作职位的保护。在**政治学**方面，这种发展表现在有组织的或无组织的个人的群众运动上，使特权过渡到统治权，个人的政府过渡到国王、地主和商人的集体契约，再过渡到公司和合作社的集体协议，又过渡到雇主和雇工的集体契约。这些发展综合起来又使无形体的和无形的财产有可能在 18 和 19 世纪得到进一步的演变，它们的价值不再在于其物质性的使用方面而在于运行中的业务和运行中的机构的工作机会方面。

在农业阶段，奴隶主与奴隶或农奴的关系，符合原始财产观念，即物质性财产是为自己的使用而由个人排他性地占有和支配的对象。奴隶或农奴是一样的东西，没有选择机会的自由，因而这种关系就是奴隶主与所有物的关系。随着法律对自由选择的认可和保护，这种关系也就相应地发生了变化，通过各个中间阶段达到了现代的形式，成为主人和仆役、雇主和雇工、委托人和代理人的关系。这种演变的结果并不表示命令和服从关系的消灭，而表现在对令人服从的条件或限度有了议价的自由。诚然，雇工或代理人并不能出卖他们的物质肉体，因为出卖肉体就等于出卖他的全部自由，但是他可以在一定程度上出卖服从命令的意愿。从这个意义上来说，他出卖了一部分的自由，并屈从于雇主或委托人的意愿。说服或强迫是出卖这类自由的条件，因为他有出卖或抗拒出卖的自由，但一经同意以后，他所同意的关系就是命令和服从的关系。

现代的代理人和雇工之间的区别是一个次要的区别。[①] 代理
315 人与普通的人开展交往，所以必须依赖说服或强迫的方法，因为一般人都有选择机会的合法自由。构成运行中的业务的就是这种关系。但与雇工打交道的却是没有权利和自由的自然界的物质和动物的力量，所以雇工与它们的关系就好像命令和服从的关系，构成了我们所谓的运行中的工厂。但无论属于哪一种情况，代理人或雇工都是在执行委托人或雇主的意志，并只能在劳动或代理的合约或业务规则所规定的范围内为自己作出合法的选择。如果他在代理或受雇的范围内不能服从命令，他就难免要被开除或甚至要他赔偿损失。

如果他确实能服从命令，那么，根据契约或法律有关规定的实施条款，在他每小时和每天的应得的劳务报酬的范围内，他对主人或雇主形成了一种相对的负担。在他提供的劳务尚未得到报酬的

① “仆役”这个词可以指代理人或雇工。

时候，他是债权人，而他的雇主是债务人。从这一点上来说，他是这家企业的临时投资者，一直要等到发工资的这一天取得报酬为止。所以法律关于负担的规定形成了，从劳动力的法律来看，就是从占有劳动者的身体，并强制他服从一切命令的意义上那种物质财产的法律，演变到成为自愿服从的无形财产，并成为无形体的财产，也就是他要求报酬的权利。

我们以不小的篇幅讨论了商誉和版权的情况，因为它们表明了有形财产的原始观念演变到无形财产的现代观念的实际过程。

第一个必需的步骤是把竞争作为一种侵害的行为来处理。这一步骤大概是在 1580 年开始的。这就是把习惯法的侵害令从程序上予以扩大，以允许为遭受损害而进行的诉讼，不仅可以以所受的物质暴力为理由，而且也可以以受骗为理由进行诉讼，然后又可以借助衡平法，以受到“不公平的竞争”为理由进行诉讼。通过这种方式所创造的并受到保护的财产权利不再指对物的排他性占 316
有，而且指在与顾客的未来买卖上所能获得的预期购买力。原来具有预期使用价值的有形的东西现在已经成为具有预期价格的无形机会。

第二步就是使这些预期也像物一样可以出卖。1620 年开始了这一步骤，那时显然还是第一次把一个人的自愿抑制与购买他的运行中的业务的买主发生竞争的自由予以合法化，并执行这种契约。这就是说可以容许一个人出卖他的一部分自由，就像他可以出卖他的物质财产那样，从而把这二者都转变成了资产。

第三步就是把未来交易的预期承认为个人的财产，这种财产是为自己使用而排他性地占有的，譬如一块有形的土地或动产。

1743 年法院对此表示承认，那时预期利润的份额与有形的财产是分离的，并按照不同的方式把预期利润的份额当作个人财产转给未留遗嘱的死亡者的执行人，当时已经有人把预期利润作为与有形的东西无关的动产进行买卖和根据遗嘱进行转移。这样通过买卖把得到的未来购买力的纯收益的那种无形的预期和对东西的财产权利放在同一地位上。

随着物质东西向购买力的预期的转变，于是再把它们转变为流动资产显然是必要的，使它们尽可能像商品或黄金那样能在市场上以最快的速度换成作为价值标准的法定货币。因此，一项平行的发展产生了，结果当无形和无形体财产出现的时候，马上就形成了无形和无形体财产的新的形式的流通性。

除非在个人的自由上再加上新的法律义务和新的抑制，否则就不能产生各种形式的无形的和无形体的财产，既然这样，于是有关抑制的合理范围和时期的问题就不断提出来了。这里出现了一个小小的争议，因为商誉随时会变成特惠权或垄断，商誉、特惠权和垄断都对贸易起抑制作用，而且关于商誉究竟在哪里终止，特惠权究竟从哪里开始的问题，只有明智的判断才能区分。帕克法官见到这种情况，所以在 1711 年把有关抑制贸易的各案联系起来进行研究，虽然当时整理出来的几条通则到现在还是适用，但应用这些通则的适当范围和时间长短问题随着法院和立法机关判断的不同而有所不同。

在各种情况下，都是由于在无形财产的概念里还包含着财产
317 的物质概念的残余，所以含义就暧昧不清。历来有必要把这个问
题搞清楚。搞清这个问题的一个步骤是，当单纯地从习惯法上把

物质财产的定义扩大的时候，要能区分对贸易的合理与不合理的抑制。1774 年推翻 1769 年关于版权的原判的那个判决案就是一个例子。当时的判决认为，对物质东西的财产权利的类推不应该太过分，否则从对贸易的永久抑制所得来的预期收益会成为永久单独占有的所有权；而且对于财产的未来延续须加上时间限制的地方，这个问题应该由立法条例去解决，而不应该以司法上关于财产的定义为依据。

在这些案件上持异议者都集中在一个问题上，即习惯法中财产，就是指为自己使用而占有的物质东西，如今经过类推，把财产的定义扩充到为个人使用而占有的预期利润，那么，究竟这样类推的确切限度在哪里呢？新的分界线的划分不在于主观思想意识与体现在外部的物或手稿的辨别上，而在于所有者的意志究竟是否还认为对于其他人有排他性的控制力。除此之外，我们应该认为，其他人在其与所有者或其代表交往时有选择的自由。

我们已经发现，根据我们主要从事的学科对于这个分界点会有不同的说明，虽然事实上这些学科都是不可分割的。用社会心理学的话来说，分界点就在命令和服从的关系终止而说服或强迫开始的那个时间。用经济学的话来说，分界点就在经济方面（自然和人的因素的单纯比例配合）与扩展方面（通过机会选择和行使权力而扩大对别人的控制）相区别的一点上。用法律的话来说，分界点就在于从隐私法、特殊关系法或约束代理人、雇工或仆役使其执行主人、雇主或委托人意志的那种法律，变成管理本人或其代理人在与一般人交往时的法律，一般人并无保守秘密及服从命令等的义务。或者再用似乎与心理学、经济学及法律学都有关系的话来说，分界点就在于肯定的负担与机会合并时的那一点上。

318 从本书的历史性的概述中我们可以看到，财产和契约的区别已经合并于财产、承诺和机会的区别。财产的原义是指物质性的占有，也就是占有物质的东西；承诺是各有关当事人同意对自由的抑制；机会是在协议达成后出现的选项。美国宪法禁止任何一州实行强制执行“损害契约义务”的法律。但是因为有了关于自由的法律，所以这种禁令又归无效，自由的法律规定对于凡是以不自愿的奴役强加于人的承诺均不得强制执行，对于因债务而监禁的法律，以及许多关于工资特免、宅地特免及破产等法律也同样无效。因为它们通过解除债务人债务的一部分或全部而使契约的义务不能全部执行。公用事业的法规也是这样。立法机关可以改变费率，甚至当对州与公司或公司与顾主以前所达成的承诺明显冲突仍旧可以改变费率。当这些案件与类似的案件发生时，法院总是判决：任何契约的义务都不能推翻合法政府权威性的决定或与公共政策相抵触。所以在认为自由更重要的地方，由于严格执行契约义务被看作是对自由的抑制，所以违反契约的自由就代替了履行契约的义务。

这些区分曾经使我们注意到经济的两个不可分割的方面，即运行中的工厂的工程经济和运行中的业务的商业经济。工程经济是指宇宙间的物质性东西，也就是“人对自然”的各种关系。诚然，它的范围与商业经济的范围是相似的，而且就是由于这个理由不一定与后者区别开来。它有它的经济范围，这就是把自然力量或物质加以比例配合，以期为自己得到最大的使用和享受。它又有物质对象之间的选择范围，而且既然这些选择是采取所谓的阻力最小和力量最大的路线进行的，它们就意味着对控制自然的一种扩张，与在那种控制下各个项目的更经济的比例配合成一对照。它也有其预期使用和享受的时间方面的问题，诱导出现时的行动。

但是有关经济、机会、力量和预期等自然方面的区别标志就是外界的目的物，即使这些目的物是人，也都被认为不具备自己的任 319
何意志。它们只是某一个人本身的意志工具，因此，在这一点上，凡是处理它们的各科学都应该归属于工程经济或科学管理。我们曾经把这种人对自然的关系称为具有生产组织的运行中的工厂。

如果认为这些东西具有受到伦理的规则或原则或法律的保护的意志时，情况就不一样了，因为这时它们就开始有了权利、义务、自由和暴露等关系，构成我们所说的负担和机会，并进一步构成运行中的业务。这些负担和机会既然决定于上级的权力，而它的意志又被看作高于各有关当事人的意志，所以把工程经济、商业经济和科学管理转变为政治经济的也就是这种上级权力。

现在我们可以看到，究竟财产观念已经发生了怎样的变化。在为自己而占有物质东西的原始观念上首先加上的是单纯承诺的执行，于是，在 16 世纪初，契约的法律或对其他人所加的肯定的负担开始了它的现代道路。然后到 17 世纪初，又加上了机会或否定的负担的法律，这些法律一部分是从契约产生的，另一部分是从不法行为产生的。在这时期内，君主的专断特权和反复无常的意志也正在立宪政府或表明国家集体意志的那种业务规则的形式之下稳定了下来，而 18 世纪的嗣位法使它更趋完善。从此，各法院在衡平法的帮助下，以负担和机会的现代形态，自由制定关于契约和民事不法行为的法律。最后在 19 世纪中期，稳定的特权使特殊利益完善了，即一般公司法把公司特许权的特殊利益向一切人员开放，这就是用契约的形式把他们自己组合为一个运行中的机构那种特权。

随同这些统治权力的转让，财产发展成了本身的工业组织，它可以被看作为一个单位，甚至看作为一个人，虽然事实上它并不是
320 一个人而是一种工业组织。最高法院在审理19世纪后半期发生的公用事业和劳动案件时开始承认这种组织。但是当它的力量面临另一种工业组织的挑战时，即当劳工组织也尽力想要获得最高权力和特免权的时候，法院方面的意见就发生了分歧。多数意见都坚持新近形成的财产观念，这种观点认为财产是财产和自由的联合体，关于商誉的法律体现了这一点；而少数意见则把这种联合体看作是经济力量的出现。

这种意见的分歧点进而反映在财产定义和契约范围上。物质东西本身没有什么力量。甚至在机会之间选择的自由也是被动的，没有效力的。但控制机会的力量却是经济力量，而联合的力量就是政治机构。所以当契约的自由与财产相合并时，在物的单独占有上面就加上了人的自由。而且这种自由在自由的各个方面进行活动，把他们的财产并成一种工业组织，它不仅作为一个整体经济把他们的资源进行比例的配合，而且也作为一个整体在机会的选择、命令的服从、说服或逼迫及对无限未来的各种预期的计划等方面开展工作。于是契约的自由变成了经济、机会、力量、预期及工业组织。总之，通过契约的法律及民事不法行为的法律，财产的现代概念已经从对物的占有演变到通过人对交易的控制以控制物的供给，因此这种概念所表明的有买主和卖主，债权人和债务人，

竞争者及管理者和被管理者等四对人的关系。这样,财产就从物质的东西表现为资产和负债,而自由则从个人的自由表现为一个运行中的机构所经营的运行中的业务中的职位和工作。

我们已经看到,这些运行中的机构可以按照它们用来获得成员的服从的制裁或惩罚的种类加以区别。运行中的机构无非就是具有公共目的和公共规则,并使它能作为一个整体行动的有组织的群众运动。每一个机构都是从整个社会中通过分化的过程产生出来的。在古代,它们是不可分割的,在使用物质暴力制裁的“国家”,与使用破产或贫困作为制裁的业务机构,及使用那些认为值得考虑的单纯的舆论作为制裁的文化机构之间没有什么区分。但是随着 17 世纪的商业革命,业务机构就通过所有权与统治权的分 321
离而开始与政治机构相分离,而文化机构通过新形成的对异教的宽容原则和信仰自由而开始与工商业务和政治相分离。

其实每一个机构就是使用独特制裁的管理机构,而且每一个人在许多管理机构中都有其职位或工作。他是国家的一个公民;是一个业务机构的委托人、代理人、雇工、债权人、债务人;又是各种文化机构中的父子、兄弟、同受圣餐者、同志及其他等等。因为这些机构有一个集体心理,它通过代理人或代表人物作为一个整体而行动,尤其因为它们必须制定并执行公共的规则,以避免争执和解体,所以从原始社会到现代社会的所有机构中,都形成了公共目的的原则及其相应的一套业务规则以团结所有的成员。每一机构都有其不同的一种制裁方式,但是在某些特殊案件中执行制裁的权力却掌握在那些主要行使司法职能的人的手中。所以经济学家必须要从这些机构的司法部门在解释它的业务规则时所作出的决定中去寻求这些机构目的，或“公共目的”。在英美的政治机构中，这种公共目的是在分类和合法程序的名义之下演变出来的。

2. 分类

在西方文明中我们可以明显地看到，不断增加的人口增加了对自然力量的控制，而在个人的脑力上却没有什么进步。如果我们条顿民族祖先的后代能在2000年以前就从德国的森林中提高到现代的文明，他们在当时就早就与我们一样可以有效地推进这种文明。说实在的，还可以举一个例子来说明一下，就是随着运行中的机构的效率的提高，个人的效率是在降低。在100年内美国的人口增加了10倍，但对最终消费者的服务可能增加了40倍。在100年以前，要有7个农户才能养活8个家庭，而现在7个农户却可养活21个家庭。但是现在的农民和农业劳动者是否比100年以前的有更好的脑力，这却是令人怀疑的。今天印刷所的排字工人在1小时之内可以比他们在40年之前排出5倍行数的字，但
322 印刷工人作为印刷工人的效率却比较低，因为现在他要学会掌握这个行业需要3个月的时间，而在那时需要3年时间。可是印刷工人依靠工会组织，已经把每天的工作时间从11和12小时减少到7或8小时，把每天的工资增加了1倍，而雇主赚的钱却比他们过去赚得更多，发明者和铸字机的制造者已成为富翁，报纸的篇幅增加了2至3倍，而其价格却已从5美分降到2美分，而且整个国家的效率也由于知识的广泛传播而提高了几倍。

现在钢铁工业中的所有工人每小时的工作效率比40年之前

大概增加了4倍，但是随着劳工组织的破坏，工作时间增加到12小时，每星期的工作日增加到7天。从每一个工人来看，他比以前更无知识，也效率更低，可是钢铁工业却大发其财，国家的每一个工业部门的效率都增加了好几倍，主要在于钢铁廉价而得到广泛的使用。我们还可以举很多例子证明一方面个人的效率在降低，而另一方面他们的整体效率却在提高，而且在增加，根据他们在全国效率的总的增加之中获得一个较大的份额的能力，他们之中每一个人的所得都在增加。

从恺撒大帝时代的德国森林到1923年的美国工业，其间每一步的进展都是这样。自然界似乎已通过寒冷气候中的生存竞争完成了个人脑力的发展，然后就开始增加集体脑力的效率。这一事实给马克思留下了很深刻的印象，使他把整个历史过程都归之于社会劳动力，其中，个人无非就是一个脑子。

这种效率确实是从自然的普遍经济中产生的，它只依靠各种因素的更有利的重新配合，在各因素却不必扩大的情况下，获得了令人惊奇的成果。一个国家不是一种原子的相加，而是限制性因素的补充的相乘。但这种情况下的限制因素并不是盲目的，它们都具备各自的目的。

马克思认为在任何一个时期都只有两个阶级，即不生产任何东西的财产所有者及生产一切东西的无产者。① 但在限制和补充因素的体系里，其中每一个因素对总的结果都是必需的，但是在根

① 作者在这里误解了马克思的理论。马克思并没有认为社会只由两个阶级构成。——译者

据它的供给数量逐渐减少其重要性的情况下，就不可能如此地把
323 这个问题予以简化。有多少对总的国民福利作出贡献的因素，就有多少阶级。在不同的时期并在不同的情况之下，一个或一个以上的阶级会比其他的阶级更重要，因为在那个时期中，对自然的总的支配相对地限于他们在总经济中执行他们任务的能力。在这种时期内，所有其他阶级都会又愿意又不愿意地屈从那个阶级的主导地位。当暴力的恐惧在人们思想上成为一个限制因素，并使他们的其他职能瘫痪时，武士和教士阶级就占主导地位，并深为人们所称颂。一旦暴力恐惧受到抑制，工商阶级就成为主导阶级，因为只有他们知道如何克服对贫困的恐惧，因为贫困的恐惧已经成为使全国效率瘫痪的因素。随着对贫困的恐惧受到了工业组织的节制，工人阶级又成了一个限制的因素，因为他们不受到恐惧压迫就不愿工作，他们因恐惧失业感受威胁而产生了愤恨，这些都隐约成为阻滞其他因素的因素。

所以在国民经济中各种因素的比例配合并不是自然的盲目力量的盲目配合，而是对自愿和不自愿的个人所施加的各种诱力的配合。

从亚当·斯密关于财产、自由、利己心、分工及天意等观念出发，经济理论方面已根据供求规律作出了各因素的机械比例配合。如果某一因素生产过多，它的价值就会下跌，生产者也就会转向生产其他产品。如果某种因素生产过少，它的价值就会提高，生产者也就会转向生产这种产品。所以生产者仿佛受着一只“看不见的手”的指导，向着价值高的限制因素移转，并背离价值低的补充因素，这样通过使个人的所得向着每一阶级的“正常”、“自然”或协调

的工资、利息或利润的标准使各种因素得到比例的配合。

但是遗憾的是，亚当·斯密所承认的机械的自然经济早已经受到政府和工业组织的集体力量的强有力的干预。保护关税曾经限制某些因素的供给，并提高了它们的价格。财产税、所得税和商品税也都改变了工业的价格和工业发展的方向。劳工立法已为雇主增加了负担，并改变了获得利润的方向。个人对于各大公司规 324
定的商品或劳动的价格不进行讨价还价，他要么接受这种价格，要么不接受这种价格。经政府核定或许可的劳工组织也妨碍了自然的规律。如果财产和自由真如斯密所希望的那样得到发展，其结果也许会不一样。但是即使按照他的财产和自由观念，也还是需要政府采取措施阻止任何个人占有多于他在物质上所能使用的财产，并阻止个人组成公司和工会。

自然经济仍然继续在起作用。机械作用并不能压倒稀缺的事实。“需求和供给”是不能消灭的，因为它是通过自然资源的有限供给及劳动分工的配合实现的。但是政府和工业组织的集体行动已经把限制因素和补充因素大大地重新配合起来了，并获得对于整个国家不同于亚当·斯密所认为出于自然意图的那种结果。

斯密曾希望把集体力量减少至最低限度，并把个人的力量提到最高的力量。但事情的发展完全不同。国家的财富并不是从法国革命开始的。那时的财产和自由只是政府对于各种诱力的比例配合和再配合的短暂的结果，而且这种再配合是按照控制着政府的那些人的目的而进行的。英美政治经济学的创始人不是亚当·斯密而是威廉一世。亚当·斯密创立了这种理论，而威廉创立这种经济。斯密并没有创立全部理论。全部理论是在共和政体时代以前由科克、利特尔登、赛尔顿和其他理论家创立的。正如亚当·斯密把私人财富与公共财富等同起来那样，威廉一世和他的律师们也把他的私有财产和统治权等同起来。威廉就是公众。他的“福利”就是“公众的福利”。他的私人目的就是公共目的。他的意志就是集体意志。一直到共和政体时期，公共目的的概念才从君主的私人目的中明确地分离出来。经过嗣位法确实规定以后，财产与君权、私人财富与公共财富的划分就明确了，在某一个范围内个人意志应该是决定性的意志，在另一个范围内，集体意志应该是
325 决定性的意志。一个是财产的范围，另一个是君权的范围。一方面是私人财富，另一方面是公共财富。但是由于克伦威尔对后者的解释欠妥，遂改用如“公共利益”、“公共福利”、“公共政策”和“公共目的”等字句。

这表明根据集体意志的作用，对于自愿和不自愿的人的诱力的比例配合是不大相同的。某些阶级的人，如商人、制造商和佃农历来受人轻视，如今在维护自由权的名义下，他们却可以使国家的集体权力为他们服务；而且在自由的名义下，他们还可以免除对地主和君主的义务，又可以在特免权的名义下，不受集体意志本身的约束。这就是分配给个人的私有财富的范围，作为他们在公共财富中的份额，这也是财产和自由的范围，作为他们在公共权力中的份额，这又是集体意志所指定的私人意志的范围。

我们充分了解，在英国和美国后来还出现了各种新的按比例分配的情况。放宽选举权等于增加了共同制定集体意志的人的数目。财产和自由定义的扩大，把无产者的意志、公司和其他运行中的机构的集体意志也都包括在内，国家的集体意志加以规定、支持

和执行每种意志。因此这种按比例的分配不等于土地和房屋的物质意义上的分配，而是财产和自由在负担和机会等行为主义意义上的分配，这种分配限制着和扩大了人与人之间的交易和预期。这是经常按照公共财富的公共政策在某些方面以增加负担，在其他方面又以放松机会的做法，对促使行动的各种诱力所进行的比例配合。

一位英国的法学家曾说，公共政策仿佛是“很难驾驭的一匹马，当你一旦骑上之后，你根本不会知道究竟它会把你带到哪里去”。[①] 的确，公共政策不容易驾驭，因为公共政策生活在感情中，而不是生活在逻辑中，生活在价值领域中，而不是生活在数理领域中。每一个人、每一位法官和政府的每一位官吏与任何其他人都有着一系列不同的习惯和情感，结果所造成的价值感情才是真正个性中心。这里与其他地方没有什么两样，各法院都力图避免使这匹马不受驾驭，想在事物的本质中找到某些确定了的外在的尺 326
度，这种尺度不至于因估值变动而发生变动。尽管他们想这样做，他们还是不能避免有意或无意地根据逻辑或习惯对成败攸关的人生利害相对重要性作出估计。根据所谓的公共目的，要在每一时刻对每笔交易都要进行衡量。例如，公共政策要求政府的司法部门裁决某一契约究竟是不是自由地而且合乎理智地订立的。但自由是强迫的程度问题，自由的界限是指为了诱使行动而容许使用多少压力的界限问题。而这种允许的说服或强迫、命令和服从的比例配合反过来又由对人或人的阶级所赋予的相对重要性决定

① 参见巴洛滋案，案例编号：(2 Bing.) 第 252 页(1824 年)。

的。

但是即使契约是自由地合乎理智地订立的，如果“强使订约的人去做一种违反政府或国家公共政策的事情，或与人们的需要、利益或一般情感相冲突的事情，或与我们对世界所负的责任抵触的事情，或违反了当时的道德观念，那么不管契约在什么庄严的情况下订立的，它还是无效的”。[①] “在每一个问题上，如果没有发生过前例，那么这种研究必须分析，某种行为达到什么程度才会妨碍一般的利益。”[②]“如果对于法律的规定有任何怀疑，法官解决这些怀疑时就必须考虑他们的判决会带来什么好的或不好的后果。”[③]在各种情况下，究竟是否应该借助集体权力帮助某个人强制执行契约的问题，主要要由与这个契约有关的人或阶级所归属的相对的人的价值如何来决定。

当政府的立法部门使用政府的课税权、征用财产权、干涉权等巨大决定权力以重新把各种诱力按比例地分配给个人和各阶级时，上面的原则也同样适用。课税权“不得用于私人的目的”。但是它总是用于私人的目的，而且不可能用于其他目的，因为它的效果总是减少纳税人的自由权和自由的范围，扩大那些受利者的自
327 由权和自由。与公共目的相反的私人目的是**什么**东西？这永远不是问题的关键。问题的关键在于私人目的究竟是否同时**也**是公共目的，还**仅仅是**一种私人目的？那些受益者的行为在受益的倾向上是不是也证明是一种公共的利益？他们在增加国家总福利的一

① 格林霍德：《公共政策》，第 1 页（1886 年）。

② 参见林德汉斯案，案例编号：(4 H. L. C.)第 161 页(1853 年)。

③ 同上，案例编号：(4 H. L. C.)第 146 页(1853 年)；(Bing.)第 590 页。

点上是不是一种限制的因素，而且是不是应该通过限制别人的行动范围来扩大他们的行动范围？就某一特殊交易来说，他们是否作为大众的一部分而评估价值，还是只作为实现私人意志的工具而评价？科克在有关垄断案件的报告中说，“增加”他们的“实质”是不是“有利于公共财富？”[1]他们的私人财富会不会也是公共财富？

这样，当公共权力用来为他反对他人时，这一个个人就是一种“公共的效用”，而当公共权力为别人利益而用来与他对抗时，他就是一种公共“反效用”。近年来“公共效用”这个词用以表示一种特殊的私人企业，如铁路、公路、自来水等等，因为它们具有特别公共利益的影响。但是只要集体权力是用来保护或促进对抗别人所施加的较大力量，所有的私人企业和工作都具有公共利益的影响，“公共效用”的最新近含义产生于下列观念，即在某一范围内，这种企业是一种特殊的公共*反效用*，所以把它划分出来加以特殊的抑制，要它的业主对于所谓“公众”的利益，担负履行、避免、克制等新的义务。事实上，每一个私人企业或工作都有公共效用和公共反效用的性质，这要看当时如何评估经济价值和人的价值。而且必须要抑制那种认为可以产生公共反效用的行为，在这种行为上再加上新的义务，才能保护和解放别人在相反方面认为产生公共效用的那种行为。

公共效用和私人效用都不存在于物质东西里面。它存在于个人利用物质东西作为手段为别人服务并从而诱使别人反过来为他

---

① 参见科克的报告书，第 84 页 b(1601 年)；另见本书第 7 章节 1 节。

们服务的那种预期交易里面。虽然上面提到的一些物质东西如运行中的工厂等，固然已经使用了公共效用或公用事业这个名词，但真正构成这种效用的却是它们的业主、雇工和经理所预期的交易，
328 而且正是他们的预期行为才对大众有用或有害。这些业主已经把他们的财产奉献给“公共的使用”。它们的雇工和经理也同样已经把他们的能力奉献给公共的使用。在任何一种情况下，他们的财产就是他们在与别人的交易过程中，在国民财富中预期获得的那一部分。在这些事例中的“大众”是指他们所准备为之服务的预期消费者和使用者，而且就是通过与这些人的交易，他们才获得自己公共财富中的那一部分。

只有通过历史上的偶然事件，这些企业才被称为公共事业，以区别于私人事业。在现代市场发展的初期，诚如阿德勒所说[①]，每一个人只要他“与别人的往来都是不分彼此地为了利润”，他不同于那些专门为自己使用或专门为某一特定的地主或雇主的使用而从事职业的人，我们就应该认为他是在以他的技能或职业效力于大众的使用，并从而使他自己负责履行对大众的义务。“公共业务”这个名词的意思是指“不分彼此地为各人，也就是为大众使用的业务；“公共”意味着“业务”，这与专为自己或为地主或为委托人而从事的生产是不同的；所以“私人业务”这个名词实在是“术语上的一种矛盾”。从事于业务的人需要从集体权力得到新的和更多的帮助，这与为私人使用而从事职业所需要的那种帮助是相反的，

① 阿德勒：“工商业法理学”，载《哈佛大学法律评论》，第 28 期，第 135 页（1914 年）；“习惯法上的劳动、资本和工商业”，载《哈佛大学法律评论》，第 29 期，第 241 页（1916 年）。

而且它还带来在协助他的为公众的那种交互的新的和扩大了的义务。一直到亚当·斯密的时代，自由取代了义务的观念，但当时不了解自由是与暴露在一起的，又过了一百年，才再从自由转回到义务的观念。

但是所谓大众不一定指全体人。它也可以是某一特定的个人。最高法院曾经宣告，犹他州的一个农民单独一个人也许可使用征用土地的权力，以使充分的水专供他使用。[①] 但是他不是作为单独一个人得到这些权力的，而是以预期于他所将会服务的预期公共目的为基础的，也就是他能增加国家的资源。他是作为**阶级**中的个人，才能得到这样的权力，虽然碰巧他也是这个阶级中的唯一成员。

所谓大众并不是指任何特定的个人，它是在一个政治团体的
各种活动之中被认为对大众的其他部分具有价值的那一个类别， 329
而不是对个人的一种分类 。任何一个人只要能“不在乎地”出现，而且能使自己达到开展这类活动的地位，那么，他就是大众。当他已经达到这样一种地位，据认为他的私人利益就与大众的利益相同了。当政府职能机构承认了这种相同的状况，就可以给他享有他所未曾享有过的一定比例的集体权力，而对上述活动加以过分限制的那些公共反效用的所有者，就会相应地受到避免、履行或克制的义务，这是他们从未服从过的。

这是按照统治权力机关的目的实行分类和再分类的过程，这一过程是随着经济进步的每一改变和对人的感情和习惯的每一改

① 克拉克对讷胥的诉讼，案例编号：(198 U. S.)第 561 页(1905 年)。

变而前进的，而且这种过程只是在所谓合理的交互性程度范围内，对自愿和不自愿的人的诱力加以按比例配合或重新配合。分类是指挑选出来的某一个据认为是属于限制因素的因素，而且通过抑制其他限制因素的范围以扩大这一个因素的范围，以便由此获得所谓的最大的结果。这就是政治经济的过程，也就只是通过把构成政治经济的各种因素按比例配合后扩大所谓的公共财富。所以当妇女和儿童所希望的福利被认为是国民经济的限制因素时，他们的工作时间就会减少或提高最低工资，据信依靠自由权或集体权力的重新分配，不论劳动数量、国家资源或个人工作效率等的变动如何把这种新的义务加在雇主或父母的身上便可以增加国民的福利。其他立法和司法的决定也如此，都是在一方面决定自由权而在相反面加上一种义务的负担。每一种决定无非都是按照个人被确认的公共价值对他们加以类别，以便重新把国民经济按比例配合起来，从而扩大公共的财富。

常常有人反对立法工作，他们认为国家不能创造财富，只有个人的活动才创造财富。反对的理由当然是充足的。立法只能把各种活动加以分类，并把各种诱力按比例分配给财富的各个生产者。其他的事都是由个人去完成的。但对其他经济情况也可以这么
330 说。所谓经济是指各种因素的比例配合，也就是限制某些因素和扩大某些因素。但如果能做到最佳可能的比例配合，那么各个因素联合起来的总产品就能大量增加，如果采用了不好的比例配合，那就会把这种产品完全消灭。工商业者的主要业务不是用自己的手从事工作，而是把各种工作、材料和机器按比例配合起来，因此在他的特定的资源和市场范围内，不致发生某种产品供过于求，这

样因其价值缩小而带来浪费；也不会发生其他产品的供不应求，这样也会因未能利用产品的较高价值而造成浪费。立法和司法的决定也是这样。他们只是把各种诱子按比例配合起来，其他的事情都是由个人去完成的。但它们也可以因为配合工作做得不好而浪费公共的财富，也可以因为配合得好而扩大公共财富。

从伊丽莎白女王时代以来，总的来说大家都以为限制因素就是“资本”，或者更确切地说是投资者的储蓄和经营能力。土地和劳动力似乎是自然界提供的补充因素，但投资和企业是限制因素，需要利用国家的权力以诱导潜在的所有者能发挥作用。到后来才感觉到在这一方面的比例配合做得过分了，而且感觉到土地和劳动力也并非只是自然界的力量，对土地**所有者**和劳动力**所有者**的诱力与对投资者和工商业者的诱力一样，正在以相同的法律加以比例地配合。所以各种类别的劳动力也逐渐被看作为一种限制因素。情况既然这样，于是就通过逐步对土地、投资和经营能力的所有者加上义务和扩大暴露程度，以解放劳动力。在所有情况下，分类的原则是对所谓的公共财富的诱力的比例配合作出贡献，以达到行为的比例配合，当然这种配合有好的也有不好的。

究竟集体权力的分配，是否会使总的福利扩大，这是一个看法和判断的问题，这个问题是以当时政府有决定权的政府官员对于那些受益者和那些负担者所归算的人的相对价值为基础的。在这个问题上意见是分歧的，而且永远不能指望那些加重负担的人与那些受益者会以同样的眼光去看待这个问题。就因为如此，英美
的法律史是竭力想制定出分类的基本原则的历史，使其能容许国 331
民经济按新的比例配合起来，而不至于过分扰乱旧的配合。这一

历史概括起来就是法理学上所谓的含义最广的“合法程序”这一个词。科克和利特尔顿曾经把这一名词与大宪章中所用的“国家的法律”等同起来。利特尔顿于1628年的人民权利请愿书之前曾说过，“在这个国家里”国家的法律必须了解为合法程序，而不是一般的国法，否则它就会包含奴仆在内(我们称之为自由农人)，而这种人是在“自主者”这个词的意义之外的；因为国家的一般法律确实容许他们的主人在毫无理由的情况下，随意监禁他们，在这一点上他们和自由民只有人身上的不同，因为对于自由民不能毫无理由地监禁的。这样，“合法程序”就不等同于总的“国法”，而等同于自由民的法律。它是公民的法律，而且法律上所指的“人”只是公民。

但是这个词在美国宪法及其修正案里所表示的意义是相反的。联邦政府和州政府不经过合法程序一概不得剥夺公民的生命、自由或财产，或拒绝给予任何公民法律上的同等保护。但从正面说，有了合法程序并有了法律的同等保护，政府就可以剥夺人的生命、自由和财产。换句话说，政府的官吏是受合法程序和同等保护的限制的，但在这些限制范围以内，他们可以通过对人的重新分类使国民经济重新按比例配合起来，以便把公共财富的预期负担和利益中的一个适当的部分分配给他们。所以合法程序就是指按照各人具有的公共价值把他们加以分类。合法程序就是适当的分类，而分类是重新安排运行中的机构的业务规则。

3. 运行中的机构的业务规则

在各国的全部法律理论史中使用的文字都具有值得注意的双

重意义。文字是人们用以相互传达饶有兴味的思想，以及诱使行
动的一种标记或符号。直到英美历史的后期阶段，“法律”这个词 332
才由奥斯汀把它分成公正和命令的两种含义。[1] 一种含义涉及伦理观念，这也就是指出什么是正当和什么是错误的那种观念。另一种含义是指权威所制定的运行中的机构的业务规则。一种是指实现公正的目的，另一种是指命令和服从的程序。罗马字母中的 *jus*，德文的 *recht*，法文的 *droit*，都同样具有双重意义。它们是指与不公正和错误相对的公正和正确，也指与无法纪和无规制相对的规则和规章。

在使用同一个符号的时候，目的和程序上的混淆当然在实用方面有它的一定的好处。目的是从仁慈或凶恶的用意中产生的，不论这种东西是神、鬼或人，但程序却只是人们的行为。如果程序能够用仁慈或伦理的目的证明合理的话，那么，君主或业主的武断或专制的命令在有的情况下所可能激发的不法行为也就会被视为是合理的。在任何机构的早期历史中，合理的依据都来自超然的东西，产生自为人所公认而不予怀疑的权威。但是由于某种理由权威开始被怀疑的地方，哲学方面的讨论就发生了，这些讨论大概都集中在如何区分法律目的和法律程序方面。但由于法律这个词本身含有双重意义，所以这种区分很不清楚。康德对于正义或法律(*recht*) 曾经下过这样的定义，他把个人自由的抽象目的和普遍法律的抽象程序包括在同一定义里。黑格尔又使这个定义逐步发

① 奥斯汀：《法理学演讲集》，第 5 版，第 100 页。虽然奥斯汀曾经受到公正的批评，认为他在法律的根源方面忽略了惯例的关系，但公正和惯例的两种意义也还是分得开的。

展，他认为是通过法律“观念”的展开使自由的“观念”也展开了。[①]大家把法律看作为自由、公正和法律等理想概念的机械的展开，而不是作为在有限资源的世界上以稀缺性原则为基础的、由共同参加的人所采用的运行中的机构的业务规则。这就是以个人为单位，以自由为目标，并以法律为机械作用的看法。但是每一个机构必须有它的业务规则，即它的法律。这些都产生于权威、习俗、习惯、首创精神等等。这些就是这个机构的习惯法、成立法、衡平法。
333 国家、工商机构和文化机构都同样依赖于这些业务规则，所不同的主要在于执行这些规则时所使用的制裁方式，究竟是物质的、经济的还是道德的制裁。而且在宣布和执行这些规则时，就为某一特殊机构中占有每一职位的每一成员形成了一整套权利、义务、自由和暴露。

这些规则是在历史过程中发展起来的，这个历史过程是通过这个机构的成员之间各种争端的解决而形成的，而且就是这些解决争端的办法，在任何时候都需要把业务规则的目的和这些规则的制定和执行分别清楚，特别在发生经济和社会重大变革的时期尤其是如此。美国法院通过改变“合法程序”的定义才带来了这些变化。在过去40年中这些变化是随着财产和自由的定义的改变而发生的。如果我们能注意到在国家这样的强制性机构里业务规则的概念所产生的变化，我们就能了解在工业和文化机构方面的类似过程。

在美国内战以前，合法程序是指法律的适当程序。现在它又

① 比较庞德的《法律史释义》，第28、46页（1923年）。

指法律的**适当目的**。这种定义的改变是在赫塔杜对加利福尼亚州的重大诉讼案[①]上，为了抗议哈伦法官坚持旧的定义才作出了这样的改变。按照习惯法，也就是按“国法”，除非由大陪审团提起公诉，任何人都没有生命危险。加利福尼亚州却改变了这种手续，它授权地区检察官只需提出检举就行。赫塔杜被指控犯有谋杀罪，但公诉人不是大陪审团而是检察官。最高法院认为“适当程序”也就是古老的“国法”并不需要任何“特殊形式的手续”，如果判决这个案件的法庭具有这种裁判权，而且所采取的诉讼手续能使法庭得到全部事实，因而维护了“自由和公正的基本原则”就行；对这些原则来说，程序只是一种工具。法院方面引用了韦伯斯特的话说，法律就是“一般的法律，也就是在定罪以前必须先进行公审，并只能在庭审之后始能进行检查和判决的那种法律”，所以“每一个公民必须在受到支配社会的一般规则的保护之下，才能保住他的生
命、自由、财产和特免权”。[②] 凡是认为为这些一般目的所必需的 334
程序，最后变成把所有事实搜集到法院的那种最低限度的程序，包括被告由代理人辩护的机会，以及所有的公共和司法上公认的调查方法。

在赫塔杜案件以前，在第一个详细讨论合法程序的案件中，[③]法院曾经坚持适当程序的原来意义。它认为宪法既没有包含有关这种程序的叙述，也没有宣布在解释这句话的时候，对哪一种东西

① 案例编号：(110 U. S.)第 516 页(1884 年)。

② 赫塔杜案件，第 535、536 页。

③ 默里的租户对霍巴金等的诉讼，案例编号：(18 How.)第 272 页(1855 年)。比较麦克奇：《适当的法律程序》，第 23 页(1906 年)。

是它所允许、禁止或可以应用的原则。但它曾经明确地说，“合法程序”这几个字，无疑是用以表示雷同于“依国家的法律”这几个字的意义，而且在“法律程序”和“适当程序”之间还存在着差别。法院方面说，“拘票是一种法律程序”。它发出拘票符合国会的一个法案。但它是不是“合法程序”呢？[①] 本案涉及一位行政长官，他只根据国会的法案行使司法职能，他没有经过公告或审问，就依简易的程序收回“另一位政府官员对政府所欠的一笔债务”。问题就是一个行政官员在没有经过审问或审判的情况下就对土地加以扣押，这是不是合法程序问题。在答复这问题的时候，法院复查了英国和移植到殖民主义者的习惯法和成文法，并发现在类似的案件上也有采用同样的执行程序的。它所发现的也许不是基本的原则，但至少发现了这种案件与普通案件的差别，虽然对于一般私人，也许非经司法审判不能剥夺他的财产，但在对私人提出的要求权和对关税税务员欠缴政府的公款的要求权之间，在程序上必须“不可避免地”要有区别。（第 275、278 页）这里问题的关键是划分联邦政府的立法、行政和司法部门之间的界限，而所谓合法程序被断定为从古时即已存在的惯常做法。

所以在 1855 年发生的默里租户案上，法院方面的意见认为，需要从宪法制定人的意图中去寻找适当程序的意义，而且它通过考查，去了解在殖民者在这个国家定居以后，甚至在采用宪法以后
335 是否采用了这种惯常做法，以便证明这种惯常做法对于这个国家的社会和政治情况并非不适宜。1896 年法院方面说，这种方法或

① 默里的租户对霍巴金等的诉讼，第 276 页。

多或少是被采用了的，“究竟这一成文法上所规定并为这一案件所遵循的诉讼程序，是否是合法程序，关于这一点由一个问题决定，即究竟这种程序是否实质上符合英国在美国宣布独立以前的惯例，以及在美国成为一个国家以后在类似案件上加以运用”。[①] 但1876年法院指出，习惯法固然提供了各种形式的手续，但是“任何一条习惯法都说个人没有财产权，没有既得权益，这就表示了一种不同的见解。那就是说，习惯法只是国法的一种形式，并不比其他任何法律更加神圣”。[②]

但在1884年的赫塔杜对加利福尼亚州的诉讼案件上，问题出在究竟一个州的立法机关能不能废除作为习惯法上最重要的一个特点，那就是为了保护公民权利和对抗官吏的任意行为，由人民选出来的大陪审团是否只凭一个检察官呈送的检举文件，就可以断定为谋害案件而提出起诉。这里法院把适当程序的范围扩大了，使它把英国的或美国的“已经确立的惯常做法”也包括在内。当马修斯法官为默里租户对霍巴金一案辩解时说，虽然在那个案件上的程序“按通常程序的定义和原则”来说是例外的，但这是“古时就存在的国家法律，因而也就是合法程序”。但法院方面又说，“这根本不是说，没有任何其他的东西不能当作合法程序”。宪法第五、六次修正案指出，联邦法院必须要有大陪审团。赫塔杜案件涉及的问题是，根据宪法第十四次修正案中的合法程序的条文，究竟是不是州法院也必须要有陪审团。根据马修斯法官的意见，法院作

① 洛威对堪萨斯州的诉讼，案例编号：(163 U. S.)第81、85页(1896年)。

② 芒恩对伊里诺伊州的诉讼，案例编号：(94 U. S.)第113、134页(1876年)。

出以下的结论：[①]

首先，如果我们遵循英国古代的惯常做法和习俗，我们发现，
336 我们现在认为他们当时所认可的办法是残酷的和迷信的。“为了使我们早就享有的自由能得到最好的保证，最好还是不要过分地追溯到古代去”。

其次，除了英国之外，还有别的国家也有关于“人民公权的观念和程序”，而且“从每一个公正的源泉去吸取灵感是习惯法的典型原则”。

第三，如果我们回顾一下大宪章，我们发现它没有包含任何可以正确地解释为“公权和法律的大宪章”的内容，而是贵族从国王那里勒索出来的东西，大宪章里没有包括保护一般人民对抗贵族的内容；所以“议会有超越习惯法的绝对力量，甚至对普通的权利和理智也是如此”。但是在我们这个国家里，成文的宪法全面地保护人民的权利和自由，防范“政府的一切权力，不仅防范行政和司法权力，也防范立法权力”。

第四，在英国如果把特殊形式和方式的程序“强加于立法机关方面的公正而必要的决断”时，这种程序也许被用来全面地抑制行政部门，但是这样做也许会发生阻碍和损害。这类抑制往往由法院强加于立法机关，但是也只能用在宪法上有“明文规定和特殊禁条和禁令”的地方。

第五，在其他情况下，如果宪法只是“根据法律作为大众意志和政府的一种公正和合理的表现，出于人民的默许，而且是为共同利益而

① 赫塔杜对加利福尼亚州的诉讼，案例编号：(94 U.S.)第528—535页。

制定的基本性质”所决定的“一般原则或准则”，那么，这些古代的程序形式就“只能应用于符合它的精神和目的的范围内，而不能应用于仅仅为了确立达成这种目的的形式和方式而制定的立法条款”。

第六，但是立法权不是绝对的和专制的。“法律除了作为权力行为所表现的单纯意志外，还含有其他内容。”我们不妨援引一下上面已经引用的韦伯斯特的话，法院曾经把剥夺公权者的行为、刑罚的状纸、没收的行为、违反判决的行为、直接把一个人的产业移转给另一个人的行为、立法判决和条令以及“在立法形式下的其他类似的特殊的、偏私的和专断的权力及权力的使用都排除在合法程序之外，即不作为合法程序”。

第七，因此法律是进步的，它可以与古代的程序相决裂，并能使
新的程序适应新的情况。程序本身无非是当时个人自由和个人权 337
利的基本原则的体现。“所以政府权力机关所执行的法律程序，不论它是否为时代或惯常做法所认可，或仅凭立法权力的决断而拟订出来以促进一般的公众利益，只要它们能顾及并保存这些自由和公正的原则，我们就应该认为它们是合法程序”，而且应该看到，合法程序“所保证的不是特殊的程序形式，而是生命、自由和财产等个人权利的真正实质”。构成我们社会和政治制度的并不是这些特殊形式，而是这些形式所根据的“关于自由和公正的那些基本原则”。

哈伦法官针对法院多数派方面的意见写了一篇有力反驳的文章①，他说在英国的法律方面根本找不到一个案件会在被告攸关生命的情况下废除大陪审团的公诉制度。法院不仅容许修改习惯

① 赫塔杜对加利福尼亚州案的诉讼，案例编号 L：(64 U. S.) 第 538—553 页。

法的规定，而且把有关合法程序的条件全部废除了。他还把“同等保护”和“适当程序”加以区别。他认为既然可以对保证同等保护的一般法律原则作出让步，那么，根据同样的推论，适用于死刑罪案件的一般法律，也都可以把陪审团的审讯废除掉。他说，“在只凭检察官的检举就要人们以生命赎罪的制度下，很难说明采用这种制度的国家在刑事诉讼程序的法律上进入了一个进步和改进的新纪元”。（第553页）

但哈伦法官提出了他的异议，不过合法程序的定义仍有了巨大而重要的改变。它现在已经成了不同于适当的程序的适当的目的。“程序”这个词已经成了法院的有秩序、有规定的行为；“目的”这个词已经变成了行为所导向的公共目的。在赫塔杜案件以后，所有提到合法程序的个案都贯穿着这个重大的区别。在财产权利和个人权利之间所作的区别是具有重要意义的，前者涉及财产的交换价值，后者涉及不直接牵涉到交换价值或价格的那些权利。在某种意义上来说，财产权利被认为是更重要的，从另外的意义上

338 来说，个人权利更重要。法官们的意见分歧大都是集中在某一特定的案件上，对于法律的**适当目的**来说，究竟哪一种权利更重要，从下面的多数和少数意见中，我们可以看到这种区别。

按照法院对赫塔杜案的判决，联邦法院认为必要的大陪审团并不适用于州法院。根据宪法第七次修正案，除非经大陪审团提起公诉，联邦法院不得将任何人判处重罪。这些文字就把习惯法上的程序归纳进了联邦宪法。如果法院把合法程序确定为适当的程序，那么宪法第十四次修正案也许会强使各州采用同样的程序。但是既然把适当程序又作为**适当目的**，各州就可以随便废除或修

正习惯法的程序，尽管国家的立法机关没有这种自由。在赫塔杜案件之后，哈伦法官的断言已经成了事实。法院于1875年曾认为，宪法的第十四修正案（它涉及程序，并构成习惯法那里采用过来的联邦民权案）并不要求把前十次修正案应用于各州，这就为这种事实铺平了道路。第七次修正案保证在联邦法院有经过陪审团审理的权利，但在同一年，最高法院却判定这并不适用于各州法院审理的民事案件。“各州可以规定，在它们自己的法院里，根据自己的方式进行审讯。”①

由陪审团审问的权利原来是指由12个人组成的陪审团进行审问的权利，而且按照第七次修正案的精神，联邦法院在审理案子时就是这么办的。但在1900年，法院宣告，一家州法院根据检察官所递送的检举书并根据8个人而不是12个人组成的陪审团的预审而判定的罪名和18年的监禁，并没有剥夺被告在法律上的同等保护和合法程序。② 哈伦法官对这一点又表示了异议。他说，“在第十四次修正案通过以前，如果这是美国公民所享有的特惠权和一个特免权的话……那么，当这个修正案既明文规定‘各州不得制定或执行的法律均剥夺美国公民的特惠权和特免权’，现在美国的公民又怎么能由8个人组成的陪审团来审讯呢？”③他引证了过 339
去法院关于铁路和课税案件的判决，当时曾否决了州立法机关对私有财产实行限制和征税的企图④，所以他说，“如果当时的第十

① 华克对沙维纳特的诉讼，案例编号：(92 U.S.)第90页(1875年)。

② 迈克思威尔对道的诉讼，案例编号：(176 U.S.)第581页(1900年)。

③ 同上，第612页。

④ 铁路公司(C.B.& Q.R.)对芝加哥的诉讼，案例编号：(166 U.S.)第226页(1896年)诺伍德对倍克尔的诉讼，案例编号：(172 U.S.)第269页(1898年)。

四次修正案所主张的‘合法程序’不准任何一州在不给予公正补偿的情况下剥夺私有财产，但是却确实允许以不符合制定宪法时所固有的习惯和当时认可的诉讼程序，并且在国家民权案明文规定禁止的情况下剥夺公民的生命和自由，这似乎表示对私有财产的保护胜过了对公民生命和自由的保护”。[①]

1904 年法院曾判定，如果在一切案件中的被告都被剥夺了上述权利[②]，那么，第六次修正案所主张的在联邦法院中行使的习惯法“不适用于州法院的诉讼程序，因为习惯法规定，刑事案件的被告有权与证人当面对质，并不能单凭书面证明定罪”。对这一点哈伦法官又表示反对。

1908 年法院判定，假如自我认罪的办法都同样使用于类似情况下所有被告[③]，第五次修正案所保证的在联邦法院免除自我认罪的规定，并不适用于各州的法院。哈伦法官对此又表示异议，他说，“当我阅读法院的判决意见时，从这种意见所根据的一般原则，或从其所采用的推论方法中，我理所应当地认为，某一州的法律或措施或许会使人受到残酷或非常刑罚（如拇指夹、拉肢刑、架刑或炮烙），但是即使第十四次修正案也不能成为制定这些刑罚的依据。推而广之，一个州所订立的违反言论自由的法律，或当局的毫无理由的人身搜查或拘留，搜查房屋、文件或动产的法律，或允许一个被指控有罪的人可以随检举人的意思，为了同一违法行为受

① 铁路公司（C. B. & Q. R.）对芝加哥的诉讼，案例编号：（176 U. S.）第 614 页。

② 韦斯特对路易斯安那州的诉讼，案例编号：（194 U. S.）第 258 页（1904 年）。

③ 特维宁对新泽西州的诉讼，案例编号（221 U. S.）第 78 页（1908 年）。

到两次或多次的生命威胁的那种法律，也都可以不受到制止”。[①]

1915 年最高法院收到州法院判定的一名犯有谋害罪的被告的请求时，曾拒绝发出人身保护的命令。据这名被告说，法院和陪 340
审团都受暴徒的控制，这名罪犯审讯的部分时间内曾被迫离席。最高法院拒绝发生这种命令，它的理由是因为州最高法院已经审讯过这个案件，并拒绝发出这种命令。法院说，“既然州法院可以废除陪审团的预审，它也就可以限制在审理中所发生的错误结果，并且可以允许罪犯免于出庭受审”。[②] 哈伦法官所持的异议随着他的去世而告终了，如今法官霍姆斯和休斯法官继承他的反对意见，他们宣称，联邦最高法院在不久以前曾经在一个关于财产权的案件[③]上否定过州最高法院所采用的程序，因为在这个案件上州法院从**形式**上遵守了适当程序和同等保护，但却对**实质性问题**没有提供保护，他们又说，在生死攸关的问题上，我们看不出采取比较不自由的法律的理由是什么。要维持(外来暴徒控制的)这种特免权，在这样的案件上有必要维护法律和宪法的最高尊严……我们现在有责任恪守这一法律，并郑重宣告，私加死刑的法律，无论是通过正常手续选出的陪审团，或由存心杀人的暴徒所挑选的陪审团所执行的私加死刑法律都同样是无效的。[④]

从 1884 年的赫塔杜案到 1915 年的弗莱克案都表明，适当法律程序这一个词的含义，在根据前十次修正案的精神应用于联邦

① 特维宁对新泽西州的诉讼，第 125 页。

② 弗莱克对麦格南的诉讼，案例编号：(237 U. S.)第 309 页(1915 年)。

③ 西门对南方铁路公司的诉讼，案例编号：(236 U. S.)第 115 页(1915 年)。

④ 同上，第 347、349—350 页。

政府时和在根据第十四次修正案应用于州政府时是不同的。据认为联邦法院在联邦的案件上必须遵照习惯法的程序；但在各州就可以改变或废除那种程序。

如我们所见到的那样，从 1872 年屠宰厂案件上所体现出来的多数和少数意见表明不同的含义开始，1896 年在阿尔热耶案件上，大家一致使它产生了双重意义。在屠宰厂案件上最高法院的多数法官都拒绝承认合法程序这一个名词在第十四次修正案中所包含的意义，于是联邦政府能把财产和契约自由的保护权拿过来，以及对各州政府的法令。法院对刑事诉讼案件中涉及生命攸关和个人自由权利的各案都以这个定义为出发点，并让各州按照自己
341 的方式去规定刑事的审判工作。但是在财产权利的案件方面，我们已经看到，在 1890 年的明尼苏达费率案中适当程序另有一个不同的含义。那时法院就裁决，适当程序是指一种**正确的**目的，而且认为即使程序正确无误，但是联邦法院还应该具有裁判权，以确定究竟这个公司财产的合理价值有没有被剥夺。同程序一样，**目的**也必须正确才行。

1896 年发生的芝加哥铁路公司对芝加哥市的案件[①]，就在阿尔热耶一案开庭的同期，这一意见才最后达到圆满解决的地步，并有了全面的陈述，而且判决契约的自由也是一种财产。在铁路案件中，法院认定当适当程序作为一种程序应用于财产权利的时候，它不能满足单纯的程序形式，包括公告和公审的程序在内，而必须也一定要顾到对有关财产权益实质性的公正。麦克杰把从那个案件

① 案例编号：(166 U.S.)第 226 页(1896 年)。

得出的有关程序的定义说成是“由一个具有裁判权的主管法院，经过公告和公审的程序，根据已有的规则，在不违反已有的权利的情况下而执行的同等法律”。[①] 然而这个定义不太确切，因为它只表达了程序，而忽略了法院在目的方面正在陈述的新的含义。这个定义应该是这样的：合法程序是由对某一案件具有裁判权的主管法院，经过公告和公审的程序，根据既定的规则，并且在不违反法院所认为重要的既定权利的情况平等执行的法律。

正如 1896 年在阿尔热耶案件上完成了财产和自由的意义的变化，根据这一修正了的定义，法院方面于同年把有关财产权利案件方面关于适当程序的定义完善了。阿尔热耶案件中自由的含义已成为业务上买进和卖出的自由，而在铁路案件上，适当程序的含义已成为买进和卖出财产的合理价值。从此各州再也不能按照自己的意思去决定这两个问题了。

这样，合法程序的双重意义终于产生了。在有关财产权利的
案件上，它既指程序也指主要的目的；而在关于个人权利的案件 342
上，它是指任何程序和次要的目的。在有关财产权利的案件上，联邦法院既决定程序是否正确，也决定目的是否重要；而在有关个人权利的案件上，联邦法院只审查程序是否正确，因为目的是次要问题。法律上的同等保护是检验程序的准绳。如果在类似的情况下，对所有的人都一概剥夺财产和自由，那么，这种程序就是正确的。剥夺的价值是检验目的的准绳。如果剥夺了所谓的主要的既定权利，那就是错了。

① 阿尔热耶对路易斯安那州的诉讼，案例编号：(165 U. S.)第 580 页(1897 年)。

如果被剥夺的权利至关重要，那么，合法程序表明，他们应该受到联邦政府的保护以防范各州的政府；如果被剥夺的权利不太重要，那么，只要各州能对同一类别的人采用同样的程序，各州就可以自己决定程序。在上面提到过的特维宁案件上，穆迪法官把这种区分说得很清楚。他说，“多数人认为，虽然（免除自我认罪的）原则似乎是有益的，但是它不能与定罪之前的公审、免除不按一般法律行事的擅专权力以及不侵犯私有财产等权利相并列”。[①]霍姆斯和休斯法官在弗莱克一案上也明白地作出了区分。他们说，“在生命攸关的问题上我们认为，没有任何理由去采取比较不自由的规则”。

据认为，对国家的目的而言，财产权是非常重要的一种权利，因此第十四次修正案授权联邦法院对它加以保护，以防范各州的政府。但是对于个人的权利则由各州自己去处理，因为根据实际情况，这种权利包括了财产权益很小的工人和其他人的权利，所以对国家的目的来说是次要的问题。因此，在赫塔杜案件之前，合法程序虽曾经等同于习惯法的程序，而现在它的意义却已成为“按当时法官的了解，认为能满足当时要求的任何程序”。[②]

4. 适当的思维程序

在被告处于生命攸关的时刻，如果专门为了防止国王专制权

① 案例编号：(211 U.S.)第113页。

② C.M.霍夫：“今天的适当法律程序”，载《哈佛大学法律评论》，第32期，第218、233页(1919年)。

力和保护个人生命和自由的目的而设立的大陪审团和其他习惯法程序都可以废除的话，那么，当经济自由和财产面临较小威胁的时候，自由和财产的交换价值能得到保护，这时其他习惯法程序也同样可以废除。于是形形色色的管理委员会设立起来了，经过最高法院的认可，它们负责对物价、工资、市场、竞争等进行管理，并有权进行调查、有权占有私有财产、强制提出证明、权衡事实、发布命令并向法院检举违反命令的人。美国的宪法把立法、行政和司法权分离了开来，但是适当程序的新定义对宪法作出了修改，因为这些委员会里面或多或少把立法、行政和司法的程序结合在一起。重要的不是这种程序，而是程序的**目的**。 343

因为程序只是官吏在处理相互关系或处理与公民的关系时得到认可的行为。政府的业务规则决定了集体权力从哪几方面指导行为。据认为，某些方面的行为是有益的，某些方面行为是有害的。在有益的方面，交易得到了认可，而在有害方面的交易，需要受到抑制。业务规则受到目的的控制。

那么，究竟什么是有益的，什么是有害的呢？答案与程序是不可分的。程序是指权威行为人的权威目的。通过交易他们尝试和完成了目的。既然把不为目的服务的业务规则取消了，执行者就可以选择他认为符合目的的程序。习惯法曾经建立一整套硬性的业务规则，从它的原因来看，一部分是由于远古时的智力对程序背后的目的无法权衡，另一部分是由于硬性规定的程序可以防止国王及其代理人把他们专断的目的强加于交易上。因此目的就放在次于业务规则的地位。正如远古时的智力只能了解物质的东西，所以它也只能了解客观的惯常做法、习俗和固定的程序。就像困扰着它的二元论那样，程序是具体的、客观的、惯常的、固定的、自然的东西；而目的却是主观的、变化无常的、有意的东西。而且，正
344 如财产的原始定义已在最近从有形的东西演变到预期的行为，所以合法程序的定义也从有秩序的行为演变到这种行为的目的。

如果允许执行者选择他的目的，程序和目的是不可分割的。程序是交易的业务规则，目的是体现在交易中的理想。通过消除所谓的不必要的行为，执行者就会选择他认为对他的目的有价值的程序。而且，当赫塔杜案件的判决和仿效它判决的其他个案都允许选择业务规则时，它们就把合法程序的意义从历史上的程序转变到主观的目的，也就是从行为转变到行为的评价。难怪高级法院现在在审理财产权利案件时开始对什么是立法机关、行政机关和政府当局的**目的**进行调查？它们的程序已经减低到最低的境地，即调查一切有关的事实。现在的问题是，它们有没有对这种事实给予**足够的重视**？

这就是分类的目的。某些事实是重要的，某些是不重要的。一件事实的意义并不局限于一件事实 。有的事实的意义超过了它本身的意义，有的事实的意义却还不如事实大。事实是指人和物之间的品质、功能和交易。没有分类就是没有思维，因为分类就是把类似的品质、功能或行为与其他不类似的品质、功能或行为区别开来。把它们加以分类就是为了要评估它们的价值，作出选择并采取行动。麦肯纳法官[①]说，“法律上的分类基本上与其他部门的智识或实践的分类同样重要。它是把想象中或实际的各种东西

① 别林斯对伊利诺伊州的诉讼，案例编号：(88 U. S.)第 97、102 页(1903 年)。

加以归类，因为它们‘在某些特点上是一致的，而根据这些特点它们与别的东西又是不同的’。有的东西品质是绝然不同的，但是仍旧可以归在一个类别里。有的东西也许具有很相近似的品质，却还是归在不同的类别里。……人类基本上是相像的，但是某些人可以具有别人所没有的特征，这些特征就可以把它们构成一个类别。但他们的分类——实质上所有的分类也都一样，基本上由目的决定的，也就是由提出的问题决定的。科学可以有一个目的，工商业可以有另一个目的，立法又再可以有另外的目的”。

因为科学无非就是系统化的思维。在一切思维中，科学是对
真理的探求。但是真理不是指部分的真理，而是全部的真理。分 345
类通过分类的过程是部分真理；全面的分类才会产生全部真理。对每一个部分真理不仅要加以计数而且还要加以衡量，而它的重要性就在于构成全部真理的重要性。它不只是加在其他真理上面的，它是一个分数，全部真理是部分真理的乘积。每一部分真理的类别是全部经济真理中的一个限制因素，因为真理无非是自然和人的经济的反映。

但是法律上的分类还具有另一种实用的价值。它的目的不只是真理，而且还有正义。在合法程序已经变成法律的适当目的以后，它在形式上已等同于第十四次修正案的另一条文，即“不否认对辖区内任何人在法律上的同等保护”。它从来不表示个人都是平等的或个人享有同等权利的意思。它只表示所有属于同一阶级的人必须得到平等的待遇，而对于不同阶级的人给予不同的待遇，但是在同一阶级内他们还是平等的。它表明对任何个人都不应该单单作为个人来处理，而总是把他看作为属于某一阶级的个人。麦肯纳

法官①又说，“如果目的包括在立法机关的合法权力的范围之内，而且划分的类别是以那个目的为根据受到目的影响的任何人或东西都包括在内，一切都包括在内，那么从逻辑上来讲，它是恰当的；从法律上来讲，一项以它为基础的法律会得到同等的实施”。

菲尔德法官在一个较早的案件上②曾经指出过，无论第十四次修正案或任何其他修正案都无意“国家的干预权力（有时称为干涉权），它们都是为了促进人民的健康、和平、道德、教育以及良好秩序，为了制定法律以发展国家的工业、资源和增加国家的财富和繁荣。……为达到这些目的，这些规章条例可能对某个人的压力大些，对某个人的压力小些，但是这些规章条例无意对任何人施加不平等或不必要的限制，它们是想在尽量方便的情况下促进社会进步。……阶级性的立法，即歧视某些人和偏袒另一些人的立法是被禁止的，但是为了达到公共目的，如果在行使立法的范围内，对所有情况类似的人都同样适用，那么修正案并不意味着限制立法的实施”。

布鲁尔法官于 1899 年又说，“对某一个阶级施加不同于一般大众的义务和负担就是分类的实质所在”。分类的根本观念就是
346 不平等的观念，因此不言而喻，不平等的事实无论如何不能决定宪法的问题。③

---

① 别林斯对伊利诺伊州的诉讼，案例编号：(88 U.S.)第 103 页。

② 白比斯对考诺利的诉讼，案例编号：(113 U.S.)第 27、31 页(1885 年)。

③ 铁路公司(A.T.,etc.,R.Co.)等对马修斯的诉讼，案例编号：(174 U.S.)第 96、106 页(1889 年)。援引的各案表明，法院对于类别问题虽时时会产生分歧意见，“但在所有各案上的分歧不集中在于划分的原则或准则上，而集中在某一特定案件究竟应该归于哪一方面”，也就是要权衡这一案件的有关事实。关于这一个问题请参阅关于类别原则的历史性意见——特罗亚克斯对考力根的诉讼，案例编号：(257 U.S.)第 312 页(1922 年)。

因此英美司法界出现的判决先例具有不可等闲视之的重要性。因为判决先例就是分类的工具。当纠纷发生并提交法院仲裁时，法院首先寻找判决先例。究竟对过去类似的交易是如何判决的？法院方面一心一意想找判决先例的目的无非是要想用以往处理类似的纠纷方式来处理这一案件。寻找判决先例既然一方面是有条理的思路的科学程序，也是使公民受到同等法律保护的司法程序。判决先例就是分类的方法，而分类的方法就是对属于同一类别的人作出同等的处理。这是在纠纷发生的时候，处理这些纠纷的严格的司法程序，也就是把原告和被告按过去类似的交易加以分类，把他们归到某一类交易中去的方法。这种司法程序就是通过把他们的交易加以分类的方法，对个人作出同等的处理。

但是提交法院解决的纠纷中没有一件与以前的纠纷是完全一样的。每一案件总是提出某些事实，这些事实与同一案件的其他事实联系起来看的时候，往往发现这是一个以往从来没有判决过的案件。为了确定这个案件的全部真相，必须把新结合起来的事实中的每一事实进行新的比例调整和权衡。

这样，每种分类就有两个方面，一方面是把所有类似的事实都**归入一类**，另一方面把所有不相类似的事实都**排除在外**，并将每一事实加以**权衡**，以确定其类似的程度。这就是定义的过程，而分类就是定义。

法院当然拒绝给它们所使用的名词以固定的**推论**的定义。法院采用了真正科学的方法，他们重叙述不重定义，而叙述就是当案件发生的时候，按照这些事实的重要程度加以归纳或排除的司法 347
过程。在这一点上，它们是有意识地要与那种无理智的、形而上学的定义观念有所不同。普遍人都把一匹马看作一匹马！那就是他的结论。形而上学的观念是把马性的概念抽象出来，并且像柏拉图那样，搞得满天都是体现于物的各种思想观念；或者像黑格尔或马克思那样，认为“自由”或“社会劳动力”的“观念”具体表现在原始社会中，很多世纪以来，不断奋斗以求其实现。但是法律的观念把马看作为具有某些目的的马，而其他东西又用于其他目的，法律观念又认为在某些情况下自由是好的东西，而在有的情况下，又是不好的东西。对生理学家来说，马是一种生命的过程；对农夫来说，马就是马力；对律师来说，马是财产；而对于商人来说，马就是马的价格。马是具有无穷限的品质、功能和可能的东西，根据不同的目的可以把它进行不同的分类，并予以一个类别的名称，这就是一个不同的定义。所以定义是根据包含的目的搜集那些所谓的类似的品质，而且通过排除的过程，把那些所谓不相类似的品质消除掉，不过在这么做的时候始终根据这些品质是否适合于负责分类的人希望实现的目的。从这一点上来说，定义是指以各种事实为基础的分类。

因此定义也就是评价。品质或功能只能凭它的行为去了解。即使为了严谨的逻辑目的，除非参照与某一名词有联系的其他名词的前后关系，否则就不能为它下一个定义。它的含义是由与它一起确定意义的其他名词的含义决定的。它会为了使自己适合于其他名词的含义，它的意义逐步发生细微的变化。当人们对这种品质或功能与其他品质或功能处于活动的时候加以观察时，它的重要性程度的变化更大了。然后根据它在总的补充品质和功能中所占的比例而产生了不同程度的力量。“大多数法律定义都是从司法经验中获得的通则。为了使它们更加全面和适当，它们必须能综合所有经验的结果。”[1]模棱两可的字义不会发生在与上下文的不发生任何联系的字句中，而只会依附于“**用以论断或推论**的那些字句中”。[2]

在处理公用事业公司估价问题的史密斯对艾米斯的诉讼一 348
案时[3]，法院提供了这一过程的例证。它列举了各种事实，其中许多事是自相矛盾的，如果把它们抽象出来并用孤立眼光去看，就会得出只符合于那类事实的一种抽象的结论。如果把它们联系起来看，每一个事实只是在一个运行中的机构中的过去、现在和预期的全部交易中发挥本身作用的一个部分。某些种类的事实是指公司所预期的讲价能力，如“它的债券和股票的市场价值额”、“用以抵偿营业开支的数额”及“在法律所规定的特殊费率下财产的可能营利能力”等。其他的事实是指公司过去的交易，如“原有的建造成本”及“永久性改善的支出额”。其他事实则指“财产的现在状况及与原有建造成本的比较”。法院认为，如果财产的估值能符合合法程序，也就是符合法律的适当目的，也许还需要包括其他的事实。所有这些都是“应该考虑的问题，而且在每一个案件上都应该给予公正和正确的权衡”，以便达到合理价格的制定。

所以不仅必须把事实加以分类，而且还必须**权衡**它的**轻重**。**所有一切**事实都必须分别依它与其他事实的关系而加以权衡，并

[1] 鲍维尔一案，第 817 页及援引各案。

[2] A. 西德威克：《逻辑的应用》，第 123 页（1910 年）。

[3] 案例编号：（169 U. S.）第 466、547 页（1898 年）。

分别赋予一定的重要性。逻辑的定义也是这样一个过程，就如经济学或伦理学的价值是由社会关系决定的那样，它的“意义”或价值决定于上下文。

权衡事实并非只是把事实单纯统计性地罗列。当事实摆在一个人的面前时，它们不会自动地寻求它们的特殊引力。权衡也不只是对各种东西或个人的品质或功能作区别性的思维过程。它也不是把某一类的品质和功能抽象出来，并把它们排列成一个体系的逻辑过程。它是在社会生活过程中对各种品质和功能的感情的评价。某些事实与总的结果有关，因此对某一个人似乎是重要的，而对于另一个人却是不重要的。如果把不重要的事实当成重要的事实，而不是重视所有事实，我们就会得出不同的结论。事实是搜

349 集来的。这是一个统计的过程。但是事实也是通过归纳和排除的方法分类和挑选出来的。这就是分类。分类也就是定义，因为它是在贯穿事实的概念或观念的名义下，对类似的事实进行分类。但这也意味着选择事实的目的，某些事实对某一个目的有用，而对其他目的无用。

但是这还不够。定义的直接目的是最终目的的手段。最终目的是每一事实或每类事实所构成的全部预期的总和。这可能是好的也可能是坏的，值得的或不值得的，需要的或不需要的，重要的或不重要的。这是价值的根本感觉，也就是所有定义都沾染着的一种评价的情感过程。在这里，情感使用了选择的力量，而把它所感觉到的重要事实都包括了进去，又把它认为不重要的事实排除出去，这样就把真理转变成信念，并将事实转变成与事实有关的意见。

因此根据我们对法官的行为主义心理学的研究，[1]我们可以说，思维过程同时也是达成运行中的机构的业务规则的过程，最后变成指导信念的目的。目的就是对未来的预期，并努力实现这种预期。信念是指现在的。目的和程序共同变成可以区分而不能分离的人类意志的特性，这就是习惯、理想、定义、调查、分类、评价、选择和行为等等。

（1）习惯是指身体、神经和大脑根据过去经验并在受到外界刺激时，立即会朝着惯常的方向行动起来的那种下意识的调整。“习惯是组织在某些渠道上的活动能力。”[2]当习惯在意识阈上出现时，它们似乎就是合适的或不合适的直觉或本能的意识，使行动者不假思索地作出选择。当行为受到我们所称为“思维”的踌躇过程的抑制或对抵时，我们认为那是因为在外来刺激和对这种刺激的物质反应之间受到了按字句和记号行事的那种思维习惯的影响。如果把一种“意义”与这些字句和记号等同起来，我们就把这种意义称为“思想观念”。

（2）理想是利用文字记号表达未来的思想观念。它们是属于 350
本人、别人、国家等的观念，属于义务、正确、谬误、自由、公正等观念，它们是人的观念以及价格、物或任何东西的观念，但并不是作为痛苦、快乐或感触的一时表现，而是一种继续不断的经验，有无限的未来，从过去结束以后的现在一点上，再向前发展。思想观念来自选择的力量。任何选定的东西在那个范围内就是一种理想或

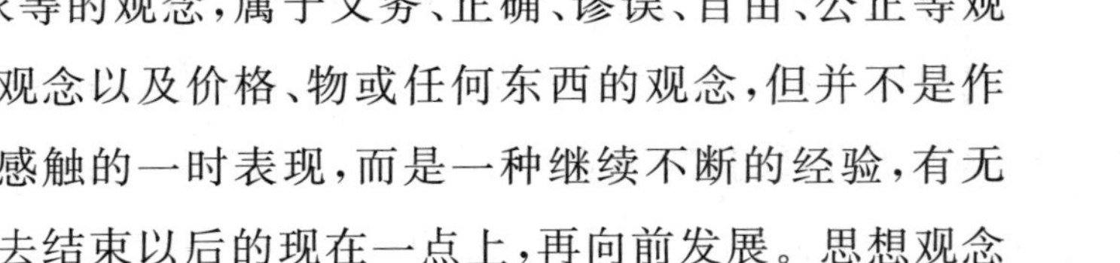

① 比较内森·艾萨克：“律师们是怎样想的”，载《科罗拉多法律评论》，第 555 页（1923 年）。

② 约翰·杜威：《人类的本性和行为》，第 76 页及其他各处（1922 年）。

这种理想的一个部分。所有思想观念作为思想观念来说都是一样的;它们都是单纯的思维结构;但选定的思想观念就成了理想,因为它不仅是一种思想而且还包含有某目的。理想就是对未来的目的颇为重要的思想观念。

(3) 定义是指对思想观念的描述。定义作为定义构成了抽象的概念或原则,并给予等同的记号的那种纯粹的思维过程,它能把以后发生的各种事情贯穿起来。作为“概念”,它们是类别的名称,因为它们是东西的共同品质、功能或行为的名称,而不是与东西接触后发生的痛苦、快乐、感触等感觉。作为“原则”,它们与概念是有关系的,据认为它们像一种现存的或统一活动的“趋向”或趋势或习惯,而且包括所有被人乐意直觉地接受的真理、格言或“基本原则”,以及表示真理或信念的概念和关系的精确叙述。定义就是确定意义的界限,而确定意义就是把思想观念用记号加以记忆的意思。这种记号分为三大类,即文字、数字和价格。

(4) 分类就是指对各项事实的划分、叙述和选择,把所谓的类似的东西归并入一类,而排除那些不相似的东西,并准备对它们确定意义或用记号标出。分类就是根据所有事实所共同具有的概念或原则进行调查、举证和定义,以选出对于目的具有重要意义的一类东西,同时排除无重要意义的一类东西。分类和定义是指为了未来目的而将事实予以理想化。

(5) 调查是指寻求、发现和密切注视各项事实的统计过程,同时把各种事实分成和连成各种类别和定义。一切思维都是调查,因为它是对于分类、定义和理想的思考,它与估量情况而不假思索的那种直觉是有区别的。调查是行动中的“好奇本能”。

(6) 评价是指对未来的相对重要性的感觉，它不是思想观念，而是对这种观念所包含的预期行为；它是思维中的踌躇感觉，又是 351
行动中的偏好感觉。它与正在为未来目的而作出的调查、分类、定义、理想化和选择的过程中归属于各项事实的依赖性、安全性、力量和适合性以及独立性、不安全性、重要性和不适合性的感觉和直觉是分不开的。使文字、数字和价格产生意义的正是这种评价。

(7) 选择和行为是不可分割的。它们是同一个相同的东西。“决断”是指对机会的选择，而行为是指选择的过程。行为是外在的交易，是程序，是符合习惯、理想、定义、分类、调查、评价和选择的筋肉运动，导致了进一步的行为，以达到尚未达到的目的。

所以人类的行为都变成了这七重性的思维过程。而且适当程序与其他思维和行动程序是不同的，因为它受到了同情心的引导，并受到责任感的限制。这是一种人格化的过程，这里，如果没有同情心和责任感的限制，就会变成单一的资本化过程。为此，它带来了愿意和不愿意服从别人的观念，如果只是单纯的思维过程，就不会关心到别人的意志和意愿。适当的程序会对所有的思维和行动过程加以判断，并受同情心、厌恶心和责任心的驱动。它的目的就是指政府和个人的目的，也就是使用上级权力使人屈从的目的。它对于使用权力抑制或解放个人也要经过判断。它的程序是强迫性的，也是权威性的。

为此，适当的思维程序要对各种目的加以检查，把正确的思想习惯与不正确的区别开来；把正确的理想与错误的区别开来；把诚实可信而正确的定义与含糊不清和歪曲的定义区别开来；把寻求一切事实的全面调查与局部和盲目的调查区别开来；把根据正确理想的合理分类与阶级性的立法区别开来；把用以权衡所有与人有利害关系的合理价值与给予不当价值的没收行为区别开来；使合理运用决断权或选择来代替任意行为的反复；把公正的行为与不公正的行为区别开来。因此单纯的思维程序是习惯、理想、定
352 义、调查、分类、评价和行为的过程，而**适当的思维程序同时也就是合法程序**，也是正当的习惯、正确的理想、纯正的定义、认真的调查、合理的分类、合理的价值和公正的过程；至于相反方面的不当程序就是怪癖的习惯、错误的理想、双重的意义、局部的调查、阶级的立法、没收和不公正等。

只有依靠适当思维程序的概念，整个人类与法官们一样，才可能一方面不犯唯我主义或绝对利己主义错误，即把整个宇宙世界看作只是为每一个人按他自己所想象的存在而存在的错误看法；另一方面不致陷入相反的极端，认为宇宙世界对于每一个人与具有不同经验的其他人毫无关系，宇宙只是为某些存在物、精神、意志或幽灵（*a ding an sich*）而组成的一个实体。第一种看法就是为每个人制定了一条立法，使价值变成每一个人的快乐和痛苦，使意志变成任意的反复。第二种看法使法律成为不可知的存在物，使价值变成内在的东西，使意志变成普遍的理性，或不属于个人的普遍力量。

但是从法院推论中得出的适当思维程序的概念并不是可以任意反复的概念，也不是普遍的理性，因为它们处理的是当时发生的实际案件，而且同时试图根据公共利益说明并证明它们的意见的正确性。这才真正是实用的程序，当各种事实发生时，对它们加以归类或排除，按照法官本身的和其他法官的对事实的类别对各事

物加以分类，并通过听取有关各方面的争论，对所有事实进行调查和评价。简单地说，合法程序就是过去和现在的**集体**推论，也是一位公正的法官可以感觉到的推论过程，好像有一种最高的实体在命令着他非这样做不可。即使当他改变字句的定义，作出新的归类或排除，以适应新的情况时，他也一定要尽心竭力地寻求判决先例和典籍，使他能确信他所找到的并不是他个人的武断意志，而是那些具有权威的人的集体判断。艾尔登在衡平法法院的司法生活中曾致力于稳定衡平法的规定和原则，当他援引约翰·塞尔登于200年在詹姆斯王朝时代所说的话时，他提出了他的意见。塞尔登说，“衡平法是一种恶作剧的东西。……我们对于**法律**抱有一定的尺度。……衡平法是根据衡平法法院法官的良心，并按照良心 353
的宽狭程度确定衡平的宽严。……他们好像都想使衡量的标准是为衡量法官的脚服务的”。[①] 对于这一点，艾尔登于1818年答复说，“我们这个法院的法理也应该稳定和划一，几乎同习惯法的法理一样，应该制定原则，但必须按照每一案件的实际情况应用这些原则。有人认为后任法官会改变衡平法法院的法理，我不同意这种观点。在我离开这个地方的时候，使我最感痛苦的是，当我回想起不知做过了什么事情，便有非难说，法院的衡平法是会随法官的脚一同变动的”。[②]

但是我们已经看到，并且以后还会再看到，新的情况要求有新的归类和新的排除，于是艾尔登就转而受到另外一种非难，认为他

① 霍尔兹沃斯：《英国法律史》，第254页注。

② 同上书，第255页；奇对普力卡特德的诉讼，案例编号：(2 Swanst.)第402、414页(1818年)。

这样拘泥于判例，以致把衡平法搞得同习惯法一样呆板。要做到新的归类和排除，除了判例以外，必须还要有别的东西，也就是必须还要有为现在所提出而能于将来导致新的后果的新的可以供人选择的东西。

5. 决断权

所以法院曾经宣称，即使在程序上有符合所有事实的调查，这还是不够的。立法、行政和司法还必须受到法律目的的约束；而且适当的目的不等于现在的或原来的目的，而是**应该**成为这个国家的法律的东西。在宪法生效的时候从英国搬过来的程序并不能约束政府官吏。那会使法律不能适应于新的情况。在审理赫塔杜案件时就是这么做的。但他们的力量不是没有限制的。他们要受到理想的束缚。适当的程序就是理想的程序。它是**应有**的程序而不是**现有**或**曾有**的程序。值得注意的是**实质**而不是**形式**。形式就是程序。程序是"法律的目的赖以生效的方式"。[①] 但法律的目的才
354 是它的实质。"实质"不是在东西和人的背后的外在的实体，实质是思想上的东西，形式则见之于行为。实质属于未来，而形式属于现在。一个是法律的**适当目的**，另一个是法律的**适当程序**，二者合并起来就成为法律的**适当程序**。

那么，我们在什么地方才能找到法律的实质呢？我们可以从那些决定法律的最后定义的人的习惯和理想之中去找到实质。这

① 杰金斯对巴兰坦的诉讼，案例编号：(8 utah.)第 245 页(1892 年)。

就是决断权。决断权的范围就是指权力和特免权的范围；权力的范围是指执行者拥有决定集体权力使用方向的“自由权”；而特免权的范围是指集体权力对于使用自由权的结果没有责任和负担的范围。就是在这种权力(自由权)和特免权的范围中，公民和官吏以及每一个人都可以照本人的意思自由行动。也就是在这一范围内，他的行为把他的理想、定义、分类、调查和评价变成现实。拥有政府权力的人只不过在引导集体权力达到理想境界时，比私人更多一层更确实的权力而已。别人认为他的见解似乎不一定是很“理想的”，那是因为他们的习惯和理想与他的不同。这些习惯和理想**对于他**来说是理想的，因为它们处在他正在前进的未完成的未来之中。

制定美国宪法的人受到了18世纪心理学的影响，他们试图根据主权的三种职能而将它分成三个部分：意志、智慧和行为。意志属于立法机关和人民；智慧或理性属于司法；行为或意志的执行属于行政。决策的机能只存在于代表人民的立法机关。只有它才能决定政策，能在机会之间进行选择。它不能把这种权力委托给其他方面。这是一种把意志所为专断的、任意的、难以说明的、不负责任的观念，而“相互牵制”的制度规定了对立法意志的抑制，其中包括代议制度、行政和司法的独立性以及在制定法律时得到参议院众议院和行政方面联合同意的必要性。最后，最高法院还可以对立法机关实行否决权。

因此立法的意志是通过法官和行政而到达公民的。每一个官吏直至最后一名警察，在集体意志权力的运用方面都有一定范围的权力和特免权，能力的丧失和责任是他的限度。在这个范围内，

355 他自己的目的、定义、调查、分类和评价就是最后的决定。在那里他就是统治者，他的意志就是行动中的国家。他就是国家。

由于受到18世纪心理学的影响，法院和律师都认为，除了立法机关或人民以外，任何地方都没有决断权。但是国家的意志并不是表示在过去的一定时间的一个很遥远的意志，而且国家也不是存在于现在的某些地方或不知在什么地方的一种实体。国家的意志就是行动中的意志。它就是一种决断权，而决断权就存在于权力（自由权）和特免权所存在的任何地方。我们在上面所说的适用于街道上的警察和最高当局，他的决断权的范围就是他的意志等于集体意志的范围。一个管理局或委员会听取了雇主、劳工、“群众”的证词和争论以后，才规定了最低限度的工资。在法院否定限度范围内，它的意志就是人民的意志。它就是国家。

沿着这条路线一直到纯粹理性所寄托的最高法院都是如此。它也有它的权力和特免权的范围。在那里，各成员的习惯、理想、定义、分类和评价就是行动中的人民所表现的意志。我们已经发现，法院在自由权和特免权的范围内，曾经如何以定义制定了法律。它改变合法程序的含义，并因而修改了联邦和各州的宪法。它改变了第十四次修正案所采用的财产和自由的含义，并因而从各州那里取得了在财产和工商业管理方面关于什么是合法程序的最后决定权。在另一方面，由于把合法程序应用于生命和对人的自由的意义改变了，法院就允许各州有权剥夺由大陪审团对没有财产的工人和其他人提起公诉的习惯法和联邦权利，剥夺了由12人组成的小陪审团进行预审的权利，由证人当面对质的权利、免除自我认罪的权利、出席全部审问的权利以及由联邦法院决定究竟一个州法院是否受到暴徒威胁的权利。在1890年,国会曾禁止在州际商业活动中有关限制贸易的契约。但在1896年又照字面意思确定了“限制贸易”这一名词的意义,并从而解散了铁路方面横越密苏里州和联合运输的各个商社。[①] 后来法院又把限制贸易的定义的范围缩小,把它解释为寓有“合理性”和“理性准则”的意义,随即,虽然解散了美孚石油公司,却仍允许它保持某些被认为合理 356
的限制贸易契约,因为要维持这一运行中的业务的现有价值,这种契约是必要的。[②]

这些和许多其他定义方面的变化都有双重的效力,一方面允许立法机关制定法律,同时又容许法院立法。特别是适当程序定义的改变,为州立法机关在处理刑事案件方面开辟了一个很大的空间;财产、自由和限制贸易定义的改变曾经为联邦法院在处理财产案件方面开辟了制定法律的广阔前景。通过确定定义,在重新分配权力和特免权的每一个领域内,某一特定的立法机关、行政官吏或法官都有各自的决断权范围,在这里,他的意志、习惯、定义、调查、分类、评价和理想就是国家的意志。

当然这些定义发生变化并不是武断的。它们产生于新的情况。但它们是自主性的。现在的集体意志与18世纪时代所了解的集体意志显然已经不同。它已经不只是统治者个人的反复无常、难于说明的意志,而是经过复杂的法律程序得出的一种意志。它已经不再是把人的机能划分成各个部分,而是把制定和执行社

① 美国对横越密苏里货运商社的诉讼,案例编号:(166 U.S.)第290页(1897年)。

② 美孚石油公司对美国的诉讼,案例编号:(221 U.S.)第1页(1910年)。

会业务规则的工作分配给每一个人(不论他是公民或官吏)。一个新的定义就是对事实的新的评价,而一种新的评价就是一种新的分类,新的分类就是把国民经济的诱力予以新的按比例配合,新的按比例配合就是立法,立法就是机构的业务规则的改变。凡是有决断权的地方就有立法,而且集体意志不单是立法机关的意志,而是在制定业务规则方面具有政府权力和特免权的法官和行政官的习惯、理想、定义、调查、分类、评价、决断权和行为。

这些在决断权和适当程序的意义上的转变,可以用近代设立的管理机构(它们拥有处理财产的新的方面所必需的某些权力和特免权)来说明。这些管理机构就是公用事业和州际商业委员会、

357 工业和最低工资委员会、公平贸易或市场委员会。立法机关发现交给这些机构办理的事情过于复杂,以致它们不能采取直接的行动,而法院又只有防止勒索或没收的消极保护权力,而没有积极管制的权力。但是对法院来说,这又是一个双重的问题:法院要决定究竟这些机构是否使用了违宪的立法授权,和究竟在运用这种权力的时候它们是否没有经过合法程序就剥夺了个人的财产和自由。

这时发生了这样一个案件。[①] 有一项法令要求铁路公司提供相当充分的服务,并授权一个委员会去确定,在某种特殊情况下,这种服务的内容是什么,然后再发布命令责成该公司办理。这个委员会发布了一个命令,要求该公司在过去一向没有铁路的地区

① 铁路公司(M.,St. P. & S. S. R. R. Co.)对铁路委员会的诉讼,案例编号:(136 Wis.)第 146 页(1908 年)。

为大约 50 名农民提供新增加的服务。州最高法院里产生了两种理论，列表如下：

勒索性的……40 美分	
不合理的……35 美分	合理的 { 34 美分
不合理的……25 美分	合理的 { 26 美分
没收性的……20 美分	

如果公司所收取的费率假定是 40 美分，按财产的价值计算相当于 10%，这可以说是勒索性的费率，如果委员会把费率定在 20 美分，相当于财产价值的 5%，那就可以认为是一种没收，也就是没有报偿。根据习惯法，在私人方面提出请愿时，法院虽然没有明文规定的立法权力，却有权可以禁止过高的费率，而且根据宪法关于适当程序方面的抑制，如果立法机关把这种费率强加于铁路方面，它也有权禁止没收性质的费率。

它们也可以不受法令的约束，有权禁止不合理的费率，假定费率为 35 美分，虽然这种费率并没有达到勒索的水平，而且如果法令有所规定时，它们也可以根据法令有权禁止不合理的 25 美分的费率，虽然这费率并没有达到没收的水平。但是在这些不合理的外在限度之间，有一个无限度的合理的范围。关于这一点法院中存在意见分歧。表示异议的一派认为，授权一个委员会在合理的限度内选定任何一点作为费率，就是立法决断权的委托。立法本 358
身具有这种权力。它可以权宜地选定任何一点，甚至低到没收的水平，因为它的选择是根据政策和权宜的观点作出的，这就是决断

权的范围。但是由管理机构选择的这一点，即使处于合理的范围内，它也是在行使立法的决断权。同样，由法院审查事实根据，然后选定一点，也应该认为是法院篡夺了立法的决断权。

在另一方面，法院的多数意见认为，在这项法令下对这一点的选择，并不是行使决断权，而是在调查和肯定一个事实。立法机关可以宣布一般性的准则，即费率和服务都必须合情合理。然后它才能宣布，这种法律将在发生意外情况时实施，而在本案上的意外情况就是由委员会肯定什么是合理的劳务费率的问题。法律假定这样的费率只有一个；这一费率是根据调查发现，但是在调查没有完毕、命令没有发出以前，费率没有公之于众。发现事实并不是立法机关所特有的权能，它不牵涉到决策的思维过程；它同样也是法官和行政官吏惯用的过程。所以肯定事实的权力是可以委托的。但即使肯定事实是一个过程，那么关于事实在什么地方的问题讲道理的人也有不同的看法，如果委员会像讲道理的人那样在理性领域内开展工作，那么，法院就不应重新调查这些事实，它必须以它的评价代替委员们的评价。

因此我们掌握了合理和不合理的两种理论，每一理论都想在肯定价值方面避免决断权。按照另一方面的相反的意见，合理性不是一个固定的客观问题，而是许多问题中的一个问题，而一个行政机关或委员会选定了某一个问题而不选定其他问题，这就是在行使决断权。但按照这种理论，不合理性、勒索性和没收性都是固定的客观问题，所以当法院选定这个问题而不选定其他问题时，它就不是在行使决断权，而只是在遵循发现这一个固定问题的思维过程。

但是根据多数人的意见，**所有**的问题都是固定的客观问题，所以当行政机关在那个领域内确定合理的问题确实不是在行使决断权，当法院在确定勒索性、不合理性或没收性的问题，并不准立法 359
或行政机关越出这一范围时，它也不是在行使决断权。换句话说，按照多数意见，法院和行政机关在调查和确定事实时都不是在行使决断权，而按照少数意见，行政机关查明事实是在行使决断权，而法院则不是。

为了符合 18 世纪既把政府划分成立法、司法和行政等部门，又将人的意志划分为意志、智慧和行动的企图，这种形而上学的和机械的结论也许是必要的。这种结论往往是为了保持客观和主观世界彻底的二元论的原始观念。客观世界就是现实的世界，主观世界就是感觉、情感和反复无常的世界。所以亨德森说，有关政府和意志的形而上学的和机械的理论“以幻想来迷惑自己，认为只要坚持不懈地去探求一定可以发现一个事实，一俟这种事实发现以后，它就可以对所有规定费率的问题提供一个数理上的解决办法”。①

但实际上，事实就是我们的习惯、调查和目的所认为事实的那种事实。本案的事实是 50 名农民要求增加铁路服务而铁路公司不愿提供服务。从社会利益上来看，哪一种事实更重要呢？

6. 运行中的机构的经济理论

在思维的过程的背后，存在着那些基本的假设，这些假设是从

① 亨德森：“铁路的估值和法院”，载《哈佛大学法律评论》，第 33 期，第 912 页（1920 年）。

适合性和不适合性或常识和习惯中产生的，它与生命本身共同进化，而且它无非就是适当比例配合的意思，为了达到似乎重要的目的，在适当比例配合中各种因素应该结合起来。不管它的名称是感情、感觉、习惯、直觉、偏见、成见、价值感或公正感，它都有它的生物的根子，这就是通过各种因素的比例配合，并在考虑未来需要的时候，在不同的力量程度之间进行选择，以使生命与有限的资源相适应。在人类和个人的发展史上，主要应该注意各种因素的扩大范围方面有所不同，同时在促使他人执行他的意志的个人力量
360 的扩大方面也有不同。生物角度来看，通过来自生命的无意识的反应作用和反作用，再经过快乐和痛苦的本能作用和反作用，又经过不假思索的直觉，最后又经过正在调查和权衡各因素时的那种思考，它就变成有目的的思维过程，我们把它叫做资本化和人格化的双重过程，也就是包含在处理事物和人时的那种不可分割的理想、定义、调查、分类、评价和选择的过程。从对于东西的有用品质的思维领域进入到对于人的德性的思维领域时，它就进入到在同情心和责任感联合刺激的状况下的正确和错误的思维和行动过程，我们把这一过程叫做人格化的过程，或叫作决定人与人之间应该存在的适合与正当的关系的过程，这也就是构成合法程序的合理的业务规则。

通过英美两国把政府官吏与公民接受同一法院的裁判的措施，这种哲学的地位升高了，美国也终于达到了柏拉图在 2000 年以前所预言的由哲学家所组成的政府。但柏拉图所希望的是国家应由从感情中抽象出来的观念的统治，而我们却受到价值理论的统治。当然，不是受到边沁和经济学家的享乐主义理论所讲的快

乐和痛苦的统治（他们的理论认为，每一快乐或痛苦与每一个人是联系在一起的），而是受到人格化理论的统治，这种理论认为，个人和个人的阶级的重要性是根据他们在公共目的上的相对重要性来决定的。根据对这种相对重要性的认识，他们在权利和自由的形式下得到了政府官吏的帮助，又在义务和暴露的形式下受到政府官吏的抑制和忽视。因此我们不采用以义务为基础的国家“有机体”理论，或以自由为基础的国家“契约”理论，我们得到了可以被称之为运行中的机构的经济理论，这个理论是以有限资源世界之上权力机关对各种诱力所作的比例配合为基础的。

我们可以把这些理论区分为运行中的机构的义务理论、自由
理论和经济理论。义务理论从各方面来说，如神权、君权、生物类 361
别、利维坦、社会主义和无产阶级专政等，都由于害怕最高现世权力而最终表示服从。自由理论从各方面来看，如契约的自由、衡平法、个人主义、无政府主义、利己心及为最大多数人的最平等的最大快乐，都像一筐石子那样，最终成为原子的总体，它们由“国家”或“共同意志”，或康德的“目的王国”这一类形而上学的实体结合在一起，或者由对物质力量如引力的吸引或生物的有机体或利维坦或社会劳动力等物质力等用同样形而上学的方法的比拟，而把其结合在一起。但是国家的经济理论是具有运行中的业务的运行中的机构的理论，它有历史的根源，也有现时的行为，它是由对和平、财富、美德等希望及对暴力、贫穷、罪恶等恐惧结合在一起的，通过对希望和恐惧的控制，集体的行动能将各种诱力按比例分配给各人，使他们分享集体权力的负担和利益。简单地说，国家的经济理论就是在一个资源稀缺的世界上，把各种诱力按比例分配给

自愿和不自愿的人的理论。

大卫·休谟有一个提示①，为这种经济理论奠定了基础。当我们对这个提示进行精细推敲时，伦理和公正就成了有限资源的**分配**，而效用则成为用以按比例配合各种诱力，使各自分担负担和利益，以便达到扩大资源的公共目的。所以伦理学和经济学是不可分割的，因为它们都是从稀缺性原则出发的。经济学是指各因素的比例配合，伦理学则为**人的**要素的比例配合，以期从各要素中获得预期的最大结果。经济理论不是为了构成“快乐”或“人民”或“共同财富”的一个总额，而是以补充因素与限制因素相乘的一种理论，通过相乘，如果能把一个阶级的劳务配合得适当，就可以大大**增殖**其他阶级的劳务，并从而单凭各因素的最有利的配合就可以扩大总的快乐、个性和共同的财富。

这种理论既有行为的客观一面，也有行为的主观一面。从行为的客观方面来说，它在同一个思维程序中是一种义务、自由和经济的学说；它是义务的学说，因为对不愿意的人进行强制是它的基
362 础；它是自由的学说，因为它免除了对意志的抑制；它是经济的学说，因为它是在一个有限资源的世界上，以集体权力分配义务和自由的学说。而从行为的主观方面来说，它又是效用、同情和责任的学说；它是效用的学说，因为它有使东西和人屈从于自己的愿望；它是同情的学说，因为它又含有乐意的屈从别人的意思；它是责任的学说，因为它含有对不乐意屈从他人意志的意思。

这样，运行中的机构的经济学说就不仅是资本化，也是人格化

① 大卫·休谟：《道德原理》，第3节，“关于公正”(1777年)。

的学说，说它是资本化，因为它讲的是财富和福利；财富是指对工具的评价；福利是指对工具进行评价的目的。说它是人格化的学说，因为它是对自己和他人的德性和罪恶的评价，对于这些人的目的而言，财富和福利是不应该存在的。

如果正确地加以解释，这就是亚当·斯密的指导原则。只是因为后来的古典经济学家把他强调的个人创造性和批评政府压制创造性的那部分学说特别提出来加以抽象化，这才歪曲了他关于国家财富的观念。亚当·斯密的观点的出发点是整体性，但他的继承者们却在局部中迷失了方向。因为斯密的研究是针对政治家和立法者的，所以他提出“两个显明的目标：第一，为人民提供充裕的收入或生活资料，或者更正确地说，就是他们本身能为自己准备这样一种收入或生活资料；第二，向国家或公共财富提供足够适应公共服务所需要的收入。他建议要使人民和统治者都能臻于富裕”。[①] 诚如坎南所指的那样，英国较早的经济学家通常把积累的基金看作国家财富，斯密的观点把这些基金看作为国家的每年的劳动，这才是“为国家提供了生活的一切必需品和方便”的真正“基金”。[②] 而且按人口平均产量在衡量一个国家究竟是“更富或更贫”的时候，取决于“技能、熟练和通常应用劳动时所表示的判断”，同时也取决于“使用从事生产性劳动的人数与从事非生产性劳动的人数之间的比例”。但最后，“富裕的自然进步”固然取决于商业、工业和农业的适当比例，而这种比例早已大大受到军事征服、

① 《国富论》，第1篇，第395页，坎南编。

② 同上书，第1页。

奴隶制度、土地产业、轻视农业、大批无用的侍从、大地主的奢侈浪
363 费以及国家可赖“使其邻邦沦为乞丐”而致富的那种谬论的影响。[①] 回复到亚当·斯密的原来的精神，就是要回复到能教导人们怎样使国家把各种诱力按比例地分配给从事生产性劳动和从事非生产性劳动的人的那种政治经济学上去。

亚当·斯密确实曾经提出过一种完全不同的机械理论，他的继承人也提出过，这种理论是以个人主义、利己心、自由、分工、无组织和政府以及天意等若干原则为基础的。但是提出这种理论的目的是为了要表明政府在个人之间按比例分配各种诱力和进行抑制时，所应该采取的最佳政策。在这一理论的基础上，他希望政府能把大的地产分成个别的所有权，并把行会和公司分成个别的单位。[②] 他当然无法看到后来由蒸气、电气、化学、物理所带来的大规模生产的必要性和经济性，也无法看到法院和立法机关所承认并授予权力和特免权的工业组织能把生产者的队伍组织、指挥和管理起来，以进行大规模的生产。但这些工业组织也是受到集体目的鼓舞的集体意志，而且它们也像国家那样，按照它们的业务规则把各种诱力按比例分配给自愿和不自愿的人们，使他们共同参与他们的集体权力。所以国家的集体权力是通过以下各环节的分配和再分配，逐层下放到次级的集体权力，然后再由它们转而下放给个人，这些人都因为有同样的想法而结合在一起。

就是这种同样的思想构成了集体的目的。我们已经看到，在

① 亚当·斯密:《国富论》，第3、4篇。

② 同上书，第1篇，第130、131页。

集体权力和个人权利之间所存在的实际关系。① 没有相应的义务就没有权利，没有官吏方面那种相关的权力和责任以强制履行义务的方式获得权利，就不会有个人的有效的或实际的权利和义务。每一种权利都有两种相应的义务，这就是相反方面的人的义务及各官吏对于那个人施加的集体权力的义务。因为，如果没有补救方法就没有权利，而且如果没有一种力量责成官吏负责，也就没有
补救的方法可言。当违反肯定的权利发生的时候，立刻就可以根 364
据“法律的效力”得到“起诉的权利”作为补救，这无非就是法院和行政机关强制执行权利的那种公的义务。

另一方面，又存在着一种形而上学的观念，认为在某个地方存在着超越于实际的权利和义务、权利和义务的客观世界。这种观念同那种以为在某些地方，除了决定并执行国家意志的官吏以外，还有一种“国家”实体的形而上学的观念是分不开的。这些形而上学的观念对于人的思想确实产生了极大影响，这是因为人是生活在将来的而他的行动却在现在。有了这样一种思想，他就把他的希望和恐惧向外推移到一个思想观念的世界，并把地点和名称给予各种预期。

但是这些思想观念只是理想而已，它们只存在于心里。因为一个人渴望为他的各种预期获得一种保证，而且如果没有这样一种保证的感觉，他就根本不能作为一个理性的人而行动，这就是这些思想存在的理由，如果让无政府状态包围着他，没有官吏可以向他提供集体权力的援助，他立刻就会回复到那种动物的恐惧，使理

① 《国富论》，第 4 章。

智所形成的全套权利和义务都没有存在的余地。当他失去理性的期望时，他的野性就占领了他。无怪乎他把神和实体概念体搞得满地皆是，因为这些就是他的目的。

但在他身边的权利和义务的现实世界是稀缺的资源所必需的那种业务规则所表现的集体意志。他的“自由权”就是他按照这些规则所能指挥官吏的力量。这些官吏既是那种意志的工具，也是当那种意志有所行动时，决定那种意志应该是什么的执行者。他们也同他一样，是朝着他们的习惯和理想行动的，并按照这些习惯和理想响应他在必要时所发出的求援的呼声。这时，他享有自由而且还有“自由权”，因为他有了集体权力的援助，使他的意志能发生效力。

在这一点上，权力完结的地方也就是他开始“丧失能力”的地方，因为在那里，集体的权力无法再援助他。他的权利也就在那里结束，并开始暴露于他人的自由前面。

他的交互权利和自由也是如此。如果一个人的各个对方不是负有无限义务的奴隶，如他没有为他人所承认的个人意志，那么，不仅每一权利都要受某些暴露的限制，而且每一权利连同其限制
365 性的暴露，还要进一步受限于交互的各种义务及其限制性的自由，而这种权利在另一方面又是与对方有权责成其官吏对他们负责的那个范围相适应的。他的各种义务无非就是官吏对对方的各种责任，而他的各种自由又无非就是各官吏所享有的、限制责任的特免权。

所以在业务规则的限度内，这种权力、能力丧失、可能负担和特免权的运行结构，在由于资源稀缺所决定并认为必要的范围内，

个人的意志就是在行动中的集体意志。他的私人目的，也就是公共的目的，因为"公家"通过它的工具（即行使权力的官吏）的决定性权力能使集体权力产生帮助，并能保护他，使他免受行使权力的影响。如果这些相同的执行者责成他对别人的意志也要有所负担，那么，在这个意义上来讲，他的私人意志就不同于公共的意志。如果执行者把他暴露于别人的特免权面前，那么，他的私人意志就根本不关心公共的意志。他既是公共的效用，也是公共的反效用；说它是公共的效用，因为他和官吏的关系上，各种公共权力能通过自由权和特免权以各种权利和自由的形式让他自己选择；说它是公共的反效用，因为各公共权力通过官吏的责任和能力的丧失，要以各种义务和暴露限制其职能的发挥。

所以在每次核定交易时，每名官吏在他的权力和特免权范围内所作的每一选择，就是在行使针对集体权力所创造的各种诱力加以按比例分配的公共目的。就是官吏的行为和他的思想习惯、理想、定义、调查、分类、评价和目的在决定个人和阶级在集体经济中应该发挥什么作用时，具有举足轻重的影响。

像警察等行政官吏与立法或司法官吏之间的不同之点就在于，后者下决断时更加深思熟虑。司法官的深思熟虑是必要的，因为合法程序就是要在判决以前查明所有事实，并按它们的相对重要性进行适当的衡量。行政官比较接近私人。他对个人的同情心和憎恨心容易对他发生影响。立法者必须得到多数的赞成，而他的个人意志就会受到牵制。最高法院也是这样，合法程序也把多
数表决作为一种方法，使负责人不能不权衡各种意见，因为他们必 366
须根据这种意见，决定给予集体权力的方向。最高法院远离着利

害攸关的人，处于这样的地位他们就能重新检查一下总的原则，法院的多数派和少数派意见就有可能把他们的结论所依据的理由充分地予以说明。他们的不同意见很少涉及罗列的事实，因为放在他们前面的事实是经下级法院查明的，而受到辩护律师的坚持。他们的不同意见主要在于对这种事实的重要性的看法上。通过归类和排除的过程，重要的事实都已经包括进去，不重要的事实也已经排除出去，而且把各种包括在内的事实都分别进行了评价，按它们的相对重要性作出了选择。我们曾经在定义和分类方面发生的历史性的演变方面注意到了这一过程。我们曾经看到在任何情况下，这种过程都产生于习惯和习俗，并受到我们所称作的适合性和不适合性的感觉的引导，这些无非也就是指限制因素和补充因素的适当和不适当的配合以便获得各种因素的最佳配合。一种令人满意的适合的感觉是指通过当前正在讨论的直接交易的适合性达到和谐和一致的感觉，并使它扩大到想象中的并为惯常所接受的整个生活领域中去。它是一种公正的感觉，也产生于最高权力对于个人的经验，正如不公正的感觉是最有破坏力量的一种情感一样，它是所有人类情感中最有满足力量的一种情感。

但这种适合性和公正的感觉与人的品性一样区别很大，因为它与整个的人一样，在接触到他所感觉合适或不合适的世界时，他有自己的各种习惯和感觉的强度内部配合。它可以随着年龄、时间、地点和所有构成个人遗传和经验的一切而有所差异。就是从这些差异里，我们可以追溯到各法院的多数意见和少数意见的不同以及定义和类别的演变。思想习惯和适合性感觉上的斗争残余，残留的程度很大，以致那些在习惯和适合或公正的感觉上能更适应社会主流的人们往往能幸存下来并在社会上占优势。

集体意志分成国家和各种自愿结成的会社，说明了把意志分 367
割为若干隔离部分的那种习惯，国家是作为一个实体分别存在的，它卓越地提供了安全的保障。但事实上国家就是行动中的官吏。他们的行动就是按照合法程序去组织强制的力量；而合法程序就是官吏们的业务规则。安全不是抽象和分割的东西，它是一种外在的力量，可以在财产或自由受到侵犯的时候随时进而干预，却同时也是官吏们在他们所能提供保证的渠道上的事前选择。财产、自由和自愿的会社组织只能在安全的范围内才能存在，而且只有当官吏们表明他们决定使它们安全的时候它们才是安全的。这就是官吏的理想、定义、调查、分类、评价和选择所决定的方向和范围。当安全的方向和范围随着定义和价值的改变而改变时，财产、自由或组织也就发生改变。

在经济理论的习惯的分类法中，把生产要素分成土地、劳动、资本和企业家才能，把相应的所得分为地租、工资、利息和利润，多少也类似于抽象的划分。这种分类的出发点是个人和机构的竞争。竞争在土地、劳动、资本和企业家才能等每一要素的内部都发挥着类似的作用，并定下各个限度，超过了这些限度，从每一因素得到的收入就不会提高或下降。

但是个人和机构同时又都属于一个以上的因素。在这里我们就在**职能**的分配和**对人**的分配等熟悉的分别。竞争的因素是职能性的，它们在每一因素内部有类似的活动。这些因素的**合并**是个人性的，它决定这一个人的富裕或贫困。它们在一个运行中的机构里的合并，也可以有同样的情况。它就是对人的分配赖以实现的工具。

我们不可能分清企业家的职能究竟从哪里开始，到哪里结束。所有因素都分担着风险，而且从债券持有者到股东和雇工，按照组织的计划，都承担不同程度的风险。企业家的经营职能与风险也是不可分割的，因为他与风险的承担结合在一起。在某些机构中，
368 银行家或不在场的股东是真正的领导人物；在别的机构中，在行政室坐着的一个强有力的人物是领导人物；在另外一些机构中，联合的经营力量是领导人物；在其他机构中，甚至有组织的或无组织的工人，在决定管理的方针或范围上也可以成为居统治的力量。

资本家的职能也是一样。即使工人和经理，在他们还有应领取而未领取的工资和薪金及他们预期继续工作的范围内，他们也是业务的投资者，但正式的投资者只是那些同意延长他的期待时间的人，他的期待时间超过了工人和经理所期待的时间。土地的职能也没什么两样，它只是机器、附着物、肥沃性、工人、经理或市场联合活动所需要的地点和地位，而土地所有权的所得受到经济规律的支配，这些规律类似于影响收入的商誉、专卖权、专利权和其他有差别的市场机会。简言之，运行中的机构已经升到第三个分类原则，因为它不仅包括竞争性的分类中的土地、劳动、资本和企业家以及这些因素在个人的工作和职位上对人的合并，而且还含有权力机关通过对人的诱力对各因素所实行的那种比例配合，这就构成政治的、工业的和道德行为的组织。

所以除了传统的分类外，我们已经把社会关系划分为职位和机构，每种职业都是在一个运行中的机构中的职位或工作，无论这个机构是国家、工商业或文化机构都是如此。而且职位是指两个

方面，一个是职能方面的，另一个是对人方面的。从职能观点来看，它表现为双重的职能，即给予的职能和取得的职能。它通过机构的媒介为人提供劳务，又通过机构的媒介取得别人的劳务。从对人的观点来看，每一个人所有的职业和职位可以与他成为成员的机构一样繁多。他或多或少是国家的公民或官员；是一个运行中的业务及家庭、教堂和社会组织的参与者。他的若干职业活动中的每一种，按他的性格和情况加以配合以后，就构成他在行动中的人格和他的全部财产权益；简言之，就是构成他的职能和机会。

最后，从权力角度来看，他受到习俗、规则或法律的制约，也就 369
是受制于行为的业务规则，在法令的支持下，它们产生了，并受到执行，根据具体情况，这可能是有关强制力量、贫困或意见的实用规则，不过这要依他所在的机构的特点而定。每一机构是由各种职位所构成的，在这种职位上人们来来去去，但这个机构总是向前发展的。每一个人来来去去，得了职位又离开职位，从他出生开始到死亡为止，他在不断地给予和取进。这样，每一职位既是机构的职能又是人的职能。

而且每一个人的予和取又可以再分为各种职能。他对别人所给予的东西是三重性的，即工作、期待和冒险。他的工作就是指他的体力、智力和管理能力的活动；他的期待就是他允许别人在他使用别人的劳务以前可以先使用他自己的劳务；他的冒险就是他对于筹划战胜机会和从良好机遇和驾驭这种机遇方面所得到的利益。他从别人所取得的东西也是三重性的，即工作、期待和冒险的报酬，这些都取决于他诱使别人给予报酬的力量、机会和意志。

所以土地、劳动、资本和企业家才能，只是对所有者的给和予的关系的一种分类。每种关系都是双重性的。土地、劳动、资本和营业职能的所有权就是他提供工作、期待和危险承担等劳务的工具；而且它们也是他用拒绝工作、期待或冒险的方法，诱使别人给他以报酬的工具。一方面，它们是通过增加劳务而增加使用价值或实际价值的工具；另一方面，它们又是用拒绝提供使用价值的方法，获得名义价值或价格的工具。从第一方面来看，它们是“生产能力”的工具，从第二方面来看，它们是“讲价能力”的工具。一方面它们有助于公共财富的扩大，另一方面则有助于争取他在公共财富中所得到的比例。

土地、劳动、资本和企业家的职能的分类，或更确切地说是竞争的分类在经济理论方面的发展是以我们所称作的国家的自由学说为基础的。这种学说既排除了国王的特权，又排除了个人或团体由那种特权所特许的专卖权或专利权中得到的垄断力量。所以
370 在排除了上级政治权力以后，剩下来的财产概念就是指为自己使用而排他性地占有物质的东西那种习惯法。留剩下来的自由概念是指在买进和卖出的关系上没有统治者本人或从统治者那里获得权威的那些人的上级权力所强加的那种强制、抑制或义务。这样，财产和自由就成了没有权力的东西。它们无非就是彼此间都没有谁压倒谁的力量的个人的自愿行为。取消了特殊利益，使它只成为政府的权力，于是其余的个人财产和自由的利益不会再含有强制的力量。

这种概念能与国家的自由学说相适应，因为后者是把物质财产的原子和个人作为原子相加起来的一种机械学说，相加的总和就构成累积的财富和人口的数学总和，从而产生了物质使用价值

的生产理论。按照这一理论，每一个人都把他物质财富的数量加在总的数量上，不管他所加的数量是多少，它不是价值递减的理论。根据这一理论，每一个人固然提高了别人的效率，却又抑制住过多的增长，这样他就能为自己维持一定价格或讲价的能力。

而且它引起了一种人口学说和单纯人口数量对生活资料所发生的压力问题，这不是把人口适当地分配给各种职位使国家财富能比人口的增加更快的那种学说。这是个人财富积累的学说而不是为全体分配福利的学说，而且是一种人口学说，而不是由政府分配各种诱力的学说。

但是意志的分类则将自由和力量都包括了进去，因为一个职位有其生产和分配的两个方面，以及给和予的双重职能。职业是在一个运行中的机构中的工作或职位，这个机构用决定自由和权力限度的习俗、规则或法律制约着职业。每一个人根据这种机构的组织与他自己的能力，以及他在机构内部的重要程度对机构发生给和予的关系。他的职位就是他的行动中的能力，而机构的习俗和法律是他的行动必须遵守的限度。

我们曾经看到，每一个个人都是若干机构中的成员，这就把他的整个人格划分为几个部分。国家是最高机构，在这种情况下，官吏们把委托给他们的官吏职能中的某些集体权力付诸实施。他有 371
公私双重人格。在他的公共权力**以外**，他同任何其他公民一样，都要遵守管理私人机构的那种核定的交易，并以各种权利、暴露、义务和自由为尺度。在他的统治权力**以内**，他也同样是受到限制的。他受到限制的权力与可能在不同情况下的私人的被迫履行、避免或克制的有限负担是相同的。官吏权力的丧失不仅使官吏暴露于

公民的行为面前，而且也是暴露在集体权力面前，在这一暴露的范围内，这时，公民就享有他的特免权或可能被免除负担。从交互的关系上来看，官吏必须在一定的限度内实现公民的意志，而且这种公共负担的范围，精确地相等于公民能使国家的集体权力为他的利益而施用的力量，实在也可以说这是两种相同的东西。但是由于他使用和不使用集体意志，责任受到官吏免除惩罚的特免权的限制。特免权与公民丧失能力或无能力使集体权力为他服务是同样的。在这种特免权的范围内，官吏可以运用他自己的决断权。所以官吏就是行动中的国家，而行动中的国家又是官吏和公民间以交互的权力、丧失权力、责任和特免权等法律幅度为尺度所认可的交易。

这些解释之所以必要，是由于对集体意志的观念存在着某些本体论上的神秘感，这种神秘感发生于人类思想上的双重弱点，它使抽象的幻象带上了灵魂，并使今天应该有的东西等同实在的东西。康德的思想上就有这种弱点在作祟，因为他所说的目的王国就是他所认为应该是的东西，而他排除了肉体的人，却还是有灵魂的。当康德的思想还处在发展的时期时所阐述的统治权和共同意志等概念也是如此。统治权似乎就是上帝的意志或人民的意志，寄托在某一个鲜为人知的地方，公司虽然并没有灵魂，却有一种神秘的意志在某些地方像灵魂似地活动着。

一般地说，我们可以看到，实在的意思是说，统治权应该就是上帝的意志或人民的意志，而且这种观念反映出为生存于显然不符合那种理想的实际国家以外的实体；或者说，这种共同意志应该是人的灵魂，却又是没有血肉的实体，不同于以它的名义实际行动着的那些人。

当然，这些本体论上的神秘感也有某些不同，这些不同取决于 372
个人之间的各种差别，因为这些人对于什么是应该的或什么是不应该的问题，大多由于习惯和愿望的不同产生了颇为悬殊的观念。但由于这种神秘感远离事实，因此它就可以应付所有各种愿望而不露出破绽。这样，这些神秘感就可以产生一定的实用价值，因为某一特定的官吏或其代理人可以用上帝或人民或共同意志的名义，做出用他自己的名义时不能做的许多事情。他永远可以说，他在这问题上没有自己的决断权；他也可以说，如果作为一个普通的人，他也许不会这样做等等。

他的这种说法无疑也有一定程度的正确性，因为从法律意义和从对机构的服从方面来说，他作为几个机构的成员，他就有几个人格。但这只在一定限度以内才是正确的。这些限度就是特免权的边际，而且边际既然都是程度和数量的问题，所以也是可以改变的。我们发现，法律上发生变化是使它们发生变化的主要方式，或在机构的管理人员方面发生变化，这种变化通常是由内部的集体行动或由外部的最高机构，即国家的集体权力所引起的。在变化了的特免权的边际内，所有行为、权力、能力丧失和可能负担等其他法律方面的问题也就都会有所变化。

当这种本体论上的神秘感局部解除时，确实会发生这种变化，并且会看到机构的意志就是机构所做的事情，而机构所做的事情就是它的职能单位所做的事情。

在本体论上的神秘感中，还另外有一种相关的实用价值。下级的行政官吏、立法者、法官或其他代理人先把自己描绘成一种最高意志，然后就可以把这种意志简略化，以后任何特殊案件发生时，他们行使这种意志的命令，而在案件的是非曲直中，他们不必注入个人意见。但是这里也出现了一些困难。每一个案件都提出了新的事实，而本体论上的意志却是固定的而且历来是预先决定了的。这样的处境在理论上是困难的，但是这样的问题是用简单的方法去应付的，即改变那种意志原来用来表示命令的用词的意义。我们发现，凡是在新的事实似乎要求作出变化时，这一简单的
373 方法最终就用在改变财产和自由的定义方面，用在改变限制贸易的定义和合法程序以及其他的定义方面。当然，在这些有趣的问题，事实上所发生的是法院享有一定程度的特免权，没有一个上级权威可以阻止定义的改变，或使变化向另一方向发展。改变定义是改变现有的宪法，简单而自然的方法使它从现在的这副样子改变成应该的样子，而且这种方法是那么普遍和通用，它进入了一切生活领域，于是上帝的意志，或人民的意志，或共同的意志很少能了解究竟发生了什么变动。这种方法实际上是常识的方法，通过它人类可以继续相信不变的各种实体，然而又能合于实践的需要。

而且在各职能单位的不同程度权力和特免权的行动范围内，这一方法的规定很具体。限度不是固定的和永恒的，虽然在采用合法程序时，它们可能往往趋向于固定和永恒。就是通过紧缩这种程序，才把国王的特权逐渐转变为公民的主权，而且由于这种转变进行得很顺利，特别是嗣位法颁行以后，又由于思想上把应有的实体等同于现实行为的那种弱点是如此地顽固难改，所以当 18、19 世纪的法学家和经济学家开始想到这个问题时，他们常把公民的主权与人的自然权利等同起来。一个人有了权力就可以要求官

吏按照机构的业务规则为他服务，甚至成了人类意志的“职能”之一，也就是成为个人行动的职能或能力，它与耕种、饮食或思维的能力一样。这种现实的国家以及现实的官吏在过去似乎都不是自然的，他们只是一种强制的权力，干预并压制个人希望按本人所喜欢的方式行使其职能的自然的自由，这不是人的意志所赖以发生效力的那种集体权力。那时国家所能做到的至多也不过是采取放纵的方式。但通过官吏对个人的责任为个人利益而行使的集体权力，根据指导行动的公认规则，却是现代工业的主要手段，因为这些权力就是资本主义和负担与机会的源泉，负担和机会构成了无形体的和无形的资本，凭借这些资本，资本主义取代了封建主义，自由取代了奴役。

正如我们所见到的那样，经济理论的出发点是商品，然后为了 374
说明交易才转向感觉。在后来的交易领域内，产生一种严格的行为主义的理论，就是说从交易本身开始和结束的。但要想说明人类的行为，这是不够的。在行为的背后还有意志。我们曾经以行为主义的手法描述了法律的思维过程，这就是人类行为的过程，但是我们发现，如果法院不在目的和手段之间作出区别，就不可能判决争执的案件，这里的所谓手段就是有规则的行为，而这种规则的“实质”就是由它推动的目的。

“行为主义的”和“意志的”价值学说的区分也即在这里。行为主义的理论是根据各种假设的原则，把运行着的机械作用的一切因素都计算在内，并力图确定在后来所产生的全部行为中每一因素所起的作用，这时不考虑据说能指导行为走向任何一定方向的那种目的或力量。换句话说，行为主义的理论就是物质的科学。

当一种机械作用的所有运动中的因素以数目和均衡公式来表示时，这种理论就算达到它的终点。如果这些均衡公式在实验中能与事实相符，这就是它的目的。

我们可以在天文学上找到那种最接近达到数理形式的科学。[①] 牛顿曾经假设有一种天意在空间起着作用，并根据欧几里得的几何原理使各星球和行星保持一定的运行规律，而他自己的微分学原理也就是这样偶然发明的。克拉克·马克斯韦尔排除了天意，提出了宇宙的以太作为媒介的物质，用来说明“远离的作用”。但是每一个人都假定科学家本身是处在宇宙间固定的一个位置上，后来爱因斯坦因为注意到科学家本身也是在空间中运行着的，遂提出了运动的相对论，但在宇宙间以太波动的假设上，还是保持着似乎存在着的幽灵。最后的阶段里天意、宇宙的以太或以太的幽灵都不再存在时数学家以单纯的数字、方程式、相关关系及时滞等说明实际现象。他所作出的是一种“描述”，而不是一种“解释”。如果当时他在实验室里试验他的方程式时，他会发现其他的方程式与事实相符，这样他就把这个问题最终解决了，因为他
375 已经把宇宙和电子的最后运动变成尽可能简单的一种数字式的叙述。所以科学的目的就是把运动着的机械作用中的所有的补充因素加以简单的数理性的陈述，不必纠缠于有关原因和结果、目的和手段的任何意志的或形而上学的观念，目的在于说明究竟一种东西如何才能不借助于另一个传动媒介就会使另外一个东西发生运动。

① 比较维布仑:《科学的地位》，第 15 页。

这种数理上的不可知论显然就是心理学和社会学上的所谓行为主义学派为他们自己所规定的目标。应用到经济学方面，它就是把所有综合在一起的补充因素，以相关关系、时滞及价格预测等方式加以统计或以数理来表示。这种方式很恰当地把经济现象简化成了价格的公式，而且如果经过恰当的试验，我们会发现这种公式可以与价格的实际变动相符合，那么，这种解释就认为完整了。像天文学和物理学那样，经济学成为通过实验性试验认为有效的，我们称之为价格变动的一整套数字和方程式，而一切科学也就都被简化为排除了因果、目的和手段、联系媒介或其他意志的、形而上学的或神秘概念的数字。

另一方面，意志的学说又向前迈进了一步。在取消了天意、宇宙以太和一切形而上学的东西以后，还剩下一种人的意志，它能在一个遥远的地方神秘地行动，这是因为它并不在意**一切**补充因素，而是选出那种可以被控制的限制因素，而且这种控制可以用来对在空间和时间上远离的因素起指导作用。这种控制的可能性是由于一种事实，由于限制因素是机械作用的一部分，而且人对整个机械作用的控制程度取决于相对于其他部分的供给的比例配合，于是控制的可能性就产生了。换句话说，它取决于机械论原则和稀缺性原则。

从这一点上来讲，人类意志的全部现象都是“人为的”，它不同于“自然的”现象。但所谓“人为的”的东西并非就是非自然的东西，而是人类意志的高度“自然的”程序，它可以把自然界和人类本性方面的限制因素挑出来，以便把其他补充因素引导到人类目的 376
所需要的地方上去。这种程序所处理的各机械作用其本身就是人为的，而且从进化的观点来看，各种机械作用表现出“人为的淘汰”的作用，这与“自然的淘汰”是不同的。它们的历史好比是汽车或良种马的进化，而不是宇宙或猛虎的进化；是政府、工商组织、银行制度、家庭关系的进化，而不是蚂蚁或动物群体的进化。简言之，人类意志的机械作用是从两个方向进化的，一个是我们所谓的“运行中的工厂”，另一个是我们所谓的“运行中的业务”；一个是对物质自然的有目的的控制，另一个是对人类本性的有目的的控制，而每一种都是根据随时变化的工场规则或业务规则进行控制的，但总是想控制参加的人的行动和他们的交易。

重农学派以来的经济理论曾经力图取消人类意志想以物质和享乐主义的力量来说明经济现象。以前的重商主义者以及教会神父的经济理论侧重在对人的意志的依赖方面。但这种意志是武断的、多变的，而且是与自然规律相反的。这些物质理论在两个阶段上想脱离意志：一个是自然权利和物质平衡阶段，即魁奈、亚当·斯密和马克思所讲的宿命论的进化阶段；另一个是自然淘汰阶段，即达尔文以后的盲目进化阶段，这种进化在经济学上的卓越倡导者就是凡勃仑。[①] 每一阶段的理论家都企图取消人类意志，并将经济现象说成是注定的或盲目的自然力量的作用表现。这是一种把社会作为机械平衡的自然发展的概念。

但是意志理论采取了恰恰相反的观点。我们所知道的经济现象是人为淘汰而不是自然淘汰的结果。这种现象的进化像蒸汽机或牲畜的进化，而不是像大陆、猴子或老虎的进化。如果你能注意

① 凡勃仑：《科学在现代文明中的地位》(1919 年)。

到1776年瓦特发明的蒸汽机是如何发展到1923年的莫卧发动机，你就会了解经济制度是怎样演变的。这种蒸汽机的演变先要经过对自然的机械作用的研究，试验它的各个部分，然后再重新加以整理，使蒸汽作用于两个方向而不是像自然所要求的那样，只能作用于一个方向。我们所称为政治经济的那种行为过程也是这样 377
的演变过程。这里的主体是生产者、消费者、买主、卖主、借款人、贷款人和所有从事于我们称为经济交易的那些人的习惯、习俗和思想方法。方法是把共同的规则应用到凡是到同一机构里来的人的所有类似的交易。如果你能注意到信用制度是如何从工商业者在买卖、借贷以及法院在判决讼案时按照不断变更的共同规则来处理事务的习俗发展起来的，你就会知道政治经济是怎样演变的。合理的习俗逐渐为各法院所吸取，不合理的习俗作为不良惯例逐渐消灭，而且由此产生了现有的经济程序，也就是一种以价格流为标记的运行中的机构，着手建立人为的行动规则的机制，创造出颇不同于自然的盲目程序的无形体的和无形的财产。

所以一种意志的或经济的理论的出发点是上述的人为机制所赖以设计、定型和改型的**目的**，首先要研究的是到底那种目的是否有用、是否合法、是否合于伦理，是正确的或错误的，然后再研究到底上述的人为机制是否在以有效或经济的方法达成那种目的，如果情况不是这样，究竟在几千个共同作用的因素里面哪一个是妨碍机制活动的限制因素，而且在什么样的范围内能够并必须对限制因素加以控制，以促进机械作用和实现目的。然后这种理论又进而采取改变调节参加者的行动和交易的工场规则、业务规则、习惯法或成文法。它是一种人为的而不是自然的机制学说；实际上

它也是一种科学。我的福特牌汽车的理论根据是什么呢？那辆汽
车原来想在我的驾驶下，装载一批货物，然后穿越这个国家，以达
到我认为有用的目的。但是我并没有让它停下来，可它却突然停
了下来。它失去了控制。于是我下车去找限制的因素，这也许是
一条小小的电线交缠上了另一条电线。我稍稍改变了一下那个限
制因素，并恢复了对汽车的控制。从行为主义的理论观点来看，那
378 条小小的电线就是几千个配合因素中的一个，而且它在完成总目
标方面，只有百分之一的分数作用。但从意志理论的观点来看，那
条电线就是在那个时刻及那种情况下的一个限制因素，而且在那
一刻控制了这个因素，完成了百分之一百的总结果。

人类意志的每一个活动都是如此。它总是把自己引向对那一时刻和在那种情况下，妨碍他达到目的的那种限制因素进行调查、说明和控制。它总是要把“人为的”要素加到自然的力量上去，而且那种人为的要素就是它自己的最后目的，同时也存在着另一居间或直接的辅助目的，这种辅助目的就是要通过对机制的控制，获得对限制因素的控制。

政治经济学的所有现象也是如此。这些现象都是财产权利和政府权力的现时结果。司法、立法和行政机构，过去法院、立法者和行政官吏通过业务规则对财产权和政府权力进行改变和再改革，改革和再改革的方向是朝着立法者和法律解释者认为有用或公正的目的前进的。从行为主义的观点来看，在说明政治经济的现象从星辰到原子的几千个甚至几百万个因素都必须全部考虑进去。但是从意志的观点来看，在任何特殊时刻或特殊情况下，经济学家所处理的总是他认为值得处理的进一步的目的，对他来说，这

已经成为一系列的限制因素。对于心理学家来说，也未尝不是如此。

在任何时期和任何情况下限制因素并不都是一样的。在某一时候，它是属于机械作用的；在另一时候，又属于资源的稀缺性的。在一个时候，它是那缠在一起的电线；在另一个时候，却是汽油的供给问题。在一个时候，是物质自然方面的问题；在另一个时候，又属于人类本性的问题。在某一时候，它是银行贴现率的问题；而在另一时候，却是世界大战的问题，在一个时候，又是水灾或旱灾的问题。经济学家所做的就是在可能范围内去找到限制的因素，并在可能范围内指出这种限制因素所应改变或抵消的范围、程度和时刻，以便控制所有其他的因素，为据说重要的进一步的目的服务。

一旦经济学家在任何时刻力图找出这种限制因素时，他既是
一个科学家也是一个工商业者或政治学家。而且很难确定究竟他 379
在哪一点上从“科学”移向“艺术”。他之所以为科学家，也许就在当他权衡因果的关系时能没有偏见或目的。他之所以为工商业者或政治家，也许就在其当科学家时早已发现了限制的因素，现在作为工商业者或政治家，他又必须为了使一切其他因素都能转向他所要求的方向，他所应该重新制订机构的业务规则，以便控制这种限制因素的时刻、强调程度及执行范围。那么，科学与工商经济学或政治经济学之间的不同就在于他在实验室或图书馆中所了解的他所应该做的是**事情**，而且当他处于权力和责任的地位时，他必须知道在一系列的事件中，在某一特殊时刻和地点他应该做**什么**，在**什么时候**做，做**多少**及做到**什么程度**。这就是我们叫做及时性

(timeliness)的原则。但另外还存在着其他两个不可分割的原则，即预料(anticipation)的原则和警惕(caution)的原则。

经济理论把注意力引向商品和感觉的同时，忽略了产生于法院中的财产和自然的概念的重要性。所以经济学认为，价值和成本的定义是以商品或苦乐等项目来表示的，而不用说服、强迫、命令和服从等项目来表示。后者不是商品的心理相等物，而是在权利、义务、自由和暴露等限度内的活动习惯和习俗的相等物。所以为了把我们的用词适合所有的概念，于是从社会的观点来看，价值就是人类关系上的诱导原则。[①] 或者从个人的观点上来看，价值就是预料的原则，成本就是警惕的原则。每一原则都产生于资源的相对稀缺原则。它既是限制和补充因素的原则，又是控制供给量和限制因素的机械作用的原则。从物质经济学家的技术观点来说，价值是商品的收入，而成本则为商品的支出；从享乐主义的观点来看，价值是快乐，成本则为痛苦，但从所有主或意志的观点来看，价值和成本却是诱导或预料及抗拒诱导或警惕的交互原则，这也就是供给和抑制供给的原则。我们诚然可以参照痛苦、牺牲、丧
380 失快乐等因素来力图说明“成本”、抗拒或警惕或为它们找到根据，但这些仅仅用来为真正的行为主义现象找到根据，也就是为不论有无理由抑制产品或劳务的供给作出决定。成本原则实际上只是拒绝工作或期待或承担风险的意志、所有主的原则，他拒绝买卖、借贷、雇用或出雇，直到对方所提供的条件被认为满意为止，或只

① 比较本杰明·安德森：《社会价值》(1911 年)，但在这部著作中，没有区别产业的和物质的价值。

是因为“他不愿意这样做”。

就是这种所有主的概念可以被恰当地称为**心理的成本**和**心理的价值**。只要这种概念是指预期的快乐和痛苦而言的，它包括了享乐主义的概念，但也包括所有有关合理价格的概念。心理的价值和成本意味着一切评价和选择背后的动机，而这些动机从社会的观点来看，就是诱导和拒绝诱导；从个人的观点来看，就是预料和警惕；从行为主义的观点来看，就是及时性，所以从总的观点来看，心理的成本和价值也包括诱导、预料、抗拒、警惕和及时性，也就是具有目的的意志概念。

所以意志学说与机械学说的区别就在于预料或诱导、警惕或拒绝诱导和及时性等三个原则。每一个学说都展望未来并叙述现时的行动。预料和诱导是指诱发现时行动的获利的预期；警惕或抗拒是指抑制行为，直至抑制到看来顺利的时间；而及时性那是指敏锐的预料和警惕，指在合适的时刻进行并在合适的程度和范围内所立即采取的行动。

但物质经济学家认为，成本和价值也具有具体商品和劳务所表示的客观的物质意义。这里，成本就是货物或劳务的支出或让与，而价值即货物或劳务的收入或获得。而且虽然物资经济学家没有把这种物质的支出和收入与同时发生的感觉联系起来，但这种联系既是那么紧密，而随带的感觉又是这样密切，所以成本和价值的物质概念可以被恰当地称作**实际成本**和**实际价值**。

最后，成本和价值还有一种表现于交易上所议定的实际价格 381
中的行为主义的或只是名义的现象意义，商品和劳务就是在这种价格的基础上转移的。价格是衡量的尺度[1],因为它们是以货币的形式来说明的,而货币就介入在货物实际转移过程中。因此价格这个名词既然指货物或劳务的每一单位或整个数量的记号或数字,就可以被恰当地称为名义成本和名义价值。

有了成本和价值的三种意义的联合,才有必要建立价值的意志学说。意志学说的主要特点就是最终目的或目标概念,也是用来达到这种目标的中间和直接手段的概念。最终目标属于心理上的,它是处于遥远的或较近的未来,而且在预期或目的的原则下,包含在幸福、社会福利、公共利益、公共幸福、共同财富等概念之内的属于自己或别人的那种希望、快乐和美德。最终目标当然是含糊的和不确定的,所以在个别情况下并不能提供确实的指导。但是就是在这一方面,我们可以看到预料和警惕的运动原则,没有这些就不会发生人类的活动。

直接的目标是指更具体的东西,因为它是对自然的控制的不断增加,根据卡塞尔的意见,它是"最大限度的生产",也是一种"云雾景象"[2],不过还是最实体的,而且它确实还构成了物质经济学家的全部学说。它对政治经济的实践和理论是如此的重要,所以我们把它称作为实际价值和实际成本的范围。

最后,直接目标又是合理价格的体系,这表明这种价格体系是可以使心理价值和心理成本或实际价值和实际成本达到所谓的累进的相等的程度。而且既然价格本身是纯粹行为主义的社

---

① 卡塞尔:《利息的性质和必要》,第 69 页(1903 年)。

② 卡塞尔:"经济理论的起点",载《政治经济月刊》,第 58 期,第 688 页(1902 年)。

会现象，除了它们背后的心理和物质力量发生影响外，没有任何实际意义，我们就称这种价格体系为**名义价值**和**名义成本**的范 382
围。只有当它能在某种程度上与心理的或福利最终目标或财富生产的物质或中间目标相符合时，我们才认为这是合理的价格制度。

但达到这些目标的手段就在于采用那些可以方便地称作“原则”的某些行动路线，不能把价值原则看作商品中的固有品质，也不能看作为人对自然的关系，而应看作为诱导的社会原则和预料的个人原则，这些无非就是对别人施加的说服或强迫的预期力量，其中也包括了在经济方面诱使对方履行，而在财产方面又引起了对权利和自由的要求权。另一方面，应该把成本原则看作为抗拒的社会原则及警惕的个人原则，也就是对别人的屈从或服务，从经济上来说，它是对履行的抗拒，而从财产方面来说，它又是相当于别人的权利和自由的义务和暴露。就这种观点而言，价值原则和成本原则显然都是心理的，因为它们指的就是说服、强迫、命令和服从、预料和警惕，通过它们才诱发或抗拒预期履行、避免和克制。诱导的直接手段就是价格体系，中间手段就是商品体系，但是这两种体系都只有在它们能在影响那种看不见的目的的心理体系或被它们影响时才会有效。

这样我们就得到运行中的机构的学说，这种学说类似于庞德所提出的“法律学的工程史观”。他认为“工程史观”与“经济史观”是不同的，但这样的区别结果与各种经济思想学派的稀缺性原则和机械论原则之间的区别一样的。所以他把“经济史观”与那些把机械作用原则作为理论基础的经济学家等同起来，而他的“工程史观”则以稀缺性原则为主要依据。他认为卡尔·马克思[①]和布罗克斯·亚当斯[②]的解释就属于“经济史观的解释”。他们每人都以财富生产和交换方式的物质或技术方面的事实及渔猎、畜牧、手工业、商业、机器乃至工业社会的为大家所熟悉的进化为依据。与之
383 有联系的财产概念就是指为自己使用而排他性地占有物质的东西,而统治权的概念就是财产所有者的总体概念。因此关于个人的概念是一种孤立的个人概念,而社会的概念就是个人的总体概念。根据这些机械概念,马克思和亚当斯得出一种结论,认为有产阶级永远会控制着政府,因为拥有工具、牲畜和机器的就是他们,而且他们的所有权只有凭借控制政府才能得到保障。马克思和亚当斯所得出的这种物质概念的结果很容易追溯到亚当·斯密的那种机械的假设,这些假设是以他的个人主义、利己心、分工、自由、天意或调和及取消组织和政府的原则为基础的(政府除非作为和平和财产的保护者否则就没有存在的必要;而遗憾的是,这些假设把庞德所接受的经济史观的学说变成了经济理论)。

但是他自己的“工程史观”是以威廉·詹姆斯所阐述的稀缺性原则为基础的,虽然这一原则最初是由休谟提出的。[③] 詹姆斯说,“在寻找普遍的原则的时候,我们势必会达到最概括性的原则,即好的实质无非就是对要求的满足。……伦理哲学的指导原则难道就不是只求在任何时候都尽我们的可能满足最大的要求吗?”[④]庞

① 马克思:《政治经济学批判》(1859年)。
② 亚当斯:《集中化与法律》(1906年)。
③ 庞德:《法律史释义》,第157页。
④ 威廉·詹姆斯:《信仰的意志》,第195—206页。

德指出，“依我看这似乎是关于法律秩序问题的说明。满足人类的要求是主要任务，也就是要在最小冲突和最小浪费的情况下，保证权益的安全或满足要求，这样可以使满足的财力尽量发展”。在总括了所有关于法律程序的其他机械的、伦理的、生物的、经济的和形而上学的解释以后，他认为它们都是包括在概括性更强的“社会工程”的解释之中，在这里立法者与司法者一样都力图在一个有限资源的世界上调整和调和人类的关系。

由此可见，“工程史观”与我们的“经济史观”很不一样，而且也 384
说明，在经济理论和伦理理论方面也有一支理论家队伍，把稀缺性原则放在首要地位，而把机械论原则放在次要地位，这可以追溯到马尔萨斯和休谟。这两个原则不是互相排斥而是互相依存的，但把稀缺性原则放在首要地位时，个人、财产、自由、机会和统治权就会从另外一个方面表现出来。现在财产已经不仅是为自己使用而排他性地占有的东西，它变成了抑制供给别人的那种力量，芒恩对伊利诺伊州的诉讼第一次采用了这一概念。个人也变成了国家机构的一个成员，国家必须进一步以共同规则来抑制他的垄断力量，因为他既然已经决定把他的财产用于某一用途，而这方面的供给却又非常有限，以致别人的财产非依靠这一用途上的供给不可。统治权现在已经变成了这个结构的集体权力，以习惯法、成文法、衡平法和行政命令等形式规定了它的业务规则，以便在资源相对稀缺的世界上对个人之间的交易进行更好的调节。

而且我们看到，共同规则或业务规则的原则就是所有运行中的机构的普遍和最后原则。要完成业务规则的制订和执行，唯一的方法就是通过限制某些人的自由，并增加他们的义务，而且就在

这一过程中其他人的相关权利和暴露自动地产生了。当集体的机构施加这些伦理的义务时，它是通过指导官吏、工头、监工、法官和立法机关的业务规则来实现的，在法律上这被称作权力、负担、特免权和权力丧失。

结果我们发现了经济学、伦理学、法律学和心理学所根据的三个最终原则——机械论原则、稀缺性的原则和业务规则的原则，[①]这些原则适用于国家、工商机构和文化机构。从这些根本原则所产生的次要原则有预料或诱导、警惕或抗拒诱导原则或在实现预
385 期目的认为有效的程度和范围以及对限制因素采取行动的及时性原则。这种行为是指机械论原则，因为它意味着对这种机械作用的**关键**部分的控制，而且它还指稀缺性的原则，因为它意味着构成这种机械作用的若干因素在**数量**上的适当配合。

但它主要指有目的的原则展望着未来。所谓预料、警惕和及时性都属于它的行为主义和可衡量的范畴，但它的可以预见的伦理和经济后果就是它的推动力量。构成业务规则的"实质"的就是这种后果，正如最高法院把"合法程序"的定义从法律的适当程序改变到法律的适当目的时我们所见到的那样。法律的"实质"与意志的"实质"一样就是目的，其中的差别只在于法律是"**适当的目的**"，而意志为**任何**目的。

经济理论与法律理论一样，也是从自由而不是从目的出发的。自由是指个人不受物质上的强迫。但公共的目的就是应用共同规

① 卓越的瑞典经济学家卡塞尔曾经提出过这里所提出的某些基本概念。比较卡塞尔的"经济理论的起点"，载《政治经济月刊》，第 58 期，第 688 页（1902 年）及《社会经济学》（第 2 版，1921 年）。

则以约束所有处于同样情况的人，使他能有要求政府给予帮助的权力，使他的意志得到实现。这种目的进行得很顺利，尤其在英国自颁行嗣位法以后，它所赋予的权利到后来被看做是人的自然权利。从这个意义上来说，这不是指人依靠政府的帮助应该实现的理想，而是说他原来说天赋有这种权利，只不过被政府剥夺了而已。

人的意志的无政府观念与同时产生的财产的无政府观念是密切相关。财产显然也是一种自然权利，因为人对他所消费的和他所赖以工作的物质东西，如果没有绝对的所有权和占有，他就不可能生活。政府用两种方法剥夺个人的财产和自由，一种是使用限制和保护的立法，另一种是给公司特许权。自由和主权的概念在法国革命时达到了最高峰，它承认了个人财产，并禁止一切会社组织。[1]

我们在上面看到，亚当·斯密由于受这种思想的影响，他也想 386
废除一切公司和组织，因为它们以多数的表决限制了个人的自由，他也想把政府降低到只维持安全的程度。结果就产生了“自然”经济，而不是“人为的”政治经济，这种自然经济会通过自由竞争和供求的自然规律进行活动。自然经济确实是基本的，而且是不可避免的。某些自然资源是有限的，这是自然经济产生的原因，而且如果要使补充因素能发挥作用，就必须对这种限制因素加以注意。但是那些掌握着机械作用和供给的人们通过业务规则和运用集体权力大大地干预了自然经济。与亚当·斯密废除组织的愿望相

---

① 参见《关于制帽者的法律》，1791 年。

反，个人的弱点使他走向公司或工会，政府也作出了让步，把统治权力和免受权力统治的权利给予了组织，直到它们的努力远远超过了亚当·斯密和法国革命所谴责的更有势力程度。国家对于自然经济的供求也曾经以战争权、课税权、干涉权、法定货币权等加以干预，创造出几乎为亚当·斯密所不知道的那种无形的和无形体的财产，这些财产达到了世界的每一角落，并在统治权力所及的地方都能得到命令的服从。

这些统治权力使各种因素的比例按配合与18世纪在财产和自由的观念下可能发生的比例配合大不相同。这是因为这些限制因素不只是自然界的资源，它们也是对这些资源按社会公认的业务规则而决定的财产权利。而且这些财产权利无非是指控制那些资源和特定的权力和特免权的个人和集体的意志的目的，这种控制是经过法律实现的，并抑制其他人使他们无法获得需要的东西(双方同意的条件除外)。

个人的议价活动扩充的范围是以国家的扩张为基础的。国家通过征服或购买，扩大了它的疆土，并从而扩大了它的市场范围。它又以国际的条约在世界的各部分开辟机会并强制公民执行买卖契约。依靠军事准备和防御，它巩固了这些征服、购买和侵略。政
387 府的这种工作也就指统治权与其他统治权的交易，我们把这些现象称为国家的扩张力量，或简称为**政治的扩张**。

但是国家也一定要把它所控制的各个因素按比例配合起来。它开拓某些区域、地方和资源，而不开拓其他的，如同个人所做的那样，它不是直接地进行开拓，而是间接地通过指导个人交易的那种业务规则。它鼓励或保护某些工商业或某类工商业、某些职业

或工作，而不鼓励或保护其他的。它抑制某些它认为危害全体的活动。所谓按比例配合是指对个人或个人的组织所施用的诱力的配合，使它们在某一个方向上而不在其他方向上活动。这种以业务规则对个人和各组织所使用的诱力配合就是**政治经济**。

所以政治扩张构成了在其他统治权下的官吏所赖以扩大公民机会的那种交易，而政治经济构成了处于同一统治权下的官吏的交易，通过他们在公民间按比例分配机会。这两种关系放在一起就构成了世界经济。

为了避免目的的伦理观念，经济理论通常认为消灭交易上不合伦理的特性，如诈取、强夺、逼迫、欺骗之类，是我们所谓的“法律”的业务规则应该做的事情，然后就完全以效用和交换等抽象观念进行它本身的工作。这是典型的自然科学，它是经济科学的典范。但是在人类的交易的科学中，在效用、同情心和义务之间，以及在经济学、伦理学和法律之间却是没有明显的分界线。法律或社会的业务规则，尽其最大可能把强制的诱力拿了过来，并从而尽其最大可能消灭其他不合伦理的各种诱力。但是就因为交换是公的官吏的和私人之间的交易，伦理和非伦理的要素还是存在的。所以政治经济学的行为主义的定义，作为法律学、伦理学和经济学的共同主体绝不会限于“财富的生产、交换、分配和消费”的传统的机械论，因为这只是人对自然的关系，而且会把它们包括在次要的范围中去。至于政治经济学的意义，主要是指国内和国际的人与人之间的各种关系。这个定义大致可以陈述如下：政治经济和政
治扩张就是在一个具有资源稀缺和机械力量的世界上，利用运行 388
中的机构的业务规则，把诱导的、强迫的、腐败的、迷惑的、欺骗的、

强暴的各种诱力及这种诱力的对立面按比例分配给自愿的、不自愿的和无所谓愿不愿意的个人，以便达到公共和私人参加者在当时所认为大概可以增进的私人的、公共的或世界的利益等目的。

图书在版编目(CIP)数据

资本主义的法律基础/(美)约翰·R.康芒斯著;寿勉成译.—北京:商务印书馆,2017
(汉译世界学术名著丛书:120年纪念版:珍藏本)
ISBN 978-7-100-14174-1

Ⅰ.①资… Ⅱ.①约… ②寿… Ⅲ.①资本主义国家—法律—研究 Ⅳ.①D904.3

中国版本图书馆CIP数据核字(2017)第137799号

汉译世界学术名著丛书
(120年纪念版·珍藏本)
资本主义的法律基础
〔美〕约翰·R.康芒斯 著
寿勉成 译
方廷钰 张 林 校

商 务 印 书 馆 出 版
(北京王府井大街36号 邮政编码100710)
商 务 印 书 馆 发 行
南京爱德印刷有限公司印刷
ISBN 978-7-100-14174-1

2017年12月第1版 开本710×1000 1/16
2017年12月北第1次印刷 印张31¼
定价:148.00元